천주교와 한국 근·현대의 사회문화적 변동

평가와 전망을 위한 전문가 조사보고서

김재득·박문수·박일영 외 공저

아카데미

국립중앙도서관 출판시도서목록(CIP)

천주교와 한국 근·현대의 사회문화적 변동 : 평가와
전망을 위한 전문가 조사보고서 / 김재득...[등]저. --
파주 : 한울, 2004
 p. ;   cm. -- (한울아카데미 ; 635)

ISBN 89-460-3234-0 93250 : ₩25000

238.20911-KDC4
282.519-DDC21   CIP2004000618

발간사

　이 연구보고서는 가톨릭교회가 한국에서 200년 이상을 살아오면서 과연 한국인의 종교가 되었는지를 여러 분야에서 종합적으로 살펴보기 위한 목적으로 기획되었다. 교회 안에서는 가톨릭이 이미 한국인의 종교가 되었다고 믿고 있고, 실제 그런 측면이 있는 것이 사실이지만 과연 이러한 믿음이 근거가 있는 것인지 궁금하였던 것이다. 그 동안 가톨릭교회 안에서 학문적으로 인정받을 만큼 엄밀하고 객관성을 띤 조사가 부족하다는 것도 조사를 시행하게 된 이유 중에 하나였다. 내부자의 시각은 많은데, 외부의 시각으로는 자신을 조명해본 기억이 적었기에 200년을 넘게 살아온 지금 이제는 우리 자신을 객관화시켜 볼 필요도 있겠다고 생각한 것이다. 다행히 2002년 한국학술진흥재단 기초학문육성 지원 계획에 참여하게 되어 연구비를 지원받았고, 이를 기초로 그 동안의 생각을 실행에 옮길 수 있게 되었다.

　이 조사는 다음과 같은 측면에서 고유하고 의미가 있다. 먼저 이 조사는 국가가 지원하는 연구비로 이루어지는 교회 최초의 조사라는 것이다. 이제 한국인의 종교가 되었다는 사실을 사회적으로 공인받는다는 면에서 반가운 일이다. 그러나 그만큼 책임감도 크게 느끼게 되는 것이 사실이다. 교회는 물론 모든 국민들에게도 설득력이 있는 자료를 만들어야 하는 것이기에 말이다.

　두번째는, 교회 안팎에서 가톨릭교회를 총체적으로 접근하는 최초의 조사라는 측면이다. 가톨릭에 대한 인상을 묻는 일반인 대상 조사는 그 동안 여러 건 있어왔다. 그러나 이 조사들은 피상적인 인상에 대해서만 질문하였기 때문에 전문적인 연구에 필요한 정보들은 그리 많이 담아내지 못하였다. 그래서 교회 안팎에서 공히 인정할 수 있는 학문적 조사가 필요하였던 것이다. 이를 위해 이 연구에 참여한 연구자들은 가톨릭을 직·간접적으로 연구하거나 관련이 있는 인접분야의 전문가들을 대상으로 교회의 다양한 측면에 대한 심층적 관찰과 분석의 결과를 청취하고자 하였다. 이렇게 다층적이고 종합적이며 전문가만을 대상으로 한 조사라는 면에서 최초라는 사실 못지않게 큰 의미를 찾을 수 있다.

세번째는 이 조사가 조사대상자들뿐 아니라 연구자들 모두가 교회의 다양한 분야를 전공하는 전문가들이기 때문에 조사과정은 물론 결과에 대하여도 심층적인 관찰과 분석이 이루어졌다는 것이다. 학계에서 학제적인 연구가 흔하지 않고, 특히 조사 분야에서는 더 그러한데 이런 작업이 이루어진 것은 조사의 신뢰도뿐 아니라 앞으로의 연구에도 좋은 모범이 될 것이다.

마지막으로, 이 조사는 가톨릭의 과거와 현재를 평가하고 미래를 전망하는 데 필요한 풍부한 정보를 담고 있다. 교회 안에서는 선교와 사목정책을 수립하는데, 국가에는 가톨릭을 객관적으로 이해하는 소중한 자료가 될 것이다. 연구자들과 가톨릭 관심자들에게는 가톨릭의 다양한 면모들을 이해하게 해줄 것이다. 이러한 점들이 본 연구의 연구진이 진정으로 바라는 것이다.

이 조사 보고서는 크게 두 부분으로 나뉜다. 1부는 각 전공자들이 공통으로 답한 질문을 분석한 보고서이다. 이 부분은 박문사 박사가 대표집필을 하였다. 2부는 각 전공별 설문을 분석한 보고서인데, 가톨릭의 다양한 측면들을 담고 있어 관심자들에게 큰 도움이 될 것이다. 집필은 각 분야의 담당연구자들이 직접 하였다. 본 조사에서 통계에 관한 모든 작업은 김재득 박사가 맡아 주었다. 3부는 이 조사에 응한 15개 전공 195명의 전문연구자들의 명단이 수록되어 있다.

자칫하면 교회 내부의 연구서로 끝날 수 있었는데, 도서출판 한울 김종수 사장의 넓은 안목으로 일반 독자들을 만날 수 있는 기회를 갖게 되었다. 참으로 고마운 일이고, 그 혜안에 놀라울 따름이다. 무엇보다 이 연구는 기초학문의 발전을 위하여 지원을 아끼지 않은 한국학술진흥재단의 지원이 아니었다면 불가능했던 일이다. 재단에서 일하시는 모든 분들께 깊이 감사드리고, 앞으로도 이러한 분야에 대한 지원이 지속적으로 이루어지기를 바랄 뿐이다.

이 외에도 본 연구가 이루어지는 데 수고한 분들이 적지 않다. 일일이 열거하지 못함을 안타깝게 생각한다. 부디 이 조사보고서가 가톨릭교회가 한국인의 종교로 거듭나고, 교회와 국가가 건설적인 관계를 이루는 데 보탬이 되기를 바란다.

2004년 2월
한국 근·현대 가톨릭연구단
대표 박일영

차 례

발간사 3

제1부

서 론 31
I. 조사배경 및 목적 31
1. 조사배경 31
2. 조사목적 32
II. 조사결과의 활용 32
III. 주요 조사내용 33
1. 공통설문 33
2. 전공설문 34
IV. 조사의 기본설계 39
1. 표본설계(Sample Design) 39
2. 자료처리 및 분석방법(Data Processing & Analysis) 40

제1장 20세기 한국의 근대화와 가톨릭교회의 역할 41
1.1 한국의 근대화와 한국 종교 41
1.1.1 지난 20세기 100년 동안 한국사회 발전에 가장 기여한 종교 41
1.1.2. 지난 20세기 100년 동안 한국 근대화에 가장 기여한 주체 43
1.2 한국의 근대화와 가톨릭교회의 역할 44
1.2.1. 20세기의 한국천주교회의 모습을 연상할 때 가장 먼저 떠오르는 요소 44
1.2.2. 1901년에서 해방까지 조선의 사회발전에 가톨릭이 기여한 분야 46
1.2.3. 천주교가 지난 20세기 한국의 근대화에 가장 크게 기여한 분야 47
1.2.4. 20세기 한국의 근대화에 천주교가 기여하였다면 가장 큰 기여 주체 48
1.2.5. 천주교 전래 이후 한국사회에 가장 큰 변화초래 영역 49
1.3 소 결 50

차 례

제2장 가톨릭교회의 한국화 53
  2.1 가톨릭교회의 한국화 현황과 과제 53
      2.1.1 천주교 전래 이후 한국사회와의 관계에서 범한 가장 큰 과오 53
      2.1.2 교난(敎難)의 최적대체 용어 55
      2.1.3 현재 천주교의 외래문화 성격 유지 정도 56
      2.1.4 한국교회 내의 서구적인 요소 56
      2.1.5 한국인이 이해하기 어려운 교리 57
      2.1.6 한국 천주교회가 한국문화사에 가장 크게 기여할 수 있는
          분야 59
  2.2 소 결 60

제3장 가톨릭교회의 사회적 역할 및 활동평가 63
  3.1 한국 천주교회의 사회적 역할 및 활동 평가 63
      3.1.1 천주교가 우리 사회에 미치는 영향력이 커지고 있다 63
      3.1.2 구제/봉사활동 등 대사회적인 역할을 잘하고 있다 64
      3.1.3 천주교의 시대변화 적응속도 평가 65
      3.1.4 종교 지도자의 자질이 우수하다 66
      3.1.5 개인의 영적·정신적 문제에 해답을 주고 있다 67
      3.1.6 참 진리를 추구하기보다는 교세 확장에 더 관심이 많다 68
      3.1.7 지나치게 헌금/교무금을 강조하는 경향이 있다 69
      3.1.8 믿지 않는 사람을 따뜻하게 대해주지 않는다 70
      3.1.9 지켜야 할 규율/교리들을 너무 엄격하게 강조한다 71
  3.2 투명성의 기준에 비추어볼 때 가장 취약한 영역 72
  3.3 현재 한국 천주교회 사제들의 모습 평가 74
  3.4 해방 후 천주교회가 양적으로 팽창한 원인에 대한 해석 75
  3.5 현재 한국 천주교회가 가장 역점을 두고 있다고 보는 분야 77
  3.6 소 결 78

제4장 가톨릭교회의 미래방향 81
  4.1 성당에서 걷은 헌금을 가장 우선적으로 사용하기를 희망하는
     분야 81
  4.2 천주교회가 인근지역사회에 기여하기를 희망하는 활동 82

차 례

    4.3 종교다원사회인 한국상황에서 천주교회의 최우선 역점과제 ····· 84
    4.4 21세기에 천주교회와 국가가 맺어야 하는 바람직한 관계 ········ 85
    4.5 21세기에 천주교가 동북아에서 담당하기를 희망하는 역할 ······ 86
    4.6 앞으로 예상되는 천주교의 교세 ································· 87
    4.7 21세기에 천주교회가 해결해야 할 가장 큰 과제 또는 문제 ····· 87
    4.8 소 결 ·· 88

제5장 응답자의 인구사회학적 특성 ······································ 91
    5.1 응답자의 성별 분포 ··· 91
    5.2 응답자의 연령분포 ··· 92
    5.3 응답자의 종교분포 ··· 92
    5.4 응답자의 전공분포 ··· 93

제6장 결론 ·· 95

부 록
    부표 ··· 99
    "근현대 100년속의 가톨릭교회" 연구를 위한 전문가 조사 ··········· 116

제2부 전공별 개방형설문 분석보고서

Ⅰ. 국문학 / 김영수 ·· 125
    1. 서 론 ··· 125
    2. 결과분석 ·· 126
        2.1 응답자의 인구사회학적 특성 ································· 126
        2.2 결과분석 ·· 127
            1) 지난 100년 동안(1901~2000) 가톨릭이 한국문학에 기여한 분야 ······· 127
            2) 가톨릭교회가 지난 100년 동안 한국문학에 가장 큰 기여를 한 시기 ······· 128
            3) 「사향가」, 「삼세대의」, 「피악수선가」 등의 근대문학 형성에 기여 여부 ····· 129
            4) 일제시대 가톨릭 문학 표방작가들의 기여 요소와 한계 ··············· 130

차 례

    5) 해방 이후 가톨릭 이념 작가들의 한국문학에 기여 요소와 한계점 ………… 131
    6) 한국 문학 갈래 중에서 가톨릭 이념이 가장 많이 수용된 갈래 ……………… 133
    7) 가톨릭 기관지의 신춘문예에 대한 견해와 가톨릭 문학의 확대방안 ……… 134
    8) 가톨릭교회가 한국의 언어문화에 미친 영향 …………………………………… 135
    9) 가톨릭 서학서와 성서번역의 한글 보급과 지식의 대중화 기여정도 ……… 137
    10) 현재의 시점에서 한국 가톨릭 문학이 다룰 가장 중요한 과제 …………… 139
  3. 결 론 …………………………………………………………………………………… 140

Ⅱ. 국사학 / 노용필 ……………………………………………………………… 143
  1. 서 론 …………………………………………………………………………………… 143
  2. 결과분석 ………………………………………………………………………………… 143
    2.1 응답자의 인구사회학적 특성 ………………………………………………… 144
      1) 한국 천주교회의 임진왜란 기원설 ……………………………………… 144
      2) 천진암 강학회 기원설 ……………………………………………………… 145
      3) 수용 당시 실학자들의 인식 ………………………………………………… 146
      4) 백정의 평등 의식 수용 ……………………………………………………… 146
      5) 한국 근대화에 대한 기여도 ………………………………………………… 147
      6) 일제시대 교회의 역할 ……………………………………………………… 147
      7) 일제의 신학교 폐쇄에 대한 평가 ………………………………………… 148
      8) 북한 교회사에 대한 인지도 ………………………………………………… 149
      9) 제2공화국 당시 천주교의 영향력 ………………………………………… 149
      10) 공권력의 명동성당 투입에 대한 인식 …………………………………… 150
  3. 결론과 전망 …………………………………………………………………………… 150
    3.1 결 론 ………………………………………………………………………… 151
    3.2 전 망 ………………………………………………………………………… 152

Ⅲ. 동양사(동북아역사) / 장정란 ………………………………………… 153
  1. 서 론 …………………………………………………………………………………… 153
  2. 결과분석 ………………………………………………………………………………… 154
    2.1. 응답자의 인구사회학적 특성 ………………………………………………… 155
    2.2. 결과분석 …………………………………………………………………………… 155

차 례

    1) 근·현대 동양의 역사에서 가톨릭교회가 가장 큰 영향을 미친 시기와
       이유 155
    2) 위의 시기에 가톨릭교회가 가장 큰 영향을 미친 분야 156
    3) 가톨릭교회가 위의 분야에 미친 영향이 동양의 근대화(혹은 서양화)에
       영향 여부와 영향 157
    4) 동양 가톨릭사에 중요하고 의미 있는 서양의 인물 3명 거명과
       발탁이유 158
    5) 동양 가톨릭사에 중요하고 의미 있는 동양의 인물 3명 거명과
       발탁이유 159
    6) 동양역사에 가톨릭 관계 저술로서 큰 영향을 준 서적 세 권 160
    7) 동서교류사 상 가톨릭 역할의 동양사적 관점에서의 순기능과 역기능 161
    8) 동서교류사 상 가톨릭의 역할과 그 영향에 대한 서양사적 관점의 평가 .. 162
    9) 중국과 일본에서의 가톨릭교회의 현재 위상과, 미래 전망 163
    10) 가톨릭교회가 21세기 동양의 역사에 기여할 바람직한 역할과 방향
        제언 164
  3. 결 론 165

Ⅳ. 문화인류학·민속학 / 최경선 167
  1. 서 론 167
  2. 결과분석 167
    2.1 응답자의 인구사회학적 특성 168
    2.2 결과분석 168
    1) 가톨릭 전래 초기 조상제례 문제로 인한 박해의 해석 168
    2) 가톨릭 신자들의 성인 공경과 유해 앞에서 절을 하는 예식들에 대한
       해석(한국전통의 관점에서) 169
    3) 가톨릭 신자들이 묵주나 십자가, 성인의 그림 등을 가지고 다니는
       양태에 대한 해석(전통의 관점에서) 170
    4) 한국 전통에 가톨릭 신자들의 성모(聖母) 마리아 공경과 같은 유사한
       공경형태의 존재여부 171
    5) 한국 전통에 가톨릭 주보성인(主保聖人)의 형태 존재여부 172
    6) 가톨릭 전래 이후 현재까지 한국문화와 충돌을 일으킨 신심유형 173
    7) 가톨릭의 사후세계 교리와 한국문화의 차이 173
    8) 가톨릭의 한국고유전통에 대한 태도평가 174

차 례

    9) 가톨릭이 한국문화에 대해 가져야 할 바람직한 태도와 방향 제안 ·········· 175
  3. 결 론 ··· 176

V. 법학·행정학 / 김재득 ·· 179
  1. 연구의 개요 ·· 179
    1.1 연구의 배경 ·· 179
    1.2 연구의 목적과 기대효과 ·· 179
    1.3 연구의 범위 ·· 180
  2. 종교정책 전문가조사결과 분석 ··· 180
    2.1 조사대상 및 조사내용 ·· 180
      1) 조사대상 ·· 180
      2) 조사내용 ·· 181
      3) 자료처리 및 분석방법 ·· 182
    2.2 정부의 각 종교에 대한 법적용의 형평성문제 ··························· 184
    2.3 종교단체의 법적 지위 문제: 종교법인법 제정 등 ······················ 186
    2.4 종교갈등(종교내부, 종교간, 종교와 국가 간)에 대한 국가개입
        정도 ·· 188
    2.5 종교단체의 정치 및 정책 관여문제: 종교정치, 종교권력 등 ······ 191
    2.6 가톨릭사제에 대한 세금부과 ··· 194
    2.7 가톨릭교회의 각종 헌금파악 및 회계투명성 ····························· 197
    2.8 국가기관 내(군대, 경찰, 교도소, 국립병원) 종교제도 허용 ········· 199
    2.9 국가공휴일과 종교색채: 크리스마스, 석가탄신일, 개천절
        종교행사 등 ·· 201
    2.10 정부의 개발정책과 종교계의 문화재보호 및 환경보호문제 ······· 202
    2.11 종교단체와 국가 간의 사회복지시설 운영문제 ························· 203
    2.12 국가와 종교언론기관 간의 문제 ·· 205
    2.13 현 정부 종교정책 우선순위 ·· 207
  3. 연구결과의 종합 및 종교정책 전략 ·· 208
    3.1 종교정책에 대한 총평과 정책제언 ·· 208
    3.2 종교정책에 대한 중요도·적절성 종합평가 ································ 211
    3.3 종교정책의 중요도 및 적절성 순위 ·· 212
    3.4 포트폴리오로 분류한 종교정책 시사점 ····································· 212

차 례

VI. 사회복지학 / 박문수 ·· 215
  1. 서 론 ·· 215
  2. 결과분석 ·· 215
    2.1 응답자의 인구사회학적 특성 ······················· 216
    2.2 결과분석 ··· 217
      1) 한국 사회복지 서비스 가운데 가톨릭이 20세기에 가장 큰 기여를 한
        분야 ··· 217
      2) 가톨릭이 20세기 한국사회복지에서 가장 큰 기여를 한 시기 ············ 218
      3) 가톨릭 사회복지가 20세기 한국사회복지에 가장 기여하지 못한 영역 ····· 219
      4) 가톨릭 사회복지가 20세기 한국사회복지 발전에 가장 기여한 시기 ······· 219
      5) 가톨릭 사회복지가 근대적 사회복지의 통로였다는 평가에 대한 의견 ······ 220
      6) 현재의 시점에서 가톨릭교회가 포기해야 할 사회복지 영역 ··············· 221
      7) 가톨릭이 21세기 초반에(2020년까지) 가장 시급히 참여해야 할
        복지영역 ·· 222
      8) 2020년까지 가톨릭 수도회가 하기에 적당한 일 ··························· 224
      9) 가톨릭이 운영하는 [꽃동네]와 같은 대규모 시설이 갖는 장점과 단점 ····· 225
      10) 가톨릭교회의 사회복지 발전에 필요한 조언이나 제안 ···················· 227
  3. 결 론 ·· 227

VII. 여성학 / 강영옥 ·· 231
  1. 서 론 ·· 231
  2. 결과분석 ·· 231
    2.1 응답자의 인구사회학적 특성 ······················· 232
    2.2 결과분석 ··· 232
      1) 한국 여성에게 미친 가톨릭의 긍정적 요소들 ····························· 232
      2) 여성들을 위한 가톨릭교회의 활동 ··· 233
      3) 1970년대 이후 가톨릭 여성의 활동 ··· 234
      4) 한국 여성들을 위한 가톨릭교회의 노력 ·································· 235
      5) 한국 사회에서의 양성평등 실현정도 ······································ 235
      6) 가톨릭교회가 한국 사회의 양성평등 실현에 기여한 측면 ··············· 238
      7) 가톨릭교회 안에서의 양성평등 실현정도 ································ 239

차 례

    8) 가톨릭 여성의 특성 239
    9) 이상적 여성상 240
    10) 가톨릭 여성의 과제 241
    11) 가톨릭교회의 과제 242
  3. 결 론 243

Ⅷ. 정치학 / 나정원 245
  1. 서 론 245
  2. 결과분석 245
    2.1 응답자 분석 245
    2.2 응답결과분석 246
      1) 한국의 근대화와 가톨릭교회의 연구영역 246
      2) 한국 가톨릭교회가 정치발전에 기여한 요소와 그 이유 247
      3) 가톨릭교회가 정치적 근대화를 저해한 요소와 그 이유 248
      4) 19세기 교난의 원인 248
      5) 가톨릭교회의 친일 행동과 교회의 특징 249
      6) 가톨릭교회와 일제의 정치적 관계 250
      7) 가톨릭교회의 정치세력화 시도에 대한 찬반 의견 251
      8) 군부권위주의 시대 교회와 국가권력의 충돌의 의미 251
      9) 최근 10년 교회와 국가관계에서 교회의 역할 252
      10) 현대 가톨릭교회의 정치적 영향력 253
      11) 현대 한국 시민사회에서 가톨릭교회의 지위 254
      12) 최근 한국 가톨릭교회와 국가 간의 관계유형 255
      13) 가톨릭 연구에 대한 조언이나 제안 256
  3. 결 론 256

Ⅸ. 종교사회학 / 박문수 259
  1. 서 론 259
  2. 결과분석 259
    2.1 응답자의 인구사회학적 특성 260
    2.2 개방형 설문결과 분석 260

차 례

    1) 가톨릭교회와 한국 근대화 관련성 연구시 바람직한 접근영역 260
    2) 가톨릭교회가 20세기 한국사회발전에 가장 크게 기여한 분야 261
    3) 가톨릭교회가 아시아 다른 나라와 다르게 독특한 모습을 갖게 된 이유 .. 263
    4) 가톨릭이 한국사회에서 사회적 위신이 높은 집단으로 평가되는 이유 264
    5) 가톨릭이 한국 종교문화 안에서 여전히 이질적으로 보이는 요소와
       해결방향 265
    6) 일제시대에 가톨릭이 적극적인 사회참여를 하지 못한 이유 265
    7) 1987년 이후 한국사회에서 가톨릭의 대사회적 역할이 현저하게 축소된
       이유 266
    8) 해방 이후 2000년까지 개신교, 불교, 천주교가 교세측면에서 3대종교가
       된 원인 267
    9) 최근 종교인구가 정체 내지는 근소한 성장을 하는 이유 268
   10) 가톨릭교회가 한국사회 발전을 위하여 21세기에 기여해야 할 영역 269
   11) 가톨릭교회가 한국과 같은 종교다원주의 사회 안에서 감당해야 할 역할
        269
   12) 기타 가톨릭교회를 연구할 때 필요한 조언이나 제안 270
  3. 결 론 270

X. 종교학 / 박일영 273
  1. 서 론 273
  2. 결과분석 274
    2.1. 응답자의 인구사회학적 특성 274
    2.2 결과분석 275
    1) 가톨릭이 지난 100년 동안 한국종교문화에 가장 크게 기여한 내용 275
    2) 가톨릭이 지난 100년 동안 한국의 종교문화에 가장 큰 걸림돌이 된
       내용 276
    3) 가톨릭이 지난 100년 동안 한국에서 종교간 대화에 기여한 점 276
    4) 가톨릭이 지난 100년 동안 한국에서 종교간 대화에 장애로 작용한 점 277
    5) 가톨릭이 21세기에 한국 종교문화 발전을 위하여 담당할 사명 278
    6) 가톨릭이 미래에 한국의 종교문화와 협력해 나갈 때 필요한 요소 279
    7) 가톨릭이 지난 100년 동안 한국의 샤머니즘과 민간신앙에 대하여 취한
       자세 평가 279

차 례

    8) 가톨릭이 지난 100년 동안 한국의 불교에 대하여 취한 자세 평가 280
    9) 가톨릭이 지난 100년 동안 한국의 유교에 대하여 취한 자세 평가 281
    10) 가톨릭이 지난 100년 동안 한국 신종교에 대하여 취한 자세 평가 282
    11) 가톨릭이 현재 샤머니즘과 민간신앙에 대하여 취하는 자세 평가 283
    12) 가톨릭이 현재 한국 불교에 대하여 취하는 자세 평가 283
    13) 가톨릭이 현재 한국 유교에 대하여 취하는 자세 평가 284
    14) 가톨릭이 현재 한국 신종교들에 대하여 취하는 자세 평가 285
    15) 가톨릭이 21세기에 한국 샤머니즘과 민간신앙에 대하여 취해야 할
       바람직한 자세 285
    16) 가톨릭이 21세기에 한국 불교에 대하여 취해야 할 바람직한 자세 286
    17) 가톨릭이 21세기에 한국 유교에 대하여 취해야 할 바람직한 자세 287
    18) 가톨릭이 21세기에 한국 신종교들에 대하여 취해야 할 바람직한 자세 288
  3. 결 론 289

XI. 한국음악학 / 김수정 291
  1. 서 론 291
  2. 결과분석 291
    2.1 응답자의 특성 292
    2.2 한국 내에서 가톨릭교회의 지역음악문화에 대한 기여 292
      1) 지난 20세기 100년 동안 한국 가톨릭교회가 한국음악에 기여한 분야 292
      2) 지난 20세기 100년 동안 한국 가톨릭교회가 한국음악에 가장 크게
         기여한 시기 293
      3) 한국문화 내에 가톨릭교회의 주체적 수용에 대한 사례 294
      4) 로마 가톨릭교회 전례음악의 대표적 장르인 그레고리오 성가의
         한국근대음악 형성에 기여정도 294
      5) 지난 100년 동안 한국가톨릭교회음악의 한국음악 전반에 대한 기여에
         대한 평가와 사례 295
    2.3 교회음악의 한국화 문제 296
      1) 한국 가톨릭교회음악 내의 한국음악적 언어의 특성 296
      2) 가톨릭교회 전례음악에 서양악기와 한국전통악기의 사용에 대한 평가 296
      3) 한국화의 입장에서 서양의 음악적 언어와 우리 전통민요의 장단과
         가락을 혼용하여 작곡된 창작곡들에 대한 평가 297

차 례

  4) 서양음악으로 대표되는 가톨릭교회음악의 전통과 한국전통음악의
    융화 가능성과 방법 ·· 297
 2.4 현 교회음악에 대한 인식 ·· 298
  1) 한국 가톨릭교회의 번안성가들과 창작곡들에 대한 의견 ····················· 298
 2.5 교회음악의 당면과제 ·· 298
  1) 서양색이 짙은 한국가톨릭교회음악의 한국화 과정에 있어서의
    장애요소 ·· 298
  2) 가톨릭음악인들의 활동정도 ··· 299
  3) 한국의 가톨릭교회음악이 안고 있는 다루어야 할 중요한 문제 ············· 299
3. 결 론 ·· 300

XII. 한국조형예술 / 김수정 ·· 303
1. 서 론 ·· 303
2. 결과분석 ·· 303
 2.1 응답자의 특성 ·· 304
 2.2 결과분석 ·· 304
  1) 한국조형예술과 구별되는 한국가톨릭조형예술의 특성에 대한 견해와
    대표 조형물 ·· 304
  2) 지난 100년 동안 한국 가톨릭조형예술이 한국의 다른 일반조형예술에
    대한 기여 여부 ·· 305
  3) 지난 100년 동안 한국 가톨릭교회가 한국조형예술에 가장 크게 기여한
    시기와 분야 ·· 306
  4) 지난 100년 동안 가톨릭교회의 조형예술이 한국의 다른 일반조형예술에
    기여한 바가 적은 이유 ··· 307
  5) 가톨릭교회 내에 한국전통의 미(美)를 드러내는 조형예술의 필요성 ········· 308
  6) 한국전통의 아름다움을 표현하기 위해 가톨릭건축물을 증축하거나
    개축하는 것에 대한 필요성 공감여부 ·· 309
  7) 한국 가톨릭교회 안에서 "서양의 미"와 "한국의 미"가 가장 잘 조화된
    가톨릭조형예술물과 가장 부조화한 조형예술물의 예 ························· 310
  8) 한국 가톨릭교회의 조형예술의 문제점 ·· 310
  9) 한국 가톨릭교회가 조형예술 분야에서 함께할 수 있는 대안 ·············· 311
  10) 한국 가톨릭교회의 조형예술에 대한 전반적인 조언 ·························· 311
3. 결 론 ·· 312

차 례

XIII. 한국·동양철학 / 이성우 315
  1. 서 론 315
  2. 응답자 분석 315
  3. 한국의 전통 사상과 한국 가톨릭교회 316
    3.1 한국 가톨릭교회에 지대한 영향을 준 전통 사상 316
    3.2 가톨릭교회가 가장 미흡하게 수용한 전통 사상 317
    3.3 가톨릭교회가 배타적 입장을 견지하는 전통 사상 318
    3.4 가톨릭교회가 수용해야 할 전통 사상 319
    3.5 가톨릭교회가 한국 사회에 미친 사상적 영향 319
      1) 가톨릭교회가 한국 철학 발전에 기여한 점 319
      2) 가톨릭교회가 한국의 사상적 근대화에 기여한 점 320
      3) 가톨릭교회가 계몽·인권·민주화 운동에 기여한 사상적 영향에 대한 평가 321
    3.6 가톨릭교회가 한국의 사상적 발전을 위해 기여할 수 있는 분야와 영역 322
    3.7 가톨릭교회의 사상적 장점과 단점 322
    3.8 기타 가톨릭교회의 철학발전에 필요한 조언이나 제안 323
  4. 결 론 323

부 록
  I-[국문학] 325
  II-[국사학] 327
  III-[동양사·동북아역사] 330
  IV-[문화 인류학·민속학] 332
  V-[법학] 334
  VI-[사회복지학] 338
  VII-[여성학·여성운동] 340
  VIII-[정치학] 342
  IX-[종교사회학] 344
  X-[종교학] 346
  XI-[한국음악학] 348

차 례

XII-[한국조형예술] 350
XIII-[한국·동양철학] 353
XIV-[행정학] 355

제3부 전문가 조사 응답자명단

조사응답자 명단 361
연구자 명단 368

표 차례

제1부

- \<표 1-1\> 20세기 한국사회발전에 가장 기여한 종교의 종교별 태도 분포 42
- \<표 1-2\> 20세기 한국근대화에 가장 큰 기여주체에 대한 종교별 태도분포 44
- \<표 1-3\> 해방 이전 천주교가 조선사회발전에 기여한 분야에 대한 종교별 태도분포 47
- \<표 1-4\> 20세기 한국근대화에 천주교의 가장 큰 기여분야에 대한 연령별 태도분포 48
- \<표 2-1\> 전래 이후 한국사회와의 관계에서 범한 가장 큰 과오 54
- \<표 2-2\> 교난의 가장 적합한 대체용어에 대한 연령별 태도분포 55
- \<표 2-3\> 한국문화사에서 가장 기여가 클 분야에 대한 종교별 태도분포 59
- \<표 2-4\> 한국문화사에서 가장 기여가 클 분야에 대한 종교별 태도분포 60
- \<표 3-1\> 한국종교의 사회적 영향력 확대여부 63
- \<표 3-2\> 한국종교의 대사회적 역할(봉사/구제활동 등)정도 평가 64
- \<표 3-3\> 한국종교의 시대변화 적응도 평가 65
- \<표 3-4\> 한국 종교지도자들의 자질우수성 평가 66
- \<표 3-5\> 한국 종교의 개인의 영적·정신적 문제해결여부 정도 평가 67
- \<표 3-6\> 한국 종교의 종교본연의 역할 수행정도 평가 68
- \<표 3-7\> 한국 종교의 금전적 기여요구정도 평가 69
- \<표 3-8\> 한국 종교인들의 비신자 환대정도 평가 70
- \<표 3-9\> 한국 종교의 지켜야 할 규율/교리 강조여부 평가 71
- \<표 3-10\> 천주교의 역할 및 활동평가 경향요약 72
- \<표 3-11\> 현 단계 천주교에서 투명성이 낮은 분야에 대한 성별 태도분포 74
- \<표 3-12\> 해방 후 천주교의 양적 팽창원인 76
- \<표 3-13\> 현 단계 한국종교의 최우선 역점분야 77
- \<표 4-1\> 천주교의 헌금 우선 사용희망 분야 82
- \<표 4-2\> 미래 동북아에서 천주교의 주요 역할희망분야 86
- \<표 4-3\> 미래 천주교 교세전망 87

표 차례

<표 4-4> 현 단계 천주교의 최우선 해결과제나 문제점 ······················ 88
<표 5-1> 응답자의 연령분포 ·· 92
<표 5-2> 응답자의 종교분포 ·· 93
<표 5-3> 전공분포 ·· 95

■부록
<표 1> 20세기 한국사회발전에 가장 기여한 종교 ································ 99
<표 2> 20세기 천주교모습 연상시 최우선 연상요소 ···························· 99
<표 3> 20세기 한국근대화에 가장 큰 기여주체 ································· 100
<표 4> 해방 이전 천주교가 조선사회발전에 기여한 분야 ··················· 100
<표 5> 20세기 한국근대화에 천주교의 가장 큰 기여분야 ··················· 101
<표 6> 20세기 한국근대화에 천주교의 최고 기여주체 ······················· 101
<표 7> 천주교 전래 이후 한국사회에 가장 큰 변화초래영역 ············· 102
<표 8> 해방 후 천주교의 양적 팽창 원인 ·· 102
<표 9> 천주교 전래 이후 한국사회와의 관계에서 범한 가장 큰
       과오 ·· 103
<표 10> 교난의 최적대체용어 ··· 103
<표 11> 한국인이 가장 이해하기 어려운 천주교 교리 ························ 104
<표 12> 현 단계 천주교의 외래문화 성격유지여부 ····························· 104
<표 13> 천주교의 모습 중 가장 서구적 요소 ····································· 105
<표 14> 현 단계의 천주교 사제상 ·· 105
<표 15> 현 단계 천주교의 최우선 역점분야 ······································· 106
<표 16> 현 단계 천주교에서 가장 투명성이 낮은 분야 ······················ 106
<표 17> 천주교의 교세전망 ··· 107
<표 18> 현 단계 천주교의 최우선 해결과제나 문제점 ························ 107
<표 19> 천주교 헌금의 최우선 사용 희망처 ······································· 108
<표 20> 인근지역사회를 위한 천주교 기여희망분야 ··························· 108
<표 21> 천주교의 한국사회에 대한 영향력증가여부 ··························· 109
<표 22> 천주교의 대사회적인 역할 정도 평가 ··································· 109
<표 23> 천주교의 시대변화 적응도 평가 ·· 110
<표 24> 천주교 성직자의 자질정도 평가 ·· 110
<표 25> 천주교의 영적·정신적 문제에 대한 해답제공정도 평가 ······· 111
<표 26> 천주교의 종교본연역할 수행정도 평가 ································· 111
<표 27> 천주교의 금전적 기여요구정도 평가 ····································· 112

표 차례

<표 28> 신자들의 비신자 환대정도 평가 ················· 112
<표 29> 지켜야 할 규율/교리 강조여부 평가 ················· 113
<표 30> 종교 다원사회 안에서 천주교의 최우선 역점과제 ········· 113
<표 31> 한국문화사에서 천주교가 가장 크게 기여할 분야 ········· 114
<표 32> 바람직한 미래의 천주교와 국가관계 ················· 114
<표 33> 미래 동북아에서 천주교의 주요 역할희망 분야 ·········· 115

제2부

2-I

<표 1> 한국문학 응답자의 특성 ······················· 126
<표 2> 가톨릭교회의 한국문화 기여(중복응답) ············· 127
<표 3> 가톨릭교회의 한국문학 기여시기 ················· 128
<표 4> 교회의 근대문학 형성에 기여 ··················· 129
<표 5> 가톨릭 이념을 가장 많이 수용한 갈래 ············· 133
<표 6> 교회가 한국 언어문화에 미친 영향 ··············· 136
<표 7> 교회의 한글 보급과 지식의 대중화에 대한 평가 ······· 138
<표 8> 가톨릭 문학이 다루어야 할 과제 ················· 139

2-II

<표 1> 인구사회학적 정보 ························ 144
<표 2> 임진왜란 당시 기원설 ······················· 145
<표 3> 천진암 강학회 기원설 ······················· 145
<표 4> 수용 당시 실학자들의 인식 ··················· 146
<표 5> 백정의 평등 의식 수용 ······················· 146
<표 6> 한국 근대화에 대한 기여도 ··················· 147
<표 7> 일제시대 교회의 역할 ······················· 148
<표 8> 일제의 신학교 폐쇄에 대한 평가 ················· 148
<표 9> 북한 교회사에 대한 인지도 ··················· 149
<표 10> 제2공화국 당시 천주교의 영향력 ··············· 150
<표 11> 공권력의 명동 성당 투입에 대한 인식 ············· 150

표 차례

■ 2-III
- <표 1> 인구사회학적 정보 155
- <표 2> 동양근대화에 영향시기 155
- <표 3> 동양가톨릭사의 대표적인 서양인물(중복응답) 158
- <표 4> 동양가톨릭사의 대표적인 동양인물(중복응답) 159
- <표 5> 동양역사에 큰 영향을 가톨릭계 저술(중복응답) 160
- <표 6> 서양사 관점에서의 가톨릭 역할 162
- <표 7> 중국 가톨릭의 전망 163
- <표 8> 일본 가톨릭의 전망(중복응답) 164
- <표 9> 가톨릭에 대한 제언 164

■ 2-IV
- <표 1> 인구사회학적 정보 168
- <표 2> 조상제사로 인한 가톨릭신자 박해의 입장 169
- <표 3> 성인유해공경에 대한 한국전통 관점에서의 해석 ... 169
- <표 4> 신자들의 성물소지에 대한 한국전통 관점에서의 해석 171
- <표 5> 성모마리아 공경과 전통의 동일형태 존재여부 171
- <표 6> 주보성인과 동일형태 한국전통에 존재여부 172
- <표 7> 가톨릭의 한국고유전통에 대한 태도 평가 174

■ 2-V
- <표 1> 응답자 인구통계학적 특성 181
- <표 2> 응답자 측정항목 181
- <표 3> 법적용의 형평성·중요도·적절성 184
- <표 4> 종교단체의 법적지위·중요도·적절성 186
- <표 5> 종교갈등에 대한 국가개입·중요도·적절성 189
- <표 6> 정책관여·중요도·적절성 191
- <표 7> 사제에 대한 세금부과·중요도·적절성 194
- <표 8> 헌금파악과 회계투명성·중요도·적절성 197
- <표 9> 국가기관 내 종교제도 허용·중요도·적절성 200
- <표 10> 국가공휴일과 종교색채·중요도·적절성 201
- <표 11> 문화재보호 및 환경 보호·중요도·적절성 202

표 차례

<표 12> 사회복지시설 운영·중요도·적절성 ······················· 204
<표 13> 종교언론·중요도·적절성 ······························· 206
<표 14> 종교정책 중요도 순위 ································ 212
<표 15> 종교정책 적절성 순위 ································ 212
<표 16> 영역별로 분류된 종교정책유형 ·························· 214

■ 2-Ⅵ
<표 1> 인구사회학적 정보 ··································· 216
<표 2> 기여 1순위 ··· 217
<표 3> 기여 2순위 ··· 217
<표 4> 한국사회복지사에서 가장 기여한 시기 ····················· 218
<표 5> 가톨릭이 가장 기여하지 못한 복지영역 ···················· 219
<표 6> 사회복지 발전에 가장 기여한 시기 ······················· 220
<표 7> 가톨릭의 근대적 사회복지 통로역할에 대한 동의여부 ········· 220
<표 8> 현재 시점에서 포기할 영역 ····························· 221
<표 9> 미래 기여희망 1순위 ·································· 223
<표 10> 미래 기여희망 2순위 ································· 223
<표 11> 수도회가 하기에 적합한 복지 1순위 ····················· 224
<표 12> 수도회가 하기에 적합한 복지 2순위 ····················· 225
<표 13> 대규모 시설의 장점 ·································· 225
<표 14> 대규모 시설의 단점 ·································· 225
<표 15> 꽃동네가 사회문제가 되는 이유 ························· 226

■ 2-Ⅶ
<표 1> 응답자 연령 ·· 232
<표 2> 응답자 종교 ·· 232
<표 3> 한국 여성에 대한 긍정적 요소(중복응답) ·················· 233
<표 4> 1970년대 이후 가톨릭 여성의 활동(중복응답) ·············· 234
<표 5> 한국 여성들을 위한 가톨릭교회의 노력(중복응답) ··········· 235
<표 6> 가정 안에서의 양성평등 실현정도 ························ 236
<표 7> 사회 안에서의 양성평등 실현정도 ························ 237
<표 8> 제도적 차원에서의 양성평등 실현정도 ····················· 237
<표 9> 양성평등 실현의 기여여부 ······························ 238

표 차례

<표 10> 교회 안에서의 양성평등 실현정도 239
<표 11> 가톨릭 여성의 특성(중복응답) 240
<표 12> 이상적인 여성상(3가지 요인) 240
<표 13> 가톨릭 여성의 과제(중복응답) 241
<표 14> 가톨릭교회의 과제(중복응답) 242

■ 2-VIII
<표 1> 인구사회학적 정보 246
<표 2> 한국의 근대화와 가톨릭교회의 연구영역 246
<표 3> 한국 가톨릭 교회와 정치발전 247
<표 4> 248
<표 5> 249
<표 6> 250
<표 7> 250
<표 8> 251
<표 9> 252
<표 10> 253
<표 11> 253
<표 12> 254
<표 13> 255
<표 14> 256

■ 2-IX
<표 1> 인구사회학적 정보 260
<표 2> 바람직한 연구접근 영역 260
<표 3> 가톨릭의 20세기 한국사회발전 기여 1순위 261
<표 4> 가톨릭의 20세기 한국사회발전 기여 2순위 262
<표 5> 가톨릭의 20세기 한국사회발전 기여 3순위 262
<표 6> 한국교회의 고유성 형성 이유 263
<표 7> 가톨릭이 긍정적 위신이 높은 집단으로 평가받는 이유 264
<표 8> 한국종교문화에 이질적인 가톨릭적 요소 265
<표 9> 일제 시대에 사회참여 부족 이유 266

표 차례

<표 10> 1987년 이후 가톨릭의 사회적 역할 축소이유 266
<표 11> 3대종교의 해방이후 교세확장원인 267
<표 12> 최근 종교인구의 정체이유 268
<표 13> 21세기에 가톨릭이 기여할 영역 269
<표 14> 종교다원주의하의 미래역할 269

■2-X

<표 1> 인구사회학적 정보 274
<표 2> 한국종교문화에 가장 크게 기여한 내용(중복응답) 275
<표 3> 한국종교문화에 가장 걸림돌이 된 내용(중복응답) 276
<표 4> 100년 동안 한국 종교간 대화에 기여한 점(중복응답) 276
<표 5> 100년 동안 한국 종교간 대화에 장애가 된 점(중복응답) 277
<표 6> 가톨릭이 21세기에 담당할 사명(중복응답) 278
<표 7> 21세기에 한국종교문화에 협력할 요소(중복응답) 279
<표 8> 지난 100년 동안 샤머니즘과 민간신앙에 대해 취한 자세
        (중복응답) 280
<표 9> 지난 100년 동안 불교에 대해 취한 자세 평가(중복응답) 280
<표 10> 지난 100년 동안 유교에 대해 취한 자세 평가(중복응답) 281
<표 11> 지난 100년 동안 신종교에 대해 취한 자세 평가
        (중복응답) 282
<표 12> 샤머니즘과 민간신앙에 대하여 취하는 자세 평가
        (중복응답) 283
<표 13> 현재 불교에 대하여 취하는 자세 평가(중복응답) 283
<표 14> 현재 유교에 대하여 취하는 자세 평가(중복응답) 284
<표 15> 현재 신종교에 대하여 취하는 자세 평가(중복응답) 285
<표 16> 21세기 샤머니즘과 민간신앙에 취해야 할 바람직한 자세
        (중복응답) 286
<표 17> 가톨릭이 21세기 불교에 취해야 할 바람직한 자세
        (중복응답) 286
<표 18> 21세기 유교에 취해야 할 바람직한 자세(중복응답) 287
<표 19> 21세기 신종교에 취해야 할 바람직한 자세(중복응답) 288

표 차례

■ 2-XI

<표 1> 인구사회학적 정보 ··· 292
<표 2> 가톨릭교회의 한국음악 기여분야 ································· 292
<표 3> 가톨릭교회가 한국음악에 가장 크게 기여한 시기 ········ 293
<표 4> 가톨릭교회의 주체적 수용에 대한 의견 ······················· 294
<표 5> 그레고리오 성가의 한국근대음악 기여 ························ 295
<표 6> 한국가톨릭교회음악의 한국음악 전반에 대한 기여와 사례 ·· 295
<표 7> 가톨릭교회음악의 한국적 요소 ···································· 296
<표 8> 교회전례음악의 동서양 악기의 혼용에 대한 견해 ········ 296
<표 9> 교회창작음악의 한국화 가능성 ···································· 297
<표 10> 교회음악과 한국전통음악의 융화에 대한 견해 ··········· 297
<표 11> 번안성가와 창작곡의 비교 ··· 298
<표 12> 교회음악의 한국화 장애원인 ······································ 299
<표 13> 일반인들의 가톨릭음악인과의 접촉 ··························· 299
<표 14> 한국교회음악의 당면과제(중복응답) ·························· 300

■ 2-XII

<표 1> 인구사회학적 정보 ··· 304
<표 2> 가톨릭 조형예술에 대한 특성 평가 ······························ 304
<표 3> 교회의 한국조형예술 기여 여부 ·································· 305
<표 4> 가톨릭교회가 한국조형예술에 기여한 시기 ················· 306
<표 5> 조형예술에 대한 가톨릭교회의 자세(중복응답) ············ 307
<표 6> 교회가 한국조형예술에 적극적으로 영향을 미치지 못하는
        이유(중복응답) ·· 308
<표 7> 교회 내에 한국전통 미(美)의 필요성 ···························· 308
<표 8> 교회 건축물의 한국적 증축과 개축 ······························ 309
<표 9> 가톨릭 조형예술의 문제점 ··· 310

■ 2-XIII

<표 1-1> 응답자의 성별과 연령 ··· 316
<표 1-2> 응답자의 종교 ··· 316

표 차례

<표 1> 한국 가톨릭교회에 큰 영향을 미친 전통 사상들 ·················· 316
<표 2> 가톨릭교회가 가장 미흡하게 수용한 전통 사상 ················ 317
<표 3> 가톨릭교회가 배타적 입장을 견지하는 전통 사상 ·············· 318
<표 4> 가톨릭교회가 수용해야할 전통 사상 ································ 319
<표 5> 가톨릭교회가 한국 철학 발전에 기여한 점 ························ 320
<표 6> 가톨릭교회가 한국의 사상적 근대화에 기여한 점 ·············· 320
<표 7> 가톨릭교회가 계몽·인권·민주화 운동에 기여한 사상적
       영향에 대한 평가 ·· 321
<표 8> 가톨릭교회가 한국의 사상적 발전을 위해 기여할 수 있는
       분야와 영역 ·· 322
<표 9> 가톨릭교회의 사상적 장점 ·· 322
<표 10> 가톨릭교회의 사상적 단점 ·· 323

그림차례

|제1부|

<그림 1-1> 20세기 한국사회발전에 가장 기여한 종교 42
<그림 1-2> 20세기 한국근대화에 가장 큰 기여주체 43
<그림 1-3> 20세기 한국천주교 모습 연상시 최우선 연상요소 45
<그림 1-4> 해방 이전 천주교가 조선사회발전에 기여한 분야 46
<그림 1-5> 20세기 한국근대화에 천주교의 가장 큰 기여분야 47
<그림 1-6> 20세기 한국근대화에 천주교의 최고기여 주체 49
<그림 1-7> 천주교 전래 이후 한국사회에 가장 큰 변화초래영역 50
<그림 2-1> 천주교 전래 이후 한국사회와의 관계에서 범한 가장
          큰 과오 54
<그림 2-2> 교난의 최적대체 용어 55
<그림 2-3> 현 단계 천주교의 외래문화 성격유지 여부 56
<그림 2-4> 현재 천주교의 모습 중 가장 서구적 요소 57
<그림 2-5> 한국인이 가장 이해하기 어려운 천주교 교리 58
<그림 2-6> 한국문화사에서 천주교가 가장 크게 기여할 분야 59
<그림 3-1> 천주교회의 사회적 영향력 확대여부 64
<그림 3-2> 천주교회의 대사회적 역할(봉사/구제활동 등)정도 평가 65
<그림 3-3> 천주교회의 시대변화 적응도 평가 66
<그림 3-4> 천주교회 성직자의 자질의 우수성 평가 66
<그림 3-5> 천주교의 영적·정신적 문제에 대한 해답제공 정도
          평가 68
<그림 3-6> 천주교의 종교 본연역할 수행정도 평가 69
<그림 3-7> 천주교의 금전적 기여 요구정도 평가 70
<그림 3-8> 천주교 신자들의 비신자 환대정도 평가 71
<그림 3-9> 천주교 신자들의 지켜야 할 규율/교리 강조여부 평가 72
<그림 3-10> 현 단계 천주교에서 가장 투명성이 낮은 분야 73
<그림 3-11> 현 단계의 천주교사제상 75
<그림 3-12> 현 단계 천주교의 최우선 역점분야 77
<그림 4-1> 개신교인의 헌금 우선 사용희망 분야 82
<그림 4-2> 개신교인들이 지역사회에 기여하기를 희망하는 활동 83
<그림 4-3> 천주교가 지역사회를 위하여 기여하기를 희망하는
          활동 83
<그림 4-4> 종교다원사회안에서 천주교의 최우선 역점과제 84

그림차례

<그림 4-5> 바람직한 미래의 정교관계 ··· 85
<그림 5-1> 응답자의 성별분포 ··· 91
<그림 5-2> 응답자의 종교분포 ··· 93
<그림 5-3> 전공분포 ·· 94

|제2부|

●2- V
<그림 1> 국가와 종교단체간의 정책평가 개념도 ······························· 183
<그림 2> 종교정책 우선순위 ·· 207
<그림 3> 종교정책별 중요도와 적절성 비교 ······································ 211
<그림 4> 종교정책 포트폴리오 모델 ··· 213
<그림 5> 종교정책의 중요도·적절성에 대한 포트폴리오 ·················· 214

제1부

서 론

Ⅰ. 조사배경 및 목적

1. 조사배경

아시아 지역은 그리스도교의 선교가 성공하지 못한 대륙이다. 아시아 선교 500년 역사를 통해 인구의 2% 미만을 신자로 얻었기 때문이다. 이러한 현상은 같은 기간 동안 중남미가 가톨릭 대륙이 된 것과 아프리카 지역이 급속하게 그리스도교화된 것과 대조되는 결과이다. 서구 열강에 의해 강제로 그리스도교화된 필리핀과 세계 최대의 이슬람 국가이면서도 아시아 지역에서 두번째로 그리스도교 신자비율이 높은 인도네시아(11%)를 제외하면 한국만이 유일하게 신자화율 3%를 넘는다. 가톨릭 신자 수는 남한 인구의 9%에 불과하지만 개신교를 포함하면 그리스도교인수는 전체 인구의 25%에 육박한다. 사실상 그리스도교는 한국의 지배적인 영향력을 갖는 종교 가운데 하나가 된 것이다. 지리적으로 인접한 일본이 인구의 0.9%만이 그리스도교 신자인 것과 사회주의하의 중국 애국교회가 인구의 1%에도 못미치는 현상과 비교할 때 한국의 사례는 그 자체가 연구와 관심의 대상이다. 유구하고 독특한 종교문화 전통을 가진 나라에서 이런 현상이 나타날 수 있는 것은 새뮤얼 헌팅톤(Samuel Huntington)이 문화권의 경계가 종교의 경계이고, 사실상 다른 종교가 이 경계를 넘는 것이 불가능하리라고 한 주장과는 모순되는 사례가 아닐 수 없다. 이러한 특성 탓에 '한국 근현대 100년 속의 그리스도교' 현상은 비단 한국의 연구자들만이 아니라 전 세계 종교 연구자들에게도 지대한 관심사가 되고 있다. 그러나 이러한 관심만큼 연구 성과는 많지 않았기에 본격적인 학문적 연구의 필요성과 요구가 더욱 절실하다.

이처럼 고유한 한국의 문제 상황과 필요성에 입각하여 본 연구의 참여자는 물론, 가톨릭을 연구하는 학자들과 관심자들에게 ① 한국의 종교문화와 주변국가 종교문화와의 차이, ② 지난 100년 사이 급격한 신자 증가가 일어난 정치, 사회, 문화적 배경, ③ 한반도의 굴절된 역사 안에서 여전히 수적으로 소수이면서도 사회적 위신이 높은 종교가 된 배경과 그 위신(prestige)의 원천 ④ 아시아인들이 여전히 그리스도교에 적대감을 갖는 반면, 한국사람이 그리스도교에 호감을 갖는 이유 ⑤ 가톨릭의 한국문화와의 접합(接合), 습합(褶合) 과정. 접합과 습합 과정에서의 주체문제. 이 때 배경으로 작용한 사상, 문화적 요인들(factors), ⑥ 아시아 선교사에서 사회 정의와 사회복지의 종교로 정형화된 듯 보이는 가톨리시즘(catholicism)이 실제 한국의 근대화에 미친 영향, ⑦ 가톨릭교회가 주요한 사회적 역할 주체로서 한국의 정치와 사회 변동과정에 미친 영향과 현재의 위상 등을 규명하여 이후의 학문발전을 위한 기초자료로 제공하려는 것이 본 조사 연구의 시작 배경이다.

2. 조사목적

가톨릭교회와 한국사회의 지난 200년간의 문화접변과정에서 나타난 현상에 대한 다각적인 평가를 시도함으로써 "근·현대 100년 속의 가톨릭교회" 프로젝트에 필요한 정보를 수집하고, 가톨릭교회와 한국사회문화의 상호관계에 대한 객관적 접근과 방법론적 도구를 구상하며 미래 가톨릭교회의 역할과 선교, 사목의 방향을 제시할 참조자료를 만드는 데 전문가 사회조사의 목적이 있다.

II. 조사결과의 활용

1. 교회의 역할과 사목방향제시
* 가톨릭교회의 제 측면에 대한 다각적 평가
* 가톨릭교회의 미래사목방향수립의 과학적인 기초자료
* 지속적이고 체계적인 선교 사목정책 수립 기초자료

2. 가톨릭교회에 대한 객관적 분석과 검증
* 추진 중인 가톨릭교회의 과제의 적절성, 효과성 및 방향성을 객관적으로 검증
* 가톨릭교회정책의 바람직한 방향과 추진절차 및 방법에 대한 시사점 제공

3. 정부 정책자료
* 가톨릭과 건설적인 관계 형성을 위한 정책수립 기초자료

4. 전문 연구정보 제공
* 가톨릭의 인접분야 연구자와 관심자들에게 객관적인 데이터로 활용

Ⅲ. 주요 조사내용

본 연구 설문은 인구사회학적 정보를 포함하여 37개의 설문으로 구성하였는데, 조사 대상자 전원에게 공통적인 질문으로 가톨릭교회와 한국사회 근대화와의 상관관계, 근대화에 기여 정도, 문화적 토착화, 종교적 습합, 문화접변 현상에 대한 인식을 파악하는 질문을 중심으로 구성되어있다(폐쇄형 질문).

또한 전공분야별로 최소 6개에서 최대 18개의 개방형문항은 종교인접분야(가톨릭교회의 분석영역과 관련하여 실제 연구가 이루어진 분야나 종교연구에 실질적으로 관계가 되는 학문)의 전공자들에게 해당 전공과 관련된 심층질문으로 구성되어 있다. 설문은 1회만 실시하고, 보고서는 공통설문과 개별 전문분야를 별도로 작성하였다. 보고서에는 양자에 공통적으로 해당되는 서론과 결과의 해석을 종합하는 장이 포함되었다.

1. 공통설문

1) 과거
(1) 전래 이후 가톨릭교회와 한국사회 간 문화접변의 제(諸) 영역
(2) 가톨릭교회와 한국종교문화의 습합(習合) 여부 및 습합시 나타나는 현상 및 영역
(3) 한국 종교문화사안에서 한국 가톨릭교회의 위치
(4) 한국 사상사안에서 가톨릭교회의 위치와 역할에 대한 평가
(5) 동아시아 그리스도교 선교과정과 조선 선교의 차이와 그 내용에 대한 평가

2) 현재
(1) 가톨릭교회와 근대화·산업화와의 관계 해석
(2) 해방 후 가톨릭교회의 양적 팽창 원인에 대한 해석
(3) 한국사회와 가톨릭교회의 문화접변과정에서 발생한 사건들을 규정하는 주요 용어 평가

3) 미래 전망
(1) 종교다원상황 안에서 가톨릭교회의 사목방향
(2) 문화사·사상사적 측면에서 가톨릭교회의 기여 방향
(3) 바람직한 가톨릭교회와 국가, 시민사회와 시장의 관계에 대한 제안
(4) 동북아 블록화 전망과 그리스도교 특히 가톨릭교회의 역할 전망
(5) 가톨릭교회의 문화적 토착화의 가능성 전망
(6) 가톨릭교회의 보편주의와 한국종교문화와의 관계 전망
(7) 기타 가톨릭교회에 대한 제안 및 건의사항

2. 전공설문

1) 국문학
(1) 한국문학에 기여한 분야
(2) 한국문학에 가장 큰 기여를 한 시기
(3) 천주가사의 한국 근대문학 형성에 대한 기여
(4) 일제강점기 가톨릭 이념을 표방한 작가들의 한국문학에 기여와 한계
(5) 해방 이후 가톨릭 이념을 표방한 작가들의 한국문학에 기여와 한계
(6) 한국의 문학 갈래 중에서 가톨릭 이념이 가장 많이 수용된 갈래
(7) 가톨릭 기관지의 신춘문예에 대한 평가와 가톨릭 문학의 확대방안
(8) 한국 가톨릭교회가 국어학이나 한국의 언어문화에 미친 영향
(9) 한국 가톨릭교회의 한글 보급과 지식의 대중화에 대한 평가
(10) 현재의 시점에서 한국 가톨릭 문학이 다룰 가장 중요한 과제

2) 국사학
(1) 임진왜란 당시 기원설
(2) 천진암 강학회 기원설
(3) 수용 당시 실학자들의 인식
(4) 백정의 평등 의식 수용 여부
(5) 한국 근대화에 대한 기여도
(6) 일제시대 교회의 역할
(7) 일제의 신학교 폐쇄에 대한 평가

(8) 북한 교회사에 대한 인지도
(9) 제2공화국 당시 천주교의 영향력
(10) 공권력의 명동 성당 투입에 대한 인식

3) 동양사
(1) 동양근대화에 영향시기
(2) 동양가톨릭사의 대표적인 서양인물
(3) 동양가톨릭사의 대표적인 동양인물
(4) 동양역사에 큰 영향을 준 가톨릭계 저술
(5) 서양사 관점에서의 가톨릭 역할
(6) 중국 가톨릭의 전망
(7) 가톨릭에 대한 제언

4) 문화인류학·민속학
(1) 조상제사로 인한 가톨릭신자 박해의 입장
(2) 성인유해공경에 대한 한국전통 관점에서의 해석
(3) 신자들의 성물소지에 대한 한국전통 관점에서의 해석
(4) 성모마리아 공경과 전통의 동일형태 존재여부
(5) 주보성인과 동일형태 한국평가전통에 존재여부
(6) 가톨릭의 한국고유전통에 대한 태도

5) 법학·행정학
(1) 법적용의 형평성 문제
(2) 종교단체의 법적 지위문제
(3) 종교갈등에 대한 국가개입 정도
(4) 종교단체의 정치 및 정책 관여문제
(5) 가톨릭 사제에 대한 세금부과
(6) 가톨릭교회의 각종 헌금파악 및 회계투명성
(7) 국가기관 내(군대, 경찰 등) 종교제도 허용
(8) 국가공휴일과 종교색채
(9) 정부의 개발정책과 종교계의 문화재 및 환경보호문제

(10) 종교단체와 국가 간의 사회복지시설 운영문제
(11) 국가와 종교언론기관간의 문제
(12) 종교정책 우선순위
(13) 종교정책에 대한 총평과 정책제언
(14) 종교정책에 대한 중요도·적절성 종합평가
(15) 종교정책의 중요도 및 적절성 순위
(16) 포트폴리오로 분류한 종교정책 시사점

6) 사회복지학
(1) 한국 사회복지 서비스 가운데 가톨릭이 20세기에 가장 큰 기여를 한 분야
(2) 가톨릭이 20세기 한국사회복지에서 가장 큰 기여를 한 시기
(3) 20세기에 가톨릭 사회복지가 가장 기여하지 못한 영역
(4) 근대적 사회복지 통로역할에 대한 동의여부
(5) 현재의 시점에서 가톨릭교회가 포기해야 할 사회복지 영역
(6) 가톨릭이 21세기 초반에(2020년까지) 가장 시급히 참여해야 할 복지영역
(7) 2020년까지 가톨릭교회 수도회가 하기에 적당한 일
(8) 가톨릭이 운영하는 [꽃동네]와 같은 대규모 시설이 갖는 장점과 단점
(9) 기타 가톨릭교회의 사회복지 발전에 필요한 조언이나 제안

7) 여성학
(1) 가톨릭이 한국여성들에게 미친 긍정적인 영향
(2) 가톨릭교회가 근대화 과정에서 여성들을 위해 한 활동
(3) 가톨릭교회가 성평등(性平等) 실현에 기여한 측면
(4) 가톨릭교회 안에서의 성평등 실현정도
(5) 가톨릭 여성의 특성
(6) 개신교 여성과 활동 비교평가(1970년대 이후)
(7) 오늘날 가톨릭교회가 한국 여성들을 위해 노력하는 점
(8) 가톨릭 여성들이 사회 발전을 위해 해야 할 일
(9) 이상적인 여성상
(10) 한국사회에서 성평등의 실현정도
(11) 기타 가톨릭교회에 대한 제안

8) 정치학
(1) 한국의 근대화와 가톨릭교회의 연구영역
(2) 한국 가톨릭교회가 정치발전에 기여한 요소와 그 이유
(3) 가톨릭교회가 정치적 근대화를 저해한 요소와 그 이유
(4) 19세기 교난의 원인
(5) 가톨릭교회의 친일 행동과 교회의 특징
(6) 가톨릭교회와 일제의 정치적 관계
(7) 가톨릭교회의 정치세력화 시도에 대한 찬반 의견
(8) 군부권위주의 시대 교회와 국가권력의 충돌의 의미
(9) 최근 10년 교회와 국가관계에서 교회의 역할
(10) 현대 가톨릭교회의 정치적 영향력
(11) 현대 한국 시민사회에서 가톨릭교회의 지위
(12) 최근 한국 가톨릭교회와 국가 간의 관계유형
(13) 가톨릭 연구에 대한 조언이나 제안

9) 종교사회학
(1) 가톨릭교회와 한국 근대화 관련성 연구시 바람직한 접근영역
(2) 가톨릭교회가 20세기 한국사회발전에 가장 크게 기여한 분야
(3) 가톨릭교회가 아시아 다른 나라와 다르게 독특한 모습을 갖게 된 이유
(4) 가톨릭이 한국사회에서 사회적 위신이 높은 집단으로 평가되는 이유
(5) 가톨릭이 한국 종교문화 안에서 여전히 이질적으로 보이는 요소와 해결방향
(6) 일제시대에 가톨릭이 적극적인 사회참여를 하지 못한 이유
(7) 1987년 이후 한국사회에서 가톨릭의 대사회적 역할이 현저하게 축소된 이유
(8) 해방이후 현재까지 개신교, 불교, 천주교가 교세측면에서 3대종교가 된 원인
(9) 최근 종교인구가 정체 내지는 근소한 성장을 하는 이유
(10) 가톨릭교회가 한국사회 발전을 위하여 21세기에 기여해야 할 영역

10) 종교학
(1) 한국종교문화에 가장 크게 기여한 내용
(2) 100년 동안 한국 종교간 대화에 기여한 점
(3) 100년 동안 한국 종교간 대화에 장애가 된 점

(4) 가톨릭이 21세기에 담당할 사명
(5) 21세기에 한국종교문화에 협력할 요소
(6) 지난 100년 동안 무교(불교, 유교, 신종교)와 민간신앙에 대해 취한 자세평가
(7) 현재 무교 및 민간신앙(불교, 유교, 신종교)에 대하여 취하는 자세평가
(8) 21세기 불교(불교, 유교, 신종교)에 취해야 할 바람직한 자세

11) 한국음악학
(1) 한국근대음악에 기여한 분야
(2) 한국음악에 가장 크게 기여한 시기
(3) 한국문화 내에 가톨릭교회의 주체적 수용에 대한 사례
(4) 그레고리오 성가의 한국근대음악 형성에 대한 기여
(5) 한국가톨릭교회음악의 한국음악 전반에 대한 기여에 대한 평가와 사례
(6) 한국가톨릭교회음악 내의 한국음악적 언어의 특성
(7) 가톨릭교회의 전례음악에 서양악기와 한국전통악기 사용에 대한 평가
(8) 한국 가톨릭교회의 창작곡에 대한 평가
(9) 가톨릭교회음악의 전통과 한국전통음악의 융화 가능성과 방법
(10) 한국 가톨릭교회의 번안성가들과 창작곡들에 대한 의견
(11) 한국가톨릭교회음악의 한국화 과정에 있어서의 장애요소
(12) 가톨릭음악인들의 활동상황
(13) 한국 가톨릭교회음악의 당면문제

12) 한국조형예술
(1) 한국조형예술과 구별되는 한국가톨릭 조형예술의 특성
(2) 한국 가톨릭교회의 조형예술이 한국의 다른 일반조형예술에 기여 여부
(3) 한국 가톨릭교회가 한국조형예술에 가장 크게 기여한 시기와 분야
(4) 조형예술이 한국의 다른 일반조형예술에 기여한 바가 적은 이유
(5) 가톨릭교회 내에 한국전통의 美를 드러내는 조형예술의 필요
(6) 가톨릭 건축물을 증축하거나 개축하는 것에 대한 필요
(7) "서양의 美"와 "한국의 美"의 조화 및 부조화 조형예술물
(8) 한국 가톨릭교회 조형예술의 문제점
(9) 한국 가톨릭교회가 조형예술 분야에서 함께할 수 있는 대안

(10) 한국 가톨릭교회의 조형예술에 대한 전반적인 조언

13) 한국철학
(1) 한국 가톨릭교회에 큰 영향을 미친 전통
(2) 가톨릭교회가 가장 미흡하게 수용한 전통 사상사상들
(3) 가톨릭교회가 배타적 입장을 견지하는 전통 사상
(4) 가톨릭교회가 수용해야할 전통 사상
(5) 가톨릭교회가 한국 철학 발전에 기여한 점
(6) 가톨릭교회가 한국의 사상적 근대화에 기여한 점
(7) 계몽·인권·민주화 운동에 기여한 사상적 영향에 대한 평가
(8) 한국의 사상적 발전을 위해 기여할 수 있는 분야와 영역
(9) 가톨릭교회의 사상적 장점

Ⅳ. 조사의 기본설계

1. 표본설계(Sample Design)

구 분	내 용	
모집단	*학술진흥재단에 등재된 종교 및 종교 인접학문의 전문가 (교수, 박사, 법조계, 고위공무원, 박사급 연구원)	
표본크기	200명	종교분야 및 인접전문가 : 160명
		관련 연구업적자 : 40명
표본추출방법	전문가 (160명, 80%)	학술진흥재단에 등록된 박사소지자 중 종교분야 및 인접전문가 무작위 추출(Random Sampling)
	추천인(40명, 20%)	업적이 검증된 전문가 층화추출(Stratified sampling)
조사방법	설문지 조사 (Questionnaire research)	폐쇄형질문(Closed Question)
		개방형질문(Open-ended Question)
조사기간	2003년 3월 1일~4월 30일(60일간)	
표본오차	±3.1%(5% 신뢰구간)	

2. 자료처리 및 분석방법(Data Processing & Analysis)

서베이 연구에서는 통상적으로 표본을 사용하며, 표본에 포함된 사람들의 의견이나 경험을 물음으로써 조사자가 필요한 자료들을 도출하게 된다. 응답자로부터 자료를 도출하는 방법으로는 대인인터뷰, 우편설문, 전화 서베이, 전자 서베이 등이 있다.[1] 이러한 방법들을 묶어서 서베이 연구방법(survey research methods)이라 하는데, 각각의 방법은 회수율, 심층규명(probing), 후속독촉방법(follow-up), 작성자의 성실성, 익명성 등등에 대하여 장점과 단점을 지니고 있다.[2]

따라서 본 연구는 설문방법에 따른 근본적인 오류를 최소화하고 객관성의 유지와 신뢰성 확보를 위하여 주의 깊게 조사하였다. 본 연구를 수행하기 위하여 수집된 응답자료(raw data)는 Editing, Coding, Punching과 Data Cleaning의 과정을 거친 후 통계프로그램 SPSS 11.0 Windows로 통계처리하였다.

---

[1] 김영종, 『조사방법론』, 학지사, 2001, 169쪽.
[2] 강병서, 『인과분석을 위한 연구방법론』, 무역경영사, 1999, 13-14쪽, 113-144쪽.

제1장 20세기 한국의 근대화와 가톨릭교회의 역할

이 절에서는 한국 근·현대 사회 변동기의 종교의 역할, 그 가운데서도 천주교의 영향을 간접적으로 평가하게 된다. 여기서 다루는 질문들은 간접적으로 20세기 백년간 서양종교인 그리스도교의 전래로 인해 한국사회와 한국의 종교문화가 어떤 변화를 하게 되었는가와 종교가 이러한 변화의 한 주체였는지, 그랬다면 어느 영역에서 어느 정도나 기여한 것인지를 파악하려는 의도였다. 지난 시기 곧 과거의 천주교의 역사적 궤적에 대한 평가를 시도하는 장이라고 할 수 있다.

1.1 한국의 근대화와 한국 종교

먼저 20세기 한국의 근대화 과정에서 그리스도교가 종교 영역에서 차지하였던 비중과 근대화의 여러 요인과 주체 가운데서 차지하는 비중을 살펴보고자 하였다.

1.1.1 지난 20세기 100년 동안 한국사회 발전에 가장 기여한 종교

20세기 100년 동안 한국사회발전에 가장 기여한 한국 종교로는 개신교가 60.8%로 가장 높은 평가를 받았고, 그 다음으로 천주교 33.3%, 민족종교·불교 각 1.6% 순이었다. 개신교와 천주교를 합한 그리스도교[1]의 비중이 94.1%로 20세기의 그리스도교와 한국사회발전이 불가분의 관계였으며, 상대적으로 다른 종교들의 기여가 낮았음을 보여주고 있다.

개신교가 높은 평가를 받은 것은 전래 이후 한국사회에서 전개해온 교육사업, 의료사업, 근대적인 엘리트 양성, 대한민국 건국과정에의 기여, 1970년대부터 정통성이 결여된 국가권력과

---

[1] 한국사회에서 기독교와 개신교를 혼용하는 경우가 일반적이므로 이를 피하기 위해 본 보고서에서는 그리스도교를 사용하기로 한다.

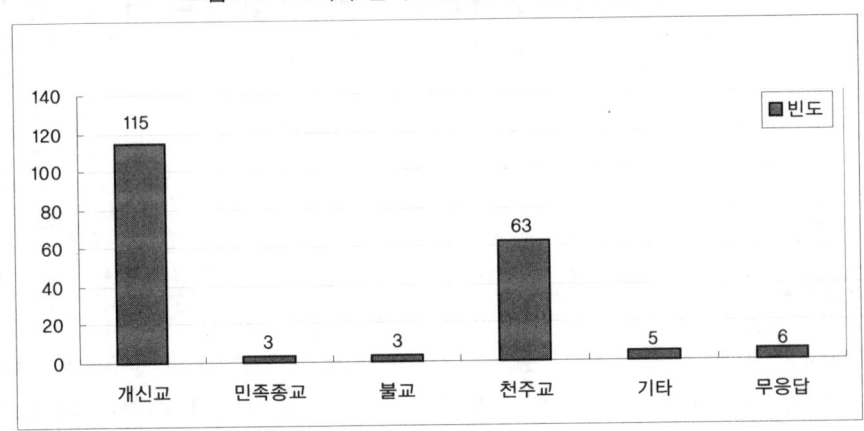

<그림 1-1> 20세기 한국사회발전에 가장 기여한 종교

 충돌하며 사회적 위신을 높여온 과정과 1995년 인구센서스에서 불교(남한 인구의 23.2%) 다음으로 19.7%를 차지하는 교세, 방대한 규모의 교회·성직자수에 이르기까지 한국사회에 직·간접적으로 영향을 미쳐왔거나 미치는 요소들이 복합적으로 작용한 것으로 평가된다. 천주교 역시 높은 기여를 한 것으로 평가받고 있으나 비율은 개신교의 절반에 불과하다. 이 사실은 적어도 한국 전쟁 이전까지는 타당한 평가라고 할 수 있다. 그러나 천주교의 기여비중이 어느 정도였는지와는 관계없이 한국의 근대적 사회변동과정에서 천주교의 역할은 나름대로 평가를 받을 만한 것이라는 점에는 큰 이의가 없어 보인다. 아울러 이 결과는 그리스도교가 지난 백년 동안 종교영역에서 헤게모니를 장악해왔다는 사실을 사회적으로 공인받고 있음을 확인해 주는 것이기도 하다. 종교 영역 안에서 기여비중에 커다란 격차가 존재하는 까닭이다.
 종교별로 살펴보면 의미있는 결과가 나타난다. 무교에서 평균보다 높게 천주교를 긍정적으로 평가하고 있는 것이다(무교 44.4%). 이에 반하여 개신교의 천주교 평가는 14.3%로 전체 평균

<표 1-1> 20세기 한국사회발전에 가장 기여한 종교의 종교별 태도분포

구 분	종 교 (%)								x^2	df	sig.
	무교	불교	기독교	가톨릭	유교	민족종교	기타	전체			
개신교	30.7	7.0	41.2	19.3	1.8			100	39.99	24	.021
민족종교	33.3		33.3				33.3	100			
불교		33.3	33.3	33.3				100			
천주교	44.4	12.7	14.3	20.6		1.6	6.3	100			
기타	60.0	20.0	20.0					100			
전체	35.6	9.6	31.4	19.1	1.1	0.5	2.7	100			

33.3%에 미치지 못하고 있다(천주교의 개신교에 대한 평가도 19.3%로 역시 평균수준 이하). 민족종교의 신자들은 천주교가 가장 큰 기여를 한 종교라고 평가하고 있다.

이 결과에서 바로 유추하기는 어려우나 개신교, 천주교는 상호경쟁심을, 각 종교는 자기 중심주의를, 일부의 타 종교들은 개신교에 비하여 천주교에 더 호감을 갖는다는 사실을 읽어낼 수 있다. 이 사실에 대하여 다음과 같은 해석이 가능하다. 현실에서 경험되는 개신교 일부 교단의 배타주의와 20세기의 역사적 전개과정에서 개신교가 민족종교와 기타 종교에 대하여 취하였던 자기중심적인 태도, 민족종교들에 대한 편견, 또 이를 개신교 정부관료들이 국가정책에 적용했던 경험에 대한 불만이 영향을 주었으리라는 것이다.

1.1.2 지난 20세기 100년 동안 한국 근대화에 가장 기여한 주체

20세기 100년 동안 한국의 근대화에 가장 기여한 주체로는 박정희 정권이 35.4%로 가장 높은 평가를 받았고, 개신교 21.9%, 시민운동 21.3%, 천주교회 7.3%, 일제 3.9% 순으로 기여 정도를 평가받았다. 종교들만을 살펴보면 1.1.1과 다소 차이가 있다. 앞에서는 개신교와 천주교의 기여도 차이가 100 : 54.7이었는데, 전체 역할주체에 대한 평가에서는 무려 3배의 차이로 개신교의 기여도가 높게 나타나기 때문이다. 또 하나 의미 있는 결과는 그리스도교의 기여가 29.2%로 전체의 기여도에서 두번째에 속하였다는 점이다. 이것은 그리스도교가 20세기 한국의 근대적 사회변동 과정에서 어느 정도 긍정적인 역할을 하였다는 사실을 재확인시켜 주는 것이다.

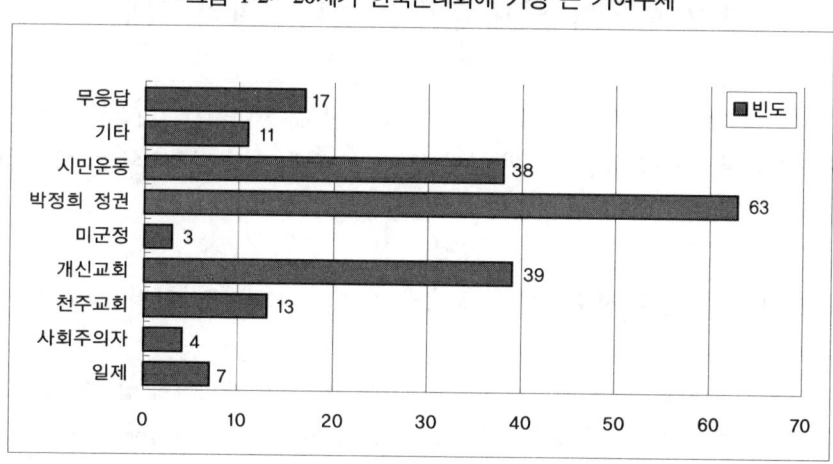

<그림 1-2> 20세기 한국근대화에 가장 큰 기여주체

<표 1-2> 20세기 한국근대화에 가장 큰 기여주체에 대한 종교별 태도분포

구 분	종교 (%)							전체	x^2	df	sig.
	무교	불교	기독교	가톨릭	유교	민족종교	기타				
일 제	42.9	14.3		28.6	14.3			100			
사회주의자	25.0	25.0	50.0					100			
가톨릭	46.2		38.5	15.4				100			
개신교회	10.5		65.8	23.7				100			
미군정	66.7		33.3					100	64.45	42	.015
박정희정권	38.1	9.5	23.8	22.2		1.6	4.8	100			
시민운동	52.6	10.5	21.1	10.5	2.6		2.6	100			
기 타	27.3	27.3	18.2	27.3				100			
전 체	35.6	8.5	32.8	19.2	1.1	0.6	2.3	100			

 종교별로 살펴보면 불교, 유교, 민족종교, 기타 종교인들은 역할 주체에서 종교를 배제한 반면 개신교는 자신들의 기여를 65.8%로 평가해 자기 종교중심주의적 태도를 보이고 있다. 무교에서는 종교에 대한 평가를 어느 정도 인정하면서도 박정희 정권(38.1%)과 시민운동(31.7%)의 역할을 중요하게 봄으로써 종교의 기여정도는 상대적으로 낮게 보고 있다. 종교를 배제하면 본격적인 근대화는 박정희 정권 이후부터 집중적으로 이루어진 것이라는 평가를 내리고 있는 것이다. 일부 종교인들이 자신의 종교에 대하여 자기중심주의적인 태도를 보인데 반해, 타 종교와 무종교인은 종교의 기여도를 낮게 평가하였다.

1.2 한국의 근대화와 가톨릭교회의 역할

 1.1이 한국종교와 한국사회의 여러 역할 주체들 안에서 가톨릭과 그리스도교의 근대화 기여정도를 평가하여 상대적 비중을 살펴본 것이라면 이 절은 앞의 가톨릭의 기여도 범위 안에서 역할주체, 활동, 영역에 대하여 평가하고자 한다.

1.2.1 20세기의 한국 천주교회의 모습을 연상할 때 가장 먼저 떠오르는 요소

 응답 범주에서 거론한 요소들은 20세기 전 기간에 가톨릭과 관련하여 연상할 수 있는 주요 사건이나 단체, 현상들이다. 이 절은 이러한 현상들의 인지정도를 파악해 실제 어느 측면을 교회 밖에서 중요하게 인식하고 있는가를 확인하고자 하였다.

<그림 1-3> 20세기 한국천주교 모습 연상시 최우선 연상요소

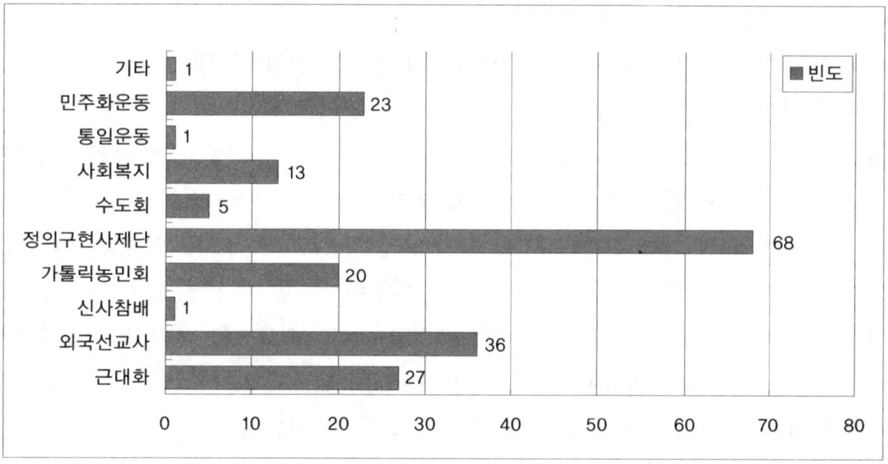

항목	빈도
기타	1
민주화운동	23
통일운동	1
사회복지	13
수도회	5
정의구현사제단	68
가톨릭농민회	20
신사참배	1
외국선교사	36
근대화	27

가장 먼저 떠오르는 요소 가운데서 1순위에 해당하는 것만을 수록하였는데, 정의구현사제단이 34.9%로 가장 높았다. 이어 외국선교사 18.5%, 근대화 13.8%, 민주화운동 11.8%. 가톨릭농민회 10.3%, 사회복지 6.7% 순으로 나타났다. 이 결과에서 읽어낼 수 있는 흥미로운 사실은 가톨릭의 인상이 주로 현대의 사회적 역할경험에 관련되어 있다는 점이다. 상위 6위 안에 1, 4, 5위 세 가지, 비율로는 57%가 가톨릭교회의 대사회적 역할 그 중에서도 사회정치적 역할을 긍정적으로 평가하고 있기 때문이다. 이것은 지성인들이 20세기 전 기간 중 특히 제2차 바티칸공의회(1962~1965년) 이후의 기간에 가톨릭교회가 민주화, 인권운동에 기여한 점을 특히 높이 평가하고 있으며, 가톨릭이 아직은 불교와 같이 오랜 세월 한국사회에 뿌리내려온 바와 달리 사회정의·사회복지적 역할만을 주로 인정받는 아시아적 선교현상을 공유하고 있음을 보여준다.

일반적으로 아시아 지역에서는 그리스도교가 사회정의와 사회복지 측면에서 인정을 받고 있는데, 이 항목에서도 사회복지 비중이 낮은 것을 예외로 하면 가톨릭에 대한 인상은 대체로 기존 시각의 연장선에 있다. 근대화와 관련하여 역할을 인정하는 것과 이와 직간접적으로 관련이 있는 외국선교사의 존재가 비교적 높이 평가된 것도 가톨릭이 한국의 종교문화와 사회와의 관계에서 외재적 변수의 영향력이 상대적으로 중요하였다는 것을 간접적으로 입증해주고 있다. 이 사실은 가톨릭을 여전히 외래종교로 인식하는 경향이 한국사회에서 강한 원인을 부분적으로 설명해 주는 동시에, 상대적으로 이러한 외부자원의 동원이 어려웠거나 불가능하였던 한국의 민족종교들이 근대화에 기여 폭이 좁았던 이유도 잘 보여준다고 할 수 있다.

1.2.2 1901년에서 해방까지 조선의 사회발전에 가톨릭이 기여한 분야

대한제국 시기, 일제 통감부 시기에서 일제시대 전반에 걸쳐 가톨릭교회가 조선의 사회발전에 기여한 분야에 대한 평가에서는 민중계몽 52.9%, 사회복지 17.5%, 고등교육 9.5%, 의료사업 8.5%, 언론 및 문화활동 7.9%, 경제정의실현 1.6%, 기타 1.1%, 정치발전·독립운동 각 0.5% 순으로 나타났다. 민중계몽이 상대적으로 높게 나타난 데 반하여 독립운동이 매우 낮은 평가를 받은 것은 의미 있는 결과이다. 이 시기에 가톨릭교회의 태도와 역할방식이 간접적으로 드러나는 까닭이다. 선교에 치중하여 정치적 역할이나, 독립운동에 소극적이었던 모습이 평가의 대상이었을 것이기에 말이다. 상대적으로 고등교육, 의료사업, 언론 및 문화활동의 비중이 낮은 것은 이 시기에 역할비중이 높았던 개신교에 대비되기 때문으로 해석된다. 그러나 엄밀하게 말하면 이 시기에 천주교의 민중계몽 역할은 적지는 않았지만 이렇게 평가를 받을 만큼의 업적과 기여는 적었다.

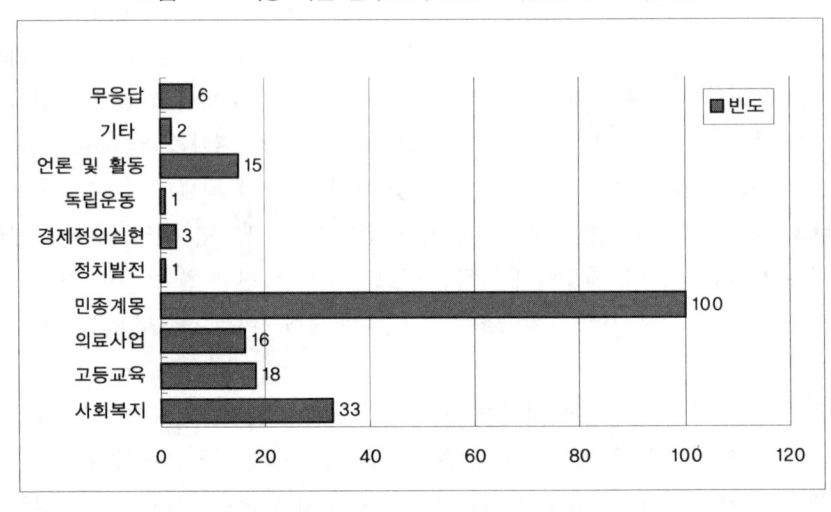

<그림 1-4> 해방 이전 천주교가 조선사회발전에 기여한 분야

개신교인들은 무종교와 다른 종교인들에 비하여 천주교의 사회복지(48.5%), 고등교육(50%)을 높이 평가한데 반하여 민중계몽에 대하여는 24%로 무종교인의 38%보다 낮고, 천주교인의 21%와 비슷하게 평가하였다. 역사적 사실에 대한 지식을 기초로 내린 평가가 아니라는 점에서 의미 있는 결과가 아닐 수 있지만, 대외적 인상이라는 점에서 보면 역시 천주교의 역할이 주로 어느 분야에서 인정받고, 인식되는가를 간접적으로 보여주는 결과로 해석이 가능하다.

<표 1-3> 해방 이전 천주교가 조선사회발전에 기여한 분야에 대한 종교별 태도분포

구분	종교 (%)								x^2	df	sig.
	무교	불교	기독교	가톨릭	유교	민족종교	기타	전체			
사회복지	21.2		48.5	24.2	3.0		3.0	100			
고등교육	27.8	11.1	50.0	11.1				100			
의료사업	37.5	18.8	31.3	12.5				100			
민중계몽	38.0	13.0	24.0	21.0	1.0		3.0	100			
정치발전			100					100	134.22	48	.000
경제정의 실현	100							100			
독립운동				100				100			
언론 및 문화활동	71.4	7.1	14.3	7.1				100			
기 타				50.0		50.0		100			
전 체	36.7	10.1	30.3	19.1	1.1	0.5	2.1	100			

1.2.3 천주교가 지난 20세기 한국의 근대화에 가장 크게 기여한 분야

20세기 전체로 놓고 볼 때는 사회복지가 23.7%로 가장 높은 평가를 받았다. 다음으로는 민중계몽 22.7%, 의식개혁 21.1%, 정치발전 14.9% 순으로 기여정도를 평가하였다. 1.2.1의 천주교를 떠올릴 때 연상되는 요소에서 정치적 역할을 높이 평가한 데 반하여 한국근대화에 대한

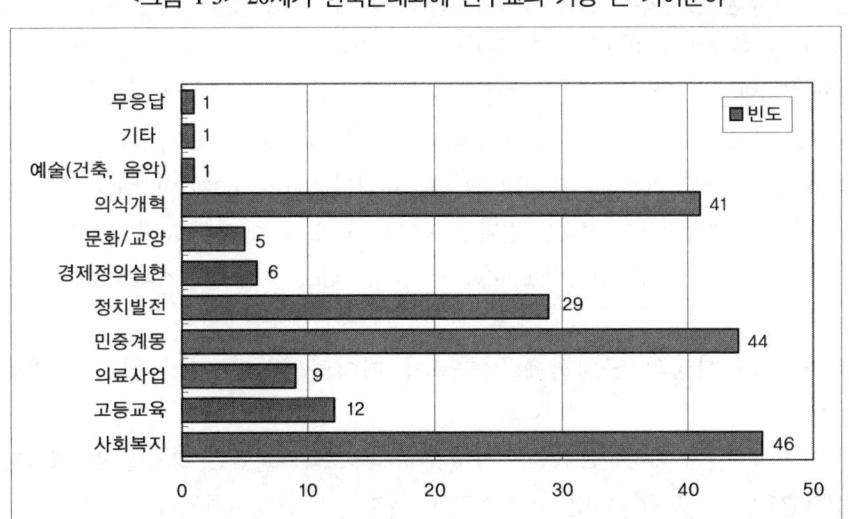

<그림 1-5> 20세기 한국근대화에 천주교의 가장 큰 기여분야

<표 1-4> 20세기 한국근대화에 천주교의 가장 큰 기여분야에 대한 연령별 태도분포

구 분	종 교 (%)						x^2	df	sig.
	20대	30대	40대	50대	60대 이상	전체			
사회복지		23.9	63.0	8.7	4.3	100			
고등교육		8.3	83.3	8.3		100			
의료사업		22.2	22.2	11.1	44.4	100			
민중계몽		22.7	58.6	13.6	6.8	100			
정치발전		20.7	58.6	17.2	3.4	100	134.22	48	.000
경제정의실현			16.7	83.3		100			
문화/교양		40.0	60.0			100			
의식개혁	2.4	29.3	48.8	19.5		100			
예술(건축,음악)			100			100			
기 타			100			100			
전 체	22.7	55.7	16.0	5.2	0.5	100			

기여에서는 사회복지를 가장 높게 평가함으로써 아시아에서 그리스도교 선교가 갖는 특수성을 한국 가톨릭교회도 공유하고 있음이 확인된다. 이 결과에서 흥미로운 사실은 민중계몽과 의식개혁을 높이 평가한 점이다. 이 결과는 간접적으로 앞의 두 긍정적인 역할 분야와 연결된다. 이것은 가톨릭교회의 역할을 통하여 인간의 권리와 사회적 의식이 고양되었다고 평가할 수 있는 측면이 있으므로, 결국 가톨릭교회의 사회정치적 역할의 결과로 해석이 가능하고, 가톨릭교회에 대한 인상과 가톨릭교회의 역할이 어느 측면에서 긍정적으로 평가받았는가를 간접적으로 보여주는 결과라는 면에서 직접적인 연결 가능성을 찾을 수 있다.

40대가 다른 연령대에 비하여 높은 평가를 받은 범주에서 공통적으로 높은 평가를 하였다. 예를 들어 정치발전에서는 58.6%로, 30대의 20.7%, 50대의 17.2%, 60대 이상 3.4%보다 월등하게 높았고, 사회복지에서도 63%로 30대의 23.9%, 50대의 8.7%, 60대 이상 4.3%보다 높았으며, 민중 계몽에서도 56.8%로 30대의 22.7%, 50대의 13.6%, 60대 이상 6.8%보다 높은 평가를 내렸다. 의식개혁에서도 비슷한 결과를 확인할 수 있다. 이것은 40대가 가톨릭의 사회적 역할과 기여에 대하여 다른 연령대에 비해 더 긍정적임을 보여주는 결과로 해석된다.

1.2.4 20세기 한국의 근대화에 천주교가 기여하였다면 가장 큰 기여주체

가장 큰 기여주체에 대하여는 한국인사제가 46.6%로 제일 높은 평가를 받았고, 다음으로 가톨릭신자 25.1%, 수도회 11.0%, 외방전교회 9.4% 순으로 평가하였다. 이 결과에서 사제의 역할이 큰 것과 1.2.1 천주교의 인상에서 천주교정의구현 사제단의 평가가 가장 높게 나타나는 결과 사이에는 상호관련이 있어 보인다.

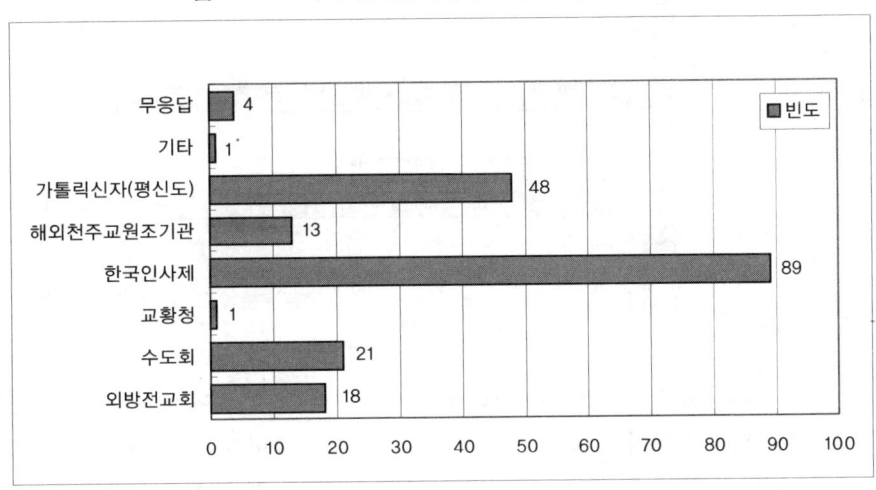

<그림 1-6> 20세기 한국근대화에 천주교의 최고기여 주체

이것은 간접적으로 근대화와 가톨릭교회의 사회정치적 역할과의 관계가 지성인들에게 깊이 숙지된 요소라는 것을 드러내주는 까닭이다. 이 결과로 해석할 수 없다면 다른 종교들에서처럼 사제(성직자)층이 해당 종교에서 높은 정당성을 갖는 일반적인 사실에 비추어 유추할 수 있을 것이다. 이에 비하여 상대적으로 비중이 높았던 수도회는 그리 높지 않은 평가를 받고 있어 응답자들이 가톨릭교회의 내부 논리에 밝지 않다는 것을 간접적으로 보여주고 있다.

1.2.5 천주교 전래 이후 한국사회에 가장 큰 변화초래 영역

가장 큰 변화초래 영역으로는 전통윤리와 가치관이 36.6%로 가장 높았고, 그 다음으로는 사회사상 32.5%, 종교와 철학 21.1% 순이었다. 19세기 말의 문화적 격변과 격변의 과정에서 전래 혹은 선교의 자유가 보장된 그리스도교의 영향력이 확장되어 점차 헤게모니를 장악해온 사실을 실제로 확인해주는 결과로 해석된다. 실제 근대화와 서구화가 동일시되는 분위기가 감지될 만큼 그리스도교 영역에서 서구문화와 가치관의 도입에 가장 열성적이었고, 아직도 이런 경향은 사라지지 않고 있다. 응답범주를 물질적인 영역과 정신적인 영역으로 나누어 설정하였다면 현재의 근대화 이해 수준에서는 물질적인 측면의 기여가 더 높이 평가되었을 것으로 추정된다.

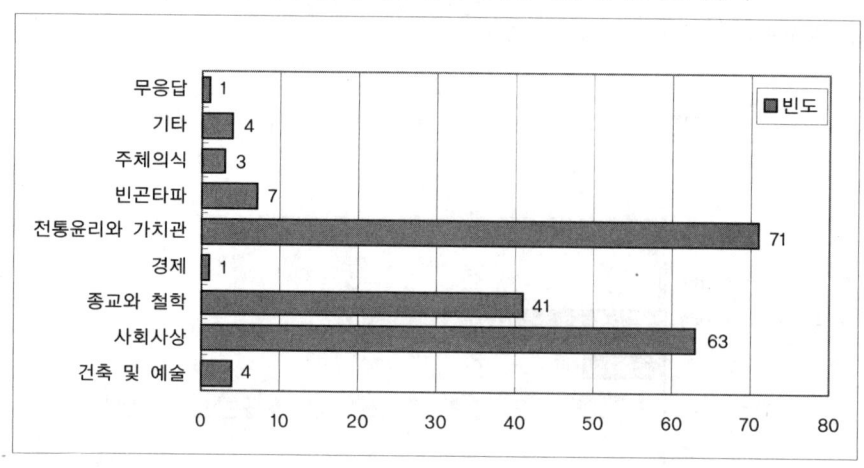

<그림 1-7> 천주교 전래 이후 한국사회에 가장 큰 변화초래영역

그러나 여기서 사용한 범주들은 정신적인 측면의 기여에 대한 것이 대부분이기 때문에 이 요소들 상호간의 비중의 차이를 비교하는 것이 의미가 있을 것이다. 신분질서의 타파, 인간의 권리에 대한 자각, 간접적으로 서구 제도와 문물의 도입을 가능하게 한 정신적인 요소들을 감안하면 천주교의 기여영역이 나름의 의미를 가질 것이다. 여기서는 긍정적인 측면도 적지 않지만 제2장에서 살펴보고자 하는 한국화와 관련해서는 부정적인 의미를 함축하고 있기도 하다.

1.3 소 결

이 결과들을 통하여 천주교가 한국 근대화에 기여한 정도를 비중으로 계산하자면 종교들 가운데서는 1/3 정도이고, 100년간에 기여했던 여러 주체와 견주었을 때는 7.3%로 평가를 받을 수 있다는 사실과 개신교를 포함한 그리스도교의 비중은 더욱 무시할 수 없을 만큼의 비중을 차지하고 있다는 것을 확인할 수 있었다. 그리스도교가 현재와 같이 남한 인구의 1/4을 차지하고, 종교인구 가운데 절반에 육박하게 된 현실이 우연이 아니라는 사실도 새삼 분명해졌다. 그러나 이 결과가 전적으로 그리스도교만의 힘, 혹은 천주교 신자들의 긍정적인 역할을 통해서 이루어졌다는 사실을 입증하는 것이 아니라는 점도 이에 못지 않게 분명해졌다. 20세기의 그리스도교를 제외한 한국 종교들은 역사적 굴절과정에서 상대적으로 동원할 자원이 부족하였고, 새로운 환경에 적응할 수 있는 여건과 정당성 모두를 결여하고 있었다. 이러한 사정은 결국 불공정한 경쟁을 초래해 현재와 같은 구도를 형성하는 배경이 되었다. 이러한 역사적 특수성을 감안하여 천주교의 기여영역과 정도에 대하여 엄정한 평가를 내릴 수 있을 때 건설적인 미래 방향이 도출될 수 있을 것이다.

이러한 점을 감안하고, 지난 100년간의 기여에 대한 평가를 시도해보면 전래 이후 100년 동안 박해의 과정에서 보여주었던 천주교의 새로운 가치관과 윤리관, 세계관은 봉건질서를 와해시키는 긍정적인 역할을 하였다. 아울러 근대적인 사회사업기법의 도입과 교육, 이를 통한 한국인들의 의식개혁, 전후 복구과정에서 외국수도회와 가톨릭계 원조기관을 통한 가톨릭 공동체의 인류애, 가톨릭을 포함한 그리스도교를 매개로 한 근대적 교육, 사상, 제도의 도입, 최근 35년 내에 인권과 민주화, 시민사회 형성과정에 기여하는 등의 방식으로 나름의 역할을 하였다고 볼 수 있다. 그러나 이 조사 결과를 통하여 천주교회는 여전히 외래적으로 인식되는 상황이며, 사회정치적 역할과 사회복지 측면만이 부각되어 실제 한국인의 정신적·영적 영역에 대한 관심과 문제에 대응할 수 있는 수준에 이르지 못하였다는 사실이 확인되었다. 이제까지의 결과에 만족하지 않고 미래지향적인 관점에 서야 할 필요성을 새삼 상기시켜 주는 결과가 아닐 수 없다.

제2장 가톨릭교회의 한국화

　천주교가 전래 이후 한국사회 한국인들에게 얼마나 뿌리를 내렸는가를 파악하는 것이 이 장의 목표이다. 한국화되었다면 어떤 면에서, 아직 되지 않았고 되어야 한다면 어떤 영역과 요소들이 이에 해당하는지를 살펴보고자 하였다.

2.1 가톨릭교회의 한국화 현황과 과제

　한국화를 기존의 토착화 개념을 확대하여 삶의 전 분야에 그리스도교의 영향이 배어 있는 정도라는 의미로 정의하고, 한국화가 진행된 결과와 진행되는 상황, 혹은 아직도 이루어지지 않거나 이루어질 가능성이 낮은 영역을 찾아봄으로써 앞으로의 방향모색에 참조해보고자 하였다.

2.1.1 천주교 전래 이후 한국사회와의 관계에서 범한 가장 큰 과오

　천주교 전래 이후 한국사회와의 관계에서 범한 가장 큰 과오에 대한 평가에서는 일제말기의 전시동원체제 협력이 29.5%로 가장 높았고, 조선말기 박해의 원인이 되었던 조상제사 불인정이 28.9%, 3.1운동 참여 반대 11.6%, 신사참배 허용 11.1%, 황사영 백서사건 7.9% 순이었다. 박해시대보다 일제시대에 천주교회가 하였던 역할에 대한 비판적 평가가 더 높은 것이 주목된다. 일제 시대와 관련된 전시동원 체제 협력, 3.1운동 참여반대, 신사참배허용은 모두 52.2%로 응답자들은 이 시기의 과오를 가장 큰 문제로 보고 있다. 가톨릭교회가 2000년 대희년을 맞이하여 '화해와 쇄신'을 통해 반성을 시도하였지만 주로 반성해야 할 요소들이 일제시대에 집중되어 있으므로 이후의 성찰적인 작업에서는 이 시기에 대한 엄밀한 평가가 필요하다고 보게된다. 이에 반하여 분단 이후의 역할에 대하여는 그리 비판적인 평가를 내리고 있지

<그림 2-1> 천주교 전래 이후 한국사회와의 관계에서 범한 가장 큰 과오

항목	빈도
무응답	5
기 타	5
반공노선	9
미군정에 대한 협력	7
3.1운동 참여 반대	22
신사참배 허용	21
일제시대 전시동원체제 협력	56
황사영백서사건	15
조상제사 불인정	55

<표 2-1> 전래 이후 한국사회와의 관계에서 범한 가장 큰 과오

구 분	종교 (%)								x^2	df	sig.
	무교	불교	기독교	가톨릭	유교	민족종교	기타	전체			
조상제사 불인정	43.6	10.9	20.0	18.2	3.6		3.6	100			
황사영 백서사건	26.7	6.7	33.3	33.3				100			
일제시대 전시동원체제협력	38.1	3.6	34.5	21.8			1.8	100			
신사참배 허용	28.6	9.5	42.9	19.0				100	65.63	42	.011
3·1운동 참여 반대	36.4	4.5	40.9	18.2				100			
미군정에 대한 협력	14.3	28.6	14.3	14.3		14.3	14.3	100			
반공노선	55.6	22.2	11.1				11.1	100			
기 타		40.0	40.0	20.0				100			
전 체	36.5	9.5	30.2	19.6	1.1	0.5	2.6	100			

않아 일제시대에 대한 평가와 대조된다.

각 응답범주에 대한 종교별 태도를 살펴보면, 조상제사불인정에 대하여는 무교가 43.6%로 불교의 10.9%, 개신교의 20%, 가톨릭의 18.2%, 유교 3.6%, 기타 3.6%와 비교하여 그들이 조상제사의 중요성을 중요하게 생각하고 있음이 확인된다. 같은 종교 안에서 범주별 태도를 살펴 보았을 때는 역시 유교인들이 조상제사의 중요성을 인정하는 것으로 확인된다.

2.1.2 교난(敎難)의 최적대체 용어

박해(迫害)가 가톨릭 중심적일 수 있고, 실제 그렇게 평가되어온 바가 적지 않았으므로 교난이 더 높을 것으로 예상하였으나 박해가 51.3%로, 교난 37.4%를 앞질렀다. 박해(가해)자 중심의 표현인 사옥(邪獄)은 6.4%, 교란(敎亂) 1.6%, 군난(窘難)은 아예 없어 박해와 교난을 혼용해도 무리가 없을 것으로 평가되었다.

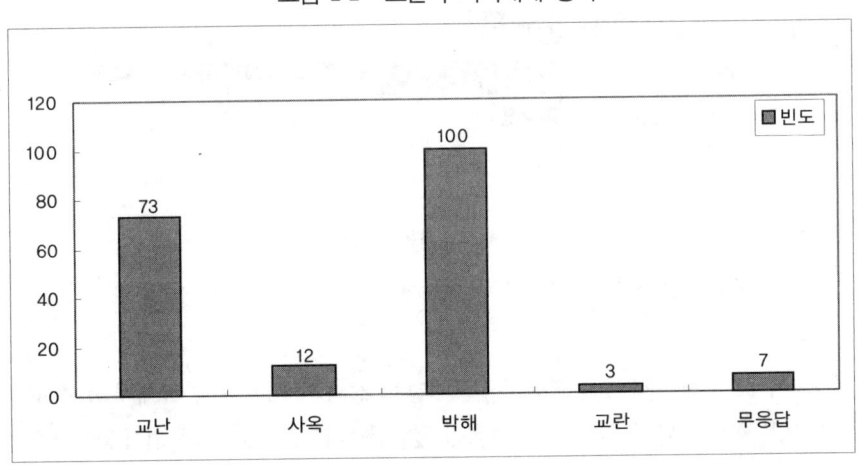

<그림 2-2> 교난의 최적대체 용어

<표 2-2> 교난의 가장 적합한 대체용어에 대한 연령별 태도분포

구 분	종 교 (%)						x^2	df	sig.
	20대	30대	40대	50대	60대 이상	전체			
교 난		23.3	58.9	16.4	1.4	100			
사 옥	8.3	16.7	66.7	8.3		100			
박 해		23.0	52.0	16.0	9.0	100	22.430	12	.033
교 란		33.3	33.3	33.3		100			
전 체	0.5	22.9	55.3	16.0	5.3	100			

각 범주에 대하여 연령별로 비교하면 교난, 사옥, 박해 세 영역에서 모두 40대가 가장 높은 비율을 차지하였다. 박해에 대하여 30대가 23.0%, 40대가 52.0%, 50대가 16.0%, 60대 이상은 9.0%를 보여 모든 연령대에서 가장 높게 박해 용어를 긍정적으로 받아들였기 때문이다.

2.1.3 현재 천주교의 외래문화 성격 유지 정도

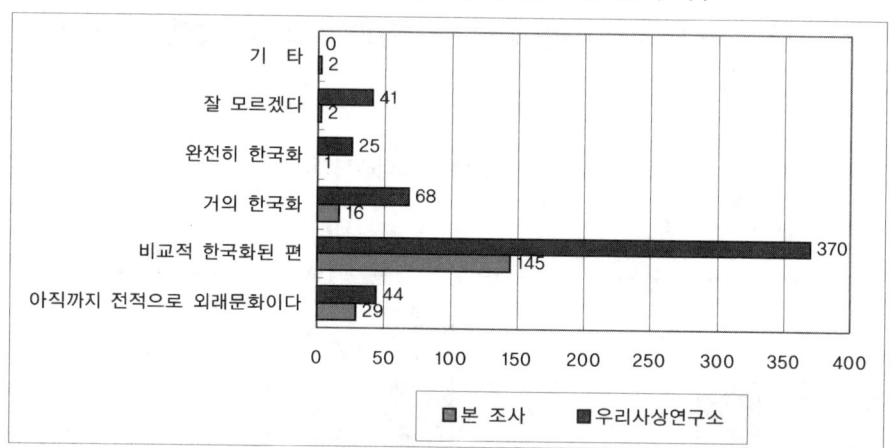

<그림 2-3> 현 단계 천주교의 외래문화 성격유지 여부

【자료출처】 우리사상연구소, 『천주교의 한국화에 대한 신자들의 의식과 태도에 관한 조사연구 보고서』, 우리사상연구소, 1997. 80쪽.

우리사상연구소 조사에서 천주교신자들은 "전체 신자의 85%가 한국에서 천주교가 '비교적' 혹은 '거의' 한국화되어 있다는 긍정적인 평가를 내리고 있다."(우리사상연구소, 1997 : 80). 이에 반하여 본 조사의 응답자들은 전적으로 외래문화라는 주장에 대하여 14.9%가 동의하였고, 8.7%만이 거의 또는 완전히 한국화 되었다고 평가하고 있다. 이러한 차이가 나타나는 것은 '외래적인 요소가 많지만 비교적 한국화 된 편'의 67.5%를 한국화 정도로 파악하였기 때문이다. 그러나 이는 아직 충분히 한국화 되지 않았다는 표현으로도 읽을 수 있는 것이고, 실제 아직은 외래적인 느낌을 준다는 표현이 74.4%이므로 한국화/토착화는 아직 충분하지 않다고 해석하는 것이 옳다.

2.1.4 한국교회 내의 서구적인 요소

우리사상연구소 조사결과에서는 신자들이 사용하는 세례명(24.9%), 성당 건축양식(23.8%), 천주교회의 일상용어(12.6%) 등이 중요하게 거론되었다. 이와 유사하게 본 조사에서도 가장

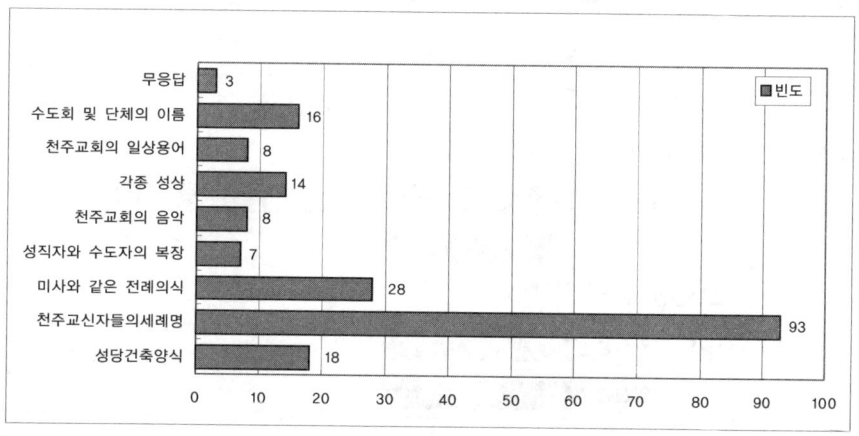

<그림 2-4> 현재 천주교의 모습 중 가장 서구적 요소

서구적인 인상을 주는 요소로 신자들의 세례명이 48.4%로 가장 높게 나타났다. 그 다음으로는 전례의식 14.6%, 성당건축양식 9.4%, 각종 성상 7.3% 순서로 지적되었다. 불교의 용어들이 오랜 역사 속에서 한국인의 일상용어로 자리 잡아 왔듯이 천주교의 용어들도 점차 그렇게 일상언어화 될 것으로 전망된다. 그러나 불교의 역사와 천주교의 현재는 맥락이 매우 다르기 때문에 유의해야 할 측면도 있다. 이를테면 현재는 지구화의 한 측면으로서의 지역화와 '가장 지방적인 것이 세계적인 것'이라는 표현이 강조되는 시대이고, 서구문화와 제도에 대한 일방적 수용의 거부라는 새로운 흐름이 큰 조류를 형성하고 있기 때문에 이러한 요소들로 인해 거부감을 갖게 하는 것은 바람직해 보이지 않는다. 천주교 내부에서도 점차 한국 성인의 이름을 세례명으로 사용하는 경우가 늘고 있고, 위에 거론된 범주들을 한국화하려는 시도들도 적지 않으나 이러한 노력들이 신자들에게 폭넓게 수용되고 있지 않은 데다, 이러한 서구적인 요소를 선호하는 경향도 커서 앞으로도 상당기간 동안 이질적인 문화로 비칠 가능성이 큰 편이다. 이러한 흐름으로의 변화는 보편교회와의 관계에서도 변화를 초래하게 될 것이므로 능동적인 한국화의 가능성은 당분간 기대하기 어려워 보인다. 아마도 천주교가 보편성을 추구하면서 한국화를 소홀히 하면 할수록 한국사회에서 뿌리내리기는 더욱 어려워지지 않을까 판단된다.

2.1.5 한국인이 이해하기 어려운 교리

이 질문은 가톨릭의 한국화가 가장 어려울 것으로 예상되는 요소를 파악하기 위한 것이었다. 문화접변의 과정에서 수용도 일어나지만 수용되지 않거나 거부될 요소도 나타나기 마련이고, 변형될 요소도 적지 않으므로 내부의 어떤 측면들이 이런 결과를 빚을 것인지를 파악하는

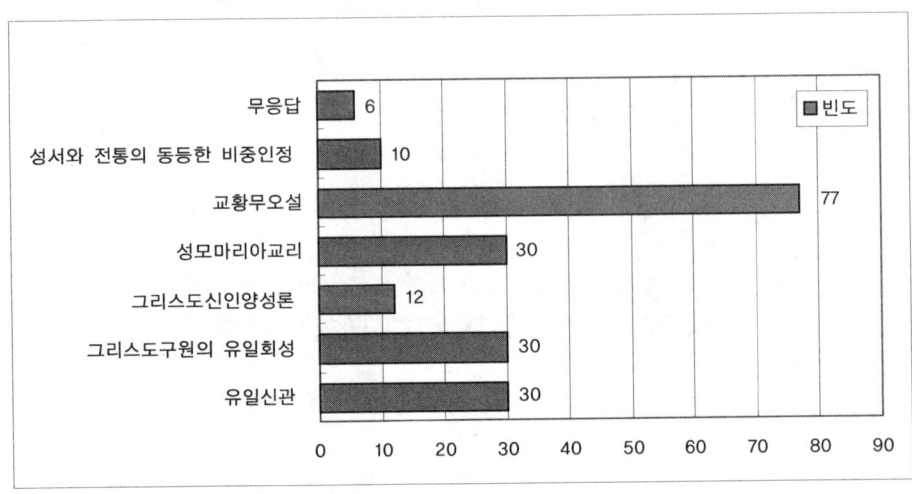

<그림 2-5> 한국인이 가장 이해하기 어려운 천주교 교리

것은 흥미로운 일이다. 무엇보다 다원화된 환경에서는 정당성을 얻기 어려운 교리도 존재하기 때문에 한국화되기 어려운 요소를 가늠해본다는 면에서 의미있는 결과였다.

응답순위별로 살펴보면 가장 이해하기 어려울 것으로 보이는 교리는 교황무오설로 40.7%에 달하였고, 이어 그리스도 구원의 유일회성과 유일신관이 각각 15.9%, 그리스도의 신인(神人)양성론 6.3%, 성서와 성전(聖傳, Holy Tradition)의 동등한 가치인정 5.3% 순으로 나타났다. 교회 안에서는 성모교리의 수용도(收容度)가 다른 교리에 비해 다소 낮은데 반하여 이 조사에서는 교황무오설이 가장 높게 나타나고 있다. 이 결과를 통하여 제도적 교회가 앞으로 한국사회에서 원형대로는 대중적으로 수용되기 어려울 것이라는 점이 예상된다. 현대적 가치관에 비추어 볼 때 다중이 지닌 사고방식과 정서에 어울리지 않는 교리이기 때문이다. 두번째로 수용이 어려운 교리들도 대체로는 한국인들의 다원중첩적 신앙구조와 밀접한 관련을 맺게 될 것으로 보인다. 다원중첩적인 신앙구조를 가진 종교문화 안에서는 유일신, 그리스도 구원의 유일회성, 이와 부분적으로 연결되는 주요 성모교리들이 수용되는데 무리가 있을 것이기 때문이다. 이는 앞서 나온 문항들의 분석을 통해서도 드러나듯이 아직 한국천주교회가 문화적 토양에까지 뿌리를 내리지 못하였으며, 장차 뿌리를 내린다 해도 주요 교리는 한국의 종교문화에서 이질적인 것으로 받아들여지기 때문에 변형될 가능성이 높다고 보게 된다. 사회정의, 사회복지와 같은 긍정적 사회적 역할이 더 두드러지는 반면, 종교 본연의 역할로 간주되는 정신적, 영적 영역에 대한 평가는 낮으므로 이것이 현재 천주교의 한국화수준이면서 장차 직면하게 될 난제가 될 것이라고 보게 된다.

제2장 카톨릭교회의 한국화

<표 2-3> 한국문화사에서 가장 기여가 클 분야에 대한 종교별 태도분포

구 분	종 교(%)								x²	df	sig.
	무교	불교	기독교	가톨릭	유교	민족종교	기타	전체			
무응답					100			100			
건 축	36.7	5.6	36.7	20.0			1.1	100			
음 악	27.8	11.1	33.3	22.2	2.8		2.8	100			
문 학	54.2	25.0	8.3	12.5				100	49.0	48	0.016
미 술	28.6	14.3	42.9	14.3				100			
기 타	35.7		28.6	21.4		7.1	7.1	100			
전 체	36.3	9.5	31.8	19.6	.6	0.6	1.7	100			

 종교별로 보면 교황무오설은 종교간 비교에서 무교 26%, 불교 5.2%, 개신교 41.6%, 천주교 26%로 개신교인이 가장 인정하기를 어려워하고 있으며 천주교는 무교와 같은 수준이었다. 그러나 이보다 의미 있는 결과는 동일 종교 내에서 특정 교리에 대하여 보인 태도이다. 일례로 같은 개신교인들 안에서 가장 이해하기 어려운 교리는 교황무오설이 41.6%로 타 신앙 내용들과 비교하였을 때 보다 높았고, 천주교 신자는 교황무오설 다음으로 성모교리를 이해하기 어려운 교리(23.3%)로 보고 있다.

 이 결과는 이 교리가 그리스도교인 스스로도 납득하기 어렵다는 뜻이므로 장차 이 교리가 어떤 형태로든 내·외부에서 가장 쟁점이 될 가능성을 안고 있다고 볼 수 있을 것이다.

2.1.6 한국 천주교회가 한국문화사에 가장 크게 기여할 수 있는 분야

<그림 2-6> 한국문화사에서 천주교가 가장 크게 기여할 분야

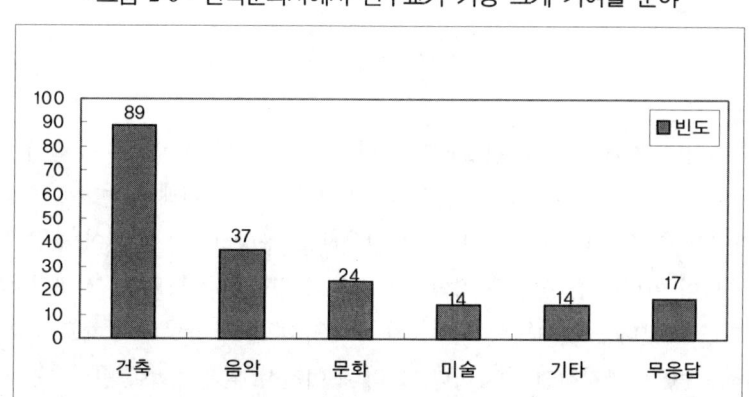

<표 2-4> 한국문화사에서 가장 기여가 클 분야에 대한 종교별 태도분포

구 분	종 교(%)								x^2	df	sig.
	무교	불교	기독교	가톨릭	유교	민족종교	기타	전체			
무응답				100				100			
건 축	36.7	5.6	36.7	20.0			1.1	100			
음 악	27.8	11.1	33.3	22.2	2.8		2.8	100			
문 학	54.2	25.0	8.3	12.5				100	37.52	24	0.039
미 술	28.6	14.3	42.9	14.3				100			
기 타	35.7		28.6	21.4		7.1	7.1	100			
전 체	36.3	9.5	31.8	19.6	.6	0.6	1.7	100			

앞으로 한국화를 위하여 기여할 수 있는 분야라는 측면에서 이 장의 주제와 잘 어울리는 질문이다. 응답자들은 가장 큰 기여를 할 분야로 50%가 건축을 들었고, 이어 음악 20.8%, 문학 13.5%. 미술 및 기타가 각 7.9%순으로 거론하였다. 대체로 눈에 잘 띠거나 익숙한 영역이 우선순위가 높은 것임을 알 수 있다. 이는 달리 말해 우선순위가 낮은 영역은 아직 일천한 단계에 있거나 천주교와 한국사회(문화사를 포함)와의 관계에서 가톨릭이 여전히 내부화되어 있음을 반영하는 결과라고 할 수 있다. 앞으로 한국화를 위하여 천주교의 기여와 준비가 더 요구되는 영역이라고 보면 좋을 것이다.

각 범주에 대한 종교별 분포를 살펴보면 건축은 무교와 개신교 공히 36.7%로 다른 종교에 비하여 높았고, 문학은 무교가 54.2%로, 불교의 25%, 개신교의 8.3%, 가톨릭의 12.5%보다 월등히 높았다. 미술은 개신교가 42.9%로 다른 종교에 비하여 높게 나타났다.

2.2 소 결

이 장에서 나타난 결과를 통해 천주교가 한반도에서 200년 이상 살아오면서 이제 민족의 일원으로 인식된 측면이 있는가 하면, 아직도 주변적이거나 먼 미래에 변형될 요소도 적지 않다는 것을 확인할 수 있었다. 교난을 박해로 사용해도 무방하다는 의견이 높은 것은 단순히 종교적인 이유만이 아닌 다른 폭넓은 맥락에서 이해가 가능할 정도로 그 시대의 성격과 박해·순교의 의미가 드러났다는 것이므로 천주교가 한국사회 안에 당당한 주체로 받아들여졌다는 의미로 해석해도 좋을 긍정적인 결과이다. 그러나 여전히 외래적으로 인식되는 측면과 실제 이질감을 주는 교회 내 요소들에 대하여는 앞으로도 개선 가능성이 낮아 한국화에 걸림돌이 될 수 있으리라는 점도 예상되었다. 한국인이 이해하기 어려운 교리에서 교회 내와 달리 지성인들이 교황무오설을 지적한 것은 앞으로 보편교회와의 일치와 지역화(regionalization) 간에 갈등의 소지를 안고 있음을 보여주었다. 한국화가 어려우리라는 것을 예상케 하는 한 단면이다. 마지막에 한국문화사에 기여할 분야에서는 아직 한국 천주교회의 정신적, 내면적 역할의 중요성을 충분히 인정하지 못하고 있음이 드러났다. 외형으로 드러나는 측면에서만 기여를 기대하고 있어 정작 내적인 측면과 정신사에서 큰 비중을 차지할 부분에 대하여는 크게 기대하지 않았기 때문이다. 이 결과도 보기에 따라서는 한국화의 필요성을 절감하게 해주는 의미로 해석이 가능하다.

 이 결과들이 천주교회에 시사하는 바는 천주교의 한국화는 이제 시작단계이며 이제까지는 문화사적인 측면에서 진행된 것이고 나름대로 이 분야에서 성공을 거둔 것이라면 이제는 정신사적이고, 종교적인 영역에서 본격적인 한국화 노력이 필요한 시기라는 것을 상기시켜 준 점이다. 그리고 이 과정이 결코 쉽지 않으리라는 것도 분명하게 상기시켜 주었다. 두번째로는, 천주교가 한국화되기 어려운 요소들이 적지 않기 때문에 이제와는 달리 선교와 사목에 어려움을 겪게 될 미래의 갈등양상을 어느 정도 예견하게 해준 것이다. 아직까지 대외적 역할로만 인식되는 수준을 뛰어넘어야 할 필요성을 강조한 결과로 보아도 무방하리라는 것이다. 마지막으로 문화사적이고 정신사적인 측면에서 천주교회는 모든 신원(성직자, 수도자, 평신도)들이 교회 안에서만 안주하지 말고, 한국과 한국인의 상황에 천착하여 교회 안팎 모두에 긍정적인 영향을 줄 수 있는 긍정적 역할을 하도록 요청하는 결과라는 사실이다. 이제와는 다른 맥락에서 기존의 역할을 반성하고, 진정한 한국인의 종교로 거듭나는 방향이 드러나기 때문이다.

제3장 가톨릭교회의 사회적 역할 및 활동평가

이 장에서는 한국 천주교회의 현재모습에 대한 평가를 주로 다루고자 한다. 설문 3.1은 응답의 긍정률을 통하여 실제의 한국천주교회의 사회적 역할 및 활동이 어느 정도 인지 혹은 평가받고 있는지를 파악하는데 목표를 두었다. 3.1.1에서 3.1.5까지는 긍정률이 높을수록 가톨릭에 긍정적인 것이고, 3.1.6에서 3.1.9까지는 낮을수록 유리한 것이다. 앞의 2장이 과거에서 현재를 잇고 있는 것이라면, 3장의 항목들은 현재와 미래를 연결하는 요소들을 담고 있다.

3.1 한국 천주교회의 사회적 역할 및 활동 평가

9문항은 비교를 위하여 한미준-한국갤럽의 문항을 인용하였다. 전문가 집단이 아닌 일반인들을 상대로 한 조사이므로 정확한 비교는 어려우나 경향의 차이를 파악하기 위하여 선택해 보았다. 5점 척도를 사용하였으므로 괄호 안의 점수는 5점 만점을 기준으로 한 것이다.

3.1.1 천주교가 우리 사회에 미치는 영향력이 커지고 있다

<표 3-1> 한국종교의 사회적 영향력 확대여부

구 분	사례수	개신교 점수	천주교 점수	불교 점수
전 체	1000	(3.48)	(3.39)	(3.33)
불 교	300	(3.40)	(3.30)	(3.48)
천주교	104	(3.55)	(3.96)	(3.34)
무 교	596	(3.51)	(3.33)	(3.26)

【자료출처】 한미준-한국갤럽, 『한국 개신교인의 교회활동 및신앙의식』, 두란노, 1999, 471쪽.

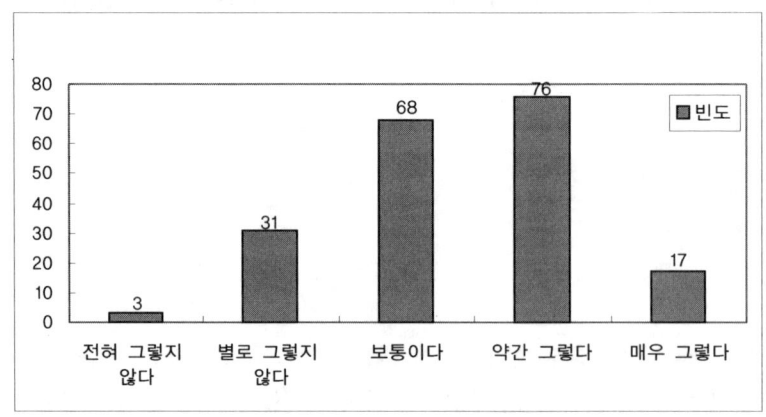

<그림 3-1> 천주교회의 사회적 영향력 확대여부

이 질문에 대한 응답자의 평균점수는 3.37로 위의 한미준-한국갤럽에서 천주교인이 천주교를 평가한 3.96보다 낮았고, 무교의 3.33, 전체의 3.39와 비슷하였다. 3.5 이상을 긍정적으로 본다고 할 때 만족할 점수라고는 할 수 없다. 이는 달리 말해 천주교회의 영향력이 늘지 않고 있거나, 정체 혹은 감소의 여지를 안고 있는 결과로 해석이 가능하다.

3.1.2 구제/봉사활동 등 대사회적인 역할을 잘하고 있다

이 질문에 대한 응답자의 평균점수는 3.65로 위의 한미준-한국갤럽에서 천주교인이 천주교를 평가한 4.05보다 낮았으나, 무교의 3.39, 전체의 3.41보다는 높았다. 이 점수는 9개 항목 가운데서도 가장 높은 평가를 받은 것으로, 이 분야가 현재 천주교회의 사회적 역할 가운데 가장 긍정적이라는 것을 알 수 있다. 위의 조사보다는 본 조사의 응답자들이 천주교회의 사회적 역할에 대하여 긍정적인 평가를 내리고 있다.

<표 3-2> 한국종교의 대사회적 역할(봉사/구제활동 등)정도 평가

구 분	사례수	개신교 점수	천주교 점수	불교 점수
전 체	1000	(3.20)	(3.41)	(3.07)
불 교	300	(3.20)	(3.22)	(3.21)
천주교	104	(3.26)	(4.05)	(3.04)
무 교	596	(3.18)	(3.39)	(3.00)

【자료출처】 한미준-한국갤럽, 『한국 개신교인의 교회활동 및 신앙의식』, 두란노, 1999, 472쪽.

<그림 3-2> 천주교회의 대사회적 역할(봉사/구제활동 등)정도 평가

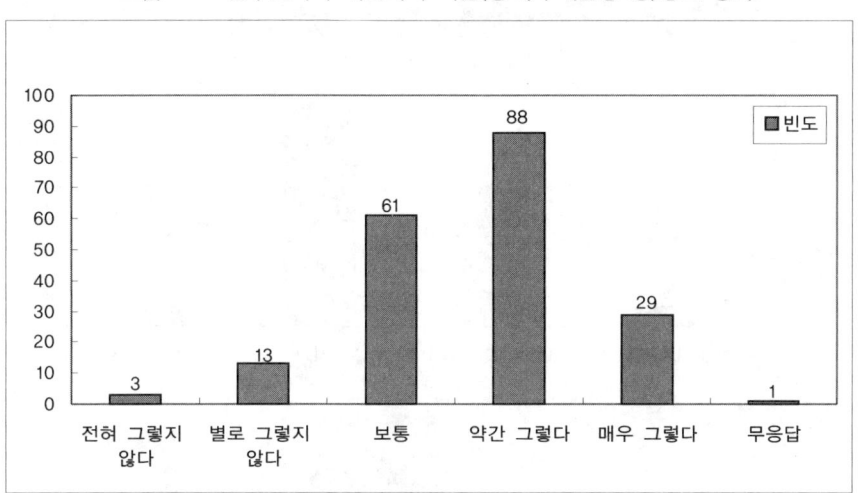

3.1.3 천주교의 시대변화 적응속도 평가

이 질문에 대한 응답자의 평균점수는 2.82로 위의 한미준-한국갤럽에서 천주교가 천주교를 평가한 3.39보다 훨씬 낮았고, 무교의 3.15, 전체의 3.18보다는 약간 낮았다. 3.00 미만의 점수를 받은 영역을 과거 사회적 위신이 매우 높았던 상황과 비교할 때는 불만족으로 평가하는 것이 타당하다고 본다면, 천주교의 시대 적응도는 성적이 낮은 것이다. 천주교의 부족한 측면이라고 보면 될 것이다.

<표 3-3> 한국종교의 시대변화 적응도 평가

구 분	사례수	개신교 점수	천주교 점수	불교 점수
전 체	1000	(3.39)	(3.18)	(2.97)
불 교	300	(3.43)	(3.17)	(3.06)
천주교	104	(3.54)	(3.39)	(3.13)
무 교	596	(3.35)	(3.15)	(2.89)

【자료출처】 한미준-한국갤럽, 『한국 개신교인의 교회활동 및 신앙의식』, 두란노, 1999, 473쪽.

<그림 3-3> 천주교회의 시대변화 적응도 평가

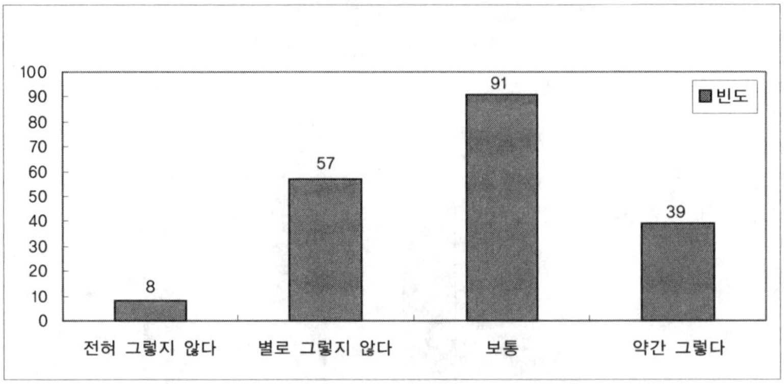

전혀 그렇지 않다	별로 그렇지 않다	보통	약간 그렇다
8	57	91	39

3.1.4 종교 지도자의 자질이 우수하다

<표 3-4> 한국 종교지도자들의 자질우수성 평가

구 분	사례수	개신교 점수	천주교 점수	불교 점수
전 체	1000	(2.89)	(3.37)	(3.15)
불 교	300	(2.93)	(3.26)	(3.39)
천주교	104	(3.09)	(4.11)	(3.22)
무 교	596	(2.84)	(3.30)	(3.02)

【자료출처】 한미준-한국갤럽, 『한국 개신교인의 교회활동 및 신앙의식』, 두란노, 1999, 474쪽.

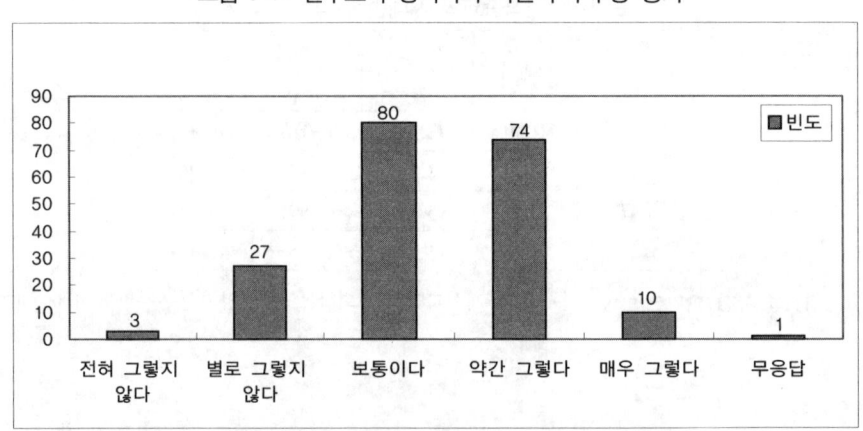

<그림 3-4> 천주교회 성직자의 자질의 우수성 평가

전혀 그렇지 않다	별로 그렇지 않다	보통이다	약간 그렇다	매우 그렇다	무응답
3	27	80	74	10	1

이 질문에 대한 응답자의 평균점수는 3.31로 위의 한미준-한국갤럽에서 천주교인이 천주교를 평가한 4.11보다는 훨씬 낮았고, 무교의 3.30, 전체의 3.37보다는 약간 낮거나 비슷하였다. 천주교의 대사회적인 역할과 함께 상대적으로 긍정적인 평가를 받는 영역이다. 통계적 유의도는 떨어지지만 이에 대한 종교별 태도분포를 보면 개신교 신자들의 긍정률이 천주교 신자보다 다소 높아 개신교 성직자들과 비교하였을 때 상대적으로 천주교 성직자들의 긍정적인 면모를 더 인정한다는 것을 보여준다. 그러나 이 역시 3.5 미만에 속하는 것으로 만족할 만한 수치가 아니라는 점에 유의해야 한다.

3.1.5 개인의 영적·정신적 문제에 해답을 주고 있다

이 질문에 대한 응답자의 평균점수는 3.10으로 위의 한미준-한국갤럽에서 천주교인이 천주교를 평가한 3.69보다는 훨씬 낮았고, 무교의 2.60, 전체의 2.83보다는 약간 높았다. 이 사례에서 천주교가 비교적 높은 점수를 받았으나 불교가 더 높은 점수를 받은 것에 유념할 필요가 있다. 천주교가 비교적 높은 사회적 위신을 유지하는 것은 반가운 현상이긴 하나 앞서 1장에서 살펴보았듯이 아직은 사회적이고 교회외적인 요소들에 대한 평가라는 점에서는 그리 반가운 일만은 아니다. 불교가 사회적 역할과 활동에서 좋은 점수를 얻지 못하면서도 이 영역에서 천주교를 추월하는 것은 중층복합적인 신앙구조를 가진 한국인들에게 불교의 뿌리가 더 깊다는 것을 의미한다. 서구의 그리스도교가 종교사회학적인 종교성 지표에서는 낮은 점수를 받으면서도 세계관, 인생관, 윤리관에는 심층적인 영향을 주어 문화적 그리스도교라는 평가를 받듯이 불교는 한국에서 이와 같은 위치에 있다고 볼 수 있다. 천주교가 불교의 수준에 도달하는 데는 긴 시간이 걸릴 것이다. 이 결과에서만 유추해보면 아직 천주교는 한국인에게 인식된 정도나 정신문화 풍토에 뿌리내린 정도로 볼 때 표층에 머무르고 있다고 보아야 할 것이다.

<표 3-5> 한국 종교의 개인의 영적·정신적 문제해결여부 정도 평가

구 분	사례수	개신교 점수	천주교 점수	불교 점수
전 체	1000	(2.68)	(2.83)	(2.88)
불 교	300	(2.63)	(2.78)	(3.11)
천주교	104	(3.12)	(3.69)	(3.04)
무 교	596	(2.63)	(2.70)	(2.74)

【자료출처】 한미준-한국갤럽, 『한국 개신교인의 교회활동 및 신앙의식』, 두란노, 1999, 475쪽.

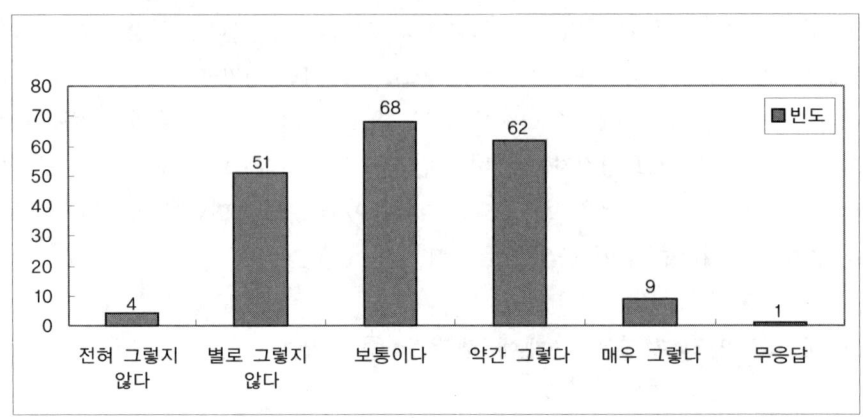

<그림 3-5> 천주교의 영적·정신적 문제에 대한 해답제공 정도 평가

3.1.6 참 진리를 추구하기보다는 교세 확장에 더 관심이 많다

이 질문에 대한 응답자의 평균점수는 2.96으로 위의 한미준-한국갤럽에서 천주교인이 천주교를 평가한 2.70보다는 다소 높았고, 무교의 3.22, 전체의 3.13보다는 다소 낮았다. 이 결과는 아래로 내려갈수록 긍정적인 것인데 3.0에 가까운 것은 천주교조차도 종교간 경쟁에 나서는 것처럼 보이고 있다는 점을 간접적으로 보여주는 것이다. 2.5 이하의 점수를 긍정적이라고 평가할 때 불만족스러운 점수이다.

이는 달리 말해 현재의 한국종교상황이 높은 경쟁(시장상황) 상태이며, 이 경쟁에서 어느 종교도 자유롭지 않다는 것을 보여주는 결과라고 하겠다.

<표 3-6> 한국 종교의 종교본연의 역할 수행정도 평가

구 분	사례수	개신교 점수	천주교 점수	불교 점수
전 체	1000	(3.96)	(3.13)	(3.12)
불 교	300	(3.82)	(3.12)	(2.98)
천주교	104	(3.92)	(2.70)	(2.97)
무 교	596	(4.03)	(3.22)	(3.22)

【자료출처】 한미준-한국갤럽, 『한국 개신교인의 교회활동 및 신앙의식』, 두란노, 1999, 476쪽.

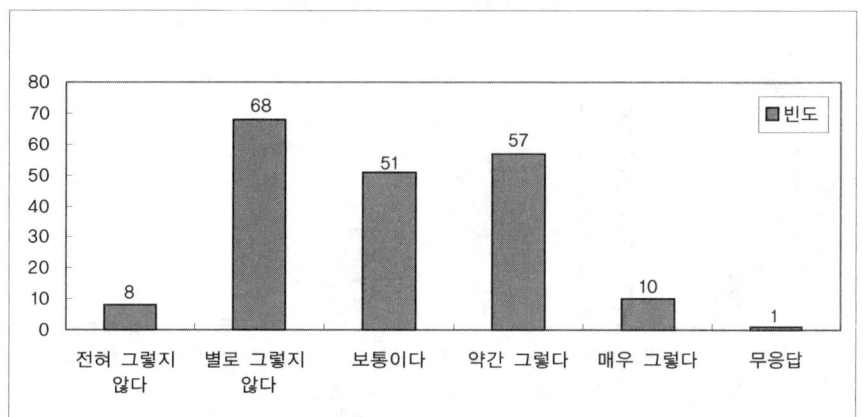

<그림 3-6> 천주교의 종교 본연역할 수행정도 평가

3.1.7 지나치게 헌금/교무금을 강조하는 경향이 있다

이 질문에 대한 응답자의 평균점수는 2.53으로 위의 한미준-한국갤럽에서 천주교인이 천주교를 평가한 2.20보다는 다소 높았고, 무교의 3.04, 전체의 2.98보다는 매우 낮았다. 이 결과는 아래로 내려갈수록 긍정적인 것인데 2.5에 가까운 것은 천주교는 적어도 금전적인 문제에 대하여 그리 강조하지 않는 종교라는 이미지를 갖고 있음을 알 수 있다. 물론 이는 상대적인 개념이기는 하다.

그러나 현재 한국 종교 가운데 금전문제에 관한 한 비교적 초연한 종교라는 이미지가 아직은 유지되고 있다는 것을 간접적으로 보여주고 있다.

<표 3-7> 한국 종교의 금전적 기여요구정도 평가

구 분	사례수	개신교 점수	천주교 점수	불교 점수
전 체	1000	(3.88)	(2.98)	(2.89)
불 교	300	(3.87)	(3.11)	(2.49)
천주교	104	(3.77)	(2.25)	(2.86)
무 교	596	(3.90)	(3.04)	(3.11)

【자료출처】 한미준-한국갤럽, 『한국 개신교인의 교회활동 및 신앙의식』, 두란노, 1999, 477쪽.

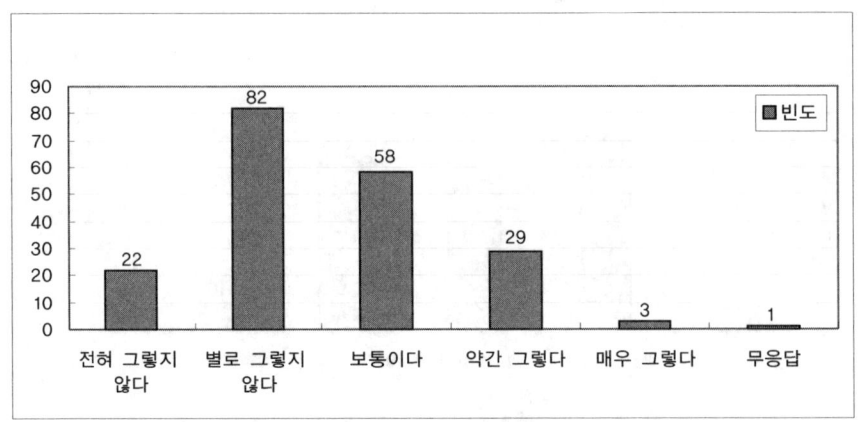

<그림 3-7> 천주교의 금전적 기여 요구정도 평가

3.1.8 믿지 않는 사람을 따뜻하게 대해주지 않는다

믿지 않는 사람을 따뜻하게 대해주지 않는다는 것 역시 종교의 인상을 결정하는 요소 가운데 하나이다. 이 질문에 대한 응답자의 평균점수는 2.56으로 위의 한미준-한국갤럽에서 천주교인이 천주교를 평가한 2.53과 거의 같았고, 무교의 2.72, 전체의 2.72보다는 다소 낮았다.

<표 3-8> 한국 종교인들의 비신자 환대정도 평가

구 분	사례수	개신교 점수	천주교 점수	불교 점수
전 체	1000	(3.07)	(2.72)	(2.57)
불 교	300	(3.15)	(2.78)	(2.42)
천주교	104	(2.97)	(2.53)	(2.74)
무 교	596	(3.04)	(2.72)	(2.62)

【자료출처】한미준-한국갤럽, 『한국 개신교인의 교회활동 및 신앙의식』, 두란노, 1999, 478쪽.

이 결과 역시 점수가 낮을수록 긍정적인 것인데 2.5 이상이 된 것은 천주교는 아직 외부에 부정적으로 평가되고 있지는 않으나 그런 상황에 가까이 와 있음을 보여주는 것이다.

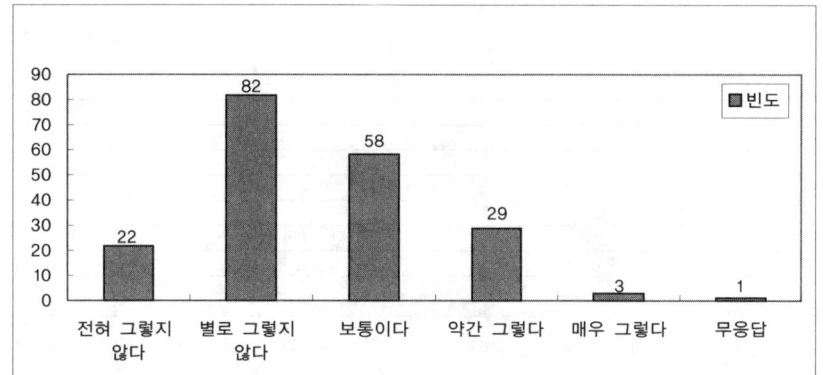

<그림 3-8> 천주교 신자들의 비신자 환대정도 평가

3.1.9 지켜야 할 규율/교리들을 너무 엄격하게 강조한다

지켜야 할 규율과 교리를 강조하는 것을 긍정, 부정으로 평가하기는 어려우나 대체로 질문의 의도가 종교다원주의 사회 안에서 규율과 교리의 강조는 배타주의(exclusivism) 혹은 종교간의 갈등을 초래할 수 있는 여지를 갖는다는 면에서 지나친 강조를 부정적으로 평가해도 무방할 것이다.

이 질문에 대한 응답자의 평균점수는 3.20으로 위의 한미준-한국갤럽에서 천주교가 천주교를 평가한 3.11과 거의 같았고, 무교의 3.12, 전체의 3.14와도 거의 같았다. 이 결과는 두 가지로 해석이 가능한데 우선 점수가 높은 것을 종교 내부에서 긍정적으로 평가하는 것이다. 이럴 경우 3.5 이상이 되는 것이 비교적 긍정적인 것이다. 반대로 종교간의 관계에서 평가하면 점수는 낮을수록 좋은 것이다. 이 경우 2.5 이하가 바람직하다. 이 결과에 비추어 보면 천주교도 내부에서는 종교간의 경쟁을 조장하는 것이라고 보아야 할 것이다.

<표 3-9> 한국 종교의 지켜야 할 규율/교리 강조여부 평가

구 분	사례수	개신교 점수	천주교 점수	불교 점수
전 체	1000	(3.27)	(3.14)	(2.92)
불 교	300	(3.20)	(3.17)	(2.81)
천주교	104	(3.48)	(3.11)	(3.11)
무 교	596	(3.26)	(3.12)	(2.95)

【자료출처】 한미준-한국갤럽, 『한국 개신교인의 교회활동 및 신앙의식』, 두란노, 1999, 479쪽.

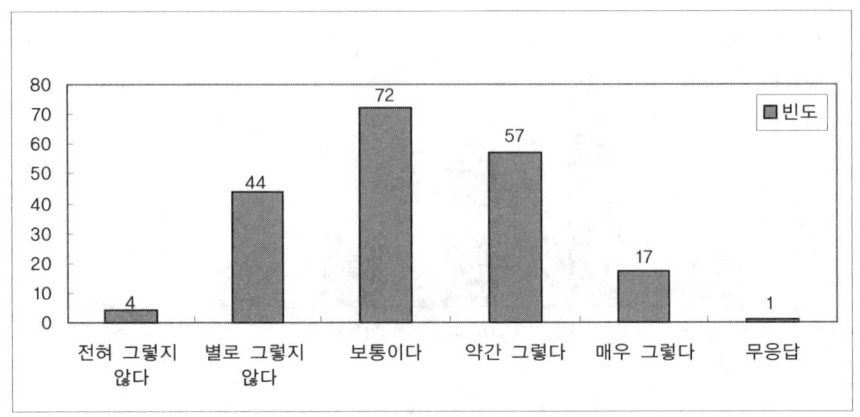

<그림 3-9> 천주교 신자들의 지켜야 할 규율/교리 강조여부 평가

<표 3-10> 천주교의 역할 및 활동평가 경향요약

구분	긍정률	부정률
항목 평균	3.2554	2.8157

　　전체적으로 긍정률이 높아야 하는 항목들의 평균은 3.2554로 비교적 우수한 편이었다. 통상적으로 3.5이상의 점수를 받는 것을 건강한 상태라고 할 때 아직은 미흡한 수준으로 보아야 하고, 최근까지 유지되었던 천주교에 대한 긍정적인 평가들이 다소 약화되는 조짐으로도 이해해야 할 것이다. 이러한 상황은 점수가 낮아야 하는 부정률 항목에서도 마찬가지로 나타난다. 항목 평균 2.8157로 비교적 긍정적이라고 할 수 있는 2.5이하를 초과하여 3.0에 가까웠기 때문이다. 전체적으로 현재의 한국 천주교의 여러 측면들이 다소 긍정적으로 평가할 것도 있지만 대부분의 항목에서는 부정적인 평가들이 늘어난 것이므로, 한미준-갤럽조사 결과가 지난 10년 동안 종교의 영향력 감소의 징후를 파악해냈듯이 천주교도 이런 요소를 어느 정도 가지고 있다고 보아도 무방할 것이다.

3.2 투명성의 기준에 비추어볼 때 가장 취약한 영역

　　투명성의 기준에서 가장 취약해보이는 영역은 현 단계 천주교가 직면한 문제를 밝히는 동시에 현재를 평가하는 중요한 계기가 된다. 투명성의 취약요소로는 사제의 권위주의가 60.1%

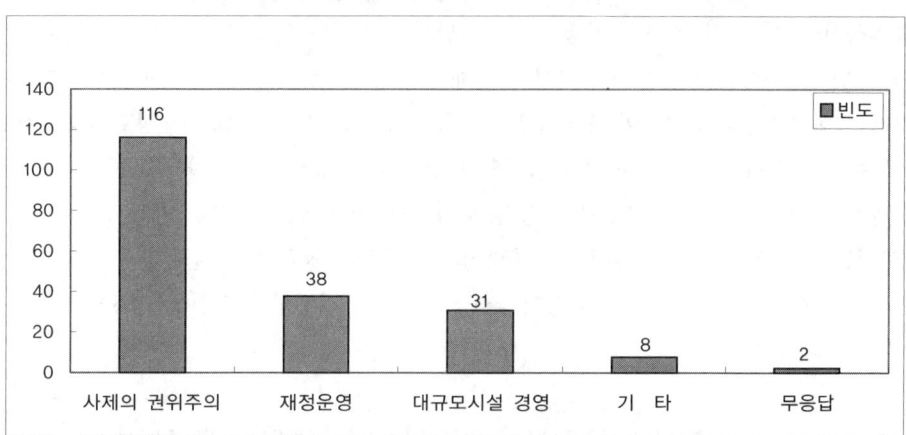

<그림 3-10> 현 단계 천주교에서 가장 투명성이 낮은 분야

로 가장 큰 비중을 차지하였다. 이어 재정운영 19.7%, 대규모 시설·경영 16.1%. 기타 4.1% 순으로 나타났다.

이 결과는 해석하기 어려운데 아마도 다음과 같이 조심스럽게 추정할 수 있지 않을까 싶다. 우선 사제의 권위주의는 한국교회 안에서 신자들에게 크게 문제시되지 않는 경우가 흔하다. 신자집단에서 사제의 권위와 그 권위의 정당성을 승인하는 경우가 일반적이기 때문이다. 사제의 권위주의를 주장하는 경우는 대부분 신학적인 자유주의자들이거나, 교회 밖의 시각으로 교회 내를 평가하는 일부 진보적인 의식을 가진 신자층에 한정된다. 그리고 이들과 직접적인 관계 안에서 종속적인 지위에 있는 수도자들이 이를 큰 문제로 의식하고 있다. 하지만 이러한 생각을 가진 이들의 비율은 한국천주교회 안에서 적다. 그러므로 한국 교회 내부에서는 오랜 경험을 통해서나 진보적인 신학이나 사상을 접한 뒤에야 비로소 느끼게 되는 문제들인 바, 이 결과에서처럼 외부에서 크게 인식하는 원인은 다른 데 있다고 보게 된다.

지성인들 사이에 이런 문제의식이 큰 것이 사실이라면 원인은 아마도 최근 몇 년 사이 종교계의 성직자들과 연루된 사건들이 잇달아 언론을 탄 사실과 1990년대 후반부터 각 종교에서 여성운동이 활발해지고 있고 이들이 이러한 사실을 자주 문제삼은 점, 또 종교 자체 안에서 이러한 문제들에 대한 학문적 조명과 대응이 이루어진 상황과 관련이 있지 않을까 추정해본다. 그러므로 천주교만이 아니라 다른 종교의 사제층을 지칭하는 표현일 수도 있다는 것이다.

두번째는 직접적인 경험을 통하여 내려진 판단이 아니라 외적으로 받는 인상에 기초한 것이라 하더라도 천주교를 포함한 다른 종교의 사제계층이 한국 지성의 기준, 혹은 시민사회의 기준에 미치지 못한다는 것을 간접적으로 시사하는 것이기 때문에 각 종교에 의미하는 바가 큰 결과로 보아야 할 것이다.

세 가지 범주는 현재 천주교회뿐 아니라 다른 종교계가 시민사회화된 한국의 현실에서 직접 충돌하거나, 더 이상 종교적 정당성을 인정받지 못하거나 약화되는 영역이기 때문에 현재를 평가하고 미래를 전망하는 과정에서 시사하는 바가 큰 것이다. 사제의 권위주의를 제외하면 이제는 재정운영의 투명성이 종교의 도덕성을 시험하는 잣대가 될 가능성도 높다. 따로 천주교에 부정이 있다는 의미가 아니라 사회의 투명성 기준에 비추어볼 때 비밀주의, 종교적 선의를 명분으로 한 임의적인 재정운용 등은 도덕적인 문제가 될 소지를 안고 있다는 뜻이다. 시민사회는 이러한 영역에 대해서조차 투명성의 기준을 적용하기를 원하기 때문에 이 세 가지 문제는 계속해서 쟁점이 될 가능성이 높고, 천주교의 건강성과 진정성을 가늠하는 척도가 되리라고 보게 된다.

<표 3-11> 현 단계 천주교에서 투명성이 낮은 분야에 대한 성별 태도분포

구 분	종 교 (%)			x^2	df	sig.
	남 성	여 성	전 체			
사제권위주의	62.9	37.1	100	9.789,	3	0.020
재정운영	76.3	23.7	100			
대규모시설경영	87.1	12.9	100			
			100			
기 타	87.5	12.5	100			
전 체	70.5	29.5	100			

성별 태도분포를 보면 여성 안에서 권위주의를 지적한 비율이 남성에 비하여 월등히 높았다. 여성 안에서는 남성과 비교하였을 때 권위주의 37.1%, 재정운영 23.7%, 대규모시설 경영 12.9%, 기타 12.5% 순이었는데 반하여, 남성은 대규모 시설운영 87.1%, 재정운영 76.3%. 권위주의 62.9% 순으로 다른 평가를 내렸다. 우선순위에서 성차가 존재한다는 사실이 흥미롭다.

3.3 현재 한국 천주교회 사제들의 모습 평가

현 단계 천주교의 사제상은 현재 모습의 평가인 동시에 미래의 사제상이 투영되는 양면을 가지고 있다. 결과를 살펴보면 사목자 29.2%, 교구 행정관료 21.5%, 수행(도)자(20%), 윤리교사 9.7%, 시민운동가/정치행동가·정신적 스승 각각 7.7%, 기타 1%, 평범한 직장인 0.5% 순으로 나타났다. 이 가운데서 사목자, 수행자, 정신적 스승을 사제의 긍정적인 모습을 나타내는

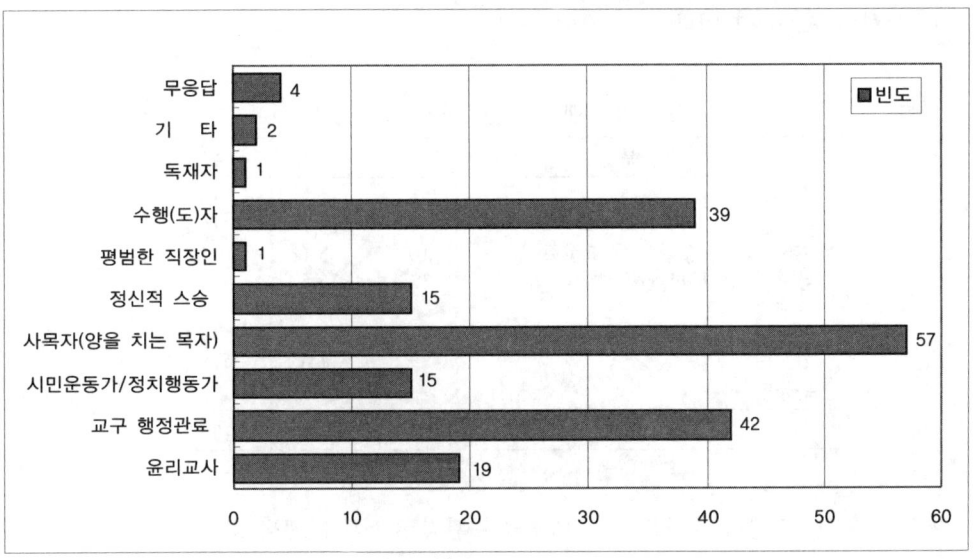

<그림 3-11> 현 단계의 천주교사제상

항목으로 분류하는데 이 비율은 58.1%로 세속화된 모습을 지칭하는 다른 범주보다는 다소 높은 양상이다. 과거 천주교 사제들이 가졌던 긍정적인 모습과 정신, 인간 내면, 영적인 문제를 해결할 수 있거나 도움을 줄 수 있는 스승 또는 인도자라는 이미지는 상당 부분 약화된 것으로 해석되는 부분이다. 간접적으로는 세속화가 급속하게 진행되고 있으므로 종교 내적인 역할의 중요성이 점차 중요한 비중을 차지할 것이라고 보면 현재 천주교 사제들의 모습은 쇄신과 변화의 요소를 내포하고 있다고 할 수 있다.

3.4 해방 후 천주교회가 양적으로 팽창한 원인에 대한 해석

천주교는 일제로부터 해방된 1945년에 신자수가 183,666명, 한국인 사제수가 136명이다가, 1949년에는 분단으로 교세가 157,668명으로 줄어들었다. 그러다 1950년대(1953~1960)에는 270%의 경이적인 교세성장을 기록하였다. 이후의 시기는 매 10년마다 거의 배에 가까운 양적 성장을 지속하여 현재 400만을 돌파한 상태이다. 신자수로만 보면 해방 후 현재까지 무려 22배가 팽창한 것이다. 1990년대에 접어들면서 이전 시기보다는 다소 감소추세를 보이고 있으나, 통계수치로만 보면 교세성장은 아직 정점에 이르지 않은 것으로 나타나고 있다. 이러한 경이적인 교세성장은 그리스도교 선교사에서 유례를 찾아보기 힘든 것이다. 그러나 이러한 급격한 성장은 개신교와 불교도 비슷한 양상이어서 원인이 천주교 자체의 긍정적인 역할만으로 는 보기 힘든 요소들이 있다.

<표 3-12> 해방 후 천주교의 양적 팽창원인

구 분	빈 도	백분율	유효백분율
급속한 산업화/도시화	26	13.3	13.5
전통종교의 적응능력부족	31	15.9	16.1
미군정과 이승만의 종교정책	10	5.1	5.2
남한의 정치적불안정과 경제적 곤경	30	15.4	15.6
천주교의 긍정적인 사회적 역할	93	47.7	48.4
기 타	2	1.0	1.0
무응답	3	1.5	
합 계	195	100.0	100.0

이 질문은 교세성장의 원인을 교회 내부의 주관적 조건과 객관적 조건으로 나뉘어 양자의 비중을 비교하여 어느 요인의 중요성이 더 큰가를 비교하고자 한 것이다. 천주교의 긍정적인 사회적 역할을 제외하면 나머지 범주들은 객관적 조건을 강조한 것임을 알 수 있을 것이다. 이를 기준으로 살펴보면 객관적 조건의 영향이 50.5%, 주관적 조건이 48.4%로 거의 대등한 수치이다. 이 결과는 천주교회 안에서 교세성장과 현재 누리게 되는 높은 사회적 위신이 자체 의 역할과 능력에서만 비롯되지 않았다는 것을 보여준다. 객관적 조건의 협조라는 요소가 내 재되어 있다는 사실을 암시하고 있으니 말이다. 교회 안에서 이러한 객관적 조건들에 대한 고 려 없이 자기중심주의에 사로잡힌 평가를 경계해야 하는 이유가 여기에 있다. 그러나 긍정적 인 측면도 있는데, 교세성장은 천주교의 긍정적인 사회적 역할에서 이루어졌다는 것이고, 천 주교에 대한 긍정적인 평가들이 대체로 최근에 형성된 것임을 확인해주는 까닭이다. 게다가 이러한 평가는 현재의 삶에 대한 간접적인 평가이며, 앞으로의 사목과 선교에 방향을 제시한 다는 면에서 시사하는 바가 적지 않다.

통계적 유의도는 떨어지지만 이 질문에 대한 종교별 태도에서 흥미 있는 결과를 읽어 낼 수 있다(부록 <표 8> 참조). 주관적 조건의 기여에 대하여 개신교 신자들은 34.4%, 천주교 신자들은 26.9%인데 반하여 불교는 6.5%, 유교 1.1%인 점이 주목된다. 유교와 불교는 객관적 조건의 비중을 높이 평가하고 있는 것이다. 이것이 현재 종교인 사이에 존재하는 인식차이다. 이러한 맥락에서 이 결과는 천주교 자체의 평가들이 보다 객관적일 필요를 강조하는 것임에 틀림없다.

3.5 현재 한국 천주교회가 가장 역점을 두고 있다고 보는 분야

현재 한국 천주교회가 가장 역점을 두고 있는 것처럼 보이는 분야에 대한 응답을 순서별로 보면 인권/정의/평화운동 29.2%, 교세확장 24.1%, 사회복지 22.1%, 내부 결속력 강화 12.8%, 종교적인 수행 9.2%, 토착화/한국화 2.6% 순이었다. 교세확장, 내부 결속력강화를 교회중심적 활동으로 놓고 이 비율을 계산하면 36.9%에 달하고, 사회복지, JPIC 운동을 긍정적인 사회적 역할로 구분하면 51.3%, 양자의 영역에 모두 관련되는 역할인 종교적 수행과 토착화는 11.7%가 된다.

<표 3-13> 현 단계 한국종교의 최우선 역점분야

구 분	빈 도	유효백분율
양적팽창/외형치중	264	26.4
교파난립/일치부족	209	20.9
지나치게 자기교회중심적	199	19.9
목회자의 사리사욕/이기심	141	14.1
이단교회난무	103	10.3
세속화	35	3.5
사회봉사/구제사업 등한시	19	1.9
선교사업 등한시	8	0.8
기타	3	0.3
모름/무응답	19	1.9
합 계	1000	100.0

【자료출처】 한미준-한국갤럽, 『한국 개신교인의 교회활동 및 신앙의식』, 두란노, 1999, 480~481쪽.

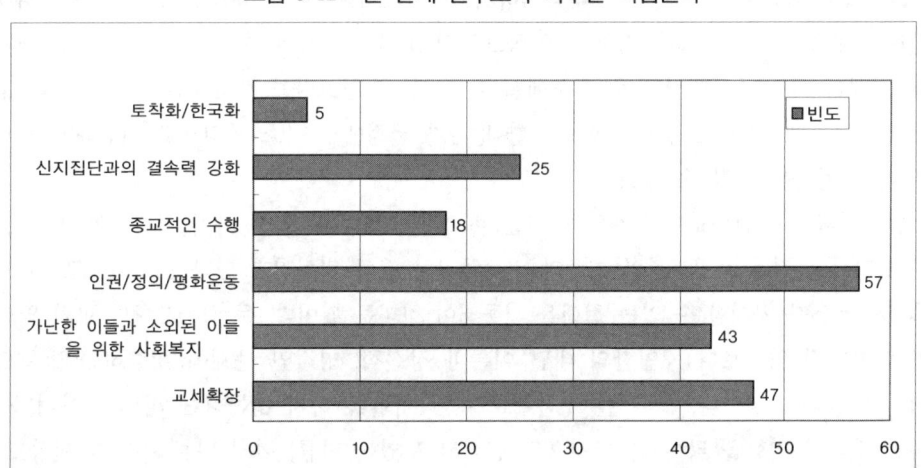

<그림 3-12> 현 단계 천주교의 최우선 역점분야

응답자들이 대체로 천주교의 긍정적인 사회적 역할에 대한 인상이 가장 우선적이라는 것인데, 외적으로 표현되는 양상들이 대체로 이런 활동들이기 때문으로 해석된다. 이를 달리 표현하면 종교 본연의 역할 수행은 부족하다는 의미로 해석할 수 있다. 일례로 위의 표는 현재 한국 종교들이 경험하고 있는 부정적인 현상들을 열거한 것이다. 이에 비하면 천주교는 어느 정도 긍정적인 평가를 받는다고 할 수 있다. 물론 이 평가들이 모든 종교를 대상으로 한 것이라는 점을 전제로 하면 천주교도 자유로울 수 없다. 다만 본 조사의 응답자들은 비교적 일반인들에 비하여 천주교에 대하여 긍정적으로 평가하고 있다.

3.6 소 결

우선 결과를 간략하게 요약하면 천주교의 역할 및 활동에 대하여는 교회 내부에서 인식하고 있는 것보다는 다소 부정적인 평가를 받았다고 해도 좋을 것이다. 이 결과는 한국갤럽이 1997년도 제3차 비교조사 보고서 "한국인의 종교와 종교의식"에서 84년, 89년, 97년의 결과를 비교한 데서도 분명하게 드러나고 있다. 종교마다 차이가 있기는 하지만 종교에 대한 긍정적 평가가 낮아지고 있다는 것만은 분명하다는 것이다. 이 결과는 천주교도 예외일 수 없음을 잘 보여주었다. 투명성의 기준에서 볼 때 가장 취약한 부분으로 사제의 권위주의가 지적된 것과 최근 종교 안에서 문제가 될 소지가 있는 요소들이 거론된 것도 큰 맥락에서 종교의 영향력 감소 좁게는 천주교가 점차 이러한 흐름에 들어섰다는 것을 보여주었다. 사제상도 기능적인 측면의 평가가 높았던 반면, 본연의 역할에 대한 평가는 낮았다. 현재의 시대적 요청에 비추어 볼 때 이러한 사제상 평가는 바람직하지 않은 것이다. 교세 성장에 대한 평가도 외재적 요인과 내재적 요인의 비중을 거의 같게 봄으로써 교회 내부에서 빠질 수 있는 자만을 경계하였다. 현재의 역점 분야에서도 현 수준에서 요구되는 방향보다는 부정적인 문제들이 더 우세하였으므로 전체적으로는 천주교회에 대한 평가가 긍정에서 다소 부정으로 이전해가는 과정에 있다는 평가를 내릴 수 있었다.

3장의 결과들이 천주교에 제시하는 것은 비교적 분명하다. 먼저 과거 천주교의 높은 도덕성과 투명성이 점차 시민사회의 기준과 비슷하거나 점차 뒤처지고 있다는 것이므로 이제 이 분야에서 우위를 차지할 수 있는 선택을 서둘러야 한다는 것이다. 두번째로, 천주교의 역할이 점차 대사회적 역할보다는 인간의 내면 이른바 정신적, 영적인 문제에 치중하는 방향으로 바뀌어야 한다는 것이다. 물론 현재 천주교가 이 역할을 하지 않는다는 의미는 아니다. 아직까지 대외적 역할을 많이 하는 것으로 인식되고 있는 만큼, 이제 다른 측면의 인상도 줄 필요가 있다는 것이다. 마지막으로 아직까지 긍정적인 평가가 우세하다고 해서 자만하거나 변화를 게을리해서는 안 된다는 것이다. 종교가 긍정적인 평가를 받는데는 오랜 시간이 걸리지만, 부정적인 평가는 순식간에 나타날 수도 있다는 사실에 유념하고, 현재는 이런 가능성이 더욱 높은 시기이므로 긍정적인 역할을 촉구하는 메시지로 읽는 것이 바람직하다는 것이다.

제4장 가톨릭교회의 미래방향

이 장에서는 가톨릭교회의 미래방향과 전망을 다룬 질문들을 분석하였다. 대체로 이 질문들은 한국사회와 천주교회의 관계에서 설정되었으면 하는 바람직한 방향을 찾는데 초점이 맞추어져 있다. 방향과 미래전망은 현재에 대한 간접적인 평가를 내포하고 있으므로 이 결과를 통하여 현재를 반성하고, 미래를 준비는 계기를 삼는 것이 중요하다.

4.1 성당에서 걷은 헌금을 가장 우선적으로 사용하기를 희망하는 분야

우선적으로 천주교의 물질적 자원할당을 요청하는 분야는 역시 사회봉사/구제가 80.9%로 가장 높았고, 이어 성당운영/유지 10.3%, 선교/전도활동 8.2%, 신자교육 0.5% 순이었다. 이 결과는 <그림 4-1> 개신교인들의 태도와 실제 천주교 내부의 시각과 큰 차이를 보이는 것이다. 교회 내부에서는 세속화와 신자들의 종교성 약화라는 대내적 과제를 해결하기 위해 추가 자원할당을 요청하고 있고, 심한 경우는 신자들만을 위해 사용해야 한다는 입장도 나타나기 때문이다. 그러므로 이 결과는 교회 내부에서 주장하는 바와 달리 해석될 필요가 있다.

이 결과는 전문가들이 종교에 기대하는 가치가 무엇인지를 보여준다는 면에서 천주교의 미래 방향 설정에 시사하는 바가 크다. 이제까지 천주교가 해왔던 긍정적인역할을 지속하라는 의미로 알아들을 수 있고, 앞으로도 이 영역에 치중하는 것이 교회 외부에 있는 이들에게 설득력을 가질 것이라는 점을 시사하고 있기 때문이다. 그러나 이 결과는 미래방향과 관련하여 부정적인 함의도 내포하고 있는데, 앞으로 이러한 분야들만이 종교가 유일하게 설득력을 얻는 영역이 될 것이라는 뜻이기도 한 까닭이다. 점차 종교는 공적인 영역에서 후퇴하는 상황이고, 이러한 상황이 심화될수록 시민사회 안에서 사사화(privatization)는 가속화되는 것이기에, 달가운 현상만은 아닌 것이다. 한국의 종교문화가 다원적이고, 이러한 시장상황이 비교적 안정되

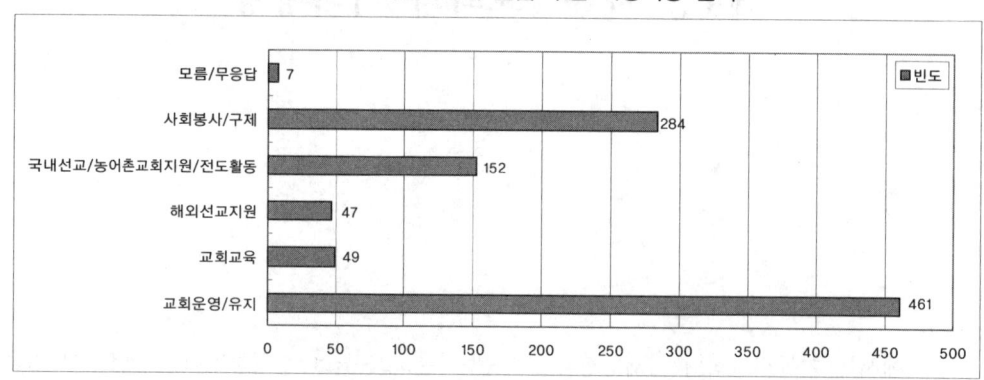

【자료출처】 한미준-한국갤럽,『한국 개신교인의 교회활동 및 신앙의식』, 두란노, 1999, 283쪽.

<표 4-1> 천주교의 헌금 우선 사용희망 분야

구 분	빈 도	백분율	유효백분율
성당운영/유지	20	10.3	10.3
신자교육	1	.5	.5
선교/전도활동	16	8.2	8.2
사회봉사/구제	157	80.5	80.9
무응답	1	.5	
합 계	195	100.0	100.0

어 있다는 면에서 개별종교의 교리적 측면의 접근이 더욱 설득력을 잃어가리라는 것도 이 결과가 천주교에 반드시 유리한 것만은 아니라는 사실을 보여준다. 한국의 여러 종교들이 일견 각자의 장점을 배워 사회적인 역할과 대외활동 면에서 점차 표준화되어 가는 것도 천주교로서는 부담스러운 일이다. 그리고 무엇보다 시민사회가 성장하면서 종교의 역할 정체성을 인정받는 분야가 주로 이러한 긍정적인 사회적 역할이라는 면에서 이 분야에 대한 자원의 추가할당은 불가피한 선택이 될 수밖에 없다.

4.2 천주교회가 인근지역사회에 기여하기를 희망하는 활동

신자들의 자원동원은 물질적인 것과 사람(시간)으로 이루어지는데, 이 질문의 결과는 이 두 가지 자원이 지역사회와의 관계에서 어느 측면에 더 비중을 두고 할당되기를 희망하는가를 보여준다. 본 조사 응답자들의 22.4%가 지역 환경운동에 우선적인 관심을 기울여주기를 희망

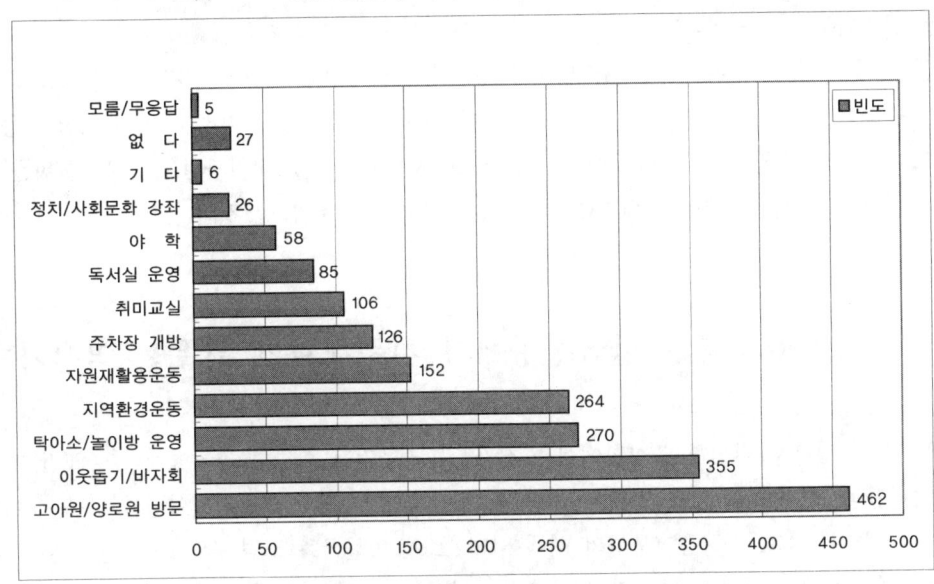

<그림 4-2> 개신교인들이 지역사회에 기여하기를 희망하는 활동

【자료출처】한미준-한국갤럽,『한국 개신교인의 교회활동 및 신앙의식』, 두란노, 1999, 460~461쪽.

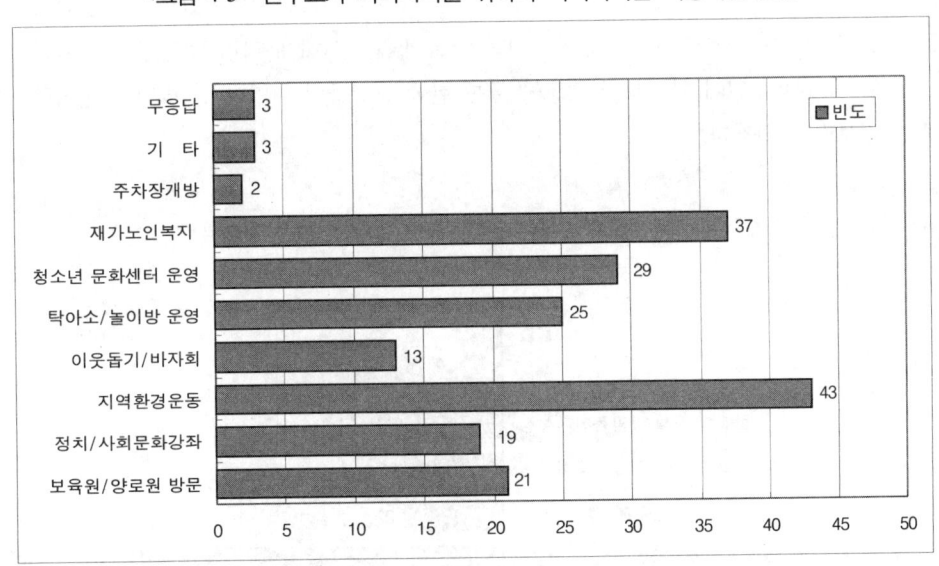

<그림 4-3> 천주교가 지역사회를 위하여 기여하기를 희망하는 활동

하였다. 이어 재가노인복지 19.3%, 청소년 문화센터운영 15.1%, 탁아소/놀이방 운영 13% 순으로 답하였다. 앞의 개신교인이 희망하는 것과는 다소 차이가 있지만 사회사업의 측면을 강

조하는 면에서는 큰 차이가 없고, 구조적인 문제 해결 활동에 우선 순위를 두는 정도만이 차이를 보인다고 할 수 있다.

천주교를 포함하여 한국의 그리스도교가 대부분 지역사회와 무관하게 자신들의 종교적 욕구만을 충족시키려 하는 경향에 비추어볼 때 이 결과는 교회가 보다 대사회적인 역할 비중의 확대, 무엇보다 지역에 천착해야 한다는 요구라는 점에서 앞으로 교회자원할당 우선순위를 조정하고, 선교와 사목정책을 수립하는 데 매우 유용하게 참조가 될 것이다.

4.3 종교다원사회인 한국상황에서 천주교회의 최우선 역점과제

천주교가 앞으로 다원화된 상황에서 가장 역점을 두기를 희망하는 활동에는 종교간 대화 및 협력활동이 47.9%로 가장 높았다. 두번째로는 종교를 초월한 공동의제설정으로 16%, 이어 종교간 대화 12.4%, 한국종교문화의 이해·외래요소탈피/한국화 노력 각 11.3% 순이었다. 대체로 다원상황을 인정하고, 종교간의 경쟁을 피하면서 종교외적인 활동을 통하여 사회에 봉사하라는 의미로 해석이 가능할 것 같다. 이 결과는 실제 한국의 종교문화가 경쟁에서 보완체제로, 그리고 유동성과 갈등의 소지가 적은 안정적인 시장상황으로 전환되었음을 간접적으로 시사하는 것이기도 하다. 그리고 이 분야에서 종교들의 노력여하에 따라 정당성이 부여될 것이라는 점도 시사하고 있어 앞으로 천주교는 물론 한국 종교들이 나가야 할 방향을 설정하는 데 소중한 정보라고 하겠다.

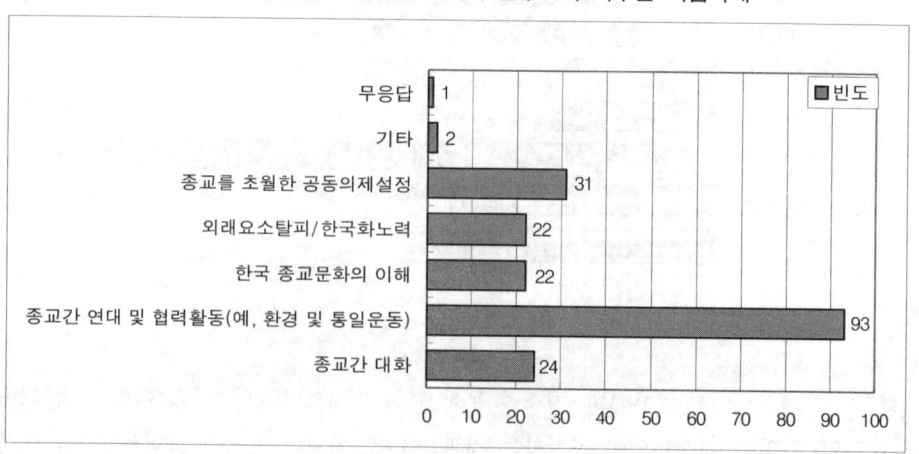

<그림 4-4> 종교다원사회 안에서 천주교의 최우선 역점과제

사실 교리적이고, 사상적인 측면에서 대화하는 것은 엘리트 중심이 될 수밖에 없고, 이해는 될지언정 상호협력으로까지 이어지기 어렵다는 것이 그 동안의 경험이므로 서로의 현실과 정신을 인정한 상태에서 공동 의제화가 가능한 활동을 하는 것이 현실적이고 실현가능성이 높다. 이러한 면에서 종교간의 연대 및 협력활동과 종교를 초월한 공동의제 설정을 이야기하는 비중이 63.9%를 차지하는 것은 의미 있는 결과이다.

4.4 21세기에 천주교회와 국가가 맺어야 하는 바람직한 관계

바람직한 미래의 교회와 국가관계에 대하여는 비판적 제휴관계가 56.2%로 가장 높았고, 이어 철저한 정교분리 23.7%, 비판적 관계 18%, 적극 동조와 협력 1.5%, 기타 0.5% 순으로 나타났다. 1960년대 말부터 형성되었던 교회와 국가 간의 갈등관계를 주로 비판적 관계로 규정할 수 있다면 현재는 비판적 제휴관계라 할 수 있을 것이다. 물론 현재의 관계는 생명문제와 같이 천주교 교리와 국가의 정책이 상충하는 면에서는 비판적인 거리를 유지하지만, 대부분의 문제들에 대해서 침묵으로 동조하거나 제휴하고 있다는 정도의 의미를 갖는 것이다. 현실적으로 1980년대 중반까지 진행되었던 비판적 관계는 문민정부 등장 이후로 국가권력이 정통성을 가진데다 시민사회의 성장으로 종교의 역할범위가 대폭 축소되었기 때문에 더 이상 교회 안에서 쟁점을 삼기도 어려워진 상황이다. 게다가 교회 자체 내에서 국가의 운영을 관찰, 감시하고 비판할 수 있는 수단과 도구를 가져야 하는데 이를 결여하고 있으므로 엄밀한 의미의 비판적 제휴는 앞으로도 제한적일 수밖에 없다. 그러므로 이 설문의 결과는 앞으로 교회가 안고 있는 문제들을 극복하면서 이러한 역할에 충실하기를 주문하는 결과로 이해하는 것이 바

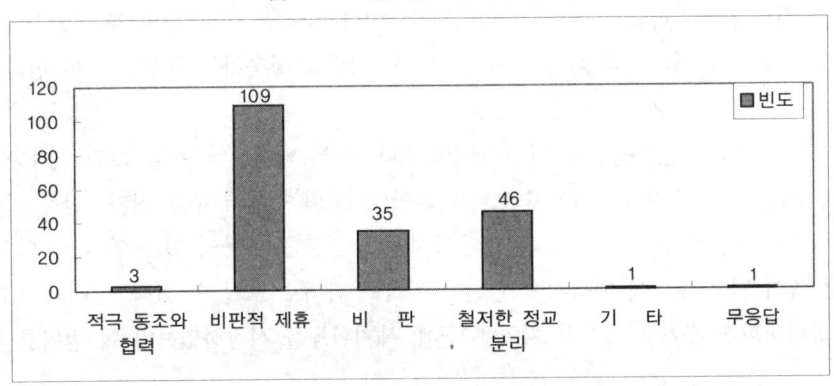

<그림 4-5> 바람직한 미래의 정교관계

람직하다.
 또 하나의 흥미로운 사실은 엄격한 정교분리가 두번째의 지위를 차지하는 것이다. 이것 또한 종교를 공적인 영역에서 배제시키려는 최근의 흐름과 연결되어 있다. 종교 내부에서도 성속이원론에 토대를 두고 엄격하게 사회정치적인 활동과 신앙을 구분하는 흐름이 존재한다. 이러한 맥락에서 보면 정교분리론도 더 이상 교회가 공적인 의제를 설정하거나, 주도하는 것을 원하지 않는다는 의미로 읽을 수 있는 현상이다. 결국 현재의 상황에서는 종교의 공적 영역으로부터의 후퇴가 기정사실이고, 이러한 흐름을 되돌리기 어려울 것이라는 의미에서 이 결과는 매우 복합적인 의미를 내포하고 있다 할 것이다.

4.5 21세기에 천주교가 동북아에서 담당하기를 희망하는 역할

<표 4-2> 미래 동북아에서 천주교의 주요 역할희망분야

구 분	빈 도	백분율	유효백분율
아시아지역 내 평화운동	115	59.0	59.0
사회복지적 접근을 통한 낙후지역원조	56	28.7	28.7
아시아 내 타 NGO 지원	13	6.7	6.7
환경문제해결지원	11	5.6	5.6
합 계	195	100.0	100.0

 역시 미래의 역할에 대하여 묻는 질문으로 주로 동북아에서 담당하게 될 역할에 초점을 맞추고 있다. 세계 가톨릭에서 차지하는 한국 천주교회의 고유한 위치와 역시 아시아 지역교회에서 차지하는 위치, 한국전쟁 후 세계교회로부터 받은 도움 등을 감안할 때 한국 천주교회는 독특한 역할을 부여받고 있으므로 활동과 관심의 범위를 적어도 아시아 지역으로까지 확장하는 것은 교회로나 국가적으로 반드시 필요한 상황이다. 따라서 이 질문의 결과는 한국 천주교회가 설정해야 할 미래방향과 아시아 지역 내에서 지위에 상응하는 책임을 져야 한다는 맥락에서 시사하는 바가 적지 않다.
 응답자들은 59%가 평화운동을 가장 희망하였다. 이어 낙후지역 원조 28.7%, 타 NGO 지원 6.7%, 환경문제 해결지원 5.6% 순으로 나타났다. 교회 안에서 주로 신자들만을 위한 자원할당을 희망하거나, 이보다 조금 더 진전된 구제활동 정도에 머물러 있는 인식 및 의식수준을 감안하면 폭이 넓고 보기에 따라서는 실천이 어려운 과제로 보일 수 있다. 그러나 이미 1989년 세계성체대회를 계기로 아시아 지역에 구제, 복지활동을 시작하였는바 이 범위를 더 넓히

고 국내에서 자원동원도 더 활성화하여 선진국의 원조기관들의 수준으로 끌어올리는 방식으로 실천이 가능할 것이다. 아직 그 범위와 활동의 질에 있어 현재 한국 천주교회의 노력은 만족할 수준이 아니므로 추가적인 자원할당과 노력을 요청하는 결과로 받아들이면 좋을 것이다.

4.6 앞으로 예상되는 천주교의 교세

<표 4-3> 미래 천주교 교세전망

구 분	빈 도	백분율	유효백분율
계속 빠른 속도로 증가	9	4.6	4.6
근근히 증가	100	51.3	51.3
정체상태	61	31.3	31.3
점차 감소	24	12.3	12.3
급격한 감소	1	.5	.5
합 계	195	100.0	100.0

교세전망에 대하여는 증가(급속+완만)를 포함하면 55.9%가 계속 증가를 예상하고 있고, 나머지 44.1%가 정체 내지는 감소를 예상하고 있다. 현재에도 신자 수만을 기준으로 하면 내부의 비활동인구(in-active)의 급격한 증가와 동시에 절대 숫자도 꾸준히 증가하고 있음을 알 수 있다. 한미준-한국갤럽의 조사결과는 아직도 무종교인 가운데 잠재적인 신자층이 존재하고 있다는 사실도 보여준다. 현재의 상황에서는 증가를 전망하는 것이 타당해 보인다. 그러나 다른 장에서 다룬 결과들이 반영하는 바와 교회 내부의 흐름을 감안할 때 통계수치상의 수적 증가는 현실을 올바로 반영하는 결과가 될 수 없을 것 같다. 다원상황에서 종교가 직면한 상황에 대한 대응능력, 경쟁 종교들의 대응태도와 능력, 동의와 설득구조의 변동과 같은 여러 변수들이 영향을 미칠 것이기 때문이다.

4.7 21세기에 천주교회가 해결해야 할 가장 큰 과제 또는 문제

이 질문도 4장 전체의 맥락에서 보면 한국 천주교회의 현재 모습에 대한 평가이자 미래 방향이라는 양자의 측면을 모두 내포하고 있다. 투명성의 기준에 비추어 한국 천주교회를 평가한 3.10 항목과 유사한 결과를 보여준다. 가장 우선적인 해결과제로 성직자의 권위주의가

<표 4-4> 현 단계 천주교의 최우선 해결과제나 문제점

구 분	빈 도	백분율	유효백분율
양적 팽창/외형에 치우치는 모습	23	11.8	12.0
사회봉사/사회참여부족	26	13.3	13.5
자기중심주의/이익집단화/천주교의 세속화	31	15.9	16.1
외래종교모습극복/한국화	21	10.8	10.9
노력부족	22	11.3	11.5
성직자의 권위주의	36	18.5	18.8
중간층/부유층화	25	12.8	13.0
현실과 유리된 윤리	8	4.1	4.2
무응답	3	1.5	
합 계	195	100.0	100.0

18.8%로 우선순위가 제일 높았던 것, 이어 자기중심주의/이익집단화 16.1%, 사회봉사/사회참여 부족 13.5%, 중간층화/부유층화 13% 등은 현재 직면한 문제들이 비교적 고르게 지적된 것이라 할 수 있다. 앞으로도 이 문제들은 천주교회의 미래에 난제들로 남을 가능성이 높은 것들이다. 적어도 이런 문제들의 요소가 적거나 극복할 때 정당성을 얻을 수 있다는 것이므로 이러한 과제들의 해결 여부는 천주교의 미래방향을 가늠하는 시금석이 될 것이다.

4.8 소 결

천주교가 미래에 선택할 방향과 과제 가운데 4.1~4.6은 대외적(ad extra)인 과제와 방향을 4.7은 대내적(ad intra) 문제를 해결하는 방향을 다루었다. 대외적 역할에 대하여는 기존에 천주교가 긍정적인 인상을 주었거나, 하였던 역할을 지속하기를 희망하는 것으로 나타났다. 대내적인 과제에 대하여는 현재 천주교 내부에서 경험하고 있거나 실제 부족한 문제들이 고르게 지적되었다.

이 결과들에서 시사하는 바를 요약해보면, 1) 천주교의 물질적 자원할당(헌금)에 대하여는 대내적인 요구와 다르게 사회봉사와 구제에 치중하기를 희망하였고, 이 자원들이 지역사회에 기여하는 방향으로 할당되는 것이 바람직하다는 쪽으로 의견이 모아졌다. 이 결과는 이러한 자원할당이 천주교의 긍정적 역할을 지속하는 방편이기는 하지만, 이 분야들 외에는 달리 기여할 분야가 발견되지 않는다는 점에서 어려운 상황이 조성되었다는 해석도 가능하다는 것을 알 수 있었다. 2) 종교다원사회 안에서 담당해야 할 역할에서는 종교 외적인 의제를 중심으로 연대와 협력해나가는 방향을 제시함으로써 이 역시 한국의 종교상황이 과거와는 다르게 더욱

다원화되고, 어느 정도 안정되어 있음을 확인시켜 주었다. 이 역시 종교의 영역이 축소되었다는 것을 간접적으로 시사하는 결과이다. 3) 바람직한 교회와 국가관계는 비중있게 나온 비판적 제휴와 정교분리가 의미의 차이에도 불구하고 유사한 맥락임을 확인할 수 있었다. 4) 천주교가 동북아에서 담당해야 할 역할에 대하여는 한국 천주교의 관심영역 확장과 심화를 요청하고 있어 국력이 신장한 나라에서 국가와 교회 자신을 위하여 교회가 지구적 차원으로 확대해나가야 한다는 방향과 대체로 일치하였다. 5) 교세에 대하여는 긍정적인 관측이 우세한데 이는 전문가들의 예측과 내적인 상황과의 괴리가 어느 정도 존재한다는 것을 확인시켜 주었다. 그러나 성장기조를 유지할 것이라는 기대를 모으는 것은 천주교에는 긍정적으로 보인다. 마지막으로 대내적 과제에 대하여는 성직자의 권위주의와 천주교의 투명성을 높이는 데 기여할 요소들이 주로 지적되었다.

이러한 결과를 통하여 천주교회가 미래의 방향을 선택할 때 대내외적으로 해결해야 하거나 준비해야 할 과제들을 확인할 수 있었다. 또한 이러한 방향을 선택하는 것이 교회 내에서 이야기하는 쇄신(renewal)의 과제를 더욱 분명히 밝혀주고, 이를 실천으로 옮기는 사목(pastoral)의 구조를 대폭 개편하고, 신자들이 신앙과 사회생활을 분리하지 않고 지구적인 범위로까지 사회적 책임을 확장하는 것이 교회가 자신과 국가, 인류를 위하여 봉사하는 길이라는 사실도 분명히 보여주었다. 엄밀히 보면 4장의 결과는 교회가 이런 방향을 선택하지 않는다면 사회를 도덕적으로 이끌어가는 지위에서 마저 물러나 외부로부터의 개혁 압력을 자초할 수 있다는 경고로 해석될 소지가 크다는 면에서 천주교에 유용한 정보이다.

제5장 응답자의 인구사회학적 특성

5.1 응답자의 성별 분포

<그림 5-1> 응답자의 성별분포

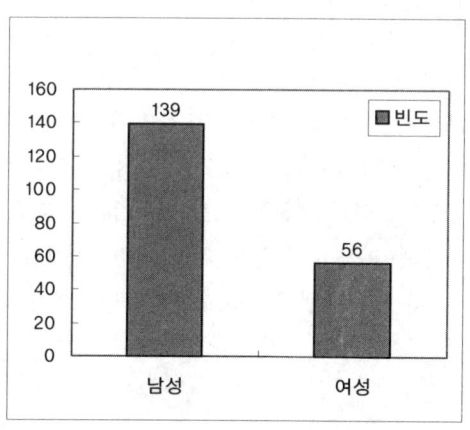
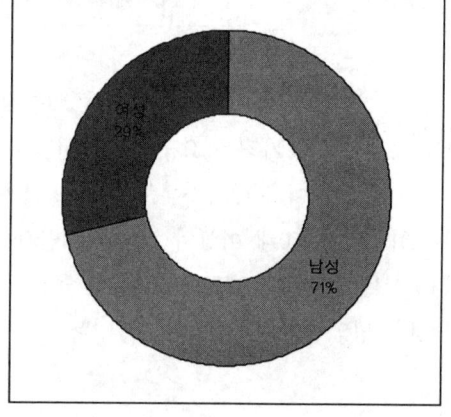

본 조사의 성격이 전문가 조사이고, 여성학, 음악학, 사회복지학과 같은 분야는 여성교수 혹은 전공자들이 비교적 많기 때문에 실제 비율보다 높게 나타났다. 참고로 2002년 1월 1일 현재 전체 4년제 대학의 여학생 비율은 36.3%, 여성 박사비율은 국내 박사의 23.8%, 해외 박사는 22.9%에 이르는 반면, 여성교수의 비율은 14.1%(사립대 16.1%, 국공립대 8.8%)에 불과하다(한국일보 2002. 1. 10). 본 조사에서 여성전문가와 교수는 현실보다 두 배에 가까운 수치로 과대표집된 것이라 할 수 있으나, 본 조사가 가톨릭과 직접 연관 또는 간접적으로 연구하는 인접학문만을 대상으로 하였고, 현직이 아닌 전문연구자들도 대상으로 하였기 때문에 이러한 결과가 나타난 것이다.

5.2 응답자의 연령분포

20대와 30대가 비교적 높게 나타나는 것은 응답자격이 분야별로 차이는 있지만 문화, 예술, 법학 분야(예: 변호사)와 같이 박사학위를 반드시 필요로 하지 않는 분야의 경우 연령이 낮고, 현재 강사 신분을 가진 젊은 연구자들도 대상에 포함시켰기 때문에 나타난 결과이다.

<표 5-1> 응답자의 연령분포

구 분	빈 도	백분율	유효백분율
20대	1	.5	.5
30대	45	23.1	23.1
40대	108	55.4	55.4
50대	31	15.9	15.9
60대 이상	10	5.1	5.1
합 계	195	100.0	100.0

참고로 본 조사의 응답 자격요건은 일률적으로 적용되진 않았지만 대부분의 분야에서 박사과정 수료이상의 자격을 요구하였고(현직교수의 경우 학위불문), 모집단을 한국학술진흥재단 연구자 정보 데이터 베이스에 수록된 명단을 기초로 하였기 때문에 소장 연구자들이 다소 높게 포함되었다. 50대 이상의 교수들 가운데 연구자 등록을 하지 않은 비율도 비교적 높은 편이고, 이들이 대체로 새로운 정보기술을 이용하는 것을 꺼리는 층이라고 할 때 연령대가 젊어진 것은 당연한 결과라고 할 수 있다.

5.3 응답자의 종교분포

무종교인의 비율이 전체 인구평균인 49.3%에 비하여 36.1%로 적게 나타난 점과 개신교, 가톨릭을 합쳐 그리스도교가 49.5%로 인구평균 26.3%보다 높게 나타난 점, 불교가 인구 평균 23.2%인데 비하여 본 조사에서 10.3%로 나타나는 것은 다음과 같은 이유로 해석된다.

가톨릭과 개신교의 경우 1980년대 중반 이후 신자계층이 중간층 이상으로 변화하였기 때문에 고학력 전문직종, 학계의 경우 인구평균보다 높게 나타날 가능성이 있고, 본 조사 응답자들의 전공분야가 그리스도교인들과 친화성이 있는 학문들이라는 점을 감안하면 위와 같은 불일치의 원인이 부분적으로 해명될 것이다.

<표 5-2> 응답자의 종교분포

구 분	빈 도	백분율	유효백분율
무 교	70	35.9	36.1
불 교	20	10.3	10.3
개신교	59	30.3	30.4
가톨릭	37	19.0	19.1
유 교	2	1.0	.5
민족종교	1	.5	.5
기 타	5	2.6	2.6
무응답	1	.5	
합 계	195	100.0	100.0

인구 및 주택센서스(95.11.1)

구 분	신도수	백분율
무 교	21,974	49.3
불 교	10,321	23.2
개신교	8,760	19.7
가톨릭	2,951	6.6
유 교	211	.8
민족종교	123	.32
기타	232	0.5
합 계	44,572	100.0

(단위, 1000명)

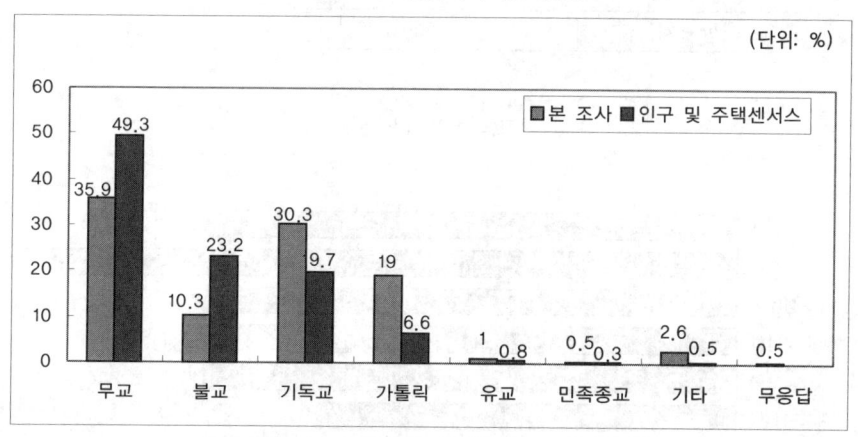

<그림 5-2> 응답자의 종교분포

5.4 응답자의 전공분포

전공별로 인원수의 차이가 나는 것은 전공 데이터베이스에 수록된 명단이 적은 경우(종교사회학)나 수거가 안된 경우이고, 인원이 초과한 법학과 한국철학의 경우에는 조사과정에서 예상보다 응답비율이 높았기 때문이다.

<표 5-3> 전공분포

구 분	응답인원	백분율	할당인원	수거율
국문학	12	6.2	14	85.7
국사학	15	7.7	15	100.0
동양사	12	6.2	14	85.7
문화인류학/민속학	13	6.7	14	92.8
법학	15	7.7	14	107.1
사회복지학	15	7.7	15	100.0
여성학	14	7.2	14	100.0
정치학	14	7.2	15	93.3
종교사회학	11	5.6	12	91.6
종교학	14	7.2	15	93.3
한국음악학	15	7.7	14	93.3
한국조형예술	13	6.7	14	92.8
한국철학	18	9.2	15	120.0
행정학	14	7.2	15	93.3
합 계	195	100.0	200	97.5

<그림 5-3> 전공분포

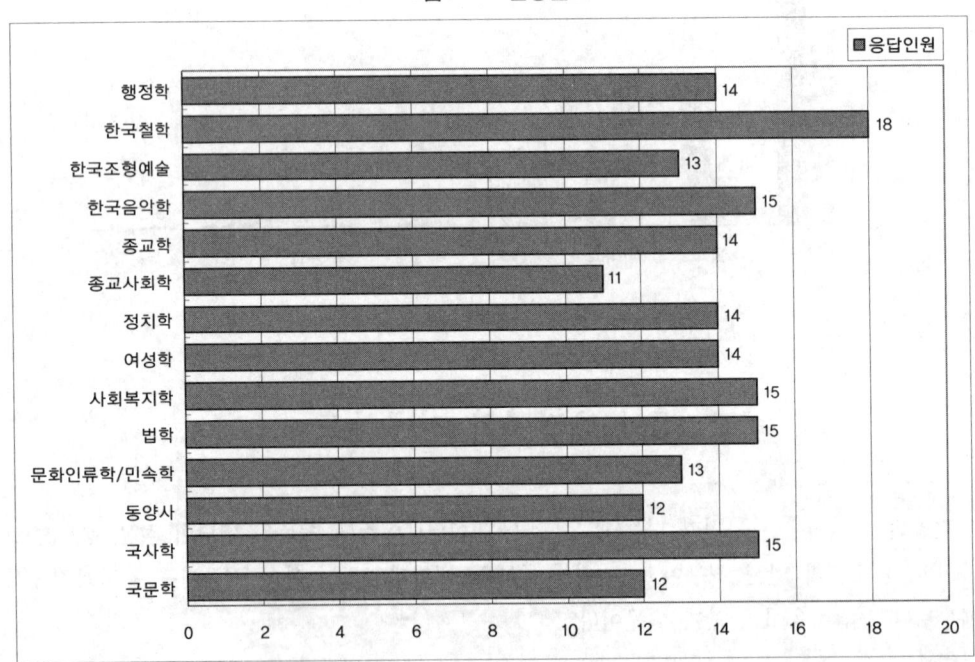

제6장 결론

한국에서 20세기는 한국문화가 서구문명, 그리스도교와 불가분의 관계에 있었던 시기이다. 근대적 사회변동기로 요약할 수 있는 20세기 현상에서 그리스도교는 이 시기의 한 측면을 이해하고 밝히는 키워드 가운데 하나이다. 이 연구의 주제가 국가적으로나 교회적으로 관심사가 되는 이유이다. 이제 천주교는 더 이상 외래종교가 아니라 한국인의 종교와 실질적인 한국사회의 엄연한 주체가 되었다. 이 사실을 인정하고 과거를 반성하고, 현재를 평가하며, 미래를 전망하려는 것이 이 조사의 의도이자 의의라고 할 것이다.

이 조사는 크게 근대화, 과거, 현재, 미래 네 부분으로 나뉘어 있다. 근대화는 그리스도교의 기여 비중 그 가운데서도 가톨릭의 기여분야와 정도를 파악하여 앞으로 노력해야 할 요소들을 찾아내는 것을 목표로 하였다. 과거는 주로 한국화의 관점에서 그 동안에 한국사회와 종교문화에 뿌리내린 정도를 파악하여 천주교의 한국화 수준을 평가하고 방향을 전망하는 데 필요한 정보를 얻고자 하였다. 현재의 활동에 대한 평가는 실제 천주교회가 긍정적인 인상을 주었던 그래서 긍정적 사회적 위신을 얻게 된 원인과 배경이 무엇인지를 파악하는 데 초점을 맞추었다. 마지막으로 미래 방향은 이제 한국 천주교회가 한반도뿐 아니라 아시아 지역에서 어떤 기여를 하면서 진정한 한국인의 종교이자 세계시민의 종교가 될 것인지 그 방향을 모색하고자 하였다.

간단하게 결과를 요약하여 보면, 근대화에 대한 기여는 그리스도교 전체로는 비교적 높게, 가톨릭만으로는 이보다 낮게 기여하였다는 평가를 받았다. 하지만 어느 누구도 무시할 수 없을 정도의 기여를 하였다는 것만은 분명히 인정을 받았다. 한국화 정도에 있어서도 그 동안의 역사에서 볼 때 상당한 진전이 있었고, 실제 한국사회에서도 실질적인 한 구성원으로서 자리매김하고 있다는 평가를 받았다. 그러나 아직 외래적인 요소들이 적지 않은데, 해석하기에 따라서는 아직 한국화가 충분히 이루어지지 않았다는 평가도 가능하기에 여전히 많은 과제를 안고 있음을 확인하게 되었다. 한국화가 된 영역은 주로 아시아적 특수성이라고 할 수 있는 사회정의와 사회복지처럼 기존 종교와 다르게 고유하게 접근한 방식들이었다. 그러나 아직 천주교가 한국인의 정신구조에 뿌리를 내리기에는 갈 길이 멀다는 것도 확인되었다. 특히 교리적인 측면에서는 뿌리내리기가 쉽지 않을 것으로 예측되었다. 현재적인 평가에 대하여는 아직 다른 종교에 비하여 긍정적이지만, 다른 조사결과들에서 확인되는 바와 같이 한국 종교 전반이 영향력과 사회적 위신의 측면에서 감소하고 있는 전체의 맥락에 있고, 천주교도 안심할 수준이 아니라는 사실이 확인되었다. 그리고 점차 이러한 경향이 심화될 것이라는 비관적 예측도 가능해지고 있음을 알게 되었다. 마지막 방향에서는 한국 천주교회가 시야를 지구적 범위로 확장하고, 봉사의 분야도 다양화해야 하며, 종교의 영역도 넘어서야 한다는 것을 확인시켜 주었다.

전체적으로 보면 이 조사에서는 천주교회가 지난 역사 안에서 최근 35년 내에 긍정적인 사회적 역할을 통하여 사회적 위신이 높아졌고, 이로 인해 만족스럽지 않은 과거까지도 미화된 듯 한 느낌을 주었다는 것이 드러났다. 또한 천주교도 한국종교 일반이 경험하고 있는 세속화의 맥락에 있으며, 점차 과거와 같은 사회적 영향력과 위신, 그리고 역할범위가 줄어들 것이라는 예측도 가능하다는 것을 확인시켜 주었다. 이제까지와 같이 낙관적인 전망이 지속되기 어려울 것이라는 점이 이 조사에서 주요하게 확인할 수 있는 결과라고 하겠다.

그러면 이 조사결과가 천주교에 시사하는 바는 무엇인가? 먼저 천주교 내부에서 한국사회, 한국의 종교문화와의 관계에서 낙관하고 있는 분위기가 다소 신중해져야 한다는 것이다. 보기에 따라서는 한국화는 아직도 긴 시간이 요구되는 과제가 되리라는 것이 전문가들의 대체적인 견해라고 볼 수 있기 때문이다. 천주교가 얻고 있는 긍정적인 평판과 사회적 위신은 당연히 유지되는 것이 아니라 동의와 설득을 통한 헤게모니 획득과정에서 얼마나 성공하는가 그 여하에 따라 결정되는 것이기에 앞으로의 노력이 현재의 평판의 향방을 가르게 되리라는 것이다.

두번째로, 한국인의 종교가 되기 위해서는 이제까지의 긍정적인 사회적 역할 못지 않게 정신적, 영적인 문제 해결능력도 갖추는 방향의 역할이 필요하다는 것이다. 이 문제의 해결능력에 대하여는 불교보다 낮은 점수를 받은 점에 유의하여야 한다. 불교는 천주교와 달리 사회적 역할에서는 천주교보다 매우 낮은 점수를 받았지만 정신적 문제의 해결능력에서는 천주교보다 우위에 있었다. 불교가 한반도에서 오랜 시간을 살면서 얻게 된 신뢰라고 할 것이다. 천주교가 이런 능력이 없다든가, 이런 역할을 하지 않았다는 의미가 아니라 한국인에게 인식되거나 이해된 의미가 그러하다는 것이므로 이미지의 변화가 필요하다는 뜻 정도로 이해하면 되리라 생각한다.

세번째로, 천주교 내부의 시각이 객관적인 맥락에서 조명되어야 한다는 것이다. 아직까지 대부분의 연구와 조사들이 교회 틀을 벗어나지 못하고 있다. 이제는 이를 객관적인 맥락에 비추어 평가하고, 한국사회 전체의 시각에서 자신의 모습을 평가하고, 노력해야 할 요소들을 찾는 노력이 필요하다.

네번째로, 앞으로는 시야만이 아니라 활동의 범위도 넓어져야 한다는 것이다. 그리고 무엇보다 시민사회가 요구하는 투명성의 기준이 매우 높아졌으므로 이 기준에 상응하는 모습을 갖추는 것이 필요하다는 사실이다. 교회의 일부 측면들은 이미 이 기준에 미달되는 것으로 지적되어 앞으로 갈등의 여지를 안고 있음을 보여주었다. 이제는 신앙의 문제, 교회 내부의 문제조차도 외부의 시각에서 조명되어야 할 필요성을 절감하게 해주고 있다. 이러한 영역에서 거리가 생길수록 천주교의 영역은 그만큼 협소해진다는 사실을 알아야 할 것이다.

마지막으로, 천주교가 진정한 한국인의 종교가 되기 위해서는 과감하게 낡은 틀과 진정성을 의심하게 하는 요소들을 쇄신하여야 한다. 안팎이 일치하는 모습을 보여주어야 한다는 것이다. 한국 종교문화의 다원성은 다수의 국민에게 가치의 준거를 선택하는 데 어려움을 주고 있고, 실제 이러한 다원성이 국민통합을 저해하는 요소들이 적지 않거니와 이러한 사회적 책임을 개별 종교의 이익에 앞서 지려는 노력이 필요하다.

부록

<표 1> 20세기 한국사회발전에 가장 기여한 종교

구 분		개신교	민족종교	불교	천주교	기 타	x^2	df	sig.
성별(%)	남성	73.9	33.3	66.7	69.8	60.0	2.91	4	.573
	여성	26.1	66.7	33.3	30.2	40.0			
	전체	100.0	100.0	100.0	100.0	100.0			
연령(%)	20대	0.9					12.25	16	.727
	30대	18.9	33.3	33.3	30.2	60.0			
	40대	53.9	33.3	66.7	55.6	40.0			
	50대	20.0	33.3		11.1				
	60대	7.0			3.2				
	전체	100.0	100.0	100.0	100.0	100.0			
종교(%)	무교	30.7	33.3		44.4	60.0	39.99	24	.021
	불교	7.0		33.3	12.7	20.0			
	기독교	41.2	33.3	33.3	14.3	20.0			
	가톨릭	19.3		33.3	20.6				
	유교	1.8							
	민족종교				1.6				
	기타		33.3		6.3				
	전체	100.0	100.0	100.0	100.0	100.0			

<표 2> 20세기 천주교모습 연상시 최우선 연상요소

구 분		근대화	외국선교사	신사참배	가톨릭농민회	정의구현사제단	수도회	사회복지	통일운동	민주화운동	기타	x^2	df	sig.
성별(%)	남성	70.4	61.1		70.0	75.0	60.0	76.9		82.6	100.0	9.63	9	.382
	여성	29.6	38.9	100	30.0	25.0	40.0	23.1	100	17.4				
	전체	100.0	100.0	100.0	100.0	100.0	100.0	100.0	100.0	100.0	100.0			
연령(%)	20대	3.7										26.57	36	.874
	30대	18.5	25.0		20.0	22.1		23.1		39.1				
	40대	48.1	61.1		55.0	54.4	80.0	61.5	100	47.8	100.0			
	50대	22.2	13.9	100	15.0	14.7	20.0	15.4		13.0				
	60대	7.4			10.0	8.8								
	전체	100.0	100.0	100.0	100.0	100.0	100.0	100.0	100.0	100.0	100.0			
종교(%)	무교	37.0	38.9		40.0	35.3		25.0	100.0	39.1	100.0	39.01	54	.938
	불교	3.7	16.7		5.0	14.7	20.0			4.3				
	기독교	29.6	22.2	100.0	25.0	32.4	40.0	33.3		39.1				
	가톨릭	29.6	19.4		30.0	13.2	40.0	25.0		8.7				
	유교													
	전체	100.0	100.0	100.0	100.0	100.0	100.0	100.0	100.0	100.0	100.0			

<표 3> 20세기 한국근대화에 가장 큰 기여주체

구 분		일제	사회주의자	천주교회	개신교회	미군정	박정희정권	시민운동	기타	x^2	df	sig.
성별(%)	남 성	71.4	50.0	69.2	69.2	66.7	82.5	60.5	81.8	7.74	7	.356
	여 성	28.6	50.0	30.8	30.8	33.3	17.5	39.5	18.2			
	전 체	100.0	100.0	100.0	100.0	100.0	100.0	100.0	100.0			
연령(%)	20대			7.7						43.16	28	.034
	30대	14.3	25.0	30.8	10.3	100.0	17.5	39.5	27.3			
	40대	42.9	50.0	38.5	59.0		63.5	47.4	54.5			
	50대	42.9	25.0	15.4	25.6		11.1	10.5	18.2			
	60대			7.7	5.1		7.9	2.6				
	전 체	100.0	100.0	100.0	100.0	100.0	100.0	100.0	100.0			
종교(%)	무 교	42.9	25.0	46.2	10.5	66.7	38.1	52.6	27.3	64.45	42	.015
	불 교	14.3	25.0				9.5	10.5	27.3			
	기독교		50.0	38.5	65.8	33.3	23.8	21.1	18.2			
	가톨릭	28.6		15.4	23.7		22.2	10.5	27.3			
	유 교	14.3						2.6				
	민족종교						1.6					
	기 타							4.8	2.6			
	전 체	100.0	100.0	100.0	100.0	100.0	100.0	100.0	100.0			

<표 4> 해방 이전 천주교가 조선사회발전에 기여한 분야

구 분		사회복지	고등교육	의료사업	민중계몽	정치발전	경제정의실현	독립운동	언론 및 문화활동	기타	x^2	df	sig.
성별(%)	남 성	60.6	61.1	62.5	74.0	100.0	100.0	100.0	73.3	100.0	6.37	8	.606
	여 성	39.4	38.9	37.5	26.0				26.7				
	전 체	100.0	100.0	100.0	100.0	100.0	100.0	100.0	100.0	100.0			
연령(%)	20대	3.0									31.26	32	.504
	30대	18.2	22.2	31.3	24.0				33.3				
	40대	45.5	61.1	56.3	57.0	100.0	33.3	100.0		50.0			
	50대	27.3	11.1		15.0		66.7		13.3				
	60대	6.1	5.6	12.5	4.0					50.0			
	전 체	100.0	100.0	100.0	100.0	100.0	100.0	100.0	100.0	100.0			
종교(%)	무 교	21.2	27.8	37.5	38.0		100.0		71.4		134.28	48	.000
	불 교		11.1	18.8	13.0				7.1				
	기독교	24.2	11.1	12.5	21.0				14.3				
	가톨릭	24.2	11.1	12.5	21.0			100.0	7.1	50.0			
	유 교	3.0			1.0								
	민족종교									50.0			
	기 타	3.0			3.0								
	전 체	100.0	100.0	100.0	100.0	100.0	100.0	100.0	100.0	100.0			

<표 5> 20세기 한국근대화에 천주교의 가장 큰 기여분야

구 분		사회복지	고등교육	의료사업	민중계몽	정치발전	경제정의실현	문화/교양	의식개혁	예술(건축,음악)	기 타	x^2	df	sig.
성별(%)	남 성	67.4	58.3	77.8	65.9	79.3	66.7	40.0	80.5	100.0	100.0	7.97	9	.537
	여 성	32.6	41.7	22.2	34.1	20.7	33.3	60.0	19.5					
	전 체	100.0	100.0	100.0	100.0	100.0	100.0	100.0	100.0	100.0	100.0			
연령(%)	20대								2.4			70.87	36	.000
	30대	23.9	8.3	22.2	22.7	20.7		40.0	29.3					
	40대	63.0	83.3	22.2	56.8	58.6	16.7	60.0	48.8		100.0			
	50대	8.7	8.3	11.1	13.6	17.2	83.3		19.5	100.0				
	60대	4.3		44.4	6.8	3.4								
	전 체	100.0	100.0	100.0	100.0	100.0	100.0	100.0	100.0	100.0	100.0			
종교(%)	무교	31.1	.3	33.3	52.3	34.5	33.3	40.0	31.7		100.0	51.39	54	.576
	불교	13.3			11.4	17.2		20.0	7.3					
	기독교	40.0	58.3	55.6	4.5	27.6	33.3	40.0	34.1	100.0				
	가톨릭	13.3	25.0	11.1	27.3	10.3	33.3		24.4					
	유교	2.2				3.4								
	민족종교					3.4								
	기 타		8.3		4.5	3.4			2.4					
	전 체	100.0	100.0	100.0	100.0	100.0	100.0	100.0	100.0	100.0	100.0			

<표 6> 20세기 한국근대화에 천주교의 최고 기여주체

구 분		외방전교회	수도회	교황청	한국인사제	해외천주교원조기관	가톨릭신자(평신도)	기 타	x^2	df	sig.
성별(%)	남 성	33.3	57.1	100.0	77.5	69.2	79.2	100.0	48.67	6	.005
	여 성	66.7	42.9		22.5	30.8	20.8				
	전 체	100.0	100.0	100.0	100.0	100.0	100.0	100.0			
연령(%)	20대		4.8						18.99	24	.752
	30대	38.9	28.6		22.5	7.7	20.8				
	40대	33.3	42.9	100.0	57.3	69.2	60.4	100.0			
	50대	16.7	19.0		14.6	23.1	14.6				
	60대	11.1	4.8		5.6		4.2				
	전 체	100.0	100.0	100.0	100.0	100.0	100.0	100.0			
종교(%)	무교	23.5	19.0		39.3	30.8	43.8		43.71	36	.177
	불교	29.4			10.1	7.7	10.4				
	기독교	23.5	33.3	100.0	29.2	23.1	33.3	100.0			
	가톨릭	23.5	42.9		16.9	23.1	10.4				
	유교				2.2						
	민족종교					7.7					
	기 타		4.8		2.2	7.7	2.1				
	전 체	100.0	100.0	100.0	100.0	100.0	100.0	100.0			

<표 7> 천주교 전래 이후 한국사회에 가장 큰 변화초래영역

구 분		건축 및 예술	사회 사상	종교와 철학	경제	전통윤리 와 가치관	빈곤 타파	주체 의식	기 타	x²	df	sig.
성별 (%)	남 성	75.0	77.8	70.7	100.0	66.2	85.7	66.7	25.0	7.54	7	.375
	여 성	25.0	22.2	29.3		33.8	14.3	33.3	75.0			
	전 체	100.0	100.0	100.0	100.0	100.0	100.0	100.0	100.0			
연령 (%)	20대			2.4						18.79	28	.905
	30대	25.0	27.0	19.5		21.1	28.6		50.0			
	40대	50.0	52.4	65.9	100.0	53.5	28.6	100.0	50.0			
	50대	25.0	14.3	7.3		19.7	42.9					
	60대		6.3	4.9		5.6						
	전 체	100.0	100.0	100.0	100.0	100.0	100.0	100.0	100.0			
종교 (%)	무교	25.0	28.6	31.7		44.3	28.6	33.3	75.0	23.78	42	.989
	불교		11.1	12.2		10.0		33.3				
	기독교	50.0	34.9	24.4	100.0	27.1	57.1		25.0			
	가톨릭	25.0	19.0	24.4		17.1	14.3	33.3				
	유교		1.6	2.4								
	민족종교			2.4								
	기 타		4.8	2.4		1.4						
	전 체	100.0	100.0	100.0	100.0	100.0	100.0	100.0	100.0			

<표 8> 해방 후 천주교의 양적 팽창 원인

구 분		급속한 산업화와 도시화	전통종교의 적응능력 부족	미군정과 이승만의 종교정책	남한의 정치적 불안정과 경제적 곤경	천주교회의 긍정적인 사회적 역할	기 타	x²	df	sig.
성별 (%)	남 성	57.7	83.9	60.0	60.0	75.3	100.0	8.73	5	.118
	여 성	42.3	16.1	40.0	40.0	24.7				
	전 체	100.0	100.0	100.0	100.0	100.0	100.0			
연령 (%)	20대					1.1		11.80	20	.923
	30대	30.8	19.4	30.0	26.7	20.4				
	40대	65.4	58.1	60.0	50.0	51.6	100.0			
	50대	3.8	19.4	10.0	16.7	19.4				
	60대		3.2		6.7	7.5				
	전 체	100.0	100.0	100.0	100.0	100.0	100.0			
종교 (%)	무교	30.8	56.7	30.0	46.7	28.0	50.0	43.50	30	.053
	불교	19.2	13.3	10.0	6.7	6.5				
	기독교	34.6	16.7	30.0	30.0	34.4	50.0			
	가톨릭	15.4	10.0	10.0	13.3	26.9				
	유교		33.3			1.1				
	민족종교			10.0						
	기 타			10.0	3.3	3.2				
	전 체	100.0	100.0	100.0	100.0	100.0	100.0			

부록 103

<표 9> 천주교 전래 이후 한국사회와의 관계에서 범한 가장 큰 과오

구 분		조상제사 불인정	황사영 백서 사건	일제시대 전시동원 체제협력	신사 참배 허용	3.1운동 참여 반대	미군정에 대한 협력	반공 노선	기 타	x^2	df	sig.
성별 (%)	남 성	76.4	66.7	71.4	66.7	72.7	57.1	55.6	80.0	3.03	7	.882
	여 성	23.6	33.3	29.6	33.3	27.3	42.9	44.4	20.0			
	전 체	100.0	100.0	100.0	100.0	100.0	100.0	100.0	100.0			
연령 (%)	20대			1.8						28.18	28	.455
	30대	14.5	20.0	26.8	23.8	22.7	42.9	33.3	60.0			
	40대	61.8	33.3	53.6	42.9	68.2	57.1	66.7	40.0			
	50대	18.2	26.7	14.3	23.8	9.1						
	60대	5.5	20.0	3.6	9.5							
	전 체	100.0	100.0	100.0	100.0	100.0	100.0	100.0	100.0			
종교 (%)	무 교	43.6	26.7	38.2	28.6	36.4	14.3	55.6		65.63	42	.011
	불 교	10.9	6.7	3.6	9.5	4.5	28.6	22.2	40.0			
	기독교	20.0	33.3	34.5	42.9	40.9	14.3	11.1	40.0			
	가톨릭	18.2	33.3	21.8	1.0	18.2	14.3		20.0			
	유 교	3.6										
	민족종교					14.3						
	기 타	3.6		1.8			14.3	11.1				
	전 체	100.0	100.0	100.0	100.0	100.0	100.0	100.0	100.0			

<표 10> 교난의 최적대체용어

구 분		교 난	사 옥	박 해	교 란	x^2	df	sig.
성별 (%)	남 성	74.0	75.0	70.0	66.7	0.43	3	.934
	여 성	26.0	25.0	30.0	33.3			
	전 체	100.0	100.0	100.0	100.0			
연령 (%)	20대		8.3			22.43	12	.033
	30대	23.3	16.7	23.0	33.3			
	40대	58.9	66.7	52.0	33.3			
	50대	16.4	8.3	16.0	33.3			
	60대	1.4		9.0				
	전 체	100.0	100.0	100.0	100.0			
종교 (%)	무 교	34.2	41.7	36.4		12.87	18	.799
	불 교	12.3	16.7	9.1				
	기독교	27.4	33.3	31.3	100.0			
	가톨릭	19.2	8.3	21.2				
	유 교	1.4		1.0				
	민족종교	1.4						
	기 타	4.1		1.0				
	전 체	100.0	100.0	100.0	100.0			

<표 11> 한국인이 가장 이해하기 어려운 천주교 교리

구 분		유일신관	그리스도 구원의 유일회성	그리스도의 신인양성론	성모(마리아) 교리	교황무오설	성서와 전통의 동등한 가치인정	x^2	df	sig.
성별(%)	남 성	83.3	80.0	66.7	66.7	67.5	60.0	4.84	5	.435
	여 성	16.7	320.0	33.3	33.3	32.5	40.0			
	전 체	100.0	100.0	100.0	100.0	100.0	100.0			
연령(%)	20대				3.3			18.90	20	.529
	30대	33.3	23.3	16.7	20.0	19.5	40.0			
	40대	46.7	63.3	58.3	40.0	63.6	40.0			
	50대	16.7	10.0	16.7	30.0	11.7				
	60대	3.3	3.3	8.3	6.7	5.2	10.0			
	전 체	100.0	100.0	100.0	100.0	100.0	100.0			
종교(%)	무 교	43.7	44.8	41.7	33.3	26.0	50.0	49.05	30	.016
	불 교	13.3	17.2	16.7	10.0	5.2	10.0			
	기독교	16.7	27.6	8.3	30.0	41.6	30.0			
	가톨릭	16.7	10.3	16.7	23.3	26.0				
	유 교	6.7								
	민족종교	3.3								
	기 타			16.7	3.3	13.3	10.0			
	전 체	100.0	100.0	100.0	100.0	100.0	100.0			

<표 12> 현 단계 천주교의 외래문화 성격유지여부

구 분		아직까지 전적으로 외래문화	비교적 한국화된 편	거의 한국화 외래적 요소 적은 편	완전히 한국화	잘 모르겠다	기 타	x^2	df	sig.
성별(%)	남 성	48.3	75.2	81.3	100.0	100.0		15.52	5	.008
	여 성	51.7	24.8	18.8			100.0			
	전 체	100.0	100.0	100.0	100.0	100.0	100.0			
연령(%)	20대		0.7					24.80	20	.209
	30대	20.7	22.1	37.5			50.0			
	40대	62.1	54.5	50.0		100.0	50.0			
	50대	13.8	17.2	12.5						
	60대	3.4	5.5		100.0					
	전 체	100.0	100.0	100.0	100.0	100.0	100.0			
종교(%)	무 교	35.7	36.6	31.3		50.0	50.0	21.98	30	.855
	불 교	14.3	9.0	18.8						
	기독교	32.1	30.3	18.8	100.0	50.0	50.0			
	가톨릭	10.7	21.4	18.8						
	유 교		1.4							
	민족종교	3.6								
	기 타	3.6	1.4	12.5						
	전 체	100.0	100.0	100.0	100.0	100.0	100.0			

부록 105

<표 13> 천주교의 모습 중 가장 서구적 요소

구 분		성당 건축 양식	천주교 신자들의 세례명	미사와 같은 전례 의식	성직자 와 수도자 의 복장	천주교 회의 음악	각종 성상	천주교 회의 일상 용어	수도회 및 단체의 이름	x^2	df	sig.
성별 (%)	남 성	66.7	80.6	46.4	57.1	75.0	57.1	87.5	81.3	16.70	7	.019
	여 성	33.3	19.4	53.6	42.9	25.0	42.9	12.5	18.8			
	전 체	100.0	100.0	100.0	100.0	100.0	100.0	100.0	100.0			
연령 (%)	20대		1.1							30.54	28	.337
	30대	22.2	23.7	39.3		50.0		12.5	12.5			
	40대	55.6	53.8	35.7	71.4	50.0	85.7	50.0	68.8			
	50대	16.7	19.4	17.9	14.3		7.1	12.5	12.5			
	60대	5.6	2.2	7.1	14.3		7.1	25.0	6.3			
	전 체	100.0	100.0	100.0	100.0	100.0	100.0	100.0	100.0			
종교 (%)	무 교	27.8	41.9	42.9	42.9	14.3	28.6	25.0	18.8	27.55	42	.958
	불 교	5.6	10.8	10.7	14.3	28.6	14.3		6.3			
	기독교	44.4	25.8	32.1	28.6	42.9	28.6	25.0	37.5			
	가톨릭	22.2	17.2	7.1	14.3	14.3	28.6	37.5	37.5			
	유 교		1.1	3.6								
	민족 종교		1.1									
	기 타		2.2	3.6				12.5				
	전 체	100.0	100.0	100.0	100.0	100.0	100.0	100.0	100.0			

<표 14> 현 단계의 천주교 사제상

구 분		윤리 교사	교구의 행정 관료	시민운동가/정치 행동가	사목자	정신적 스승	평범한 직장인	수행자	독재자	기 타	x^2	df	sig.
성별 (%)	남 성	73.7	50.0	86.7	77.2	80.0	100.0	76.9			20.78	8	.008
	여 성	26.3	50.0	13.3	22.8	20.0		23.1	100.0	100.0			
	전 체	100.0	100.0	100.0	100.0	100.0	100.0	100.0	100.0	100.0			
연령 (%)	20대		2.4								24.70	32	.818
	30대	42.1	21.4	26.7	17.5	20.0		23.1		50.0			
	40대	47.4	64.3	60.0	57.9	46.7	100.0	43.6	100.0	50.0			
	50대	5.3	9.5		19.3	26.7		28.2					
	60대	5.3	2.4	13.3	5.3	6.7		5.1					
	전 체	100.0	100.0	100.0	100.0	100.0	100.0	100.0	100.0	100.0			
종교 (%)	무 교	47.4	35.7	57.1	21.5	33.3		46.2	100.0	50.0	43.84	48	.644
	불 교	5.3	11.9	7.1	12.3	6.7		10.3					
	기독교	26.3	31.0	21.4	42.1	26.7		17.9		50.0			
	가톨릭	21.1	19.0		22.8	26.7		20.5					
	유 교			7.1				2.6					
	민족 종교			7.1									
	기 타		2.4		1.8	6.7		2.6					
	전 체	100.0	100.0	100.0	100.0	100.0	100.0	100.0	100.0	100.0			

<표 15> 현 단계 천주교의 최우선 역점분야

구 분		교세확장	가난한 이들과 소외된 이들을 위한 사회복지	인권/정의/평화운동	종교적인 수행	신사집단과의 결속력 강화	토착화/한국화	x^2	df	sig.
성별 (%)	남성	61.7	62.8	84.2	72.2	68.0	100.0	10.43	5	.064
	여성	38.3	37.2	15.8	27.8	32.0				
	전체	100.0	100.0	100.0	100.0	100.0	100.0			
연령 (%)	20대			1.8				32.97	20	.034
	30대	17.0	32.6	29.8	16.7	12.0				
	40대	61.7	53.5	45.6	38.9	72.0	100.0			
	50대	21.3	2.3	17.5	33.3	16.0				
	60대		11.6	5.3	11.1					
	전체	100.0	100.0	100.0	100.0	100.0	100.0			
종교 (%)	무교	29.8	45.2	43.9	27.8	24.0	20.0	36.27	30	.199
	불교	14.9	9.5	5.3		20.0	20.0			
	기독교	27.7	23.8	35.7	61.1	20.0				
	가톨릭	23.4	19.0	8.8	11.1	32.0	60.0			
	유교	2.1		1.8						
	민족종교			1.8						
	기타	2.1	2.4	3.5		4.0				
	전체	100.0	100.0	100.0	100.0	100.0	100.0			

<표 16> 현 단계 천주교에서 가장 투명성이 낮은 분야

구 분		사제의 권위주의	재정운영	대규모시설 경영	기타	x^2	df	sig.
성별 (%)	남성	62.9	78.9	87.1	87.5	3.79	3	.020
	여성	37.1	21.1	12.9	12.5			
	전체	100.0	100.0	100.0	100.0			
연령 (%)	20대	0.9				6.813	12	.870
	30대	23.3	26.3	22.6	12.5			
	40대	58.6	44.7	54.8	62.5			
	50대	12.9	23.7	12.9	25.0			
	60대	4.3	5.3	9.7				
	전체	100.0	100.0	100.0	100.0			
종교 (%)	무교	30.4	42.1	48.4	50.0	15.52	18	.626
	불교	13.0	7.9	3.2	12.5			
	기독교	27.8	42.1	22.6	25.0			
	가톨릭	22.6	7.9	22.6	12.5			
	유교	1.7						
	민족종교	0.9						
	기타	3.5		3.2				
	전체	100.0	100.0	100.0	100.0			

<표 17> 천주교의 교세전망

구 분		계속 빠른 속도로 증가할 것이다	근근히 증가할 것이다	정체상태일 것이다	점차 감소할 것이다	급속하게 감소할 것이다	x^2	df	sig.
성별 (%)	남성	66.7	76.0	68.9	58.3	100.0	3.73	4	.444
	여성	33.3	24.0	31.1	41.7				
	전체	100.0	100.0	100.0	100.0	100.0			
연령 (%)	20대		1.0				13.20	16	.658
	30대	22.2	20.0	24.6	33.3				
	40대	66.7	50.0	65.6	45.8	100.0			
	50대	11.1	21.0	8.2	16.7				
	60대		8.0	1.6	4.2				
	전체	100.0	100.0	100.0	100.0	100.0			
종교 (%)	무교	22.2	29.3	41.0	58.3		33.06	24	.103
	불교	22.2	9.1	11.5	4.2	100.0			
	기독교	44.4	32.3	31.1	16.7				
	가톨릭		26.3	13.1	12.5				
	유교		1.0	1.6					
	민족종교		1.0						
	기타		1.0	1.6	8.3				
	전체	100.0	100.0	100.0	100.0	100.0			

<표 18> 현 단계 천주교의 최우선 해결과제나 문제점

구 분		외형에 치우치는 모습	사회봉사/사회참여 부족	자기중심주의/이익집단화	천주교의 세속화	외래종교의모습/토착화 노력부족	성직자들의 권위주의	천주교회의 중간층화/부유층화	현실과 유리된 윤리	x^2	df	sig.
성별 (%)	남성	73.9	73.1	71.0	81.0	63.6	66.7	72.0	75.0	2.15	7	.951
	여성	26.1	26.9	29.0	19.0	36.4	33.3	28.0	25.0			
	전체	100.0	100.0	100.0	100.0	100.0	100.0	100.0	100.0			
연령 (%)	20대						4.0			27.07	28	.514
	30대	13.0	26.9	16.1	19.0	27.3	22.2	36.0	37.5			
	40대	69.6	50.0	61.3	71.4	50.0	47.2	44.0	50.0			
	50대	17.4	11.5	16.1	9.5	22.7	25.0	8.0				
	60대		11.5	6.5			5.6	8.0	12.5			
	전체	100.0	100.0	100.0	100.0	100.0	100.0	100.0	100.0			
종교 (%)	무교	47.8	34.6	38.7	14.3	47.3	22.2	44.0	62.5	50.93	42	.162
	불교	4.3	11.5	12.9	14.3	14.3	11.1	8.0				
	기독교	4.3	26.9	35.5	57.1	19.0	41.7	28.0	12.5			
	가톨릭	34.8	23.1	3.2	14.3	9.5	25.0	20.0	25.0			
	유교	4.3				4.8						
	민족종교			3.2								
	기타	4.3	3.8	6.5		4.8						
	전체	100.0	100.0	100.0	100.0	100.0	100.0	100.0	100.0			

<표 19> 천주교 헌금의 최우선 사용 희망처

구 분		성당운영/유지	신자교육	선교/전도활동	사회봉사, 구제	x^2	df	sig.
성별(%)	남성	55.0	100.0	75.0	72.6	3.23	3	.358
	여성	45.0		25.0	27.4			
	전체	100.0	100.0	100.0	100.0			
연령(%)	20대				0.6	10.46	12	.576
	30대	25.0		12.5	24.2			
	40대	45.0		62.5	56.7			
	50대	25.0	100.0	12.5	14.0			
	60대	5.0		12.5	4.5			
	전체	100.0	100.0	100.0	100.0			
종교(%)	무교	35.0		12.5	39.1	19.37	18	.371
	불교	10.0		6.3	10.9			
	기독교	10.0	100.0	56.3	30.1			
	가톨릭	40.0		25.0	15.4			
	유교				1.3			
	민속종교				0.6			
	기타				2.6			
	전체	100.0	100.0	100.0	100.0			

<표 20> 인근지역사회를 위한 천주교 기여희망분야

구 분		보육원양로원방문	정치사회문화에 대한 강좌	지역환경운동	이웃돕기바자회	탁아소놀이방운영	청소년문화센터운영	재가노인복지	주차장개방	기타	x^2	df	sig.
성별(%)	남성	76.2	68.4	67.4	84.6	64.0	79.3	64.9	100.0	100.0	6.09	8	.637
	여성	23.8	31.6	32.6	15.4	36.0	20.7	35.1					
	전체	100.0	100.0	100.0	100.0	100.0	100.0	100.0	100.0	100.0			
연령(%)	20대	4.8									24.15	32	.839
	30대	14.3	15.8	27.9	23.1	36.0	24.1	16.2	50.0	33.3			
	40대	61.9	63.2	53.5	38.5	52.0	51.7	59.5	50.0	66.7			
	50대	19.0	21.1	14.0	23.1	4.0	17.2	18.9					
	60대			4.7	15.4	8.0	6.9	5.4					
	전체	100.0	100.0	100.0	100.0	100.0	100.0	100.0	100.0	100.0			
종교(%)	무교	47.6	5.3	51.2	53.8	28.0	21.4	32.4	100.0	33.3	47.68	48	.486
	불교	4.8	21.1	9.3		12.0	7.1	13.5					
	기독교	28.6	47.4	18.6	7.7	44.0	46.4	27.0		33.3			
	가톨릭	14.3	26.3	14.0	28.5	16.0	21.4	18.9		33.3			
	유교	4.8					2.7						
	민속종교			2.3									
	기타			4.7			3.6	5.4					
	전체	100.0	100.0	100.0	100.0	100.0	100.0	100.0	100.0	100.0			

<표 21> 천주교의 한국사회에 대한 영향력증가여부

구 분		전혀그렇지 않다	별로 그렇지 않다	보통	약간 그렇다	매우 그렇다	x^2	df	sig.
성별(%)	남 성	100.0	74.2	72.1	71.1	58.8	2.65	4	.618
	여 성		25.8	27.9	28.9	41.2			
	전 체	100.0	100.0	100.0	100.0	100.0			
연령(%)	20대				1.3		25.41	16	.063
	30대		32.3	25.0	21.1	11.8			
	40대	33.3	54.8	62.3	50.0	52.9			
	50대	33.3	12.9	10.3	17.1	35.3			
	60대	33.3		1.5	10.5				
	전 체	100.0	100.0	100.0	100.0	100.0			
종교(%)	무 교		45.2	41.8	35.5	5.9	22.22	24	.566
	불 교	33.3	9.7	13.4	7.9	5.9			
	기독교	33.3	32.3	20.9	34.2	47.1			
	가톨릭	33.3	12.9	17.9	18.4	35.3			
	유 교			1.5	1.3				
	민속종교				1.3				
	기 타			4.5	1.3	5.9			
	전 체	100.0	100.0	100.0	100.0	100.0			

<표 22> 천주교의 대사회적인 역할 정도 평가

구 분		전혀그렇지 않다	별로 그렇지 않다	보통	약간 그렇다	매우 그렇다	x^2	df	sig.
성별(%)	남 성	100.0	61.5	77.0	76.1	44.8	13.69	4	.008
	여 성		38.5	23.0	23.9	55.2			
	전 체	100.0	100.0	100.0	100.0	100.0			
연령(%)	20대				1.1		7.58	16	.960
	30대		15.4	24.6	25.0	20.7			
	40대	100.0	69.2	50.8	56.8	51.7			
	50대		7.7	19.7	12.5	20.7			
	60대		7.7	4.9	4.5	6.9			
	전 체	100.0	100.0	100.0	100.0	100.0			
종교(%)	무 교		53.8	42.6	33.0	25.0	26.48	24	.329
	불 교	66.7		9.8	12.5	3.6			
	기독교		30.8	27.9	30.7	39.3			
	가톨릭	33.3	15.4	16.4	17.0	32.1			
	유 교				2.3				
	민속종교				1.1				
	기 타			3.3	3.4				
	전 체	100.0	100.0	100.0	100.0	100.0			

<표 23> 천주교의 시대변화 적응도 평가

구 분		전혀 그렇지 않다	별로 그렇지 않다	보통	약간 그렇다	x^2	df	sig.
성별 (%)	남성	62.5	71.9	71.4	71.8	0.32	3	.956
	여성	37.5	28.1	28.6	28.2			
	전체	100.0	100.0	100.0	100.0			
연령 (%)	20대		1.8			7.86	12	.796
	30대	12.5	21.1	27.5	17.9			
	40대	75.0	57.9	53.9	51.3			
	50대	12.5	15.8	13.2	23.1			
	60대		3.5	5.5	7.7			
	전체	100.0	100.0	100.0	100.0			
종교 (%)	무교	87.5	24.6	40.0	33.3	21.45	18	.257
	불교	12.5	10.5	11.1	7.7			
	기독교		40.4	24.4	35.9			
	가톨릭		19.3	21.1	17.9			
	유교		1.8	1.1				
	민속종교				2.6			
	기타		3.5	2.2	2.6			
	전체	100.0	100.0	100.0	100.0			

<표 24> 천주교 성직자의 자질정도 평가

구 분		전혀 그렇지 않다	별로 그렇지 않다	보통	약간 그렇다	매우 그렇다	x^2	df	sig.
성별 (%)	남성	100.0	59.3	66.3	78.4	80.0	6.28	4	.018
	여성		40.7	33.8	21.6	20.0			
	전체	100.0	100.0	100.0	100.0	100.0			
연령 (%)	20대				1.4		13.77	16	.616
	30대		14.8	23.8	24.3	40.0			
	40대	100.0	70.4	55.0	52.7	30.0			
	50대		11.1	16.3	17.6	10.0			
	60대		3.7	5.0	4.1	20.0			
	전체	100.0	100.0	100.0	100.0	100.0			
종교 (%)	무교	33.3	29.6	39.2	31.1	60.0	19.24	24	.739
	불교	33.3	14.8	8.9	9.5	10.0			
	기독교		18.5	34.2	32.4	30.0			
	가톨릭	33.3	37.0	13.9	20.3				
	유교			1.3	1.4				
	민속종교				1.4				
	기타			2.5	4.1				
	전체	100.0	100.0	100.0	100.0	100.0			

<표 25> 천주교의 영적·정신적 문제에 대한 해답제공정도 평가

구 분		전혀그렇지 않다	별로 그렇지 않다	보통	약간 그렇다	매우 그렇다	x^2	df	sig.
성별(%)	남성	25.0	64.7	77.9	75.8	44.4	10.49	4	.033
	여성	75.0	35.3	22.1	24.2	55.6			
	전체	100.0	100.0	100.0	100.0	100.0			
연령(%)	20대			1.5			11.06	16	.806
	30대	50.0	23.5	23.5	21.0	11.1			
	40대	50.0	56.9	54.4	56.5	55.6			
	50대		13.7	17.6	17.7	11.1			
	60대		5.9	2.9	4.8	22.2			
	전체	100.0	100.0	100.0	100.0	100.0			
종교(%)	무교	50.0	36.0	32.4	40.3	22.2	10.16	24	.994
	불교	25.0	14.0	7.4	9.7	11.1			
	기독교	25.0	28.0	33.8	29.0	33.3			
	가톨릭		20.0	22.1	14.5	33.3			
	유교			1.5	1.6				
	민속종교				1.6				
	기타		2.0	2.9	3.2				
	전체	100.0	100.0	100.0	100.0	100.0			

<표 26> 천주교의 종교본연역할 수행정도 평가

구 분		전혀 그렇지 않다	별로 그렇지 않다	보통	약간 그렇다	매우 그렇다	x^2	df	sig.
성별(%)	남성	75.0	69.1	86.3	64.9	40.0	11.68	4	.020
	여성	25.0	30.9	13.7	35.1	60.0			
	전체	100.0	100.0	100.0	100.0	100.0			
연령(%)	20대		1.5				8.99	16	.914
	30대	25.0	26.5	27.5	17.5	10.0			
	40대	50.0	48.5	52.9	64.9	60.0			
	50대	12.5	17.6	17.6	12.3	20.0			
	60대	12.5	5.9	2.0	5.3	10.0			
	전체	100.0	100.0	100.0	100.0	100.0			
종교(%)	무교	14.3	35.3	39.2	33.3	50.0	29.86	24	.190
	불교		8.8	9.8	15.8				
	기독교	42.9	32.4	39.2	21.1	20.0			
	가톨릭	28.6	23.5	7.8	21.1	30.0			
	유교			2.0	1.8				
	민속종교			2.0					
	기타	14.3			7.0				
	전체	100.0	100.0	100.0	100.0	100.0			

<표 27> 천주교의 금전적 기여요구정도 평가

구 분		전혀 그렇지 않다	별로 그렇지 않다	보통	약간 그렇다	매우 그렇다	x^2	df	sig.
성별 (%)	남 성	63.6	80.5	69.0	58.6	33.3	8.53	4	.074
	여 성	36.4	19.5	31.0	41.4	66.7			
	전 체	100.0	100.0	100.0	100.0	100.0			
연령 (%)	20대		1.2				11.28	16	.792
	30대	22.7	24.4	25.9	17.2				
	40대	68.2	52.4	51.7	62.1	66.7			
	50대		17.1	15.5	20.7	33.3			
	60대	9.1	4.9	6.9					
	전 체	100.0	100.0	100.0	100.0	100.0			
종교 (%)	무 교	28.6	34.1	41.4	31.0	100.0	15.21	24	.914
	불 교	14.3	8.5	12.1	10.3				
	기독교	33.3	35.4	27.6	24.1				
	가톨릭	19.0	18.3	13.8	31.0				
	유 교		1.2	1.7					
	민속종교		1.7						
	기 타	4.8	2.4	1.7	3.4				
	전 체	100.0	100.0	100.0	100.0	100.0			

<표 28> 신자들의 비신자 환대정도 평가

구 분		전혀 그렇지 않다	별로 그렇지 않다	보통	약간 그렇다	매우 그렇다	x^2	df	sig.
성별 (%)	남 성	64.7	75.0	73.7	61.5	50.0	3.63	4	.458
	여 성	35.3	25.0	26.3	38.5	50.0			
	전 체	100.0	100.0	100.0	100.0	100.0			
연령 (%)	20대		1.1				11.40	16	.784
	30대	23.5	25.0	17.5	26.9	33.3			
	40대	58.8	54.5	54.4	61.5	50.0			
	50대	5.9	14.8	22.8	11.5				
	60대	11.8	4.5	5.3		16.7			
	전 체	100.0	100.0	100.0	100.0	100.0			
종교 (%)	무 교	35.3	36.8	35.1	38.5	33.3	22.78	24	.533
	불 교	11.8	13.8	3.5	11.5	16.7			
	기독교	23.5	26.4	36.8	42.3				
	가톨릭	23.5	19.5	21.1	3.8	33.3			
	유 교		1.1	1.8					
	민속종교			1.8					
	기 타	5.9	2.3		3.8	16.7			
	전 체	100.0	100.0	100.0	100.0	100.0			

<표 29> 지켜야 할 규율/교리 강조여부 평가

구 분		전혀 그렇지 않다	별로 그렇지 않다	보통	약간 그렇다	매우 그렇다	x^2	df	sig.
성별(%)	남 성	75.0	72.7	79.2	63.2	58.8	5.37	4	.252
	여 성	25.0	27.3	20.8	36.8	41.2			
	전 체	100.0	100.0	100.0	100.0	100.0			
연령(%)	20대		2.3				11.06	16	.806
	30대	25.0	20.5	23.6	24.6	23.5			
	40대	50.0	54.5	56.9	50.9	70.6			
	50대		15.9	15.3	19.3	5.9			
	60대	25.0	6.8	4.2	5.3				
	전 체	100.0	100.0	100.0	100.0	100.0			
종교(%)	무 교		34.9	37.5	38.6	35.3	15.86	24	.893
	불 교		11.6	9.7	10.5	11.8			
	기독교	75.0	27.9	31.9	29.8	23.5			
	가톨릭	25.0	23.3	15.3	17.5				
	유 교				3.5				
	민속종교			1.4					
	기 타		2.3	4.2		5.9			
	전 체	100.0	100.0	100.0	100.0	100.0			

<표 30> 종교 다원사회 안에서 천주교의 최우선 역점과제

구 분		종교간 대화	종교간 연대 및 협력 활동	한국 종교문화의 이해	외래적 요소 탈피를 위한 한국화노력	종교를 초월한 공동의제 설정	기 타	x^2	df	sig.
성별(%)	남 성	83.3	73.1	68.2	68.2	61.3	50.0	4.00	5	.549
	여 성	16.7	26.9	31.8	31.8	38.7	50.0			
	전 체	100.0	100.0	100.0	100.0	100.0	100.0			
연령(%)	20대		1.1					11.59	20	.929
	30대	12.5	24.7	22.7	22.7	29.0				
	40대	58.3	54.8	63.6	50.0	48.4	100.0			
	50대	20.8	15.1	4.5	27.3	16.1				
	60대	8.3	4.3	9.1		6.5				
	전 체	100.0	100.0	100.0	100.0	100.0	100.0			
종교(%)	무 교	16.7	35.5	40.9	52.4	41.9		22.08	30	.851
	불 교	12.5	10.8	9.1	4.8	12.9				
	기독교	41.7	33.3	18.2	19.0	25.8	50.0			
	가톨릭	25.0	17.2	27.3	14.3	16.1	50.0			
	유 교	4.2			4.8					
	민속종교		1.1							
	기 타		2.2	4.5	4.8	3.2				
	전 체	100.0	100.0	100.0	100.0	100.0	100.0			

<표 31> 한국문화사에서 천주교가 가장 크게 기여할 분야

구 분		건 축	음 악	문 학	미 술	기 타	x^2	df	sig.
성별(%)	남 성	73.0	59.5	91.7	57.1	78.6	9.35	4	.053
	여 성	27.0	40.5	8.3	42.9	21.4			
	전 체	100.0	100.0	100.0	100.0	100.0			
연령(%)	20대	1.1					20.05	16	.218
	30대	16.9	24.3	45.8	35.7	21.4			
	40대	59.6	62.2	37.5	50.0	42.9			
	50대	18.0	8.1	12.5	14.3	14.3			
	60대	4.5	5.4	4.2		21.4			
	전 체	100.0	100.0	100.0	100.0	100.0			
종교(%)	무 교	37.1	27.8	54.2	28.6	35.7	37.52	24	.039
	불 교	5.6	11.1	25.0	14.3				
	기독교	36.0	33.3	8.3	42.9	28.6			
	가톨릭	20.2	22.2	12.5	14.3	21.4			
	유 교		2.8						
	민속종교					7.1			
	기 타	1.1	2.8			7.1			
	전 체	100.0	100.0	100.0	100.0	100.0			

<표 32> 바람직한 미래의 천주교와 국가관계

구 분		적극 동조와 협력	비판적 제휴	비 판	철저한 정교분리	기 타	x^2	df	sig.
성별(%)	남 성	66.7	68.8	77.1	73.9		3.57	4	.467
	여 성	33.3	31.2	22.9	26.1	100.0			
	전 체	100.0	100.0	100.0	100.0	100.0			
연령(%)	20대		0.9				28.87	16	.025
	30대	33.3	29.4	17.1	13.0				
	40대	33.3	46.5	60.0	69.6				
	50대	33.3	15.6	14.3	15.2				
	60대		4.6	8.6	2.2	100.0			
	전 체	100.0	100.0	100.0	100.0	100.0			
종교(%)	무 교		34.9	29.4	45.7		27.08	24	.301
	불 교	33.3	10.1	14.7	6.5				
	기독교		33.9	32.4	23.9				
	가톨릭	66.7	19.3	17.6	15.2	100.0			
	유 교				4.3				
	민속종교				2.2				
	기 타		1.8	5.9	2.2				
	전 체	100.0	100.0	100.0	100.0	100.0			

<표 33> 미래 동북아에서 천주교의 주요 역할희망 분야

구 분		아시아지역 내 평화옹호	사회복지적 접근통한 낙후지역 원조	아시아 지역 내 타 NGO지원	환경문제 해결 지원	x²	df	sig.
성별(%)	남 성	69.6	69.6	76.9	90.9	2.51	3	.473
	여 성	30.4	30.4	23.1	9.1			
	전 체	100.0	100.0	100.0	100.0			
연령(%)	20대	0.9				20.32	12	.061
	30대	28.7	16.1	23.1				
	40대	51.3	60.7	76.9	45.5			
	50대	16.5	14.3		36.4			
	60대	2.6	8.9		18.2			
	전 체	100.0	100.0	100.0	100.0			
종교(%)	무 교	40.0	32.7	38.5	9.1	24.99	18	.125
	불 교	7.8	9.1	23.1	27.3			
	기독교	34.8	25.5	23.1	18.2			
	가톨릭	14.8	23.6	15.4	45.5			
	유 교		3.6					
	민속종교	0.9						
	기 타	1.7	5.5					
	전 체	100.0	100.0	100.0	100.0			

| 전공: code No. | ☐ - ☐☐ | 2003-03 |

"근현대 100년속의 가톨릭교회" 연구를 위한 전문가 조사

1. 각 질문을 주의 깊게 읽으시고, 각 질문의 도입부에 나오는 안내문에 따라 교수님의 생각에 가장 가까운 답을 답안지에 적어주십시오. 답안지에는 질문번호와 응답번호, 기타란이 포함되어 있습니다. 응답번호에만 번호를 기재하시고, 기**타란은 문항범주에 해당되는 내용이 없을 경우에만 이용하십시오.** 정답이나 오답이 있는 것이 아니니, 모든 질문에 성심 성의껏 답해주십시오. 혹시 답변을 원하지 않는 질문이 있으시면, 해당 응답란에 아무 것도 기록하지 마십시오.
2. 설문에 대한 응답은 『統計法』 제13조의 규정에 의거하여 통계적 목적 이외의 다른 용도로는 사용되지 않습니다.
3. 위 응답 외에 다른 생각이 있으시거나, 도움이 될 것이라고 생각하는 제안이 있으시면 별지를 이용하여 주십시오.
4. 응답지를 다 작성하셨으면, 다시 한번 꼼꼼히 봐주십시오. 빠트린 것이 없는 지, 혹시 한 가지 질문에 한가지 답을 요구했는데 두 개 이상 쓴 것이 있는지 잘 살펴보십시오. 요구한 답변의 숫자만큼 기록하셔야 합니다.
5. 교수님이 작성해주신 응답지는 저희 연구는 물론 한국의 인문학 발전과 한국 가톨릭교회와 사회관계 연구에 커다란 기여를 하게 될 것입니다.

진심으로 적극적인 협조를 바랍니다.

2003.2.

한국 근현대 100년속의 가톨릭교회 연구팀

<표 33> 미래 동북아에서 천주교의 주요 역할희망 분야

구 분		아시아지역 내 평화옹호	사회복지적 접근통한 낙후지역 원조	아시아 지역 내 타 NGO지원	환경문제 해결 지원	x^2	df	sig.
성별(%)	남성	69.6	69.6	76.9	90.9	2.51	3	.473
	여성	30.4	30.4	23.1	9.1			
	전체	100.0	100.0	100.0	100.0			
연령(%)	20대	0.9				20.32	12	.061
	30대	28.7	16.1	23.1				
	40대	51.3	60.7	76.9	45.5			
	50대	16.5	14.3		36.4			
	60대	2.6	8.9		18.2			
	전체	100.0	100.0	100.0	100.0			
종교(%)	무교	40.0	32.7	38.5	9.1	24.99	18	.125
	불교	7.8	9.1	23.1	27.3			
	기독교	34.8	25.5	23.1	18.2			
	가톨릭	14.8	23.6	15.4	45.5			
	유교		3.6					
	민속종교	0.9						
	기타	1.7	5.5					
	전체	100.0	100.0	100.0	100.0			

전공:
code No.

2003-03

"근현대 100년속의 가톨릭교회" 연구를 위한 전문가 조사

1. 각 질문을 주의 깊게 읽으시고, 각 질문의 도입부에 나오는 안내문에 따라 교수님의 생각에 가장 가까운 답을 답안지에 적어주십시오. 답안지에는 질문번호와 응답번호, 기타란이 포함되어 있습니다. 응답번호에만 번호를 기재하시고, 기**타란은 문항범주에 해당되는 내용이 없을 경우에만 이용하십시오.** 정답이나 오답이 있는 것이 아니니, 모든 질문에 성심 성의껏 답해주십시오. 혹시 답변을 원하지 않는 질문이 있으시면, 해당 응답란에 아무 것도 기록하지 마십시오.

2. 설문에 대한 응답은 『統計法』제13조의 규정에 의거하여 통계적 목적 이외의 다른 용도로는 사용되지 않습니다.

3. 위 응답 외에 다른 생각이 있으시거나, 도움이 될 것이라고 생각하는 제안이 있으시면 별지를 이용하여 주십시오.

4. 응답지를 다 작성하셨으면, 다시 한번 꼼꼼히 봐주십시오. 빠트린 것이 없는 지, 혹시 한 가지 질문에 한가지 답을 요구했는데 두 개 이상 쓴 것이 있는지 잘 살펴보십시오. 요구한 답변의 숫자만큼 기록하셔야 합니다.

5. 교수님이 작성해주신 응답지는 저희 연구는 물론 한국의 인문학 발전과 한국 가톨릭교회와 사회관계 연구에 커다란 기여를 하게 될 것입니다.

진심으로 적극적인 협조를 바랍니다.

2003. 2.
한국 근현대 100년속의 가톨릭교회 연구팀

각각의 질문에 대하여 교수님의 의견에 가장 가깝다고 생각하시는 번호를 응답지에 적어주십시오. 별도의 지문이 없는 경우 한 질문에 한 가지 답만을 하셔야 합니다. 응답범주에 해당되는 것이 없으시면 기타 란에 자세히 적어주십시오.

1. 교수님은 지난 100년 동안(20세기) 한국사회발전에 어느 종교가 가장 기여하였다고 보십니까?
   ① 개신교 ② 민족종교(천도교·대종교 등) ③ 불교 ④ 유교 ⑤ 천주교 ⑥ 기타 _____

2. 교수님은 지난 100년 동안(20세기)의 천주교회를 떠올릴 때 다음에서 어느 것이 가장 먼저 연상되십니까? 중요한 순서대로 세 가지만 적어주십시오.
   ① 근대화   ② 외국선교사   ③ 신사참배   ④ 반공   ⑤ 가톨릭농민회
   ⑥ 정의구현사제단 ⑦ 수도회   ⑧ 사회복지   ⑨ 통일운동   ⑩ 민주화운동
   ⑪ 대규모 신앙행사 ⑫ 기타 _____

3. 교수님은 지난 100년 동안(20세기) 한국의 근대화에 가장 기여한 주체가 누구라고 보십니까?
   ① 일제   ② 민족종교   ③ 사회주의자   ④ 천주교회   ⑤ 개신교회
   ⑥ 미군정   ⑦ 박정희 정권 ⑧ 시민운동   ⑨ 기타 _____

4. 교수님은 천주교회가 지난 1901년에서 해방까지 조선의 사회발전에 기여하였다면 어떤 분야에서라고 보십니까?
   ① 사회복지   ② 고등교육   ③ 사법제도   ④ 의료사업   ⑤ 민중계몽
   ⑥ 정치발전   ⑦ 경제정의실현 ⑧ 독립운동   ⑨ 언론 및 문화활동 ⑩ 경제발전
   ⑪ 기타 _____

5. 교수님은 천주교회가 지난 100년 동안(20세기) 한국의 근대화에(기여하였다면) 가장 기여한 분야가 어디라고 보십니까?
   ① 사회복지 ② 고등교육   ③ 사법제도   ④ 의료사업   ⑤ 민중계몽
   ⑥ 정치발전 ⑦ 경제정의실현 ⑧ 문화/교양 ⑨ 의식개혁 ⑩ 예술(건축, 음악, 회화 등)
   ⑪ 기타 _____

6. 교수님은 천주교회가 지난 100년 동안(20세기) 한국의 근대화에 기여하였다면 가장 큰 역할을 한 주체가 누구라고 보십니까?
   ① 외방전교회(파리, 메리놀)   ② 수도회   ③ 교황청   ④ 한국인사제
   ⑤ 해외 천주교원조기관   ⑥ 가톨릭신자(평신도)   ⑦ 기타 _____

7. 교수님은 천주교회의 전래이후 한국 사회의 어느 영역에 가장 큰 변화를 일으켰다고 보십니까?

118 제1부

① 건축 및 예술　　　② 사회사상　　　③ 종교와 철학　　　④ 경제
⑤ 전통 윤리와 가치관　⑥ 빈곤타파　　　⑦ 주체의식　　　　⑧ 기타_____

8. 교수님은 해방 후 천주교회가 양적 팽창한 원인을 어떻게 해석하십니까?
　① 급속한 산업화와 도시화　　② 전통 종교의 적응능력 부족
　③ 미군정과 이승만의 종교정책　④ 남한의 정치적 불안정과 경제적 곤경
　⑤ 천주교회의 긍정적인 사회적 역할　⑥ 역사적 우연
　⑦ 기타_____

9. 교수님은 한국천주교회가 한국사회와의 관계에서 범한 가장 큰 과오를 무엇이라고 보십니까?
　① 조상제사 불인정　　② 황사영 백서사건　　③ 일제시대 전시동원체제 협력
　④ 신사참배 허용　　　⑤ 3.1운동 참여 반대　⑥ 미군정에 대한 협력
　⑦ 반공(反共) 노선　　⑧ 기타_____

10. 교수님은 천주교 전래 초기에 발생한 교난(敎難 예: 신유교난, 병인교난 등)을 어떤 용어로 표현하는 것이 좋다고 보십니까?
　① 교난(敎難) ② 사옥(邪獄) ③ 박해(迫害) ④ 군난(窘難) ⑤교란(敎亂) ⑥ 기타_____

11. 교수님이 보실 때 천주교회의 가르침 가운데 한국인에게 가장 이해하기 어려워 보이는 교리는 무엇이라고 보십니까?
　① 유일신관　　　　　　　　② 그리스도 구원의 유일회성(唯一回性)
　③ 그리스도의 신인양성론(神人兩性論) ④ 성모(마리아)교리
　⑤ 교황무오설(infallability)　⑥ 성서와 전통의 동등한 가치인정
　⑦ 기타_____

12. 교수님의 눈으로 볼 때 천주교가 아직도 외래문화의 성격을 강하게 띠고 있다고 보십니까?
　① 아직까지 전적으로 외래문화이다.
　② 외래문화로 비치는 요소들이 많기는 하지만 비교적 한국화된 편이다.
　③ 거의 한국화되어 외래적인 요소라고 볼 만한 요소들이 적은 편이다.
　④ 이제 완전히 한국화되어 외래적인 요소라고 볼 수 없다.
　⑤ 잘 모르겠다.
　⑥ 기타 _____

13. 한국 천주교회에서 볼 수 있는 여러 요소들 가운데 가장 서구적으로 보이는 것은 무엇입니까?
　① 성당건축양식　　　② 천주교신자들의 세례명　③ 미사와 같은 전례의식
　④ 성직자와 수도자의 복장　⑤ 천주교회의 음악　　⑥ 각종 성상(聖像)
　⑦ 천주교회의 일상용어　⑧ 수도회 및 단체의 이름　⑨ 기타

14. 교수님은 현재 한국천주교회의 사제들의 모습을 어떻게 평가하시겠습니까?
   ① 윤리교사   ② 교구의 행정관료   ③ 시민운동가/정치행동가
   ④ 사목자(양을 치는 목자) ⑤ 정신적 스승   ⑥ 평범한 직장인
   ⑦ 수행(도)자   ⑧ 독재자   ⑨ 기타 _____

15. 교수님은 현재 한국천주교회가 다음 중 어느 일에 가장 역점을 두고 있다고 보십니까?
   ① 교세확장(성당건축 포함)   ② 가난한 이들과 소외된 이들을 위한 사회복지
   ③ 인권·정의·평화운동   ④ 종교적인 수행
   ⑤ 신자집단의 결속력 강화   ⑥ 해외선교(포교)
   ⑦ 토착화/한국화   ⑧ 기타 _____

16. 교수님은 한국천주교회가 투명성의 기준에 비추어 볼 때 어느 영역이 가장 취약하다고 보십니까?
   ① 사제(성직자)의 권위주의   ② 재정운영
   ③ 대규모시설 경영(예: 병원, 대학교)   ④ 기타

17. 교수님은 앞으로 한국천주교회의 교세(敎勢)가 어떻게 될 것이라고 보십니까?
   ① 계속 빠른 속도로 증가할 것이다.   ② 근근히 증가할 것이다.
   ③ 증가도 감소도 아닌 정체상태일 것이다. ④ 점차 감소할 것이다.
   ⑤ 급속하게 감소할 것이다.   ⑥ 기타 _____

18. 교수님은 21세기에 한국천주교회가 해결해야 할 가장 큰 과제 또는 문제점을 무엇이라고 보십니까?
   ① 양적 팽창/외형에 치우치는 모습   ② 사회봉사/사회참여 부족
   ③ 천주교의 자기중심주의/이익집단화   ④ 천주교의 세속화
   ⑤ 여전히 강력한 외래종교의 모습/토착화노력 부족 ⑥ 성직자들의 권위주의
   ⑦ 천주교회의 중간층화/부유화   ⑧ 현실과 유리된 윤리
   ⑨ 기타 _____

19. 교수님은 성당에서 걷는 헌금이 가장 우선적으로 어디에 사용되어야 한다고 보십니까?
   ① 성당운영/유지   ② 신자 교육   ③ 선교/전도활동
   ④ 사회봉사, 구제   ⑤ 기타 _____

20. 교수님은 천주교회가 인근의 지역사회를 위하여 다음에서 어느 활동을 해주면 좋겠습니까?
   ① 보육원/양로원 방문   ② 정치/사회문화에 대한 강좌
   ③ 지역환경운동   ④ 이웃돕기/바자회
   ⑤ 탁아소/놀이방 운영   ⑥ 청소년 문화센터 운영

⑦ 자원 재활용 운동   ⑧ 재가노인복지
⑨ 취미교실   ⑩ 주차장 개방
⑪ 기타 _____

21. 교수님은 천주교회의 다음 역할 및 활동에 대하여 어떻게 평가하십니까?

| 매우 그렇다   약간 그렇다   보통이다   별로 그렇지 않다   전혀 그렇지 않다 |
| ●──────────●──────────●──────────●──────────● |
| 5   4   3   2   1 |

  (1) 우리 사회에 미치는 영향력이 증가하고 있다.
  (2) 구제/봉사활동 등 대사회적인 역할을 잘하고 있다.
  (3) 시대의 변화에 빠르게 적응하고 있다.
  (4) 종교지도자(성직자)의 자질이 우수하다.
  (5) 개인적인 영적·정신적 문제에 해답을 주고 있다.
  (6) 참진리를 추구하기보다는 교세 확장에 더 관심이 많다.
  (7) 지나치게 헌금/교무금을 강요하는 경향이 있다.
  (8) 믿지 않는 사람을 따뜻하게 대해주지 않는다
  (9) 지켜야할 규율/교리들을 너무 엄격하게 강조한다.

22. 교수님은 종교다원사회인 한국상황에서 한국천주교회가 우선 역점을 두고 노력해야할 과제가 무엇이라고 보십니까?
  ① 종교간 대화   ② 종교간 연대 및 협력활동(예: 환경 및 통일운동)
  ③ 한국 종교문화의 이해   ④ 외래적인 요소 탈피를 위한 한국화노력
  ⑤ 종교를 초월한 공동의제 설정   ⑥ 기타 _____

23. 교수님은 한국천주교회가 한국문화사에 기여할 수 있는 분야가 무엇이라고 보십니까?
  ① 건축   ② 음악   ③ 문학
  ④ 미술   ⑤ 복식(服飾)   ⑥ 기타 _____

24. 교수님은 21세기에 한국천주교회가 국가와 어떤 관계를 설정해야 한다고 보십니까?
  ① 적극 동조와 협력   ② 비판적 제휴   ③ 비판
  ④ 철저한 정교분리   ⑤ 기타 _____

25. 교수님은 21세기에 한국천주교회가 동북아시아에서 어떤 역할을 해야 한다고 보십니까?
  ① 아시아 지역 내 평화옹호(긴장완화와 평화분위기 조성)
  ② 사회복지적 접근을 통한 낙후지역 원조
  ③ 아지아 지역 내 타 NGO 지원

④ 환경문제 해결 지원
⑤ 기타 _____

■ 협조해주셔서 대단히 감사합니다. 교수님의 인적사항에 관하여 몇 가지만 여쭈어 보겠습니다. 이 부분은 전산처리를 위해 필요하므로, 다소 불편하시더라도 기록해주시기를 부탁드립니다.

26. 선생님의 성별은 무엇입니까?	① 남성　　　　② 여성
27. 선생님의 연령은 어떻게 되십니까?	① 30대 ② 40대 ③ 50대 ④ 60대 이상
28. 선생님의 종교는 무엇입니까?	① 무(無)교 ② 불교 ③기독교 ④ 가톨릭 ⑤ 유교 ⑥ 민족종교 ⑦ 기타
29. 선생님의 전공(학위)는 무엇입니까?	

성실하게 답변해 주셔서 대단히 감사합니다.
수고스러우시겠지만 2003년 3월 20일까지 도착할 수 있도록 보내주십시오.

제2부
전공별 개방형설문 분석보고서

I. 국문학

김 영 수

1. 서 론

한국문학 사회조사 개방형 설문은 한국 근·현대 100년의 역사 안에서 가톨릭교회와 한국문학계의 관련성에 대한 전문가와 일반의 인식을 확인할 목적으로 작성되었다. 가톨릭과 근·현대 속의 한국 사회가 문학을 통해서 어떠한 관계를 맺고 있으며, 또한 오늘의 전문학자들과 나아가 일반인들은 그것을 어떻게 인식하고 있는가를 살피는 작업은 앞으로 가톨릭 내에서의 연구의 방향을 결정짓는 중요한 계기로 작용할 것이다. 또한 가톨릭이 한국 사회에 준 영향이 적지 않다는 점을 전제로 할 때 선교 초기 가톨릭 정신이 한국 문학 안에서도 여전히 작용하고 있는가에 대한 객관적인 검증도 본 조사의 중요한 목표라고 할 수 있다.

이를 위해 본 설문은 공통설문의 연장선에서 국어국문학계에서 다루고 있는 쟁점들을 참고하여 10개의 항목에 걸쳐 작성되었다. 이 조사는 크게 네 부분으로 구성되어 있다. 1) 문학적 상황에 대한 총체적인 질문[1, 2, 10], 2) 천주가사 등의 가톨릭 이념을 표방하는 작가와 작품의 사회적 역량과 한계점[3, 4], 3) 문학에 있어서 가톨릭 이념의 적용 방안[6, 7], 4) 한국어, 한국 문화와 가톨릭의 관련성[8, 9] 등이다. 이들 영역에 대한 전문가들의 답변은 정책입안자를 포함하여 문학 내지 문화 담당자들에게 가톨릭에 대한 정당한 정보를 제공할 수 있으며, 또한 가톨릭 내에서는 전문가들의 가톨릭 문학에 대한 인식을 통해 교회 내의 시각을 점검할 수 있어 결과적으로, 문화 선교를 위한 방향 설정에 도움을 줄 수 있을 것으로 기대된다.

2. 결과분석

결과분석은 문항별로 빈도와 무응답을 제외한 실제 응답자만을 계산한 유효백분율로 결과를 정리하고, 각각에 대하여 결과의 의미를 분석하였다. 이어 결론에서 조사결과의 의미를 숙고하고, 현 단계에서 가톨릭교회와 한국 사회 특히 우리 문학과의 관련성에 대한 인식을 정리하는데 중점을 두었다.

2.1 응답자의 인구사회학적 특성

이 조사의 응답자들은 한국학술진흥재단 연구자정보 데이터베이스에 국어국문학 전공자로 등록한 박사과정 수료 이상의 연구자 중 이미 은퇴하였거나, 가톨릭 신자임이 명백한 연구자를 제외하고 지역, 학교별로 2단계로 층화, 표집하였다.

한국 가톨릭교회와 한국문학의 영향관계에 대한 질문에 응답한 국어국문학 전문가는 모두 12명이다. 이들의 특성을 살펴보면 전문가 집단의 남녀 비율이나 연령 비율과 대체로 일치한다는 점에서 조사 결과에 대한 합리적 평가를 내릴 수 있을 것으로 판단된다. 또한 종교의 비율에서도 무종교가 많으며, 개신교 신자들이 평균보다 높은 비율을 차지하는 다른 조사와는 달리 그리스도교 내에서 이들이 갖는 가톨릭에 대한 종교적 편향이 일어날 가능성은 거의 없어 보인다. 그러나 신학 등 여타의 학과들이 일부대학에만 설치된 것과는 달리 국어국문학과는 전국 대학에 거의 빠짐없이 설치되어 그 수가 상대적으로 많다는 점을 생각할 때 12명의

<표 1> 한국문학 응답자의 특성

구 분	내 용	표본수	비율(%)	전체(%)
성 별	남 성	8	66.7	100.0
	여 성	4	33.3	
연령별	30대 이하	3	25.0	100.0
	40대	6	50.0	
	50대	2	16.7	
	60대 이상	1	8.3	
종교별	무 교	6	50.0	100.0
	불 교	4	33.3	
	기독교	2	16.7	
	가톨릭	-	-	

표본이 대표성을 띨 수 있는가는 다소 의문의 여지가 있다. 또한 고전시가, 고전산문, 한문학, 중세국어학 현대국어학, 현대시, 현대 소설, 구비문학, 민속학 등 국문학 내에서도 실로 다양한 세부 전공이 있고, 전공별로 커다란 시각차가 존재하는 만큼 이들이 모두 국어국문학으로 대표되는 상황에서 전공지식에 의거한 포괄적 질문에 대한 답변이 타당한 것인가에 대한 의문도 제기된다. 이러한 점은 차기년도에 시행될 사회조사를 통해 보완될 수 있을 것이다.

2.2 결과분석

1) 지난 100년 동안(1901~2000) 가톨릭이 한국문학에 기여한 분야

가톨릭이 지난 100년 동안 한국문학에 기여한 분야를 정리하면 천주가사를 비롯한 '소재적 영역'의 확대가 가장 큰 비중으로 지적된다. 이밖에 작품 속에 내포된 '근대적 사고방식의 형성'이나 '시문학 영역', '국문 대중화' 등이 그 뒤를 잇는다. 이외에도 3개 분야가 지적되어 조사 대상자들의 다양한 인식을 엿볼 수 있었다. 이는 각 세부 전공별로 전문지식에 대한 차이가 있어, 각자 자신의 전공 영역과 관련된 시각에서 답변한 것으로도 해석할 수 있다.

한편 지난 100년(1901~2000년)이 한국 문학에 있어서 이른바 고전문학으로 취급될 수 있는 분야와 최근 현대의 문학까지를 포괄하는 시기였다는 점에서 볼 때 20세기 전반을 포괄하여 평가하는 것이 용이하지 않았다는 점도 문제가 된다.

그럼에도 불구하고 소재영역의 확대가 가장 우선으로 거론되는 것은 문학에 있어서 천주교를 대표하며, 이는 근대 전환기 초기부터 전통 양식을 바탕으로 한 천주가사를 통해 가톨릭의 교리와 사상을 표현해냄으로써 당대 독자들에게 쉽게 읽히고 노래부르는 여건을 마련한 데서 기인하는 것으로 해석할 수 있다. 이를 확대하여, 1850, 60년대 창작되고 향수되었던 천주가사를

<표 2> 가톨릭교회의 한국문화 기여(중복응답)

구 분	빈 도				유효백분율
	종 합	1순위	2순위	3순위	
소재영역의 확대(천주가사)	10(4)	5(3)	3(·)	2(1)	27.7(11.1)
근대적 사고방식의 형성	7	2	2	3	19.4
시문학	6	2	4		16.6
국문 대중화	4		1	3	11.1
새로운 문학 갈래 형성	3	2	1		8.3
대사회적 역할	2			2	5.6
무응답	4	1	1	2	11.1
합 계	36	12	12	12	100.0

문학에 반영된 근대화 운동으로 파악할 수 있다는 점에서 이는 한국의 근대화 운동의 시발점으로 간주할 수도 있을 것이다.

뒤이어 두번째로 거론된 근대성의 문제는 '19세기의 유가적 전통사상에 근거한 문학에서', '근대로의 이행기', '현대문학으로의 전환하는 과정'에서 가톨릭 종교 사상을 담은 현대시와 소설 등으로 독자들의 의식을 근대화시키고, 가톨릭의 사상을 대중화시키는 데 기여한 측면이 강하게 부각되었을 것으로 생각된다. 특히 가톨릭 정신으로 대표되는 인간존중과 만인평등의 정신은 신분질서에 따른 차별 등 봉건적 질곡 속에 벗어나 일제치하를 거쳐 보다 절실하게 사회정의가 요구되던 1960년대 이후 크게 부각된 사실이 반영된 것으로 해석된다.

세번째 시문학 분야에 있어서는 치열한 선구자적 시대정신은 곧 시로 발현된다고 할 때, 가톨릭 이념을 지향하였던 정지용 등의 활동으로 일제시대부터 영향력이 컸다는 점이 반영된 것으로 볼 수 있다. 이후 서구화를 지향하던 한국인들 사이에 가톨릭 정신은 서구적 평등과 이념에 매료된 한국인들의 욕구를 만족시킬 수 있었다는 점도 지적될 수 있다. 시 작품을 통해 나타난 영원성과 신성, 정의에 대한 요구와 자유와 인권에 대한 갈망, 깊은 내면의 고백 등은 이 분야의 전문가들에게 매우 인상적이었을 것이다.

이외 성서 해석을 통한 국문 대중화나 천주가사 등 소재적 영역에서 창가, 신체시 근대시로 이어지는 새로운 문학 갈래 형성 등을 지적한 것은 매우 의미 있는 일이다. 그러나 이러한 사실은 아직 국어국문학계에서 전반적인 공감이 이루어졌다기보다는 일부 개신교 관련 연구와의 관련성 등에 비추어 답한 것으로 보여진다. 다만 대사회적인 역할이 지적된 것과 관련해서 한국 가톨릭 문학이 현실의 질곡을 타파하고 지향해야 할 점을 지적했다는 점에서 의미를 찾을 수 있을 것이다.

2) 가톨릭교회가 지난 100년 동안 한국문학에 가장 큰 기여를 한 시기

<표 3> 가톨릭교회의 한국문학 기여시기

구 분	빈 도	백분율
근대로의 이행기	10	83.4
일제강점기	1	8.3
한국전에서 1960년까지	1	8.3
합 계	12	100.0

가톨릭교회가 지난 100년 동안(1901년~2000년) 한국문학에 가장 큰 기여를 한 시기에 대한 질문에서는 응답자의 83.4%가 '근대로의 이행기'로 답변하고 있다. 이는 천주가사에서 창

가, 신체시, 근대시로 이어지는 한국 시문학의 전개에 있어 가톨릭의 직·간접적인 기여와 그 정신에 의해 비롯된 근대적 계몽사상의 형성이 국어국문학 전문가들 사이에 높은 평가를 받고 있는 현실을 반영한 것이다. 이 점에서 서구의 종교이자 서구 문명의 매개자로서, 그리고 반봉건적인 사회 개혁사상의 전파자로서 가톨릭 문학은 종교적 본질과 함께 역사의 시대적 요청에 따라 문학의 근대적 형식과 내용의 확립에 기여하였음을 확인할 수 있다.

한편 이러한 조사 내용은 역으로 한국 가톨릭이 오늘날에 다가올수록 그 영향력이 축소되었다는 것을 의미하기도 하는데, 일제 치하를 거치면서 가톨릭의 방향이 대사회적인 영향력을 행사하기보다 종교 내적으로 수렴되는 과정 속에서 나타난 결과로 파악할 수 있다.

대부분이 근대전환기로 지적한 것과는 달리 가톨릭교회가 한국 문학에 가장 크게 기여한 시기에 대해 각각 1명씩(8.3%) '일제강점기'와 '한국전에서 1960년까지'로 응답하고 있는 점이 주목된다. 가톨릭이 한국 문학의 전면에 나서는 역할보다는 작품의 사상적 배후 정도를 언급하고 있기 때문이다. 즉 일제 시대를 거치면서 성숙된 정신은 "원형의 전설", "바비도" 등 가톨릭 정신에 입각한 작품을 탄생시켰으며, 이제하의 "초식"과 같은 작품에서 보여지는 설화적 상상력의 차용도 이 시기에 계기가 마련된 것 등의 의견이다. 이러한 문학작품의 배후론은 오늘날 가톨릭 문화의 방향성을 탐구하는 과정에서 시사하는 바가 크다고 하겠다.

3) [사향가], [삼세대의], [피악수선가] 등의 근대문학 형성에 기여 여부

「사향가」, 「삼세대의」, 「피악수선가」 등은 천주가사의 대표적인 작품이다. 이들 작품은 19세기에 창작되어 1960~80년대 발굴되어 학계에 보고되어 아직 정교하게 그 영향관계가 규명되지 않은 상황이다. 그럼에도 불구하고 응답자의 거의 대부분(91.7%)이 긍정적으로 평가하고 있다.

<표 4> 교회의 근대문학 형성에 기여

구 분	빈 도	유효백분율
긍정적평가	11	91.7
부정적평가	1	8.3
합 계	12	100.0

조사 대상자 대부분이 천주가사가 근대문학 형성에 기여하였다고 답한 이유에 대해서는 대략 두 가지 측면에서 접근할 수 있다. 하나는 천주가사의 자료집이 최근에서야 출간될 정도로 자료에 대한 접근이 제한적이었고, 외부인에 대해 폐쇄적으로 비추어질 수도 있는 천주교 내

부의 특성에 비추어 볼 때 이들에 대한 평가는 구체적인 작품을 검토한 결과라기보다 국문학의 전체적인 흐름 속에서 개연성으로 제시되었을 가능성이 있다. 다른 하나는 가사-창가-신체시-근대시로 이어지는 일련의 흐름에 대해 개신교의 연구결과에 의거 추론하여 답하였을 가능성이다.

세부 전공별 전문지식과 인식의 차이가 본 설문에 대한 응답으로 확인된 셈이다. 결과에 대한 이러한 해석은 가톨릭적 시각에서 국문학적인 흐름으로 좀더 정밀하게 분석하여 천주가사를 비롯한 천주교의 근대문학적 의의를 규명하려는 노력이 필요하다는 것을 시사한다고도 하겠다.

천주가사는 가사(歌辭)의 형식에 새로운 가톨릭 정신을 담아 노래하였고, 가사의 운문적 특성을 다시 압축하여 창가와 같은 또 다른 새로운 양식을 낳게 하였다. 새로운 내용을 담은 새로운 양식이란 점에 주목하면, 새로운 내용(서양문물, 사상)의 문학이 새로운 양식을 필요로 하였고, 이미 실험된 '서구접맥의 가사나 창가'가 전형이 되었다고 볼 수 있다. 갈래뿐만이 아니라 내용에서도 기독교적 인본주의를 추구하여 신분질서를 합리화하는 봉건적 세계관을 해체하고 근대적 각성을 하는 데 기여하였으며, 전통적인 율조나 리듬과는 다른 새로운 형태의 변이를 보임으로써 근대문학의 양식 형성에 기여했다고 여겨지고 있다.

그러나 이에 대해 비록 적은 비중의 의견이지만, 창가의 형성기에는 가톨릭교회보다 개신교의 찬송가가 더 큰 영향을 미친 것으로 언급되고 있으며, 창가가 다수 창작되었음에도 한일합방 이전부터 일본 창가에 밀려 우리 문학의 고유한 장르로 정착되지 못하였기 때문에 천주가사의 근대문학 형성에의 기여는 그 공로를 크게 인정받기 어렵다고 보는 견해도 제시되었다.

4) 일제시대 가톨릭 문학 표방작가들의 기여 요소와 한계

위 질문에 대해서는 먼저 일제시대에 활동했던 '정지용, 최민순, 윤형중 등'이라는 단서가 있었다. 이들 중 정지용은 가톨릭 내외로 많은 활동을 한 작가였고, 최민순과 윤형중은 가톨릭 사제로 대외 문학활동보다는 가톨릭 내부에서 알려진 시인이다. 따라서 가톨릭 문학을 표방한 작가로 잘 알려진 정지용에 대해 집중적인 응답이 있었고, 가톨릭 신자가 없었다는 조사 대상자들의 특성상 나머지 작가에 대해서는 극히 제한적인 견해가 있을 뿐이었다. 조사 내용은 그 특성상 하나로 종합하기 어렵기 때문에 긍정적인 견해와 의의, 한계점 등으로 대별하여 분석하기로 한다.

(1) 긍정적인 견해와 의의

일제시대 가톨릭을 표방한 작가들의 기여 요소는 주로 정지용으로 집약되었다. 정지용이 한국문학에 기여한 바에 대한 긍정적인 평가는 가톨릭적 세계관을 우리 문학에 도입하는 중요한 역할을 했다는 점에 많은 비중을 두고 있다. 이외 가톨릭의 열린 정신을 적절히 반영하여, 문학과 종교가 자연스럽게 결합할 수 있는 가능성을 보여주어 한국문학을 서구 종교의 영역까지 확대하였다는 점을 긍정적으로 평가하고 있다. 또한 인간구원의 형이상학적 주제를 시를 통해 천착함으로써 주제의 심화에 기여했다는 평가도 있었다.

정지용에 대한 평가는 기본적으로 그가 가톨릭을 넘어 남북을 넘나들던 문학인이었으며, 일제 치하 민족의 정서와 밀려드는 서구화의 물결을 잘 조화시킨 영향력 있는 시인이었다는 점에 기인한다.

(2) 한계점

정지용의 문학적 위대성은 그가 가톨릭 이념을 충실히 시작품에 담았다는 점에 있지 않고, 한국의 정서를 세련된 언어로 표현한 점에 있다는 점을 들어 정지용에 대한 가톨릭적 접근의 한계성을 지적하기도 하였다.

한편 가톨릭 이념을 소재나 주제로 선택했다는 점에서는 긍정적인 평가를 내릴 수 있으나, 보다 탁월한 작품성 속에 가톨릭의 이념을 형상해낸 당대 최고 수준의 명작을 만들어내지 못한 점은 한계로 지적될 수 있다. 이는 서구 사상과 새로운 문학형식에 대한 지적 관심이 민족의 현실을 세계사적 안목으로 비판할 수 있을 만큼 숙성되지 못하였고, 종교에 대한 과도한 집착과 표현으로 문학의 특성을 왜곡하여, 문학을 종교에 종속시키는 경우가 간혹 있었기 때문이다.

종교적 신념이나 이념을 전달했다기보다는 일제하 암울한 상황에서 내면적으로 결속 정화시킴으로써 한 작가의 개인적 윤리적 근간에 머물렀음이 한계로 여겨진다. 또한 일제시대에는 목적문학과 순수문학이 불가피한 대립 구도를 형성했는데, 가톨릭 문학이 어느 편에서도 두드러진 역할을 하기는 어려웠다고 생각된다.

전반적으로 일제시대 가톨릭 문학을 표방한 작가들의 한계점으로는 지나치게 자기구원에만 한정되어 시상을 전개하고 있다는 점과 현실적 불안을 신앙의 힘으로 해결하려는 과정에서 인간적 나약함을 강조하고 있는 점, 그리고 관념적 어휘의 노출이 심한 점 등으로 요약된다.

5) 해방 이후 가톨릭 이념 작가들의 한국 문학에 기여 요소와 한계점

이전의 설문과 같이 위의 질문에도 구상, 김남조, 홍윤숙, 성찬경, 김지하, 한무숙, 마해송 등의 문인들이 전제로 제시되었다. 이들 작가들은 가톨릭 내에서 비교적 지명도가 높은 문인

들이었는데, 국문학전문가들이 보는 세부 전공별로 이들에 대한 평가와 기여한 바에 대한 답변은 매우 다양하고, 또한 언술의 위상과 차원에 차이가 있으므로 통계로 제시하는 것이 어려웠다. 따라서 설문에 대한 대답을 요약하는 선에서 분석하고자 한다.

(1) 긍정적으로 기여한 요소와 의의

해방 이후 가톨릭 이념을 표방한 작가들이 긍정적으로 기여한 요소로는 한국문학의 외연을 확장시켜 현실 대응력을 강화하였으며, 나아가 가톨릭적 감수성으로 독자의 정서를 순화시켰다는 것으로 요약할 수 있다.

먼저 복잡했던 한국 최근세사의 질곡 속에서 이들은 억압된 언어들을 해방시켰고 이로 인해 한국 문학의 정체 현상을 해소하였다는 의견이 지배적이었으며 이 점에서 김지하는 당대 역사 현실을 예지적으로 드러내면서 세상의 모든 불의와 억압에 맞서는 예수의 저항정신을 가열차게 보여주며, 가톨릭 이념의 구현과 함께 동시에 문학적 성취도 이루었다는 견해가 주목된다. 이어 김남조, 홍윤숙, 한무숙 같은 작가들은 여성 특유의 부드러운 어조로 신의 섭리에 포섭된 인간 실존을 그려냈다는 점에서 종교적 가치관을 충분히 용해한 뒤 문학과 어우러지는 작품을 창작하여 한국문학의 깊이를 확장시키는데 문학의 현실 대응력을 강화할 수 있었다는 의견이다.

한편 해방 이후 가톨릭 이념을 지향한 종교시들은 무엇보다도 종교적 깨달음 속에서 삶과 화해하는 방법, 삶을 사랑하는 방법, 주어진 삶에 감사하는 방법 등을 노래함으로써 자칫 시대 속에서 거칠어지기 쉬운 독자의 정서를 순화시켰다는 견해도 주의 깊게 볼 대목이다.

(2) 한계점

해방이후 가톨릭 이념의 작가들이 갖는 한계점으로 지적된 것은 가톨릭만을 전문으로 하는 작가가 아니었다는 견해와 시대상황으로 주변의 문학에 머물렀다는 점, 그리고 인간의 나약함을 지나치게 강조한 점 등이 거론되었다.

이 중에서 첫번째로 지적할 것은 개별 작가가 일생을 두고 가톨릭의 사상을 심도 있게 다루면서 작품성을 높이려 했다기보다는 그의 가톨릭 지향은 여러 성향들 중의 하나였을 뿐이라는 의견이다. 주제 차원이 아닌 소재나 가톨릭의 이념을 담아낸 경우가 대부분으로 본격적인 가톨릭 전문 작가가 배출되지 않았다는 점이 아쉽다는 견해이다. 이는 가톨릭정신의 생활화나 토착화와 관계되어 아직도 생활 속에 밀착되어 자연스럽게 묻어 나오는 것이 아니라는 사실을 의미하는 것으로서 앞으로 한국 가톨릭 문학이 극복해야 될 점으로 판단된다.

해방과 전후시기에 있어서 가톨릭 이념을 표방한 문인들의 노력은 곤경에 처한 한국 문학의 방향을 모색하는 데 기여했지만 한편으로는 이 시기의 문학이 침투력이 약했고, 이후 반공을 위시한 국가적 명분을 우선적으로 인식해야 했던 문학적 상황을 고려할 때, 종교적 이념을 표방한 문학은 이방인의 문학으로 받아들여질 수밖에 없었다는 지적도 주목된다.

또한 절대자에 대한 찬양과 인간에 대한 사랑은 가톨릭이나 개신교 등 특정 종교에 국한하는 주제가 아니라 인간에 관심을 두고 있는 문학의 본질적인 속성이다. 그러므로 가톨릭 문학을 강조하기 위해 지나치게 소재주의에 빠지는 것은 경계해야 한다. 가톨릭 문학에 있어서도 가톨릭 이념이 고도의 기법을 획득하여 문학적으로 형상화되는 것이 발전하는 길인데 지금까지의 한국 가톨릭 문학에서는 이러한 면을 찾아볼 수 없었다는 견해도 있었다. 예컨대 가톨릭 문학에서는 대표적인 개신교 동화작가로 손꼽히는 권정생의 작품세계와 같은 서민의 평범함을 완성도 높게 드러내는 작가나 작품 등을 발견할 수 없다.

결론적으로 상대적으로 사회복지문제나 사회 참여적 실천의 측면에서 가톨릭의 기여는 컸으나 그러한 견해를 문학세계에도 적용할 수 있는지에 대해서는 선뜻 대답이 나오지 않는다. 가톨릭 문학 작품에서 목격되는 현실에 대한 허무주의, 신에 대한 절대적 의탁 심리 등으로 인해 문학이 현실로부터 유리되거나, 인간의 고통과 현실적 갈등을 신의 이름으로 허무하게 희석하는 등의 역작용으로 파악될 소지가 있으며, 또한 내면화되지 못하고 단순한 소재로서만 선택되어 일반의 거부감만 고조시켰을 가능성도 충분히 생각할 수 있기 때문이다.

6) 한국 문학 갈래 중에서 가톨릭 이념이 가장 많이 수용된 갈래

한국 문학 갈래 중에서 가톨릭 이념이 가장 많이 수용된 갈래에 대한 질문에는 대체적으로 시문학이 우선되었다. 이는 근본적으로 가톨릭이 우리 문학에 수용되었을 때 시가(詩歌)문학인 천주가사에서 비롯되었다는 데에 기인한다.

치열한 시대정신은 곧 시정신과 통한다는 명제로 보았을 때 민족이 현실의 새로운 질서를 모색하던 시기에 가톨릭이 유입되었다. 이후 변화에 직면한 이 땅의 지식인들이 자신의 이념

<표 5> 가톨릭 이념을 가장 많이 수용한 갈래

구 분	빈 도	유효백분율
시문학	7	58.3
소 설	1	8.3
수 필	1	8.3
가 사	1	8.3
부정적견해	1	8.3
무응답	1	8.3
합 계	12	100.0

을 치열하게 고민하면서 그 절정에서 나타난 것이 시(詩)이므로, 여기에서 시문학이 지적된 것은 매우 의미있는 일일 것이다. 가톨릭 이념의 정서나 사상 등의 감성적 수용이 우리 사회의 서구화 흐름과 맞물려 나타났다고 파악되기 때문이다.

시각을 달리해 수준 높은 문학적 성취를 이루면서도 가장 대중적인 갈래가 소설이라고 보았을 때, 소설보다 시에 가톨릭 이념이 가장 많이 수용되어 있다는 사실은 역으로 대중 속으로 파고 들어가지 못한 가톨릭 정서의 미성숙을 의미하는 것으로 파악할 수도 있다.

가톨릭 이념을 가장 많이 수용한 문학갈래에 대한 전문가들의 답변 중에서 가장 주목할 것은 두 가지로 하나는 가톨릭 문학이 시문학에 국한되었다는 사실이며 다른 하나는 가톨릭 문학의 수준에 대한 인식이라고 할 수 있다. 시문학에 가톨릭의 이념이 가장 많이 담겨진 이유에 대해서는 전술한 바와 같이 여러 가지 이유가 있겠으나 보다 진지하게 생각해야 할 점은 여타의 문학 갈래에서 나타나는 가톨릭 문학의 절대적 수준에 대한 전문가들의 인식이다.

개신교에는 적극적으로 문학작품을 다양하게 생산한 작가들(황순원, 이문열, 조성기, 이승우, 정찬 등)이 포진해 있는 반면에 가톨릭에는 작가적 신앙고백에 머무르고 있으며, 그것도 본격적인 문학적 장치를 통해 작품화되었다기보다는 개인의 신변잡기가 중심이 되는 수필(박완서, 최인호 그리고 여러 성직자와 수도자 시인들) 등에 국한되었다는 지적은 어느 정도 논란의 여지를 남기고 있다는 면을 감안하더라도 가톨릭의 입장에서는 진지하게 생각해 볼 국면이다. 가장 역사적이고 대중과 가장 친숙한 예술 갈래가 문학이라는 점을 생각할 때 이제 삼천년기를 시작하는 한국 가톨릭에 있어서 다양한 갈래, 다채로운 목소리와 심층적인 주제를 담은 가톨릭 문학에 대한 총체적인 점검이 필요하기 때문이다.

이외 가톨릭 시인들의 창작활동은 새로운 문학적 상징어와 설화적 상상력의 탄생에 많은 기여를 하였다는 지적이 있었으며, 또한 직접적인 원인은 될 수 없겠지만 주제 면에서, 유교적 충효 윤리의 전통 사상과 변별되는 서구적 정서와 사랑 그리고 구원이라는 좀 더 구체적이며 새로운 사상과 개념들이 시인들의 활동에 신선한 촉진제가 되었을 것이라는 답변 등이 있었다.

7) 가톨릭 기관지의 신춘문예에 대한 견해와 가톨릭 문학의 확대방안

이 항목에서는 두 가지의 질문이 연계되어 제시되었는데 하나는 가톨릭 이념을 표방하는 작가에 대한 지원과 가톨릭 문학의 확대 방안이 그것이다.

답변 역시 두 가지가 연계되는 가운데 후자에 더 비중을 두고 있는 점이 발견되었다.

신춘문예 등 가톨릭 작가에 대한 지원방향에 대해서는 작품의 객관적 수준의 향상이 요구된다는 점이 지적되었으며, 현실문제의 가톨릭적 해석을 통한 주제의식의 다양화, 신춘문예에 대한 대안으로서 가톨릭을 표방하지 않더라도 수준 높은 작품과 작가에 대한 지원 등이 거론되었다. 신춘문예의 경우 가톨릭 문학의 확대를 위해 좋은 방안이기는 하나 주제나 문학적 형상화를 고려하되 소재면에 지나치게 집착하지 않는 것이 좋을 듯하다는 답변도 있었다.

이러한 답변은 가톨릭을 표방하는 작품이 아직 가톨릭을 소재로 활용하는 수준이며, 이외 순교자의 행적, 신앙의 절대성 등 종교 내적으로 머물러 있어 종교를 바탕으로 하는 문학치고는 많은 사람들이 공감하는 수준에까지 이르지 못하였다는 것을 반증하는 것으로 판단된다. 이를 통해 한국 가톨릭이 자신의 삶과 신앙이 현실 속에서 일치로 나아가는 여정에 있으며, 교회의 관심과 지원이 요구되는 현실을 확인할 수 있었다.

가톨릭 문학의 확대방안으로 제시된 의견들 중에는 '가톨릭 이념 표방'에 대한 열린 자세를 촉구하는 내용을 여러 응답 속에서 확인할 수 있다. 즉 가톨릭 안에 머물러 있는 한 발전이 어려우며, 오히려 가톨릭의 틀을 벗고 인간 사랑과 존중에 대한 치열한 정신으로 스스로를 가다듬을 때 비로소 가톨릭 문학이 확대될 것이라는 견해이다. 종교 다원화 시대에 걸맞게 타종교와의 화해를 통해 가톨릭 문학이 확대될 수 있을 것이라는 견해도 주목할 만하다.

이 질문의 근본 의도는 가톨릭 이념의 대중화 방안과 가톨릭 작가 육성에 대한 지원 방향으로 요약될 수 있다. 그러나 질문 자체가 방향성을 묻는 수준이어서 그에 대한 답변 역시 원론적인 차원에 머물러 있는 느낌이다. 그러나 여기에서 되새겨보아야 할 점은 문학을 통한 전문가들의 인식에 있어서도 가톨릭에 대해 폐쇄적으로 느낀다는 사실이다. 직접적으로 문면에 나타나지는 않아 구체적으로 언급하기는 어렵지만 많은 답변에서 개개의 항목을 통해 한국 가톨릭의 열린 자세를 아쉬워하거나 혹은 간접적으로 그 폐쇄성에 대한 우려를 언급하고 있기 때문이다.

8) 가톨릭교회가 한국의 언어문화에 미친 영향

한국 가톨릭교회는 초창기 중국을 통해 신앙을 받아들였다. 이후 중국과 계속적인 연결을 가지면서 서양 선교사들이 들어와 활동하였다. 따라서 이들의 영향으로 한국의 가톨릭 용어는 서구어-중국어-한국어의 이중번역 언어와 서구어-한국어의 번역어 등이 혼재되어 있었다. 여기에서 '첨례'나 '매괴'와 같이 한국 가톨릭에서만 사용하는 독특한 용어들이 새롭게 나타났.

번역에 있어 문제가 되는 것은 번역 담당자는 양쪽 언어나 문화에 대해 충분한 식견이 있어야 한다는 점을 생각할 때 과연 한국의 가톨릭이 들어오면서 나타난 언어현상이 양쪽의 언어와 문화에 대한 식견을 전제로 한 온당한 경로를 취하였는가에 대해서는 의문의 여지가 많다. 그럼에도 불구하고 한국 가톨릭 용어가 한국의 언어문화에 어떠한 방향에서든지 영향을 주었을 것이고, 그 영향력이 어떠했는가에 대한 의문이 생기지 않을 수 없다.

이러한 입장에서 본 질문은 한국의 가톨릭 문화가 언어문화에 미친 영향에 대한 국어국문학 전문가들의 인식을 알아보고자 작성되었다.

이에 대해 아래 표와 같이 응답자들은 대체로 긍정적인 평가(70%)를 하였으나 부정적인 평가도 무시하지 못할 비율(30%)로 나타난 것을 알 수 있다.

<표 6> 교회가 한국 언어문화에 미친 영향

구 분	빈 도	유효백분율
긍정적인평가	7	70.0
부정적인평가	3	30.0
무응답	2	
합 계	12	100.0

(1) 긍정적인 평가

한국 가톨릭교회가 한국의 언어문화에 미친 영향으로서 긍정적인 평가로 제시된 것은 한국어의 의미 영역을 확대시켰다는 것으로 매우 심도있게 지적되었다. 가톨릭 전래 이후 낯선 서구어들이 직·간접으로 수용되는 것은 단순히 외래어만 이입된 것이 아니고, 그 언어 안에 담긴 서구적 정신과 이념이 전래되어 온 것으로 파악한 것이다. 서구어를 매개로 한 전래의 양식은 한국어의 영토를 확장시키고, 범신론적이고 무속적인 신관을 근대적으로 반추하게 하고, 근대적 삶의 방식을 적극적으로 수용하게 하는 기폭제가 되었다는 견해가 지배적이었다.

또한 신이 인간을 사랑하는 아가페, 정의와 평등과 같은 획기적인 언어, 저승이 아닌 천국 혹은 연옥, 제사가 아닌 예배, 절이 아닌 성당, 스님이나 무당이 아닌 사제와 수도자, 기도문에서 쓰이는 언어 등은 이전 시대와는 질적으로 다른 언어임이 분명하다. 이러한 것들은 새로운 개념어의 창출로 기존의 한국어가 표현하지 못한 추상적 개념을 표출하는데 크게 기여한 바가 크다는 공통적 인식에 도달한 점이 확인된다.

이러한 관점에서 볼 때 가톨릭 용어들이 국어화되는 과정에서 일반인들의 동의가 자연스럽게 전제되어야 할 것이고, 그런 과정을 거친다면 가톨릭 용어는 국어를 한층 풍부하게 만들 것이다.

그러나 이러한 긍정적인 평가에도 불구하고 이를 종합적으로 검토할 때 생각해 보아야 할 점이 없는 것은 아니다. 이 문항에 대한 답변은 전문가들이라고는 하지만 다분히 인상적인 결론이라는 평가를 내리지 않을 수 없다. 이는 국어 국문학의 세부전공별로 그 지식과 시각의 편차가 크기 때문에 나타나는 현상으로써 보다 객관적인 검증이 요망된다고 하겠다. 특히 국어학과 국문학은 편의상 하나의 범주 안에 있는 것이지 연구 방법과 대상 등 그 내용을 살펴보면 실로 큰 편차가 존재하기 때문이다.

(2) 부정적인 평가

긍정적인 평가 외에 몇몇 부정적인 평가도 제시되었는데 이는 대체로 두 층위로 요약할 수 있다.

먼저 지적될 것이 한국가톨릭 용어가 우리말을 오염시켰다는 견해이다. 우리말의 어법에 맞지 않는 번역 문투를 유행시켰으며, 사전에도 없는 한자어의 사용 등으로 은어화시켰다는 비판이다. 다른 하나는 언어는 변화하는 것이어서 우리말이 크게 변화하였지만 그 변화가 가톨릭만의 현상으로 보는 것은 편협한 생각이라는 지적이다.

첫번째 시각은 동일한 차원에서 바라보는 상반된 견해이므로 개인의 시각차를 인정한다면 크게 문제될 것은 없다고 판단된다. 이에 비해 두번째 사항은 차원이 다르다. 즉 우리말의 변화를 가톨릭만의 현상으로 보는 것은 편협한 생각이라는 지적은 일면 매우 객관적이고 타당한 견해로 보인다. 그러나 이 말의 이면에는 정당한 현상에 대한 왜곡과 이를 뒷받침하는 한국가톨릭에 관한 빈약한 연구 성과로 교묘하게 야기된 가톨릭 문화에 대한 인식이 숨어 있어 한국 가톨릭이 지향하는 문화정책을 돌아보게 한다. 교회 안의 시각에서 벗어나 교회 내외를 아우르는 평가가 요청되기 때문이다. 이의 연장선상으로 한국문화에 기여한 가톨릭의 정당한 평가가 이루어지기 위해서는 수많은 연구가 있어야 하며, 교회는 이를 정책적으로 뒷받침할 필요가 있다.

9) 가톨릭 서학서와 성서번역의 한글 보급과 지식의 대중화 기여정도

가톨릭교회의 서학서와 성서 번역을 통한 한글 보급과 지식의 대중화에 대한 영향관계를 묻는 질문에서 응답자의 66.7%가 긍정적인 대답을, 나머지 33.3%가 부분적인 긍정에 그치고 있다. 분석의 결과에서 나타나듯이, 응답자들의 긍정적인 평가는 모두가 1945년 해방 이전의 시기에 초점을 맞추고 있다. 그에 반해 부분적인 평가에 대한 근본 원인은 평가의 시기를 주로 현대의 시점에 맞추고 있음에서 기인한 것으로 해석할 수 있다. 결국, 설문조사에서 드러나는 사실은 현재의 가톨릭교회가 과거처럼 대사회적인 기능 수행에 있어서 새로운 방향의 모색은 물론 문화적인 기여도 부족하다는 것을 시사하고 있기 때문이다.

<표 7> 교회의 한글 보급과 지식의 대중화에 대한 평가

구 분	빈 도	유효백분율
긍정적평가	8	66.7
부분적긍정	4	33.3
합 계	12	100.0

(1) 긍정적 평가

한글 보급과 지식의 대중화에 대해 긍정적인 평가로 제시된 것은 지식의 대중화와 근대사상을 이끈 견인차 역할의 수행, 한글 문화의 성장과 근대문학 형성에 기여, 특히 여성의 지식 향상과 문맹퇴치 등으로 요약될 수 있다.

이러한 긍정적인 평가는 가톨릭의 연구현황이나 조사 대상자의 인적 구성으로 보아 개신교의 폭넓은 연구에 힘입은 바 큰 것으로 판단되며, 이는 역으로 가톨릭 내의 연구의 필요성이 강조되는 부분으로 해석할 수 있다. 본 조사의 시기가 개신교의 유입 이후인 20세기를 바탕으로 하고 있기 때문이다.

(2) 부분적 긍정

위 질문에 대해 부분적인 긍정을 한 내용은 대체로 한글 보급과 지식의 대중화에 중요한 전기를 제공하였을 뿐, 실질적으로 기여한 부분은 가톨릭의 선교 범위와 대상이 넓지 않았고, 더구나 선교 초기에는 가혹한 탄압 속에서 진행되었기 때문에 매우 제한적이었다는 것이다. 또한 성서에 대한 번역은 가톨릭교회만의 유일한 사명은 아니었으며 오히려 서투른 성서의 번역은 한국 문학에 악영향으로 수용될 수 있으므로 가톨릭교회가 한글 보급과 지식의 대중화에 기여했다는 평가는 고려되어야 한다는 견해를 밝히고 있다. 가톨릭교회가 한글 보급과 지식의 대중화에 기여했다는 긍정적인 평가는 이제는 사실상 과거의 역사에 국한된 평가에 지나지 않는다는 견해도 주목할 만하다.

이러한 부분적 긍정의 입장은 가톨릭이 개신교보다 먼저 들어와 성서에 대한 관심을 갖기 시작하였으므로 한글보급과 지식의 대중화에 기여한 바는 인정되나 이후 실질적인 작업은 개신교쪽에서 더 활발하였다는 기존의 연구 결과에 기인하는 것으로 앞으로 가톨릭 내의 대사회적인 기여나 연구의 방향 설정에 시사하는 바가 적지 않다고 판단된다.

10) 현재의 시점에서 한국 가톨릭 문학이 다룰 가장 중요한 과제

이 질문은 그리스도 삼천년기를 맞이하는 시점에서 한국 가톨릭 문학이 다루어야할 가장 중요한 과제를 물어보는 의도로 작성되었다. 선교 200여년, 신자 400만 시대를 여는 상황에서 이 시대를 살아가는 가톨릭인에게 보다 성숙하게 사회에 대처하고 개인 신앙도 한층 심화되어야 하는 시대적 당위성과 신자로서의 역할이 있다고 보았기 때문이다.

질문 자체에 내포된 층위가 단일하기 때문에 답변에 대한 분석으로써 각 항목을 종교본질의 문학, 대사회적 참여문학, 종교문학의 정체성, 종교문학의 한국화, 종교문학의 대중화, 친환경적인 문학 등으로 대별할 수 있었다. 다음의 표는 국어국문학 전문가들이 생각하는 1, 2, 3순위의 과제를 정리한 결과이다.

현재의 시점에서 가톨릭 문학이 당면한 중요한 과제에 대한 질문에서는 응답자의 34.6%가 종교적 본질에 대한 문제 제시를 하고 있음을 알 수 있다. 그리고 좀 더 상세히 분석한 결과는 가톨릭 문학의 종교적 본질로의 환원은 많은 경우 대사회적인 참여의 요청(26.9%)과 함께 지적되고 있음을 또한 발견할 수 있었다. 그리고 사실상문학과 관련된 종교 정체성의 문제(15.5%) 또한 앞의 지적들과 무관할 수 없으리라 생각한다. 결국 가톨릭 문학의 종교 본질에 대한 고민은 가톨릭 문학이 종교문화예술의 한 분야이기 위한 당위의 문제이지만, 이러한 지적들이 대사회적 활동과 관여되어 있음은 한국 가톨릭교회가 한국인과 한국사회에서 가지는 종교로서의 위상에 의문을 던지게 한다. 아직까지 교회는 이 땅에서 종교이기보다는 한 시민단체의 확대된 모습으로 자리 잡은 것은 아닌지 스스로 되물어볼 필요성이 요청된다.

<표 8> 가톨릭 문학이 다루어야 할 과제

구 분	빈 도	1순위	3순위	3순위	유효백분율
종교본질의 문학	9	5	1	3	34.6
대사회적 참여문학	7	3	2	2	26.9
종교문학의 정체성	4	1	3		15.5
종교문학의 한국화	2			2	7.7
종교문학의 대중화	2	1	3	2	7.7
친환경적인 문학	1		3		3.8
합 계	26	10	8	8	100.0

3. 결론

앞으로 사회 조사가 더욱 정교하게 진행되면 보다 세밀한 결론을 추출할 수 있겠지만 이상의 내용 또한 전체 프로젝트를 진행하는 과정에서 그 방향성의 제고는 물론 가톨릭교회와 한국 사회 특히 문화적인 측면에서 발전적 관계를 형성할 수 있는 기초적이지만 매우 유용한 정보를 제공할 수 있을 것이다.

설문 내용에 대한 응답 결과를 분석하면서 개개의 질문에 대한 구체적인 사항 이외에 확인할 수 있었던 것은 다음과 같다.

첫째, 전문가들의 대가톨릭 인식은 흔히 생각하던 교회 안의 평가와 상당한 부분 배치되는 면이 있었다. 이에는 여러 가지 이유가 있겠지만 가장 중요하게 생각되는 것은 상대적으로 우위에 서서 선교에 임했던 과거의 입장에서 벗어나지 못하는 한국 가톨릭의 풍토 때문이라고 할 수 있다. 하느님의 절대성과 인간세상의 가변성은 신앙을 이루는 가장 중요한 두 요소이다. 세상은 급속하게 변하고 있으며, 교회가 여기에 적절하게 부응하지 못할 때 결국 소금의 역할도 못할 것이라는 점에서 한국의 신앙 선조들이 그러했듯이 교회는 이제 보다 현실 속에 뛰어들 필요가 있다

둘째, 문학의 전개 양상으로 본 가톨릭교회에 대한 평가는 현재에 접근할수록 긍정적인 평가가 약화되고 있음을 알 수 있었다. 이는 가톨릭이 처음 유입되었을 때의 충격이 컸던 만큼 신앙의 자유가 보장된 오늘날 가톨릭이 우리 사회에 주는 영향이 상대적으로 축소된 일면이 있다. 그리고 일제시대를 거치면서 한국의 가톨릭이 현실 참여에 소극적이었던 만큼 우리민족과 완전히 밀착된 불교나 20세기 초 유입된 개신교의 활동이 적극적이었다는 것을 의미한다.

셋째, 가톨릭 문학에 대한 전문가들의 인식으로 본 토착화의 상황은 여전히 진행중으로 선교 초기보다 오히려 후퇴한 듯한 모습을 보인다. 즉 문학에 있어서 선교 초기에는 수많은 박해에도 불구하고 우리 전통의 형식에 가톨릭 신앙을 담아 노래한 천주가사를 통해 현실 속에서 토착화된 모습을 보인다. 그러나 다양한 문학이 존재하는 오늘날에는 가톨릭 신앙을 내면화한 수준 높은 문학작품이 나타날 수 있음에도 불구하고 그렇지 못하기 때문이다.

본 조사의 결과를 종합할 때 가톨릭교회가 한국 사회에 미친 영향이 한국 문학 내에서는 아직도 정당하게 평가받지 못하고 있음은 물론 문학적 형상화나, 문학을 통한 대사회적 역할도 정당하게 수행하지 못하고 있다는 점이 다시 한 번 더 객관적인 입장에서 조망될 수 있었다.

지난 100년의 역사 안에서 가톨릭 문학이 나름대로의 가치 평가를 받기 위해서는 먼저, 한국 근·현대 100년 속의 가톨릭교회에 대한 올바른 탐구가 선행되어야 할 것이다. 그러나 무엇보다도 이러한 사태의 근본적인 원인을 교회 밖에서 찾기보다는 한국 가톨릭교회 내에서 분

석해 나가는 자세가 더 필요하리라 여겨진다. 한국 가톨릭교회 창설시기부터 향유되었던 천주가사집 등이 2000년에 와서야 정리되었다는 것은 한국 교회의 문화적 시각이 자체에 대한 평가도 부족 할 뿐 아니라 그나마도 내부로 고정되어 민족사적으로 확대되지 못했다는 증거이다. 구한말부터 일제에 이르는 시기에 있어서 전통종교, 문화적 전통과의 충돌을 충분히 소화해 내지 못한 한국 가톨릭교회의 한계는 오늘에 이르기까지 아직도 충분히 극복되지 못하고 있는 현실이다.

 뿐만 아니라, 가톨릭 중심의 편향적 사고는 오히려 역영향을 미치고 있다. 종교 문학으로서의 정체성의 문제와 가톨릭 문학이 종교 본연의 수단과 방법이자 진정한 표현이 되기를 바라는 요청들은 가톨릭 문학의 한국화 문제와 함께 문학의 대중화를 위한 급선무로 다시금 언급되었다. 이를 위해 가톨릭교회는 교회 내의 상황은 물론이려니와 한국 사회와 문화에 대한 연구를 더 심화시켜야할 것이다. 진정한 토착화나 대중화 없이 가톨릭 문학은 종교문학으로서의 역할을 다할 수 있으리라 기대하기 어렵기 때문이다. 20세기 초 가톨릭 정신으로 한반도의 근대적 계몽의식 형성에 많은 기여를 한 대사회적 활동으로서 한국사회에 자리 잡기 시작한 가톨릭교회가 이제는 종교로서 그 본분을 다하기 위해 노력해야 함을 분석의 결과에서 강하게 읽을 수 있다. 가톨릭 문학 역시 종교 문학으로서의 정체성을 확립하기 위해 시대적 요청을 다시 잘 읽어나가야 할 것이다.

II. 국사학

노 용 필

1. 서 론

  국사학 분야의 전공자들이 근·현대 100년 속에 점철되어 온 한국 가톨릭의 모습과 그 역할에 대해 어떻게 인식하고 있는가를 조사해 보는 것은, 그 역사적 실제를 오늘날의 역사가들이 어떻게 받아들이고 있는가를 살핌은 물론 앞으로 이 부문에 대한 연구가 어떤 방향으로 어떻게 진행되어야 할 것인가를 설정하는 데에도 보탬이 되므로, 매우 의미있는 작업이다.
  이를 위해 가톨릭의 전래 및 수용 이후 현재까지의 사안들에 관해서 10개 항목에 걸쳐 전문가들에게 질문하여 보았다. 질문의 내용은 대략 가톨릭의 전래에 관한 학설의 구체적인 논쟁, 백성 출신 천주교인의 활약에 대한 현행 고등학교 국사 교과서의 내용, 일제시대 및 해방 이후의 민감한 정치적 사안 등이었다. 조사 결과 국사학자들이 이러한 질문의 내용들에 대해 어떠한 생각을 가지고 있는지가 확연히 드러났다. 이 보고는 그 결과를 분석하여 제시함으로써 한국 근·현대 사회변동기의 가톨릭 연구에 도움이 되고자 한다.

2. 결과분석

  10개 항목의 근·현대 100년 속의 한국 가톨릭의 역사적 측면에 대한 국사학자들의 응답 내용을 분석하고 그 의미를 제시하여 보기로 한다. 이를 통하여 응답의 결과가 앞으로의 연구에 어떠한 측면에서 기여할 수 있는지를 살피게 될 것이다.

2.1 응답자의 인구사회학적 특성

이 조사의 응답자들은 한국학술진흥재단 연구자정보 데이터베이스에 국사학 전공자로 등록한 박사과정 수료 이상의 연구자 가운데 이미 정년을 지나 학계에서 활동을 더 이상 하지 않거나 가톨릭 신자임이 명백한 연구자를 제외하고, 무작위층화추출 설문지를 보내 이에 응답한 경우이다. 분석에 유의한 것은 2가지 점이었다. 첫째는, 여성의 비율이 상대적으로 남성에 비해 적어 조사 결과에 영향을 미칠 수도 있지 않을까 하는 점이었는데, 이는 설문의 내용상 남녀의 성별에 따른 현격한 차이가 보일 대목이 없으므로 크게 문제가 될 소지는 없다고 보여진다. 둘째는, 종교 분포에 있어 가톨릭이 오히려 극소수에 해당되고 무교(無敎)가 평균보다 훨씬 비율이 높아, 가톨릭의 자기중심적인 편향 가능성이 거의 없어, 결과의 신뢰성이 비교적 높을 것이라 평가할 수 있겠다.

<표 1> 인구사회학적 정보

구 분	내 용	표본수	비율(%)	전체(%)
성 별	남 성	12	80.0	100.0
	여 성	3	20.0	
연령별	30대 이하	5	33.3	100.0
	40대	7	46.7	
	50대	3	20.0	
	60대 이상	-		
종교별	무 교	7	46.7	100.0
	불 교	2	13.3	
	기독교	5	33.3	
	가톨릭	1	6.7	

1) 한국 천주교회의 임진왜란 기원설

한국 천주교회의 기원이 임진왜란 당시였는가 하는 논쟁과 관련된 항목에 대해서는 50.3%에 이르는 연구자들이 부정적으로 보았다. 더욱이 임진왜란 당시 전래설에 대해 직접적으로는 부정적인 응답이 나오진 않았지만, 명확한 고증이 필요하다고 하는 견해나 논쟁 자체가 무의미하다고 하는 견해 등은 사실상 임진왜란 당시 전래설을 부정적으로 인식하는 것이라 분석함이 옳을 것이다. 따라서 이 결과는 국사학을 전공한 학자들 절대 다수가 임진왜란 당시 일본군들에 의해 조선에 천주교가 처음으로 전해졌다는 학설을 크게 신뢰하고 있지 않음을 보여주는 것이다.

<표 2> 임진왜란 당시 기원설

구 분	빈 도	유효백분율
전래설 부정	8	53.3
고증 필요	4	26.7
논쟁 무의미	2	13.3
무응답	1	6.7
합 계	15	100.0

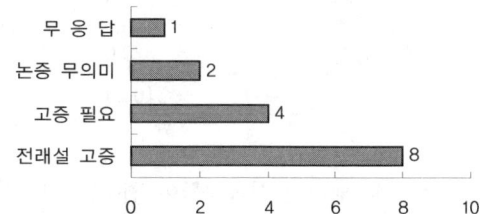

2) 천진암 강학회 기원설

한국 천주교회의 기원을 1779년 천진암 강학회로 볼 수 있는가 하는 점과 관련하여서는 다음과 같은 결과가 나왔다.

천진암 강학에서 천주교 교리를 처음으로 연구하였으므로 이를 천주교회의 기원으로 삼을 수 있을 것인가에 대하여는, 천주교 교리를 다루었을 것으로 보는 견해가 60%에 달했지만, 이에 찬동하지 않는 견해도 적지 않았다. 이는 국사학자들 가운데서 천주교회사에서 주장하는 내용들에 전적으로 공감을 표시하지 않는 경우가 적지 않음을 보여주는 것이다. 따라서 새로운 자료의 발굴과 강학의 실제 내용에 대한 적극적인 연구와 성과 발표를 통해 이 문제를 더욱 집중적으로 검토해야 할 필요성이 있다고 하겠다.

<표 3> 천진암 강학회 기원설

구 분	빈 도	유효백분율
교리 취급 인정	9	60.6
교리 취급 부정	3	20.0
교리 취급 의문	2	13.3
무응답	1	6.7
합 계	15	100.0

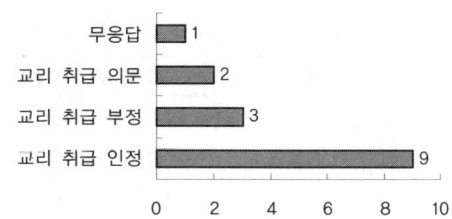

3) 수용 당시 실학자들의 인식

<표 4> 수용 당시 실학자들의 인식

구 분	빈 도	유효백분율
신앙적 차원	9	60.0
신 논리 개발	2	13.3
잘 모르겠음	1	6.7
무응답	3	20.0
합 계	15	100.0

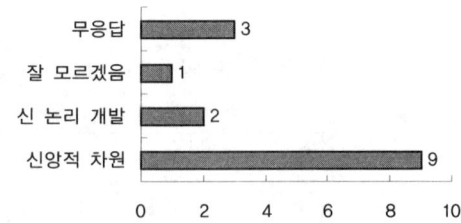

천주교 수용 당시의 실학자들이 천주교 신자가 된 것이, 종교적 신앙을 통해 지상에 천국 건설을 하는 데 희망을 느끼게 되었기 때문으로 볼 수 있는가 하는 질문에 대해서는 신앙적 차원이라는 결과가 60%를 차지하였다. 그러나 응답을 회피한 경우가 4명으로 26%에 달했고, 그들 스스로 새로운 논리를 세우기 위해서였다는 견해를 지닌 학자들도 13%에 이르는 것을 볼 때, 신앙적인 차원에서 실학자들이 천주교를 받아들였다고 하는 사실을 흔쾌히 인정하지 않으려는 경향이 적지 않음도 확인이 된다. 따라서 이 부분에 대한 한국천주교회사에서의 서술 내용에 동의를 구하고 인정받기 위해서는, 실학자 각 개인의 천주교 신앙 형태에 대해 면밀하면서도 구체적인 연구가 더욱 충실히 이루어져야 할 것이다.

4) 백정의 평등 의식 수용

신유박해 당시의 백정 출신 신자 황일광의 경우를 들어 천주교의 평등을 설명하는 것이 적절하고 또 천주교회 내의 저술에서 그가 "농담조로 … 천당이 이 세상에 하나 또 후세에 하나"라고 쓰고 있는 것과 관련된 질문에 대해서는

<표 5> 백정의 평등 의식 수용

구 분	빈 도	유효백분율
적 합	12	80.0
부적합	1	6.7
양반이 더 중요	1	6.7
무응답	1	6.7
합 계	15	100.0

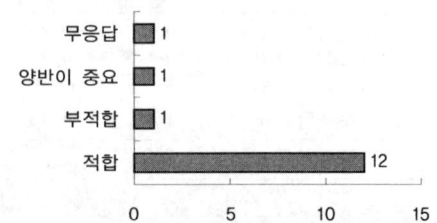

<표 5>와 같은 결과가 나왔다. 제7차 교육과정의 첫 교과서인 『고등학교 국사』(교육인적자

원부, 2002)에서 처음으로 다뤄 준 백정 출신 천주교 신자 황일광 알렉시스의 신앙 내용에 대해서, 부적합하다는 응답은 단 1명 뿐으로, 거의 대부분의 연구자들이 적절한 것으로 판단하고 있었다. 이 결과는 앞으로 이러한 구체적인 신앙 형태를 적극적으로 제시하면, 근·현대 100년 속의 한국 가톨릭의 정확한 위상의 밑그림을 그리는 데에 긍정적으로 기여할 것이라는 기대감을 갖게 한다. 다만 교회 내 저술물에 '농담조로'라는 구절이 원 사료에 전혀 있지 않은 데도 불구하고 삽입된 점은, 많은 응답자들이 '진지하지 못한 측면이 있다' 혹은 '문맥상 온당치 않다' 등의 응답을 보인 것에 비춰볼 때, 연구자들의 시각과 그 서술 방향이 얼마나 중요한 영향을 끼치는가를 잘 보여주는 예라고 판단된다.

5) 한국 근대화에 대한 기여도

천주교회가 한국의 근대화 과정에 기여한 점과 관련된 5번 항목에 대해서는 <표 6>의 결과가 나왔다. 일제 시대 한국 가톨릭의 상황에 대해 국사학 연구자들의 인식이 그간 얼마나 부정적이었는지를 여실히 보여준 응답의 결과라고 하겠다. 이 결과를 통해 지금까지의 한국천주교회사 연구의 수준과 방향을 재점검해 볼 필요성을 더욱 절감하게 된다.

<표 6> 한국 근대화에 대한 기여도

구 분	빈 도	유효백분율
많은 기여	3	20.0
부분적 기여	2	13.3
활약 미진	5	33.3
연구·홍보 요망	5	33.3
합 계	15	100.0

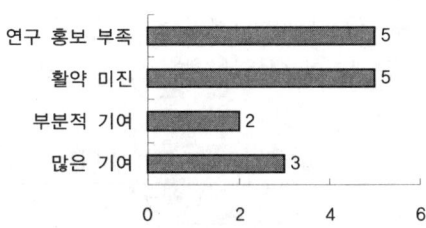

비록 많은 기여를 했다는 견해가 20%에 달하기는 하지만, 이는 천주교 교인이나 그 가족일 가능성이 높으므로 크게 의미를 부여하지 않는 것이 옳아 보인다. 오히려 교리의 보급과 교세 확장에 치중하였기 때문에 생긴 결과일 수 있다는 견해, 연구가 부족하고 홍보가 이루어지면 긍정적인 면이 많이 부각될 것이라는 견해 등이 앞으로 이 분야 연구에서 더 유의해야 할 요소라 할 것이다.

6) 일제시대 교회의 역할

일제의 지배 정책에 천주교가 협조·순응했다고 보는지 혹은 그것이 교회를 지키기 위한 방편이었다고 보는지에 대한 질문과 관련하여서는 <표 7>과 같은 냉정한 평가가 주류를 이루었다. 이 결과를 통해 가톨릭교회 안에서 아무리 일제시대의 행태를 교회를 지키기 위한 방편이었다고 주장해도 국사학자들에게는 거의 설득력을 갖지 못할 것이라 보게 된다. 그럼에도 일제에 순응했다고 하는 과거의 잘못에 대해 인정할 것은 인정하고 그러면서도 교회를 지키기 위한 측면도 있다고 보는 견해(2명), 자료 발굴이 시급하다는 견해(1명)가 존재하는 것을 감안하면, 적극적인 자료 발굴과 새로운 접근 시각이 어느 정도 요청되는 것이라 할 수 있다.

<표 7> 일제시대 교회의 역할

구 분	빈 도	유효백분율(%)
협조와 순응	11	73.3
교회 수호 방편	1	6.7
양면성 모두	2	13.3
자료 발굴 시급	1	6.7
합 계	15	100.0

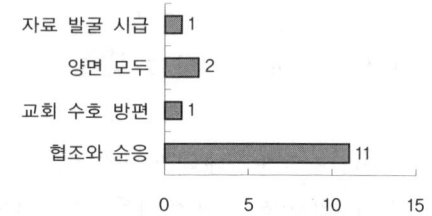

7) 일제의 신학교 폐쇄에 대한 평가

1942년에 행해진 일제의 신학교에 대한 폐쇄가 한국인 최초의 주교로 노기남 신부가 서임된 것과 관련된 일제의 탄압이었는가 하는 질문에 대해서

<표 8> 일제의 신학교 폐쇄에 대한 평가

구 분	빈 도	유효백분율
분명한 탄압	10	66.7
탄압 인정 가능	3	20.0
통치 방식	1	6.7
과오 인정	1	6.7
합 계	15	100.0

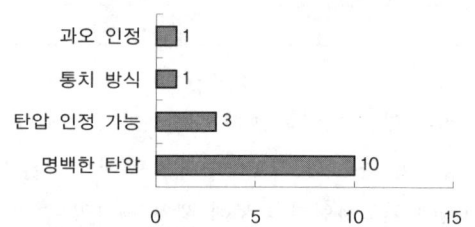

<표 8>과 같은 결과가 나왔음을 간과할 수 없다. 분명한 탄압이라고 보는 견해가 66.7%, 탄압으로 인정이 가능하다는 견해가 20%로 전체의 86.6%가 탄압으로 볼 수 있다는 견해를 피력하였다.

이 결과는 일제 시기의 가톨릭교회의 행태를 일제에 대한 협조와 순응이었다고 평가하면서도, 노기남 신부의 주교 서임에 따른 일제의 탄압이라는 견해를 보이는 것은, 구체적인 자료

의 제시와 시각 개발을 통한 연구가 진척되고 축적이 되면, 얼마든지 같은 사안에 대해서도 관점과 견해가 달라질 수 있음을 실증적으로 보여주는 예라 할 것이다.

8) 북한 교회사에 대한 인지도

새로운 사실의 전파나 홍보가 얼마나 절실히 요망되는가는 이번 항목의 응답에서 여실히 드러난다. 즉 해방 이후 북한 지역에서 신학교 등이 폐쇄되고 많은 성직자 등이 사망하거나 실종된 사실에 대해 들어본 적이 있는가 질문에 대해서

<표 9> 북한 교회사에 대한 인지도

구 분	빈 도	유효백분율
전혀 없음	12	80.0
거의 없음	1	6.7
약간 있음	1	6.7
있 음	1	6.7
합 계	15	100.0

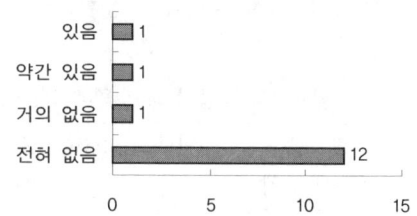

<표 9>와 같이 86.7%가 거의 없다고 응답한 결과를 보면, 그간 교회 내에서도 일부에서만 제한적으로 해방 이후 북한 지역에서 이루어진 박해 행위와 그에 따른 가톨릭교회의 피해 상황에 대해서 인식하였을 뿐이므로, 일반인들이 이러한 사실을 거의 알 수 없는 것은 당연해 보인다. 이 결과를 통하여 보다 적극적으로 자료를 발굴하고 정리하여 간행해 내어 전파하는 노력이 필요하다고 하겠으며, 그만큼 앞으로 이에 대한 종합적인 연구도 요구된다고 하겠다.

9) 제2공화국 당시 천주교의 영향력

제2공화국 때의 장면 총리가, 재임 중에 천주교 신자로서 천주교의 영향을 과연 받았다고 볼 수 있는가 하는 점과 관련하여, <표 10>의 결과가 나왔다. 이를 보면 장면 총리의 재임 중 천주교의 영향에 대해 인정한다는 견해와 영향이 별로 없었다는 견해가 만만치 않게 대립되어 있음을 볼 수 있는데, 이에 대한 연구가 입체적으로 국사학 분야뿐만 아니라 정치학·행정학·사회학 그리고 신학적 측면에서 공동으로 추진되어야 할 것으로 보인다.

이는 본 프로젝트의 1차 년도 연구 성과에 어느 정도 반영되어 있지만, 앞으로 지속적으로 연구의 외연을 확대해야 한다는 것을 요청하는 현상으로 읽어야 할 것이다.

<표 10> 제2공화국 당시 천주교의 영향력

구 분	빈 도	유효백분율
영향 인정	7	46.7
별로 없음	4	26.7
영향 불인정	2	13.3
무 관	2	13.3
합 계	15	100.0

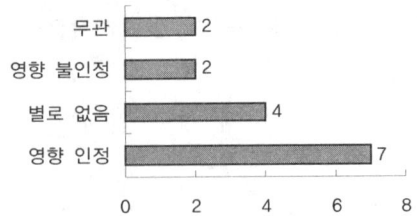

10) 공권력의 명동성당 투입에 대한 인식

김영삼 정권 당시 공권력의 명동성당 투입에 대한 질문에 대해서는

<표 11> 공권력의 명동 성당 투입에 대한 인식

구 분	빈 도	유효백분율(%)
커다란 실책	9	60.0
교회의 대응 적절	4	26.7
판단 불필요	1	6.7
찬 성	1	6.7
합 계	15	100.0

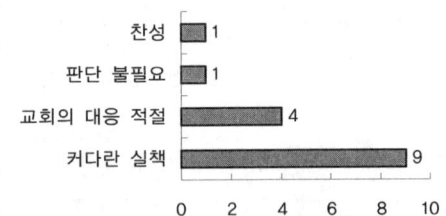

<표 11>과 같은 결과가 나왔다. 이는 비록 김영삼 정권 때 일시적으로 있었던 사건에 관한 것이긴 하지만, 결국 국가 권력과 교회와의 충돌에 대해 어떻게 역사학자들이 인식하는가를 살피게 해주는 항목인데, 결국 교회에 대한 공권력의 개입을 지극히 부정적으로 파악하고 있음을 드러내준 결과라 해석이 가능하다. 비록 '하나님의 공의와 정의의 구현'이라 답하여 자신의 종교적인 견지에서 공권력의 명동성당 투입에 대해 찬동하는 듯한 응답을 보인 경우가 1명 있기는 하지만, 별반 큰 의미를 갖지 않는 듯하다. 따라서 이러한 역사학자들의 전반적인 인식이 현대사 속에서 한국 가톨릭교회의 역할을 조망함에 유용할 것이다.

3. 결론과 전망

이상과 같은 설문 내용에 대한 응답 결과를 분석하여 얻은 점을 종합 정리하여 결론으로 삼고자 한다. 그리고 아울러 앞으로의 본인의 연구 방향 설정은 물론 프로젝트 전체의 연구와도 연계하여 반영되어야 할 점을 전망으로 제시해 보기로 한다.

3.1 결 론

첫째, 초기 한국 가톨릭교회사에 대한 면밀한 재검토가 요망된다는 점을 확인할 수 있었다. 아무리 가톨릭교회사 내에서 많은 이들이 주장하고 또 공감하고 있다해도, 국사학을 전공하는 학자들이 이에 대해 의문을 제시하고 이를 회의적으로 본다면, 이는 분명 재고의 여지가 많은 것이다. 그러므로 역사학에서의 특수성과 보편성의 시각에서 보자면, 특수성을 강조하게 되는 교회사라 하더라도, 보편성을 생명으로 하는 일반사와의 연관성을 도외시할 수 없다. 따라서 지금까지 한국 가톨릭교회사에서 특수성을 강조하는 것만으로도 충분히 설명되었다고 여겨지던 부분들도, 일반사의 보편적 시각을 통해 재차 면밀히 검증 할 시점에 와있음을 확인한 셈이다.

둘째, 근대화 과정에서의 교회 역할 그리고 특히 신학교의 운영과 일제에 의한 폐쇄에 대한 해석에 있어 보다 심혈을 기울이는 노력이 요구된다는 점을 재차 알아낼 수 있었다. 강압적인 무단정치의 질곡 속에서 교회를 지키기 위해 벌였던 일제에 대한 협조와 순응 어느 하나도 결코 온당한 것으로 여겨지지 않는다는 점을 재차 검증하게 되었다는 것이다. 따라서 인정할 것은 인정하고 아닌 측면은 아닌 것으로 밝혀내려는 연구가 있어야 하겠으며, 아울러 신학교의 폐쇄를 통한 일제의 탄압이 어떠한 양상으로 한국 가톨릭교회에 영향을 끼쳤고 또한 이에 교회가 어떻게 반응했는가에 대해서도, 보다 정밀하고 구체적인 파악이 필요할 것이다.

셋째, 현대사 속에서 점해온 교회의 위상과 관련하여서도 역시 구체적이고도 개별적인 연구가 심도 있게 다루어져야 하겠다. 이 점은 지금까지 대체로 방치된 채로 있었던 해방 이후 북한 지역의 교회사에 대해서도 예외가 아님을 새삼 깨닫게 해주었다. 제2공화국 장면 정권의 수립 이후 장면 자신은 물론이고 내각에 천주교 교인들이 적지 않게 장관직 등을 차지하고 활약한 점들을 구체적으로 발굴해 내야 할 것인데 지금까지 전혀 그렇지 못했기에, 국사학자들이 이에 대해 전혀 인식하지 못하고 있는 실정에 이른 것이라 하겠다. 또한 북한 지역의 공산화 과정에서 피흘린 현대의 순교자들에 대해서도, 천주교인이라서가 아니라 그 역사의 전개 과정에서 피해 당사자라는 관점에서 일일이 밝혀내지 못했기 때문에 국사학자들이 이를 듣지도 보지도 못했던 것이라 생각되었다.

3.2 전 망

첫째, 구체적인 자료의 발굴과 새로운 시각에 의한 정리가 필요할 것이다. 전혀 자세한 검증이 없이 지나쳐 온 분야들도 꼼꼼하게 낱낱이 살피게 되면, 지금까지와는 전혀 다르게 읽혀질 수 있는 부분들도 적지 않게 있음을 체험적으로 알 수 있지만, 이외에도 지금까지 관심을 기울이지 않고 버려 두었던 자료들을 일일이 찾아내어 이를 새롭게 조망해 봄이 앞으로는 더욱 절실하다. 발로 뛰어 새로운 자료를 찾아내 적극적으로 연구에 반영하는 자세를 본 연구자부터 견지하고자 한다.

둘째, 각 분야의 공동 연구의 필요성을 더욱 강하게 현실화해서 반영해야 할 것이다. 국사학 분야뿐만 아니라 궁극적으로는 정치학·여성학·행정학·신학 등 다양한 분야의 전공자들이 모여 구성한 본 프로젝트의 특성을 그야말로 특화함으로써 입체적이고도 지속적인 공동 연구가 이루어질 수 있어야만 어느 시기의 역사적 사실이라도 제대로 밝혀낼 수 있을 것이라 믿는다.

셋째, 연구 업적의 간행 등을 통한 적극적인 홍보의 필요성 역시 간과해서는 안 되리라 본다. 본 설문 조사의 응답에도 여러 국사학자들이 적시해둔 바대로, 올바른 연구 결과를 많은 국사학자들이 읽고 이를 수용할 수 있도록 해야만 장차 정당한 평가를 받고 이를 일반사에도 적극 반영해서 서술할 수 있게 될 것은 자명한 이치이다.

III. 동양사(동북아역사)

장 정 란

1. 서 론

    동양사 분야의 설문 항목은 한국을 제외한 중국과 일본을 대상으로 하였다.
    주지하듯이 근세 그리스도교는 16세기 지리상의 발견과 그에 따른 서세동점(西勢東漸)의 흐름을 타고 동양에 전래되었다. 1498년 바스코 다 가마의 대항해로 포르투갈의 인도항로가 개척된 후, 탐험가의 뒤를 이어 상인들이 향료 무역으로 큰 이익을 얻으려고 동양으로 진출하였다. 이에 가톨릭 선교사들도 전교를 목적으로 이들에게 편승하였는데 그 주역은 예수회 선교단이었다. 1517년 마르틴 루터에 의해 시작된 종교개혁으로 가톨릭은 프로테스탄트에게 많은 지역과 신도를 잃었다. 이에 반동종교개혁의 기치를 내걸고 가톨릭의 젊은 기수를 자처한 교단이 예수회다. 예수회는 유럽에서 상실한 가톨릭 신앙영역의 회복과 동양에 대한 전교를 목적으로 하여 1530년이래 포르투갈의 지배 아래 있던 인도의 고아(Goa)를 선교의 거점으로 적극적인 선교사업을 전개하였다.
    중국전교는 마테오 리치(Matteo Ricci, 利瑪竇, 1552~1610)에 의해 실현되었는데, 이것이 17세기 이후 수많은 공적, 사적 교난을 극복하고 지금까지 존속하는 중국 그리스도 교회의 시작이다. 16세기말의 중국은 명의 건국(1368년) 이후 강력한 절대군주체제로서 대외정책에도 폐쇄적이어서 외국인의 입국과 체류가 어려웠다. 그러나 마테오 리치는 중국문화에 깊이 적응한 문화주의적 영합의 전교방법으로써 중국 그리스도교회의 기반을 성공적으로 구축할 수 있었다. 문화주의적 영합의 전교방법이란 그리스도교 문화의 중국전수라는 관점에서 서양 과학과 기술을 전해주면서 아울러 종교를 중국황실의 묵인 하에 전교하는 적응주의적 방법이었다. 한편 서양의 과학지식을 소개하고 서양의 기기(器機)등을 선물함으로써 중국 사대부 지식층과의 교유에도 성공하였다.

이와 같은 선교지 문화에 대한 적응주의 전교방법은 동시에 서양문물의 소개와 전달, 재생과 응용을 통해 여러 분야에 걸쳐 동양에 서양의 정신, 물질문명을 능동적, 효과적으로 전파할 수 있었으며 이에 의해 이 시기의 그리스도교가 중국교회사에서 가장 큰 성공을 거두었고, 동·서양의 문화교류에도 괄목할만한 기여를 하였던 것이다.

예수회 선교단의 주목할 만한 전교수단은 서양의 종교, 윤리, 과학, 기술 등에 관한 책을 한문으로 저술하거나 번역한 이른바 한역서학서(漢譯西學書)인데 마테오 리치가 중국에 개교한 1583년부터 18세기 말까지 약 2세기 동안 대략 400여종을 출간하였다. 선교지역에 비해 교회와 선교사 숫자가 절대적으로 부족하던 당시, 한역서학서는 많은 사람들에게 시간과 공간의 제약을 초월하여 전교할 수 있었고, 더구나 한문서적이므로 조선과 일본에서도 번역 없이 지식층에게 읽힐 수 있다는 부가적 이점도 있었다. 그 중 대표서적은 마테오 리치의 『천주실의(天主實義)』로 중국과 조선, 일본에서 지식인들에게 서학과 천주교의 본질을 알려 큰 반향을 불러 일으켰다.

그리스도교는 유학(儒學)이 국가의 정통 통치이념이었던 조선에 '서학(西學)'이라는 학문의 형태로 도입되었다. 일차적으로는 조선 지식인들의 호기심의 대상이었던 서학은 그러나 일부 학자들이 연구를 통하여 신앙으로 승화시킴으로써 1784년 그리스도교회가 창설되기에 이른다. 이 같은 자생적이고 자율적인 신앙의 수용과 정착은 세계 선교사상 유래를 찾을 수 없는 한국 교회사의 특성이다.

따라서 동양 가톨릭교회사, 특히 중국교회사는 한국교회사의 전사(前史)로서는 물론 배경으로서도 신앙의 자유가 묵인되는 19세기 후반에 이르기까지 한국 가톨릭교회와 깊은 관련을 맺고 있다. 다시 말하자면 근현대 한국교회사를 명확히 파악하기 위해서는 근세 동양 가톨릭사에 대한 인식이 반드시 선행되어야 하는 것이다.

이에 중국과 일본을 중심으로 동양사 전공학자에게 동양 가톨릭사의 중요 사항들과 동양 가톨릭이 장차 나아가야 할 향방 열 개의 문항을 통해 공통적 인식을 도출하고자 하였다.

2. 결과분석

결과분석은 문항별로 내용을 정리하여 동양사학자들의 동양 가톨릭사에 대한 인식을 살펴보고자 하였다. 또한 이들의 인식을 근거로 동양에서의 가톨릭의 미래를 예측하고 긍정적 발전의 향방을 제시해보려 하였다.

2.1. 응답자의 인구사회학적 특성

<표 1> 인구사회학적 정보

구 분	내 용	표본수	비율(%)	전체(%)
성 별	남 성	8	85.7	100.0
	여 성	4	14.3	
연령별	30대 이하	-	-	100.0
	40대	6	50.0	
	50대	4	33.3	
	60대 이상	2	16.7	
종교별	무 교	4	33.3	100.0
	불 교	1	8.3	
	기독교	1	8.3	
	가톨릭	6	50.0	

이 조사의 응답자들은 한국학술재단 연구자정보 데이터베이스에 동양사 전공자로 등록한 박사학위 소지자 중 현역 교직에 있는 연구자로 지역, 전공을 층화하여 표집하였다. 분석에 유의한 것은 성, 연령이 이 조사 결과에 큰 영향을 미칠 가능성이 적은데 반해 종교분포에서 보듯 가톨릭 신자들이 평균보다 높은 비율을 차지하고 있어 종교적 편향(bias)이 일어날 가능성이 있다는 점이었다. 다른 한 가지는 역사학의 학문적 특성으로 인해 종교 분야의 역사적 사실에 대한 지식 내지 인식이 대부분 역사 교과서에 의해 형성된 것이라는 점이다. 따라서 사회조사에서 의도하는 목적과 달리 '정답 맞추기'의 범위를 벗어나지 못할 가능성이 많고, 이는 특히 역사학 분야의 사회조사가 갖는 특성이 될 수 있다.

2.2. 결과분석

1) 근·현대 동양의 역사에서 가톨릭교회가 가장 큰 영향을 미친 시기와 이유

<표 2> 동양근대화에 영향시기

구 분	빈 도	유효백분율
명말·청초	8	66.6
19~20세기	4	33.4
합 계	12	100.0

(1) 대체로 중국 명말·청초 시기가 66.6%로 다수를 차지하였다. 이유로는 "① 이 시기에 가톨릭이 중국에 처음 전래되어 교회의 기초가 마련되었다. ② 종교를 매개로 동서문화의 교류가 본격화되었다. ③ 서양 학문, 특히 천문학, 수학, 과학 지식이 중국에 전래되었다. ④ 선교사들의 중국 선교 활동은 기존의 중국중심의 세계관에도 많은 변화를 초래하였다." 등이 거론되었다.

근세 그리스도교는 16세기 지리상의 발견과 그에 따른 서양의 동양 진출의 흐름을 타고 동양에 전래되었다. 이 시기 그리스도교는 중국교회사에서 가장 큰 의미를 갖는데, 이때 전래된 그리스도교가 17세기 이후 수많은 공적, 사적 교난을 극복하고 지금까지 존속하는 중국 그리스도 교회의 모체이기 때문이다. 또한 이때의 그리스도교는 동·서양의 문화교류에도 큰 기여를 하였는데 그 주역은 예수회 선교단이었다. 서양에서도 최고의 지식인이었던 선교사들은 동양과 서양의 고급한 문화와 문물을 서로에게 소개하고 전래하는 매개자의 역할을 수행하여 동서교류사상 괄목할만한 업적을 이루었다. 설문응답자들의 답변은 그리스도교와 서양의 문명이 이 시기 특히 중국과 아시아 문화에 단순한 종교와 학문 이상의 의미를 가졌다는 인식을 보여주고 있다.

(2) 중국의 19세기 중엽에서 20세기 초를 거론한 대표적 이유는 "① 긍정적인 영향과 부정적인 영향을 모두 포함하여 영향을 끼쳤는데, 서구 자본주의의 진출에 따라 개신교와 함께 가톨릭의 활동도 보다 적극성을 띠게 되었기 때문"이라는 것이었다.

이 시기는 역사적 해석으로는 부정적 의미의 제2차 서세동점기이다. 즉 제국주의의 침탈이 본격화되고 특히 개신교는 천주교보다 뒤늦게 동양에 진출하며 열강의 무력에 편승하고, 그 대가로 종종 열강인 자국이 부정한 이득을 챙기도록 기회를 주선하였다. 긍정적 영향은 그때까지 스스로를 고립시키며 자만하였던 중국을 강제로라도 국제 무대에 등장시킨 것이라고 해석할 수 있다.

2) 위의 시기에 가톨릭교회가 가장 큰 영향을 미친 분야
   (중요한 순서대로 세 분야)

(1) 명말·청초의 경우 응답자 8명 전원이 공통적으로 과학(천문학, 수학, 지도제작, 과학기기), 종교와 사상, 예술분야라고 답하였다.

과학의 경우, 천문학, 수학 및 과학기기 등은 모두 역법에 관계되는 것이다. 예로부터 천문역법의 측정은 중국에서는 종교·사상 내지 국가통치에 특별한 의미를 지녀서 한 왕조나 통

치자에게 있어 중요한 기본 국정의 하나이다. 따라서 오류가 있으면 안되었으므로 명말 이후 수력에 선교사들이 서양의 새로운 과학지식으로 참여하게 된 것이다.

 (2) 19세기 중엽에서 20세기 초엽을 거론한 응답자들은 모두 교육, 사회봉사(의료 등), 종교라고 하였다.
 이 시기의 교육, 사회봉사는 주로 개신교 선교사들에 의해 활발히 전개되었는데, 시기적으로 중국의 개화기와 맞물린 시대적 요청이었다고 볼 수 있다. 그러나 교육의 참여나 사회봉사 등은 실은 천주교나 개신교를 막론하고 본질적으로는 전교 수단이었음이 자명하다.

3) 가톨릭교회가 위의 분야에 미친 영향이 동양의 근대화(혹은 서양화)에 기여한 시기와 그 영향

 (1) 명말·청초의 경우
 ① 근대화는 선교사들에 의한 서양 선진 과학지식(특히 천문학, 역학, 지리학, 포술 등)의 소개와 보급으로 저급한 수준에 머물러 있던 이 분야의 발달에 절대적 영향을 미쳤다.
 ② 이는 나아가 중국의 전통적 세계관이 변질되고 중국과 서양의 접촉이 본격화되는 계기가 되어 중국의 대외관계에 있어서도 큰 변화를 초래하였다.
 ③ 그러나 응답자 7명 중 83%가 당시 그리스도교의 영향은 일시적이었고, 또한 상층부에 국한되어 중국의 근대화에 지속적 영향을 미치지는 못하였다고 평가하였다.
 중국의 역사와 문화가 다른 문명보다 월등하게 우월하며 중국은 세계의 중심이라고 여기는 전통적 중화사상이 정신적 구심점인 중국에 서양의 종교와 학술이 지속적으로 영향을 미칠 수는 없으며, 실제로 중국의 지식인들은 호기심에서 서양의 종교와 학술을 접하는 경우가 대부분이었다. 단지 일부 유용한 특수 분야에 서양의 지식이 수용되었다.

 (2) 19세기, 20세기의 경우
 지대한 영향을 미쳤다고 보았다. 이유는
 ① 서양의 근대적 사고, 문물을 접하게 되면서 자연히 열강들의 침략에 무방비상태로 놓이게 된 자신들의 모습을 돌이켜 보게 됨으로써 근대화에 착수할 수 있도록 했다는 것과 ② 특히 19세기 말에는 중국인 개혁가들 중 일부가 공업과 기독교와 민주주의가 중국을 구하는 방법이 될 것이라는 생각에서 신도가 됨으로써, 교회는 중국의 변혁운동에서 중요한 역할을 담당했기 때문이라고 하였다.

19세기, 20세기는 은둔했던 거대한 중국이 서양 열강에 의해 강제적으로 그 모습을 드러내며 자신을 자각하는 때다. 동시에 개화지식인들이 조국의 무력함에 고민하며 개명할 방법을 모색하던 때로서 그들 중 상당수가 서양의 종교가 힘이 되어 줄 것을 기대하였다. 따라서 명, 청 시대와는 달리 근대에는 그리스도교가 상당히 광범위한 사회계층에 다양한 영향을 미쳤다.

4) 동양 가톨릭사에 중요하고 의미 있는 서양의 인물 3명 거명과 발탁이유

<표 3> 동양 가톨릭사의 대표적인 서양인물(중복응답)

순 위	서양인물명	빈 도
1	마테오 리치	11
2	아담 샬	7
3	페르비스트	4
4	프란치스코 하비에르	2
	카스틸리오네	
6	부베	
7	안토니오 리베리	1
8	티모시 리차드	
9	W. W. 피터	

1) 마테오 리치 : 유교적 전통을 존중하고 서양의 다양한 선진과학을 소개, 보급하는 소위 리치식 포교방법으로 중국에 그리스도교의 기초를 성공적으로 구축하여 현재 천주교의 바탕을 마련하는 기원을 이루었고 또한 수학, 천문학, 역학, 지리학을 소개하고『천주실의(天主實義)』,『곤여만국전도(坤輿萬國全圖)』,『기하원본(幾何原本)』등의 저술을 통해 서양학술을 중국에 소개한 공로가 평가되었다.

2) 아담 샬 : 마테오 리치가 마련한 기초 위에 선교사로서 최초의 관료가 되어 조정에서 활약함으로써 중국에서 그리스도교와 서양문화가 뿌리를 내리게 한 공헌이 주된 평가이유다.

3) 페르비스트 : 천문역법관계의 활동 및 가톨릭 전파에 기여한 공로가 평가되었다.

4) 프란치스코 하비에르는 예수회 창립회원으로 예수회 동양전교의 단초를 열은 공로가, 카스틸리오네는 서양의 예술을 중국에 소개하여 많은 영향을 준 것이 평가된 주된 이유였다.

5) 부베 : 유럽의 동양학 발달에 기여한 공로를, 안토니오 리베리(Antonio Riberi)는 중화인민공화국 성립 이후 로마 가톨릭교회가 보여준 중국공산당과의 비타협적인 자세를 전형적으로 보여준 인물이라는 면에서, 티모시 리차드(Timothy Richard)는 가톨릭 신자는 아니지만 19

세기의 개신교 선교사로 선교와 사회사업에 기여한 공로로, 역시 W.W. 피터도 리차드와 같은 공로로 긍정적으로 평가되었다.

마테오 리치, 아담 샬, 페르비스트, 하비에르는 모두 명말, 청초 그리스도교가 중국 전교에 성공하고, 서양의 종교와 문화가 중국에 뿌리내리게 한 공로자이며, 카스틸리오네와 부베는 예술과 학술로서 동서교류사에 지대한 공헌을 한 전교 초기 예수회선교사들이다.

5) 동양 가톨릭사에 중요하고 의미 있는 동양의 인물 3명 거명과 발탁이유

<표 4> 동양 가톨릭사의 대표적인 동양인물(중복응답)

순위	인물	빈도
1	서광계(徐光啓)	7
2	이지조(李之藻)	6
3	양정균(楊廷筠)	4
4	구식사(瞿式耜)	1
	영명왕(永明王)	
	양광선(楊光先)	
	옹정제(雍正帝)	
	홍수전	
	양계초	
	공빈메이	
	우치무라 간조(일본)	

빈도가 높았던 인물들부터 그들의 발탁이유를 명시해본다. 서광계(徐光啓)는 서양과학지식을 수용하여 경세실용사상을 전개한 공로를, 이지조(李之藻)는 선교사를 도와 전교 및 서양 과학서적의 저술, 역술에 공헌한 바를, 양정균(楊廷筠)은 서광계, 이지조와 함께 '중국천주교의 3주석(柱石)'이라는 점에서 평가를 받았다.

구식사(瞿式耜)는 동양·서양 문화의 종교적 세계를 진정으로 이해한 점, 영명왕(永明王)은 명말 망명정권을 세워 로마교황에게 원조를 청하는 서신을 보낸 점, 양광선(楊光先)은 전통적 유교주의 입장에서 천주교 교리를 비판하며 아담 샬과 세기의 논쟁을 전개하여 가톨릭 중국 전교사의 구체상을 이해하는 데 주요한 반그리스도교 인물이라는 점을, 옹정제(雍正帝)는 중국 가톨릭 포교 금지로 18세기 중반 이후 동서의 평화로운 교류 가능성을 차단한 점, 홍수전은 비록 그리스도교 교리의 수용에 왜곡이 있었고 이로 인해 많은 폐해가 뒤따랐지만, 중국근

대사에 중대한 태평천국 운동을 주도한 점을, 양계초는 개신교 선교사의 사상에 크게 영향을 받아 중국의 근대 개혁운동인 무술변법의 중요한 사상적 지주가 되었으며, 나아가 서방문물의 소개에도 지대한 영향을 미친 점을, 공핀메이는 중화인민공화국 성립 이후 로마 가톨릭과 대립 시 공산주의 노선에 저항하며 전통적 노선을 고수하려 했던 상해 주교였던 점이, 우치무라 간조는 무교회주의를 표방했던 일본 메이지(明治)·다이쇼(大正)시대 그리스도교의 대표적 지도자라는 점이 평가되었다.

중국 천주교회의 세 기둥(三柱石)인 서광계, 이지조, 양정균은 그리스도교의 보유론적(補儒論的) 선교정책의 확고한 지지자로서. 예수회 선교단의 주목할 만한 전교수단인 한역서학서(漢譯西學書)의 공동저작, 감수자들이다. 그 중 특히 서광계는 당대의 석학이며 실학사상가로 1616년 남경교난(南京教難)때 중국 최초의 호교론「변학장소(辨學章疏)」를 올려 천주교와 선교사들을 옹호하여 중국 천주교회사에서 가장 의미 있고 중요한 인물이라고 할 수 있다.

6) 동양역사에 가톨릭 관계 저술로서 큰 영향을 준 서적 세 권(중요한 순서)

다음은 저서를 선택한 이유에 대한 설명이다.
-『천주실의(天主實義)』: 천주교의 세계관, 생사관, 윤리, 철학을 중국에 소개함으로써 천주교의 중국 전래와 동서교류사에 한 획을 그은 저서로 중국은 물론 한국의 천주교 성립에 결정적인 영향을 끼쳤다.
-『기하원본(幾何原本)』: 유클리드 기하학 번역서로 동양 수학에 지대한 영향을 끼쳤다.

<표 5> 동양역사에 큰 영향을 가톨릭계 저술(중복응답)

순 위	저 술	빈 도
1	『天主實義』	9
2	『幾何原本』	3
	『坤輿萬國全圖』	
3	『七克』	2
	『職方外紀』	
	『主制羣徵』	
4	『畸人十篇』	1
	『天學初函』	
	『崇禎曆書』	
	『四元行論』	

- 『곤여만국전도(坤與萬國全圖)』: 중국을 비롯한 한국, 일본 등 동양인의 세계관을 바꾼 지도.
- 『칠극(七克)』: 가톨릭 신심교리서로 동양 그리스도교도들에게 큰 영향을 주며 중국과 한국에서 반향을 불러일으켰다.
- 『직방외기(職方外紀)』: 세계인문지리서로 순수한 그리스도교 관련 저술은 아니나 그 내용 중에 가톨릭 교리를 소개하였고 특히 중국의 전통 세계관인 중화주의를 변질시킨 계기가 되었다.
- 『주제군징(主制羣徵)』: 논리적 교리서.
- 『기인십편(畸人十篇)』: 철학적 가톨릭 인물서.
- 『천학초함(天學初函)』, 『숭정역서(崇禎曆書)』, 『사원행론(四元行論)』: 과학에 관한 한역서학서.

위에 거론된 서적들은 모두 예수회 선교단이 출간한 한역서학서이다. 특히 아홉 명의 학자가 지정한 마테오 리치의 『천주실의(天主實義)』는 17, 18세기 중국, 조선, 일본의 지식인들에게 가장 큰 논쟁을 불러일으켰던 대표적 한역서학서이다.

7) 동서교류사 상 가톨릭 역할의 동양사적 관점에서의 순기능과 역기능

응답자 전원이 순기능과 역기능에 대하여 공통적 답변을 하였다.

(1) 순기능 이유
① 서구 르네상스 이후의 학문, 과학기술이 중국에 소개되었고, 중국문화의 서방전파에 기여하였다고 보아, 가톨릭과 선교사를 서구 문화의 전달자로 인식하고 있다.
② 목적이 가톨릭의 전파에 있었으나 사회복지 및 교육 등 민중의 어려움을 이해하려 노력한 점을 들었다.
동양의 역사에 가톨릭은 서양 최고의 지성인 선교사들이 고급한 근대 서구 문명을 전달했다는데 큰 의미를 둘 수 있다. 한편으로 서구적 제도화된 교육 및 사회복지제도의 소개와 도입에 사심 없이 앞장섰다는 것도 순기능이라고 하겠다.

(2) 역기능 이유
① 서구적 가치를 우월시하는 경향이 파생되었다.

② 의도와 관계없이 제국주의 침략의 첨병 역할을 담당하여 이후 중국민의 배외사상을 고취시키는 빌미를 제공하였다.

③ 동양 문화를 이해하려는 노력이 적어, 동양문화의 장점까지 파괴하면서 정신적 혼란을 가져오게 하였다.

1차 서세동점기인 명, 청 시기에는 그렇지 않았으나, 2차 서세동점기인 19세기에는 유럽 우월주의가 팽배하였는데, 그리스도교는 이를 방조하거나 조장한 흔적이 있다. 이에 따라 배외사상 내지 외국인 혐오감정이 교회를 표적으로 표출되어 교난을 불러오기도 하였는데 이것이 역사상 가장 큰 역기능이었다고 할 수 있다.

8) 동서교류사 상 가톨릭의 역할과 그 영향에 대한 서양사적 관점의 평가

<표 6> 서양사 관점에서의 가톨릭 역할

구 분	빈 도	유효백분율
긍정적 역할	10	100.0
무응답	2	
합 계	12	100.0

응답자 전원이 가톨릭의 동서교류사 상의 지대한 역할과 영향을 인정하는 공통적인 인식을 갖고 있었다. 2명은 응답하지 않았다. 우선 그 긍정적 역할에 대한 이유를 정리해본다.

(1) 긍정적 역할 이유

① 서구문화 전파. 가톨릭에 담겨있는 서양인의 사상과 문화를 자연스럽게 소개함으로써 서양의 근대 사상과 문물 전달의 매개자 역할을 하였다.

② 동양문화 전파. 중국을 비롯한 동양에 대한 새로운 지식을 서양에 전파하여 동양에 대한 관심을 높여 서양이 동아시아를 이해하는데 공헌하였다.

(2) 영향

① 서양의 세계관과 문물을 동양에 알려 동양인의 세계관을 확충시켰다.

② 한 편 몽테스키외, 볼테르 등 계몽사상가, 케네 등 중농주의자, 예술가들이 중국사상의 영향을 받아 서양인의 동양 재인식의 계기를 마련하였다.

서양사의 관점에서는 가톨릭과 그 선교사들이 서구문화의 동양전달자이며 동시에 동양문화

의 서양소개자였다. 그리하여 동양과 서양이 서로에게 관심을 갖고 이해하게 함으로써 상호 여러 분야에서 영향을 주고받았다는 평가가 가능하다.

9) 중국과 일본에서의 가톨릭교회의 현재 위상과 미래 전망

(1) 중국 : 대체로 현재는 침묵의 단계이나 잠재력은 있다고 보았다.

<표 7> 중국 가톨릭의 전망

구 분	빈 도	유효백분율
교황청과 관계개선 시 교세발전가능	6	54.5
앞으로도 역할 미미	4	36.3
경제환경 변화 시 중하층에 전망	1	9.2
무응답	1	
합 계	12	100.0

중국 가톨릭에 대한 전망은 대략 다음과 같이 전망되었다.
① 사회주의 국가체제 속에서 명목상으로는 종교의 자유를 허용하고 있으나 실제는 감시당하여 가톨릭뿐만 아니라 외래종교가 그다지 발전하지 못하고 있다. 단, 교황청과의 관계가 정상화된다면 급속도로 교세의 발전을 보일 수도 있다.
② 지금도 미약하나 앞으로도 가톨릭교회의 위상은 미미할 것이다.
③ 다른 측면에서는 종교에 대한 전반적 억압 속에서 일반 중간계층에서는 크게 성장하지 못하고 있으나, 빈곤계층이 집중되어 있는 지역(감숙성, 한중지방 등), 그리고 정반대로 서양문화에 많이 노출된 일부계층에서는 오히려 종교적 의존도가 높아 가톨릭교회의 위상이 상대적으로 높을 것이다. 시장경제 개방의 전개에 따라 이러한 두 집단은 더욱 많아질 것이므로 따라서 가톨릭에 대한 요구도 점차 커질 것이다.
　현재 중국에서는 비록 국가와 교회는 형식적으로는 분리되어 있지만 당과 국가는 교회의 종교활동을 통제하고 외국의 기독교인들이 중국 내의 기독교에 관여하는 것을 사실상 반혁명적 내지 반중국적으로 간주한다. 즉 국가가 가장 싫어하는 것은 기독교인들이 국가의 통제를 벗어나 독립적으로 종교활동을 하는 것이며, 개별적으로 외국인들과 접촉하는 것이다. 그러므로 중국 그리스도교회의 미래는 예측할 수 없이 상당히 불투명하다.

(2) 일본 : 앞으로도 잠재력은 낮은 편이라는 평가가 지배적이다.

<표 8> 일본 가톨릭의 전망(중복응답)

구 분	빈도	유효백분율
외래 종교발전 가능성 희박	9	100.0
무응답	3	
합 계	12	100.0

① 일본의 고유한 전통이 강해 가톨릭 등 외래종교의 발전은 기대하기 어려울 것이다. 중복응답을 하여 위의 견해와 빈도수는 같았지만 견해는 다르게 앞으로의 가능성을 열기를 모색하는 주장이 있었다.

② 일본의 전통과 습관을 가톨릭이 어떻게 수용할 것인가와 사회복지 분야에 대한 관심과 노력, 교육 분야를 통한 교세 확장이 가톨릭의 위상을 높이는 가능한 방법이 될 것이다.

10) 가톨릭교회가 21세기 동양의 역사에 기여할 바람직한 역할과 방향 제언

<표 9> 가톨릭에 대한 제언

구 분(중복응답)	빈 도	유효백분율
계층간·빈부간 갈등해소(환경,인권,복지,평화,노인문제)	12	100
타종교 이해와 교류확대	12	100
토착화	3	25

① 사회개혁과 빈곤타파를 위한 사회적 역할 ; 구체적으로 선교도 정치·경제의 입장이 아닌 보편적인 사랑과 박애 정신으로 이루어져야 하며, 그런 면에서 환경, 인권, 복지, 평화, 노인문제 등에 관심을 기울어야한다고 제언하였다. 이를 통해 계층간, 빈부간의 갈등을 해소하고 이를 최소화하는 역할을 기대하였다.

② 세계 모든 종교의 고질적 병폐인 폐쇄적 배타성을 버리고, 타종교를 이해하고 교류를 확대하여 공존을 지향하는, 보편적이고 고차원적 종교상을 구현해야 한다.

③ 토착화의 문제 ; 가톨릭교회가 갖고 있는 역사성 못지않게 동양의 역사도 오래되었으므로 각 지역에 대한 전통과 습관에 대한 이해가 뒷받침되어야 할 것이다.

3. 결 론

 이상의 결과를 통해 동양사학자들은 가톨릭의 역사적 의미를 다음과 같이 정의하고 있음이 확인되었다. 즉 가톨릭은 지리상의 발견을 계기로 이루어진 동양에 대한 새로운 인식과 진출을 구체화함으로써 16세기 서양의 동양진출을 실제로 가능하게 하였을 뿐 아니라, 동양의 '서학(西學)' 및 서양의 '중국풍(中國風, Chinoiserie)'에서 알 수 있듯이 동서문화의 교류사에 획기적인 가교 역할을 담당하였다. 19세기 이후에는 산업혁명을 발판으로 동양에 적극적, 본격적으로 진출함으로써 동아시아 각 국의 문화와 사회에 대한 정보를 서구지역에 전달하여 서양이 우위를 점할 수 있게 하는 전위적 역할을 하였다.

 미래에 대한 전망은 중국에 대해서는 사회주의 체제 하에 종교적 자유가 제한되어 있어서 그 위상은 아직까지 미미하지만, 국제화와 개방을 통해 경제발전을 도모하고 있는 현재 중국 가톨릭은 대외관계의 조정자로서, 그리고 종교를 통한 인간의 수양과 행복추구 및 복지분야 등에서 그 역할이 점차 커지리라고 보았다. 따라서 앞으로 선교를 위한 노력이 집중적으로 이루어져야 할 것이다.

 한편 일본은 독특한 생활 문화와 관혼상제에 깊이 스며든 불교의 영향으로 가톨릭교회가 차지하는 영역은 제한되어 있고, 앞으로도 교회가 젊은 층이나 소외계층을 끌어들이는 역할을 적극적으로 하지 않는 한 특별히 위상이 바뀌는 일은 없을 것으로 중국에 비해 비관적 전망이 우세하다.

 결론적으로 동양의 가톨릭은 서양 중심 또는 우위의 입장에 선 일방적 선교방식과 전례에서 탈피하여 그 지역에 맞는 현지의 전통문화를 적극적으로 수용하여, 그 사회가 필요로 하는 사회복지, 환경문제, 인성회복 등 사회문제와 시대적 과제를 해결하는 데 적극 참여한다면 앞으로 동양의 역사 발전에 크게 기여할 것이라고 보고 있다. 즉 동양에서의 가톨릭의 역사적 역할을 상당히 크고 또 긍정적으로 평가하고 있다는 것을 알 수 있었다.

 역사적으로 볼 때 동양과 서양의 교류는 고고학적으로는 석기시대까지 거슬러 올라간다. 그러나 동양과 서양의 정신사 내지 종교사적 교류는 16세기 가톨릭의 동양전교를 통하여 본격적인 접촉을 시작하며, 가톨릭이 그 맹아가 되었다. 명말에 도입된 가톨릭은 다른 지역이나 국가에서 그 예를 찾아볼 수 없는 독특한 적응주의적 전교방법을 통해 중국에 뿌리를 내리게 되며 이때 한역서학서는 중국, 한국, 일본에 가톨릭을 전교하는 중요한 매체로서 큰 의의를 갖는다. 특히 예수회선교사들은 중국의 지식계층인 한인사대부들을 입교시킴으로써 공동저술 및 번역작업을 통해 종교뿐 아니라 서양의 학술 및 문화를 체계적, 조직적으로 동양에 전달하였고, 한편 중국의 학술과 문화를 유럽의 지식인들에게 널리 소개하여 서양의 지식계층에게 동양에 관한 긍정적 인식을 심어준 것도 이 시기이다. 이런 의미에서 근·현대 동양 역사에서 가톨릭교회가 가장 큰 영향을 미친 시기를 중국 명말·청초로 보는 것은 타당하다고 하겠다.

동양의 근대화에 대한 가톨릭의 기여 시기와 그 내용에서도 명말·청초를 거론하나 당시 가톨릭의 영향은 일시적이었고 또한 상층부에 국한되어 중국의 근대화에 지속적 영향을 미치지 못하였다고 보고 있는 것도 적절한 견해다. 근대화의 문제는 도리어 19세기, 20세기에 서양의 근대적 사고와 문물을 접하게 되면서 동양인에게 자극을 주었는데 이 부분에 대한 가톨릭의 역할에 대한 연구성과는 미약하여 앞으로 체계적 연구가 요구된다.

근대 동양가톨릭교회를 창설하고 뿌리내리게 한 세 명의 예수회선교사와 중국가톨릭의 삼주석, 동양사에 큰 영향을 미친 가톨릭 저술을 제시하는 데에서 응답자들의 동양가톨릭에 관한 지식의 깊이가 상당함을 알 수 있는데 이는 응답자의 절반이 가톨릭 신자라는 이유 때문인 듯하다. 실제로 이 분야는 전문적 학문영역에 속하기 때문이다.

동서교류사 상 동양사와 서양사의 관점에서 가톨릭의 순기능 및 역기능을 묻는 설문의 답변을 통하여, 가톨릭은 동양 선교정책 수립에 있어 문제점을 발견하고 그 대안을 찾을 수 있을 것이다. 즉 환경, 인권, 복지, 평화, 노인문제 등에 주력함으로써 계층간·빈부간 갈등을 해소하고, 타종교에 대한 이해와 교류확대 및 토착화를 말하고 있는데, 이는 흥미롭게도 가톨릭교회가 21세기 동양의 역사에 기여할 바람직한 역할의 제언과 동일하다. 실로 가톨릭의 사회적 역할은 16세기와 19세기와 21세기를 통틀어 동일한 것임을 알 수 있다. 또한 이 같은 제언은 이번 사회조사의 다른 분야에서도 공통적으로 제시되고 있다는 점에서 21세기에 가톨릭의 역할과 나아갈 방향은 자명하다고 하겠다.

Ⅳ. 문화인류학·민속학

최 경 선

1. 서 론

　이 분야에서는 주로 가톨릭의 신앙행태가 한국 전통에 토착화된 정도를 파악하고자 하였다. 가톨릭 신앙행태와 전통종교의 신앙행태 간의 유형론적 유사성도 파악하고자 하였는데, 이는 간접적으로 가톨릭이 한국 전통 안에 수용되는 이유를 발견하려는 목적에서였다. 조상제사로 인한 박해 이후 한국 종교문화사 안에서 직접적인 갈등을 경험한 예는 찾아보기 힘들고, 실생활에서도 포괄주의(inclusivism)적 입장으로 인해 외적으로는 뚜렷한 갈등 양상이 나타나지 않고 있다. 이는 가톨릭이 무리 없이 수용되기 때문이라고 해석할 수 있지만, 반대로 뿌리를 내리지 못했다는 의미로 읽을 수 있는 현상이기도 하다. 아직까지는 한국인이 전통종교문화의 바탕에서 가톨릭을 수용하는 형태가 지배적인 경향일 것으로 판단된다. 굳이 만남의 필요성을 의식하지 못할 정도로 가톨릭이 이러한 한국인의 종교적 욕구들을 충족시키고 있는 것인지도 모른다. 그렇다면 가톨릭은 전통문화에 포섭되고 있는 것이다. 그러나 아직 이러한 판단을 내리기에는 이르고 이런 사실 자체를 검증해볼 기회도 없었다. 따라서 필자는 본 조사를 이 연구문제들을 본격적으로 연구하는 계기로 삼고자 한다.

2. 결과분석

　결과분석은 문항별로 빈도와 무응답을 제외한 실제 응답자만을 계산한 유효백분율로 결과를 정리하고, 각각에 대하여 결과의 의미를 분석하였다. 단순 의견이나 제안의 경우에는 빈도를 계산하지 않고 의미를 다치지 않는 범위 내에서 수정 서술하였다.

2.1 응답자의 인구사회학적 특성

이 조사의 응답자들은 한국학술진흥재단 연구자정보 데이터베이스에 민속학과 문화인류학 전공자로 등록한 박사과정 수료 이상의 연구자중 이미 은퇴한 교수들을 제외하고, 세부 전공과 지역으로 층화하여 표집하였다. 할당인원은 14명이었으나 응답이 어려웠던 1명의 것이 수거되지 않아 13명의 결과만을 분석하였다. 이 분야에서도 여성의 비중이 높은데 여성친화적인 분야의 특수성이 반영된 결과로 보이고, 40대 이하가 대부분을 차지하는 점은 전체 조사 대상자의 인구사회학적 특성과 동일하다.

<표 1> 인구사회학적 정보

구 분	내 용	표본수	비율(%)	전체(%)
성 별	남 성	8	61.5	100.0
	여 성	5	38.5	
연령별	30대 이하	3	23.1	100.0
	40대	9	69.2	
	50대	-	-	
	60대 이상	1	7.7	
종교별	무 교	7	53.8	100.0
	불 교	1	7.7	
	개신교	1	7.7	
	가톨릭	3	23.1	

2.2 결과분석

1) 가톨릭 전래 초기 조상제례 문제로 인한 박해의 해석

응답자들의 견해를 가톨릭을 중심으로 분류하면 다음과 같이 세 입장으로 분류된다.
가장 우세한 견해는 가톨릭의 정통주의적인 접근이 박해를 초래한 것이라고 해석하는 것이다. "교리와 현지의 문화가 충돌한 것으로서, 상호간의 불이해가 개입되어 생긴 갈등이다. 그

<표 2> 조상제사로 인한 가톨릭신자 박해의 입장

구 분	빈 도	유효백분율
가톨릭의 부적절한 대응	9	69.2
문화충돌	3	23.1
가톨릭의 적절한 대응	1	7.7
합 계	13	100.0

이유는 가톨릭 선교사들이 한국문화를 제대로 이해하지 못했기 때문이다. 타국의 문화는 문화상대주의적 견지에서 그대로 인정해 주어야 하는 것이다." 그런데 가톨릭은 문화상대주의가 아니라 교리적 정통주의 노선을 따랐기 때문에 충돌이 필연적이었다는 것이다.

두번째는 새로운 이념 수용집단과 전통 집단 간의 충돌, 그리고 문화 변동의 과정에서 나타나는 문화 충돌의 한 양상으로 해석하는 견해이다. 비교적 중립적인 입장이다. 일례로 가톨릭이 남미와 인도 지역에 전래되었을 때도 남미의 토착적 신앙과 인도의 힌두이즘과 갈등이 생긴 경우를 들 수 있다. 남미는 지배세력에서 아래로 내려가는 하향식 전파를 했으나, 인도의 경우는 가톨릭으로 개종한 힌두교도들이 힌두 사회집단으로부터 큰 핍박을 받았다. 한국의 경우도 다른 사회의 경우와 비교 문화적으로 보아야 한다는 입장이다.

마지막은 가톨릭의 입장을 긍정하는 견해로 새로운 문화와 기존의 문화가 만났을 때 현지문화·종교와의 마찰을 피하려고 지나친 상황화 노력을 하는 것은 바람직하지 않은데, 가톨릭은 이러한 상황화를 하지 않음으로써 정체성을 지킬 수 있었다는 것이다. 대체로 이 문제에 관하여는 가톨릭의 태도를 문제삼고 있음을 알 수 있다.

2) 가톨릭 신자들의 성인 공경과 유해 앞에서 절을 하는 예식들에 대한 해석 (한국전통의 관점에서)

<표 3> 성인유해공경에 대한 한국전통 관점에서의 해석

구 분	빈 도	유효백분율
보편적 종교현상으로 이해가능	10	83.3
상사(相似)와 상이(相異) 요소 공존	1	8.35
성서의 가르침과 상충	1	8.35
무응답	1	
합 계	13	100.0

응답자들의 견해를 요약하면 이 역시 대략 3가지 관점으로 정리된다.

첫번째는, 가톨릭의 독특한 요소가 아니라 보편적 현상으로 이해하고 수용하는 입장이다. 따라서 한국 종교전통과도 부합하는 요소가 있다고 본다. 같은 핏줄의 조상에게 절을 하듯 영혼의 조상에게 절을 한다는 점에서 수용할 수 있다는 것이다. 예를 들어 우리나라의 경우 노인의 시신을 집안에 묻었다가 3년 후에 다시 장례를 치르는 습관이 있다. 이를테면 이런 관습이 영향을 줄 수 있다는 것이다. 또 다른 예로 가톨릭의 성인들을 일종의 조상신과 같은 위상으로 이해하는 입장이다. 한국전통문화에서 조상신을 숭배하는 것과 같은 맥락에서 가톨릭의 성인숭배를 이해할 수 있다는 것이다. 전통적으로 특정바위나 장승을 비롯한 무생물에서부터 마을신으로 모셔진 특정 인격적 존재에 이르기까지 다양한 존재를 신성한 섬김의 대상으로 여겨 절을 하고 의례를 행하는 것들도 같은 맥락으로 거론된다. 자연스럽고 당연한 종교적 관념이요 의례일 수 있다는 것이다. 이 외에도 서낭당(혹은 성황당)과 이를 중심으로 올리는 동제(洞祭)의 예가 이 범주에 든다.

두번째는 한국 전통과 일치와 불일치 양자의 요소를 다 지적하는 입장이다. 성인을 존경하고 그에 예를 표하는 것은 일치하나 두개골이나 뼈의 일부를 전시하는 것은 서양인들의 유해관에 근거하고 있다는 입장이다.

마지막으로 부정적인 견해는 특정 신앙에 대한 입장으로, 기독교 성경의 가르침에는 어긋난 것이라는 입장이다. 이 세상을 떠난 사람에게 절하는 것이나 특별한 의식을 행하는 것 자체가 비성경적이라는 것이다. 가톨릭교회는 성경으로 돌아가는 운동을 해야 하며, 한국전통은 정형화된 것이 없다고 주장한다. 이런 문화는 만들어가는 것인데 이런 문화를 만드는 것 자체가 반역사적이라고 보는 입장이다.

이상에서 이 분야 전공자들은 가톨릭의 성인과 성인유해 공경을 문화에 보편적인 입장으로 이해하고 있음을 알 수 있다. 이것은 미래 토착화과정에서 갈등이 적을 수 있는 요소라는 점을 암시한다.

3) 가톨릭 신자들이 묵주나 십자가, 성인의 그림 등을 가지고 다니는 양태에 대한 해석(전통의 관점에서)

대체로 신자들의 성물 소지 관습에 대한 태도도 크게 세 가지 입장으로 대별된다. 우선 다수의 견해는. 가톨릭을 아직 외래적이고 이질적인 종교로 보고 민간신앙행태와 부합하는 측면을 강조하는 입장이다.

예를 들어, 한국 전통에서 액을 막기 위해 성스러운 물품을 소지하거나 종교적 힘을 요청하는 것, 성황당에 절을 하거나 정한수를 떠놓고 비는 행위, 기우제, 부적, 금줄, 고사와 같은 것

<표 4> 신자들의 성물소지에 대한 한국전통 관점에서의 해석

구 분	빈 도	유효백분율
민간신앙행태와 부합	8	61.5
가톨릭도 전통의 일부로 수용	4	30.7
우상숭배	1	7.8
합 계	13	100.0

들이 유사한 요소라는 것이다. 삿된 것을 물리치고 복과 행운을 불러들이고자 하는 인간의 근원적인 바람이 자연스럽게 이러한 행위들을 통해 표현되는 것이라는 입장이다. 따라서 이질적인 태도가 아니라 하나의 보편적 종교현상으로 수용할 수 있다는 것이다.

두번째는 가톨릭을 이질적으로 보지 않고 한국 전통의 일부로 수용하고, 이러한 관점에서 성물소지관습을 당연히 인정해야 한다는 입장이다. 무속을 비롯한 한국 전통종교에서 부적을 지니는 것, 고사를 지내는 것이나 불교 신자들이 염주를 애용하는 것과 다름없이 받아들일 수 있다는 입장이다. 가톨릭 신앙이 이 땅에 뿌리내린 상황인데 굳이 전통적 관점에서 논할 필요가 있느냐는 것이다.

앞의 성인유해공경과 일관된 태도를 보이는데, 이는 응답자의 개인적 신앙의 영향으로 해석된다. 개신교에서 흔히들 주장하는 입장인 까닭이다. 이 주장은 이러한 관습이 가톨릭교회가 우상숭배를 조장하기 때문에 나타나는 것이라고 한다.

이 결과를 통하여 가톨릭이 한국 전통 안에 어느 정도 흡수되기는 하였지만 여전히 외래적인 종교로 인식되고 있음이 확인된다. 아직 한국화의 노력이 더 요구된다는 것을 보여주는 결과라 하겠다.

4) 한국 전통에 가톨릭 신자들의 성모(聖母) 마리아 공경과 같은 유사한 공경 형태의 존재여부

<표 5> 성모마리아 공경과 전통의 동일형태 존재여부

구 분	빈 도	유효백분율
동등한 요소 존재 인정	11	100.0
무응답	2	
합 계	13	100.0

무응답을 제외하면 모두가 동등한 요소가 한국 전통에 존재한다는 입장에 동의하고 있다.

응답자들이 유사형태로 인정한 예들은 다음과 같다. 한국 무속세계의 다양한 귀신들 중에 공경 받는 여성적 캐릭터(예: 삼신할미, 바리공주), 부모의 사후 위패를 독립적으로 모시는 행위, 한국에 다양한 유래담을 지니고 있는 지리산 성모, 신라의 시조인 혁거세와 알영을 낳은 서술산(西述山) 성모, 삼국유사에는 남해왕비가 죽어서 운제산(雲帝山)의 신이 된 운제부인, 가야국의 왕비인 가야산 정견모주(正見母主), 고주몽의 어머니 하백녀(河佰女) 유화(柳花), 마고할미 등이다. 이들은 산신적 표상을 주로 지니고 있고, 더러 천신, 용신, 수신 등의 성격을 지니는 경우도 있다. 특히 바닷가에서 섬기는 해신은 대부분 여신인 경우가 많다. 동제에서 모시는 신격이 19세기까지만 하더라도 많은 경우에 여성이었다는 사실도 전통과의 유사성을 강조하는 예이다.

이 결과에서 가톨릭의 성모신앙은 유형론적으로 볼 때 예를 든 전통의 유형들과 유사성을 갖는다고 볼 수 있다. 이는 성모신앙이 한국에서 수용되는 이유를 부분적으로 설명해준다고 볼 수 있다.

5) 한국 전통에 가톨릭 주보성인(主保聖人)의 형태 존재여부

이 결과에서도 4)에서와 같이 유형론적으로 같은 형태이며 한국 전통에도 존재한다는 사실을 인정하고 있다. 다음은 이러한 예에 해당하는 요소들이다.

<표 6> 주보성인과 동일형태 한국전통에 존재여부

구 분	빈 도	유효백분율
동등한 요소 존재 인정	12	100.0
무응답	1	
합 계	13	100.0

유형적으로 유사한 요소의 예로는 사제나 당제의 경우에 인격화된 마을 수호신의 존재(대체로 마을의 산을 관장하는 상당신은 산신 할아버지, 마을 자체를 관장하는 하당신은 할머니 신령인 곳도 있다), 가신신앙에서 각각의 공간이 각기 다른 신령에게 관장되는 경우, 관우를 숭배하는 관제묘라든지 제갈량 숭배(물론 이 경우 중국문화의 영향을 받은 것이다), 이퇴계 사당, 불천위 등의 숭배 전통, 서낭신앙(혹은 골맥이 신앙) 등이다. 이 외에도 집이나 집터를 지키는 신령으로 이해되었던 성주와 터주, 무당들의 몸주(몸의 주인)가 각각 다르다는 것(최영 장군, 임경업 장군 등을 몸주로 삼는 것)도 유사성을 찾을 수 있는 사례라고 할 수 있다. 유형론적으로 유사성을 띠는 요소들이 많다는 것은 수용을 용이하게 하는 측면도 있지만 변형, 변

질의 가능성도 안고 있다는 면에서 가톨릭의 한국화에 시사하는 바가 크다.

6) 가톨릭 전래 이후 현재까지 한국문화와 충돌을 일으킨 신심유형

13명 전원이 구체적인 예를 모른다고 답변하였다. 일부 응답자는 이러한 전제하에 자신의 의견을 다음과 같이 덧붙였다.

a) 2번과 3번은 신자간 의견차이는 있겠지만 교회 전체에 문제가 되는 충돌이 될 소지는 없다.

b) 4번과 5번은 한국적으로 이해할 수 있는 여지가 있지만, (정통을 중시하는) 한국 교회에서는 그런 식으로 설명을 시도하지 않았기 때문에, 신자들이 '신앙'으로 믿을 수는 있지만 이를 '종교적 실천'으로 자연스럽게 받아들이기는 힘든 것이다.

이러한 응답이 나타나는 것은 실제 응답자들의 가톨릭에 대한 이해가 충분하지 않아서이기도 하고, 실제 이런 갈등의 사례가 존재하지 않기 때문이기도 하다. 아마도 이제까지 교회안에서 아직 갈등 사례가 나타나지 않고 있는 것으로 보아 아직 뿌리를 내리지 못하고 있는 결과로 해석하는 것이 타당해 보인다.

7) 가톨릭의 사후세계 교리와 한국문화의 차이

비율로 평가할 수 있는 질문이 아니었으므로 응답자들의 의견을 그대로 소개하고자 한다.

a) 한국 전통문화에서 죽은 자는 정상적인 죽음일 경우 조상신으로 승격된다고 생각한다. 이들 조상들은 산자의 세계와 밀접히 관계를 맺고 있어 화를 내기도 하고 보살피는 존재라 간주된다. 즉 이들은 사후에 신들의 인격화된 신들, 이 가운데서 창조신 등보다 서열에서는 더 낮지만 산자의 세계와는 밀접한 신의 세계에서 활동한다고 믿어진다.

b) 한국은 조상숭배 관념을 가지고 있어서, 죽은 조상들이 신이 되어 자손을 보호한다고 믿는다. 영혼이 저승으로 간다는 개념은 있으나 천당, 지옥 등의 개념은 없다.

c) 한국의 전통적 사후세계관은 천당과 지옥, 연옥처럼 명확한 구분을 하지 않고, 산자의 공간인 이승과 죽은 자의 공간인 저승으로 분류하는 경향이 짙다. 다만 생전에 죄를 짓거나 원한을 품고 죽음을 맞이한 영혼은 저승으로 가지 못하고 이승을 떠돌게 되는 불행을 겪는다고 알려져 있다. 즉 전통적으로 볼 때, 죽은 자가 자신의 공간인 저승에 안착하지 못하는 것을 가장 큰 불행으로 여겼던 것이다.

d) 한국 전통에서 사후 세계는 저승사자가 인도하는 세계로서, 옥황상제 또는 염라대왕이

거주하고 인간들의 생전의 죄를 심문하는 세계라고 알려져 있다. 사후세계는 현생과 유사하여 계급적 질서가 존재한다는 주장도 있고, 그것은 현세와는 달리 계급이 없는 평등한 세계라는 주장도 있다. 사후 세계에 대한 명확한 규정은 사실상 불가능하다.

e) 한국 민간신앙에서는 사람이 죽으면 그 영혼이 저승으로 가게 된다고 본다. 저승은 이승과 유사한 형태로서 돈과 의식주 등이 필요한 곳으로 여겨졌다. 이후 저승세계에서 생전의 선악을 심판 받아 극락에 가기도 하고 지옥에 떨어지기도 하며 새로운 삶으로 환생한다는 믿음은 불교의 영향을 받아 형성된 것으로 여겨진다.

f) 윤리적인 차원에서 사후세계를 엄격하게 분리하는 전통은 불교나 도교에서 발달되었다. 이러한 사후관과 가톨릭의 사후관은 일치하는 면이 있다. 하지만 윤리적 면보다는 의례의 수행여부를 통해 조상과 후손의 관계를 강조하는 유교적, 무교적 사후관과 가톨릭의 사후관에는 큰 차이가 있다.

g) 사후세계에 대한 이미지와 설명방식은 불교와 무속, 유교적 요소의 혼재와 혼합이라고 할 수 있을 것이다. 사후에 죄많은 사람은 저승사자가 지옥으로 데려가고 벌을 받는다는 가톨릭교회와 유사한 생각도 존재한다. 그러나 옛이야기를 통해 전해지는 이런 형태에서도 가톨릭과의 차이는 잘못을 바로 잡기 위해 다시 이 세상에 돌아오기도 하고, 저승사자가 실수하기도 하는 여지를 보인다. 즉 절대적 심판과 처벌에 대한 개념은 약하며 저 세상은 이 세상과 완전히 다른 논리가 지배한다기(신의 절대정의를 보장한다고 하기)보다는 거의 비슷한 논리(실수도 있고 동정하여 봐주기도 하는)가 적용된다. 생전에 악연을 쌓았을수록 더 안 좋은 팔자로 태어나거나 인간보다 낮은 등급의 생물체로 환생하는 윤회에 대한 생각도 존재한다. 이런 사고는 가톨릭교회와는 완전히 다른 논리이다. 이 세상의 잘못은 계속되는 생의 지속과 돌고 도는 인연의 사슬 속에서 고치고 보완할 여지가 있음을 내포하고 있기 때문이다.

8) 가톨릭의 한국고유전통에 대한 태도평가

<표 7> 가톨릭의 한국고유전통에 대한 태도 평가

구 분	빈 도	유효백분율
긍정적 입장	6	54.5
부분 긍정, 부분 비판	4	36.4
비판적 입장	1	9.1
무응답	2	
합 계	13	100.0

가톨릭의 전통문화에 대한 태도도 대략 세 가지로 요약된다. 가장 높은 빈도를 보인 것은

가톨릭에 대하여 우호적인 입장을 보인 태도들이다. 이들이 내세우는 이유는 다음과 같다.

우선 포괄주의적 태도가 긍정적이라는 것이다. 그 예로 개신교에 비해 가톨릭교회가 한국 고유 전통에 대해 유연한 자세를 보인 점을 지적한다. 제사에 대한 유연한 자세, 미사전례 시 사용하는 국악 성가, 불교나 무속에 대한 부분적인 관심도 가톨릭이 종교간의 대화에 중재자로서의 위치를 높여주는 이유로 거론된다. 이른바 '서양적'인 것을 강제하지 않으려는 태도가 긍정적이라는 것이다.

두번째는 부분 긍정과 부분 비판으로 개신교에 비해 좋은 점수를 받을 수 있지만, 가톨릭 신자들 스스로는 자신들의 종교를 전통과 융합시키고 싶어하지 않는 것 같은 태도는 비판적으로 보는 것이다. 아직도 한국인의 가톨릭은 아닌 것 같다는 것이다.

마지막으로 비판적 견해는 앞서도 일관되게 개신교 근본주의 입장을 견지하는 응답자로 가톨릭이 지나치게 수용적이어서 비성서적이라는 것이다.

9) 가톨릭이 한국문화에 대해 가져야 할 바람직한 태도와 방향 제안

a) 종교지도자 뿐 아니라 평신도들도 다른 종교에 대해 관용(tolerance)의 태도를 가질 수 있도록 노력해야 할 것이다.

b) 종교도 일종의 문화현상이다. 따라서 해당지역의 사회·문화적 상황을 고려하지 않으면 지속적이고 온전한 생명력을 지닐 수 없다. 가톨릭이 한국사회에 온전하게 뿌리내리기 위해서는 기층문화와 정서를 충분히 수용하는 이른바 포용적 입장을 취해야 한다.

c) 가톨릭교회답게 되어야 한다. 성경에 근거하고, 지난 2000년의 전통에서 얻을 수 있는 공과를 잘 구분하되 좋은 점은 계승하여야 한다. 문화에 대한 지나친 비판은 바람직하지 않고, 무비판적 수용도 교회를 세속화하기 때문에 바람직하지 않다. 문화에 대해 기독교적 진리로 무장하고 긴장관계를 유지하며, 변혁을 선도할 수 있는 문화 콘텐트를 많이 생산해야 할 것이다.

d) 가톨릭교회가 종교와 문화, 종교와 삶의 관계에 대해서 많은 심사숙고를 하게 되길 바란다. 종교는 보다 체계화된 문화에 다름 아니다. (부처님이 악의 신이 아니라고 인정한다면) 가톨릭 신자이면서 부처님께 절을 하는 것은 왜 안 되는가? 그때의 절은 가톨릭의 유일신을 부정하는 것이 아니라, 성인에 대한 존경의 표시일 수도 있고, 타 종교의 예배대상에 대한 예우일 수도 있다. 종교라는 테두리로 인해 보편타당한 삶을 살아가는 사고의 균형이 깨어지는 것은 바람직하지 않은 현상이다. 우상숭배와 관련된 교리 해석에 있어서도 보다 유연한 자세로 임한다면 진정한 생명력을 지니고 발전해 나갈 수 있을 것이다.

e) 가톨릭교회가 한국문화를 어느 정도 '관용'할 것인가는 어려운 문제다. 한국문화의 특성이 무엇인가는 지금까지의 가톨릭교회 역사를 통해 많이 정리되었으리라 믿는다. 개인, 가족, 집단, 사회의 각 차원에서 당면했던 문제성과 그 해결과정에서 축적된 지혜들은 새로운 시대를 여는 자산이 될 것이다. 개신교에 비해 열린 자세를 취하고 있는 가톨릭교회는 토착종교들과 보다 더 적극적으로 교류하고 힘을 합하여 일반 시민들과 사회의 안녕에 공헌해야 할 것이다.

f) 현재 한국 가톨릭교회의 '토착화'는 근대화 이전의 한국 전통 종교적 요소와 융합을 꾀하는 것이 아니라고 본다. 그런 요구가 필요한 시기는 이미 지났다. 오히려 종교 밖 사회영역과의 연대를 통해 발전과 '토착화'의 방향을 잡아야 할 것이다.

g) 종교가 가지는 숭고성, 엄격성, 규율성 등을 조금 더 지켜주었으면 좋겠다. 유행에 따라, 시대적 흐름에 따라 흥청거리고, 교인들끼리만 어울려, 타 종교에 대해 배타적인 또 다른 파벌주의를 경계해야 한다.

h) 지난 20여년간 가톨릭이 구축해왔던 사회의 양심적이고 진보적인 세력으로서의 이미지를 계속 유지시킬 수 있는 활동을 수행하고, 교회가 갖는 사회 정치적 역할에 대한 공감대와 합의를 신도들로부터 이끌어내기 위한 노력을 계속해야 할 것이다.

i) 의례의 한국화는 일정하게 의미를 부여하지만, 나머지 부분에서 완전한 토착화가 이루어지기 어렵다. 태생적으로 사회 문화적 배경이 다른 가톨릭이 한국화하기 어렵다. 이런 점에서 사회적 기여에 더 많은 노력을 기울여야 한다.

j) 가톨릭교회는 한국 문화의 일부분이 되어 있기 때문에, 보편적인 인간관과 구원관에만 매달릴 이유가 없다. 한국 전통문화를 교리의 근본적 차원이 훼손되지 않는 선에서 충분히 받아들이고 재해석할 필요가 있다.

h) 한국문화에는 통과의례 등을 비롯하여 유교, 무속 등이 뒤섞인 믿음들이 배어 있다. 조상숭배의 허용 등에 그칠 것이 아니라 현대적 한국문화에 대한 관심을 가져야 할 것이다. 현재의 한국문화는 세계화 등의 영향으로 그 정체성이 문제되고 있을 정도이다. 따라서 세대간, 지역간, 계층간에 달리 나타나는 한국 문화적 양상들과 이러한 차이로 인한 제 갈등들을 어떤 식으로 교회가 해소할 수 있을지 그 방법모색에 역점을 두어야 할 것이다.

3. 결 론

문화 인류학·민속학자들의 관점으로 바라본 가톨릭교회는, 조상제례 문제로 인한 희생자들의 사건을 제외하면, 신앙의 실천면에서는 대체적으로 긍정적인 입장임이 확인된다. 여기서는 앞의 결과들을 간략하게 요약하면서 시사점을 정리해보고자 한다.

조상제례로 인해 일어난 충돌은 선교사들이 한국문화에 대해 이해를 제대로 하지 못했기 때문에 발생한 것이므로, 그 상황에 맞는 적절한 교리 해석을 요청하는 것이라 할 수 있다. 성인공경 관습은 한국 종교전통과도 부합하는 측면이 있으니 긍정적이고, 성물에 대한 신심도 그와 마찬가지로 볼 수 있다. 성모마리아 공경도 한국전통에서 유사한 예를 찾을 수 있는데, 삼신할머니 숭배, 지리산 성모, 서술산 성모, 마고할미 등이며, 여신으로 나타나는 대부분의 해신도 이에 해당된다고 볼 수 있다. 성당 봉헌 관습도 마을 수호신이나 가신 신앙에서 나타나는 신들을 숭배하는 전통, 그리고 무당의 몸주에 관한 것들에 연결시켜 볼 수 있다.

가톨릭교회가 한국고유전통에 대해 보여왔던 자세에 대해서는 거의 대부분의 응답자들이 '개신교'에 비해서 좋은 점수를 받을 수 있다고 했다. 반면, 가톨릭교회가 가르치는 사후세계에 대한 내용은 한국전통 안에서 여러 종교들(불교와 무속, 유교)의 혼합적 요소가 있으므로 그 차이를 보아야 할 것이라는 주장도 있었다. 가톨릭교회가 가져야 할 바람직한 자세로는, 한국의 기층문화와 정서, 그리고 종교 밖 사회영역과의 연대를 다지는 것이었다.

마지막으로 이 조사의 의미를 평가하자면, 가톨릭 전통과 한국문화의 공통성을 구체적으로 이끌어낼 수 있었고, 문화 인류학·민속학 부분의 전문가들이 가톨릭교회에 대하여 거는 기대들을 확인할 수 있었던 점이 긍정적이다. 또한 앞으로 개진해 갈 연구의 방향을 분명히 제시해주었다는 점에서 본 조사의 큰 의의를 찾을 수 있겠다.

V. 법학·행정학

김 재 득

1. 연구의 개요

1.1 연구의 배경

한국 근·현대사에서 가톨릭교회는 다양한 측면에서 핵심적인 역할을 한 대규모 조직이었다. 그럼에도 불구하고 정부정책과 가톨릭교회간의 관계에 대한 실증적인 연구는 여전히 미비하였다. 즉, 가톨릭교회와 조세제도와 같은 교회의 투명성, 국가기관 내부에 존재하는 군종·형목·경목·원목문제, 성탄절과 같은 국가공휴일 기간 중 정부의 역할, 종교단체의 법적지위, 법적용의 형평성, 종교갈등에 대한 국가개입의 정도, 종교단체의 사회복지시설 운영문제, 종교언론문제, 종교범죄 등 새로운 연구 분야에 대한 다양한 학문적 시도가 가능함에도 불구하고, 그동안 가톨릭계에서는 이에 대한 연구가 협소하고 미흡했던 것이 사실이었다. 따라서 현재 한국 가톨릭계의 연구 실정을 고려할 때 교회와 정부정책에 대한 경험적·실증적(empirical-positive) 분석이 한층 필요한 시점이다. 이러한 맥락에서 전문가 사회조사를 실시하게 되었다.

1.2 연구의 목적과 기대효과

본 사회조사는 (가톨릭)교회와 국가간의 관계에서 나타나는 법·제도 및 행정분야에 종사하는 교수, 박사, 연구원, 고위공무원, 법조계인사 등 다양한 방면에서 근무하는 사람들의 기대수준과 만족수준을 조사·분석함으로써 향후 종교정책 운영의 전반적인 개선방향과 고객만족 행정을 위한 전략을 모색하고 필요한 정책 시사점을 도출·제시하기 위한 것이다. 즉 본 연구의 목적은 현 정부의 정책목표가 얼마나 잘 충족되었는가를 파악하기 위한 작업으로 종교관련 법·제도 및 행정분야를 평가하는 것이다. 또한 종교정책에 대하여 진단함으로써 정책성공과 실패의 원인을 구체적으로 제시하고, 향후 종교프로그램의 성공적 정책수행을 위한 원칙을 발견하려는 것이다.

1.3 연구의 범위

위와 같은 연구의 목적과 기대효과를 효과적으로 달성하기 위하여 연구의 범위를 적정하게 설정할 필요가 있는 바, 현실의 제약을 감안하여 공간적 연구범위는 현재 종교관련 업무를 담당하고 있는 문화관광부와 관련부처가 추진하고 있는 종교관련 법·제도 및 행정업무를 대상으로 한정함과 동시에 국내 법학자와 행정·정책전문가로 한정하였다. 본 연구의 대상이 되는 내용적 범위는 종교단체(가톨릭)와 국가간의 관계에서 법·제도 및 행정분야 중에서 가장 중요하다고 판단되는 항목만 선정하여 평가하였다. 따라서 종교건축, 종교와 가족법 등에 대한 연구는 향후 과제로 남겨두었다.

2. 종교정책 전문가조사결과 분석

2.1 조사대상 및 조사내용

1) 조사대상

본 연구의 조사대상자는 법학 관련 교수 및 변호사 등 15명과 행정 및 정책학 관련 교수 및 정부관료, 박사급 연구원 14명을 대상으로 학술진흥재단에 등재된 종교인접전문가를 추출한 29명의 전문가로 구성되어있다. 연령별로는 40대가 41.3%로 가장 많다. 종교별로는 무교와 기독교가 37.9%로 가장 높은 비율을 차지하였고 가톨릭도 17.2%의 비율로 일반적인 신자비율보다는 높은 편이나 연구의 질적 향상에는 도움이 되었다.

<표 1> 응답자 인구통계학적 특성

구 분	내 용	표본수	비율(%)
성 별	남 성	29	100
	여 성	-	0
연령별	40대 이하	9	31.0
	40대	12	41.3
	50대	6	20.7
	60대 이상	2	7.0
종교별	무 교	11	37.9
	불 교	2	7.0
	기독교	11	37.9
	가톨릭	6	17.2
전공별	법 학	15	51.7
	행정학	14	48.3

2) 조사내용

본 조사는 가톨릭교회와 국가 간의 관계에서 무엇이 얼마나 중요하고 현재 정부가 추진하고 있는 법·제도 및 정책의 추진방식과 절차가 얼마나 적절하게 시행되고 있는지에 대한 응답을 조사하여 향후 정부가 중점적으로 해결해야 할 정책과제 중에서 어느 부문에 노력을 집중해야 할 것인지를 조사하였다. 본 연구에서 측정하고자 하는 측정항목은 <표 2>와 같다.

<표 2> 응답자 측정항목

측정항목		내 용
법·제도 및 종교정책	*중요도 *적절성	법적용의 형평성
		종교단체의 법적 지위문제
		종교갈등에 대한 국가개입 정도
		종교단체의 정치 및 정책 관여문제
		가톨릭사제에 대한 세금부과
		가톨릭교회의 각종 헌금파악 및 회계투명성
		국가기관 내(군대, 경찰 등) 종교제도 허용
		국가공휴일과 종교색채
		정부의 개발정책과 종교계의 문화재 및 환경보호문제
		종교단체와 국가간의 사회복지시설 운영문제
		국가와 종교언론기관간의 문제

법학자	법형평성	현재 정부의 각 종교단체에 대한 법적용의 형평성
	종교법인법	종교단체에 대한 특별법(종교법인법) 제정의 필요성 및 기피원인
	종교갈등	종교갈등 발생시 국가의 개입여부와 범위
	성직자정치 참여형태	성직자나 종교단체의 (지역)정치나 정책에 대한 참여활동 형태
	성직자월급	납세의 의무 주장과 봉사료 견해
	재정투명성	탈세의 온상 주장과 재정투명성
행정 학자	성직자 정책관여	성직자 정부정책 감시, 정책 대안 제시
	봉급 적정성	성직자 봉급 인지도와 봉급수준의 적정성
	성직자월급	납세의 의무 주장과 봉사료 견해
	재정투명성	탈세의 온상 주장과 재정투명성
	종교건물 개방	교회의 건물, 시설의 지역사회 개방
향후 우선과제		'가톨릭교회와 국가'와의 관계에서 향후 정부가 중점적으로 해결해야 할 과제
종교정책 만족도		정부의 종교정책에 대한 현재 만족도

3) 자료처리 및 분석방법

본 연구를 위해 취합 된 자료(raw data)는 Editing ⇨ Coding/Punching ⇨ Data Cleaning의 과정을 거친 후 통계프로그램 SPSS 11.0 Windows로 전산처리 하였다. 그리고 중요도와 적절성 점수는 리커트(Likert)의 5점척도를 사용하여 "매우 중요함"과 "매우 긍정함"은 5점이 되고 "전혀 중요하지 않음"과 "매우 부정"은 1점이 되도록 재조정하여 사용하였다.

따라서 바람직한 종교정책목표가 설정되었는지를 판단하는 기준으로 적합성(appropriateness)과 적절성(adequacy)[1]이 있는데 본 조사에서는 전체적인 성과의 정도가 전체 욕구수준에 어느 정도 부합하느냐 하는 것을 나타내는 적절성을 측정하였다.

그리고 분석에 사용된 통계량(Estimates)은 기본적으로 평균값(Mean)을 사용하였고, 명목척도(Nominal Scale)인 경우는 백분율을 사용하였다. 본 연구에서는 실증분석을 위한 자료수집방법으로서 자기보고식 설문조사법을 이용하여 분석하였다.[2] 자료수집방법으로는 관찰이나 면

---

[1] 정책목표의 적절성이란 달성할 가치가 있는 여러 가지 목표들 중에서 가장 바람직한 것을 목표로 채택했는가?를 의미하는 것이고, 정책문제의 적절성은 정책목표의 달성수준과 관련 된 것으로서 목표의 수준이 지나치게 높거나 낮지 않고 적당한 수준인지의 여부를 의미하는 것이다. 이종수·윤영진 외, 『새행정학』, 2003, 298쪽.

[2] 설문조사법은 표준화된 설문지를 이용함으로써 결과의 비교가능성을 높일 수 있다는 것이 설문지 이용의 가장 중요한 이유이다. 즉 모든 응답자에게 동일한 방식으로 질문을 하게 되므로 측정도구의 변화에 따른 측정의 오류를 최소화할 수 있기 때문에 결과의 비교가능성도 높아지게 되는 것이다. 또한 빠른 시

접 등 여러 가지 방법이 있으나, 이들 중 표준화된 설문지를 사용하는 설문지법은 결과의 비교가능성을 가장 높일 수 있는 방법이다.3) 그리고 응답자의 의견, 태도에 대하여 보다 확실하고 정확한 대답을 얻기 위하여 개방형 질문(Open-ended Question)도 함께 실시하였다.

이러한 설문을 토대로 인구통계변수를 처리하기 위하여 빈도분석(frequency analysis)을 실시하였고, 설문문항에 대한 변수간의 내적 일관성을 조사하고, 측정의 신뢰성을 얻기 위하여 Cronbach's - α 계수를 이용하여 신뢰도 검증(reliability test)을 실시하였다.4) 또한 각 집단간 비교를 위하여 교차분석과 분산분석(ANOVA)도 적용하였다.

한편, 교회와 국가간의 종교정책 평가를 위한 개념구성은 크게 국가와 종교단체로 구분하고, 이들이 실시하는 법형평성, 재정투명성, 사회복지시설 운영 등과 같은 종교정책 및 종교사업에 대한 중요성과 적절성을 평가변수로 한다.

따라서 중요도와 적절성을 측정항목으로 하고 이에 대한 보완 작업으로 개방형 질문에 대한 응답을 측정·분석함으로써 평가는 완료된다. 이러한 평가가 이루어지기 위한 구성체계를 살펴보면 <그림 1>과 같은 절차를 거치게 되는 것이다.5)

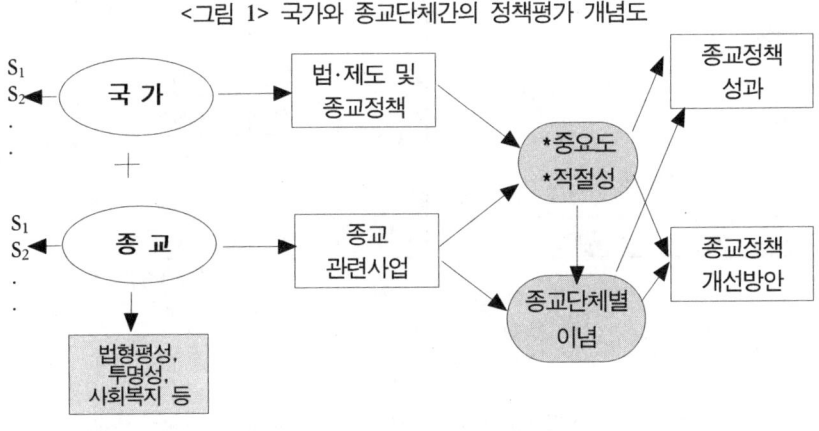

<그림 1> 국가와 종교단체간의 정책평가 개념도

간에 핵심적인 정보만을 선별하여 비교적 개관적이고, 솔직하고, 정확한 정보를 입수할 수 있기 때문이다(채서일:1999, 274).
3) 그러나 설문지법을 이용한 자료수집은 응답 당시의 주변상황이나 응답자의 기분상태에 의해 정확한 측정이 이루어지지 않을 수 있고, 또 응답자가 사회적으로 바람직하다고 생각하는 방향으로 응답할 위험(social desirability bias)을 내포하고 있다는 단점을 가지고 있다.
4) 본 연구의 측정항목인 법형평성, 법적지위, 종교제도 등 모든 변수의 크론바하 알파계수가 중요도의 경우 0.57 이상, 적절성의 경우 0.63 이상으로 나타나 본 연구변수의 측정항목들은 신뢰할 만하다고 볼 수 있다.
5) 하지만 이런 측정항목으로는 종교정책에 대한 정확한 분석에 한계가 있으므로 정책에 대한 평가변수로 대응성, 적합성, 효율성 등 다양한 평가지표로 측정함이 보다 바람직한 종교정책 개발과 정책개선에 필요할 것이다. 김재득,「계양구청 행정서비스 고객만족도 조사」, 한국정책평가원, 2003, 13~14쪽 재구성.

2.2 정부의 각 종교에 대한 법적용의 형평성문제

◇ 중요도와 적절성 모두 평균 수준이상이었다.
* 포트폴리오 구성상 '중점개선영역'에 속함.
* 법학자 및 행정학자가 인식하고 있는 "정부의 각 종교에 대한 법적용의 형평성문제"에 대한 중요도는 4.69로서 11개 항목 가운데 가장 높은 평가를 받음.
* 이에 대한 정책의 적절성은 3.41로서 11개 항목 중 3위로 평가됨.

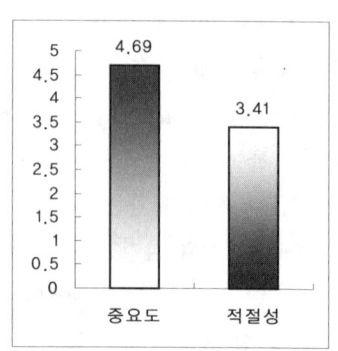

<표 3> 법적용의 형평성·중요도·적절성

구 분	중 요 도				적 절 성			
	빈 도	비율(%)	평균(mean)	s.d.	빈 도	비율(%)	평균(mean)	s.d.
매우 부정	-	-	4.69	0.54	-	-	3.41	1.02
부 정	-	-			7	24.1		
중 간	1	3.4			7	24.1		
긍 정	7	24.1			11	37.9		
매우 긍정	21	72.4			4	13.8		
합 계	29	100.0			29	100.0		

◇ 중요도와 적절성의 집단별 분석

중요도에 대한 유의적인 차이를 보이는 집단은 없었으나 종교별로는 불교(5.00)가 가장 높았으며, 전공별로는 행정학(4.71)이 높았다. 적절성에 대한 유의적인 차이는 발견할 수 없었으나 종교별로 가톨릭(4.00)이 가장 높았고, 전공별로는 법학(3.53)이 상대적으로 높았다.

구 분	중 요 도			적 절 성		
	x^2	df	sig.	x^2	df	sig.
종교별	3.683	6	0.720	9.906	9	0.358
전공별	1.157	2	0.561	1.071	3	0.784

◇ 개방형 설문결과 분석(법형평성)

가. 긍정적 반응(60.7%)

① 형평성 유지 인정: 종교단체에 대한 정부의 법적용의 형평성은 그리 큰 문제가 없는 것으로 보인다. 다만 유사종교나 전래의 소규모의 무속에 대한 법규상의 반사적 이익(예를 들면 면세혜택 등)이 고려되어야 한다. 다만, 특정 종교에 대한 독립적인 법제정은 바람직하지 않다고 본다.

② 심사장치 완비: 어차피 우리나라에 국교가 없는 이상 법제정이나 적용시 특정 종교단체에 편행되는 경우란 원칙적으로 생각할 수 없다. 형평성여부는 법원에 의해서 충분히 심사될 수 있는 장치가 마련되어 있다.

나. 중립적 반응(24.1%)

① 예산지원에 대한 기준 모호 : 헌법상 종교의 자유는 동등하게 보장하고 있고 이에 대한 법해석의 문제에 있어서는 형식적으로 동등하게 보호하고 있다. 그러나 행정상의 예산지원 등에 있어서는 각각의 종교단체를 동등하게 지원하는 특별한 기준이 없는 것 같다.[6]

② 대통령의 종교에 좌우 : 1980년대 초의 경우는 군사정권에 의한 불교(조계종)에 대한 법난 등으로 기성 종교간(가톨릭, 개신교, 불교, 천도교 등)의 법적용의 형평성이 깨어진 것이 아닌가 하는 불안감을 많은 국민들이 가질 수밖에 없었다. 그러나 이후 불교신자, 개신교신자, 가톨릭신자가 차례로 대통령이 되면서 이러한 우려는 상당히 해소되었다고 여겨진다. 하지만 정치지도자의 종교여하에 따라 비공식적, 음성적 차별이 있다

다. 부정적 반응(24.1%)

① 국가지원의 불공평 여전 : 소수종교에 대한 법적용의 형평성이 부정적이다. 주요 종교에 대한 형평성에 문제는 없으나 사이비종교에 대한 대책이 전무한 것은 문제라고 본다.

---

[6] 2002년 들어 전년대비 150% 이상이 증액되어 160억원 규모가 되었다. 그런데 지자체 선거와 대선 등 '선거의 해'를 맞아 종교관련 예산이 대폭 증액된 것은 의혹이 아닐 수 없고, 더군다나 예산의 증액이 사찰, 불교관련문화행사, 한국불교역사문화기념관 등 특정종교에 대한 지원에만 이루어진 것은 문제이다. 2002, 국정감사 문화관광위원회 시민사회(문화예술)단체 정책제안서 참조.

2.3 종교단체의 법적 지위 문제: 종교법인법 제정 등

◇ 중요도는 평균 수준 이상이지만 적절성은 평균에 비해 낮은 평가임.

* 포트폴리오 구성상 중점개선 영역에 속함.
* 법학자 및 행정학자가 인식하고 있는 "종교법인법의 제정과 같은 종교단체의 법적지위문제"에 대한 중요도는 4.03으로서 11개 항목 가운데 6위 평가를 받음.
* 이에 대한 정책의 적절성 역시 3.14로서 11개 항목 중 6위로 평가됨.

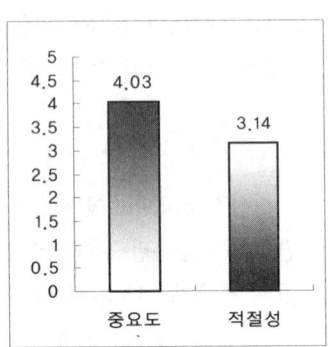

<표 4> 종교단체의 법적지위·중요도·적절성

구 분	중요도				적절성			
	빈도	비율(%)	평균(mean)	s.d.	빈도	비율(%)	평균(mean)	s.d.
매우 부정	-	-	4.03	0.91	1	3.4	3.41	1.02
부 정	3	10.3			6	20.7		
중 간	2	6.9			12	41.4		
긍 정	15	51.7			8	27.6		
매우 긍정	9	31.0			2	6.9		
합 계	29	100.0			29	100.0		

◇ 중요도와 적절성의 집단별 분석

중요도에 대한 유의적인 차이를 보이는 집단은 없었으나 종교별로는 가톨릭(4.67)이 가장 높았으며, 전공별로는 법학(4.07)이 높았다. 적절성에 대한 유의적인 차이는 발견 할 수 없었으나 종교별로 가톨릭(3.50)이 가장 높았고, 전공별로는 행정학(3.29)이 상대적으로 높았다.

구 분	중요도			적절성		
	x^2	df	sig.	x^2	df	sig.
종교별	3.683	6	0.720	9.906	9	0.358
전공별	1.157	2	0.561	1.071	3	0.784

◇ 개방형 설문결과 분석(종교단체 법적지위)

가. 찬성론(75.9%)

① 종교단체의 건실화 유도 : 우리나라의 종교단체가 7만 6천여 개에 이르고 종교인구는 전체 국민의 53%에 달하지만 재단 또는 사단법인으로 문화관광부에 등록된 단체는 360여 개에 불과해 종교단체에 대한 파악은 전무한 실정이다. 이러한 상황에서 종교단체가 재정운영 및 활동에 있어 폐쇄적일 수 있다. 따라서 종교단체에 대해 <종교법인법>을 제정하는 것은 종교단체의 운영의 민주성 및 재정의 투명성을 제고하기 위하여 절실히 필요하다. 그 이유는 종교의 영향력과 그 활동의 광범성으로 인해 재정적, 인적 기반의 규모가 급격히 팽창해온 우리 사회 현실에서 종교에 대한 법적, 제도적 정비는 허술하기 짝이 없어 종교의 특성과 자율성이 강조되면서 종교의 영향정도에 비례하여 종교(권력)의 부패, 비리, 불투명이 심하다고 보기 때문이다. 종교법인법이 생기면 정기적으로 재정과 사업계획을 보고해야 하기 때문에 자연스럽게 감시가 가능하다. 이를 통해 종교단체의 건실화를 유도할 수 있다.

② 공공성 확보 : 국민들에게는 종교단체를 선택할 수 있는 기본정보를 제공할 수 있을 것이다. 우리나라에서 종교보다 더 큰 조직은 없다. 재산도 천문학적인 규모에 이른다. 수많은 종교조직의 재산은 교단 사회 국가의 공공자산이다. 그런데 주인도 없이 방치되고 있다. 종교단체에 법적 인격을 부여해 공공성을 확보해야 한다. 다만 종교법인법의 제정이 종교의 자유를 침해하는 것이어서는 안 된다.

③ 분쟁의 객관적 기준제시 : 종교단체에 대한 특별법 제정의 필요성은 법률에 의한 시스템의 정비와 분쟁해결의 객관적 기준을 제시해야 한다는 일반론에서 찾을 수 있다. 법제정을 특별히 기피할 합리적 이유가 없고 다만 지금까지 관심을 둘 여유가 없었을 뿐이다.

④ 종교단체의 공익성 : <헌법 제20조>는 종교의 자유를 보장하고 있다. 종교는 인간의 이성과 양심에 기초한 것이다. 한국의 종교문화적 특성을 고려하여 종교법인법 제정이 필요하다. 종교단체는 공익성을 가지는 비영리단체이므로, 종교단체의 재산이나 수입이 특정인의 사유물이 되어서는 안 된다.

⑤ 사회적 모순해결 : 일부 종교·종파는 인권을 침해하고 종교 본연의 목적에 어긋나는 일이 있다. 재정상의 비위·탈세·재산은닉, 치료를 빙자한 의료유사행위 등이 그것이다. 이러한 사회적 모순을 해결하기 위해서라도 권리보장적 측면에서 최소한도의 법적 장치가 구비되어

야 한다.

⑤ 시대상황에 맞춘 법 제정 : <종교법인법>의 제정은 시대의 흐름에 맞게 제정되어야 한다고 생각함. 종교단체는 종교와 다른 성격으로 파악해야 한다. 왜냐하면 종교 단체는 단순한 사람들의 모임이며, 그 성격에 따른 과세와 모임에 대한 법적인 지위와 권한의 확정은 그와 별개로 파악해야 한다. 특히 근대법학이 과거 제정일치시대의 경우와는 성격상 큰 차이점이 있으므로 <종교법인법>의 제정은 무리 없다. 다만 그 내용을 정함에 있어서 다른 사단법인과 동일한 규율을 과하거나 권한의 범위와 내용을 구체적으로 분류하지 못한다면 큰 문제가 생길 수도 있다.

⑥ 사이비종교에 대한 대책강구 : 종교의 자유 측면에서는 자율에 맡기는 것이 원칙이나 사이비종교 대책차원에서는 특별법이 필요하다.

나. 부정론(24.1%)
① 형평성 문제 야기 : 종교단체에 대한 특별법 제정을 통하여 종교단체의 법적 지위를 명확하게 할 수 있지만, 종교에 대한 특별성으로 인하여 수많은 종교에 대해서 적용될 수 있을지 의문시되지 않을 수 없으며 이는 법적용의 형평성의 문제로 될 수 있다.

② 특별법의 폐해 : 특별법의 형식이란 종교단체를 보호하기 위한 것이기도 하나 결국은 종교단체에 대한 감독의 강화란 부정적인 면이 들어설 수 있는 만큼 자유로운 활동을 위해서는 종교에 대한 특별법의 제정을 부정적으로 보고 있으며, 기존의 일반적인 법인에 관한 형태라든가 개인에 관한 법률로서도 충분하다고 본다. 사회질서유지와 국가안위의 차원에서 현행 실정법 위반에 대한 제재정도로 족하고, 각 종교단체 스스로 조직과 운영을 책임지도록 하는 것이 바람직하다.

2.4 종교갈등(종교 내부, 종교간, 종교와 국가 간)에 대한 국가개입 정도

◇ 중요도와 적절성 모두 평균 수준 이하로 평가 됨.

* 포트폴리오 구성상 만족도제고 영역에 속함.
* 법학자 및 행정학자가 인식하고 있는 "종교갈등에 대한 국가개입정도"에 대한 중요도는 3.29로서 11개 항목 가운데 10위로 평가를 받음.

* 이에 대한 정책의 적절성은 3.15로서 11개 항목 중 5위로 평가됨

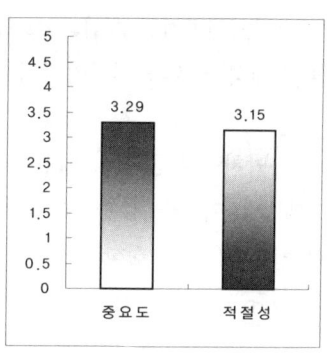

<표 5> 종교갈등에 대한 국가개입·중요도·적절성

구 분	중 요 도				적 절 성			
	빈 도	비율(%)	평균(mean)	s.d.	빈 도	비율(%)	평균(mean)	s.d.
매우 부정	2	7.31	3.29	1.18	-	-	3.14	0.85
부 정	5	17.9			6	21.4		
중 간	9	21.1			14	50.0		
긍 정	7	25.0			6	21.4		
매우 긍정	5	17.9			2	7.1		
합 계	29	100.0			29	100.0		

◇ 중요도와 적절성의 집단별 분석

중요도에 대한 유의적인 차이를 보이는 집단은 없었으나 종교별로는 불교(4.00)가 가장 높았으며, 전공별로는 법학(3.40)이 높았다. 적절성에 대한 유의적인 차이는 발견 할 수 없었으나 종교별로 가톨릭(3.33)이 가장 높았고, 전공별로는 행정학(3.46)이 높았다.

구 분	중 요 도			적 절 성		
	x^2	df	sig.	x^2	df	sig.
종교별	3.683	6	0.720	9.906	9	0.358
전공별	1.157	2	0.561	1.071	3	0.784

◇ 개방형 설문결과 분석(종교갈등)

가. 개입인정(28.5%)
① 일차적 중재자 역할 : 세속적인 정부는 종교 갈등에 대한 제일차적인 중재자이므로 일반

적으로는 전면적인 개입과 그 해결에 최선을 다하는 것이 원칙이다. 다만 가족의 문제에 개입을 자제하는 것과 마찬가지의 기준을 가져야 한다.

② 법치주의 준수 : 권리나 공익침해여부는 법률에서 정하는 것이기 때문에 종교단체라도 현행법을 어기는 경우에는 적극적인 개입이 필요하다. 오히려 국가가 종교갈등을 법 이외의 다른 방법으로 조정하려고 할 때에는 법치주의가 침해되고, 특정종교에 편향하여 해결될 위험이 있다.

③ 종교 내부문제는 자율적 해결 요구 : 갈등의 양상이 시민법에 저촉되지 않는 한 국가는 개입하지 않음이 원칙이다. 즉, 교리의 문제 또는 운영의 민주성과 같은 종교단체 내부문제는 자율성에 맡기고 국가 개입을 가능한 억제함이 바람직하다.

④ 종교간의 문제는 적극개입 : 종교갈등이 종교 자체의 형해화에 이르는 정도에 이른다면 종교가 국가에 대한 도덕적 가치지향적 비판자 역할을 해야 한다는 점에서 적극적인 개입이 허용되어야 한다. 그 갈등이 공공복리와 사회질서를 침해한다면 국가는 최소한 필요한 범위에서 개입하는 것은 정당하다고 본다. 우리나라같이 사이비종교가 기승을 부리는 곳은 엄격한 실사를 거쳐 사회의 잣대로 평가할 필요가 있다.

나. 개입반대(21.4%)
① 갈등심화 계기 우려 : 섣부른 개입은 갈등을 심화하는 계기가 될 수가 있다. 폭력이 개입될 경우, 금전적 부정이 있는 경우 이외에는 조심스러울 필요가 있다. 그리고 종교 내부적 문제에는 개입하지 말아야 하고, 종교간의 갈등에는 제3자적 입장에서 임하여야 하며, 종교와 국가 간의 관계의 경우에는 종교에 대하여 관용적인 태도를 취하여야 한다.

다. 개입신중(50.0%)
① 종교인의 자주성 보장 고려 : 정신적 영역인 종교영역에 있어서의 갈등에 대하여 국가권력은 가능한 한 종교인들의 자주성을 보장하기 위하여 개입을 자제하여야 할 것이며, 국법에 위반되는 부분에 대해서 국가안보나 질서유지 또는 공공복리를 위하여 불가피한 경우에 한해서만 국가는 개입하는 것이 바람직하다.

② 최소한의 개입만 : 필요한 가장 최소한에 그쳐야 할 것이다. 재산분쟁 등 사법상의 개입은 제외하고, 공법상의 적극적 개입은 정교분리의 원칙에서나 종교자유의 원칙상 바람직하지 않다.

③ 예외적 개입요건 규정 : 종교는 인간의 이성과 양심에 바탕을 두고 있다. 따라서 헌법은 종교 생활에 국가권력이 간섭할 수 있는 예외적 한계를 규정하고 있는 것이다. 예외적으로 국가권력이 종교에 대하여 간섭, 개입 할 수 있는 사유로는 ⅰ) 종교활동이 반사회적, 반도덕적 행위로써 실정법에 위반되는 경우, ⅱ) 타인의 권리를 침해하거나 사회질서를 해치는 경우 ⅲ) 종교 단체간의 분쟁이 제3자에게까지 이해관계의 영향을 주어 법원의 판단이 요구되는 경우 등으로 대별할 수 있다.

④ 일반법 형태로도 가능 : 우리나라에서 종교갈등의 문제는 몇몇 국가와 같은 심각한 상태로 보지 않는다. 따라서 종교갈등의 문제는 어디까지나 일반적인 법의 형태 속에서 이루어지는 것이 옳다. 개인적 법익에 대한 침해 문제(형사문제)라면 그에 관한 법률의 근거에 따라서 국가는 개입할 수 있을 것이며(사기, 횡령 등) 민사상의 문제라면 재판으로서 충분히 해결할 수 있으리라 본다.

2.5 종교단체의 정치 및 정책 관여문제: 종교정치, 종교권력 등

◇ 중요도와 적절성 모두 평균수준 이하로 평가됨.

* 포트폴리오 구성상 만족도 제고 영역에 속함.
* 법학자 및 행정학자가 인식하고 있는 "종교정치와 종교권력과 같은 종교단체의 정치 및 정책관여문제"에 대한 중요도 3.38로서 11개 항목 중 9위로 평가됨.
* 이에 대한 정책의 적절성은 2.75로서 11개 항목 중 가장 낮게 평가됨.

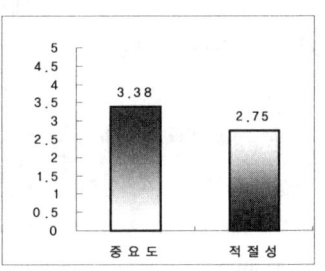

<표 6> 정책관여·중요도·적절성

구 분	중요도				적절성			
	빈 도	비율(%)	평균(mean)	s.d.	빈 도	비율(%)	평균(mean)	s.d.
매우 부정	3	10.3	3.38	1.24	3	10.7	2.75	1.04
부 정	4	13.8			9	32.1		
중 간	6	20.7			9	32.1		
긍 정	11	37.9			6	21.4		
매우 긍정	5	17.2			1	3.6		
합 계	29	100.0			29	100.0		

◇ 중요도와 적절성의 집단별 분석

중요도에 대한 유의적인 차이를 보이는 집단은 없었으나 종교별로는 불교(4.00)가 가장 높았으며, 전공별로는 행정학(3.57)이 높았다. 적절성에 대한 유의적인 차이는 발견할 수 없었으나 종교별로 기독교(2.90)가 가장 높았고, 전공별로는 행정학(2.85)이 높았다.

구 분	중 요 도			적 절 성		
	x^2	df	sig.	x^2	df	sig.
종교별	3.683	6	0.720	9.906	9	0.358
전공별	1.157	2	0.561	1.071	3	0.784

◇ 개방형 설문결과 분석(정책관여)

가. 정책관여 찬성(25%)

국민의 일원으로 누구나 정책대안을 제시할 수 있다. 물론 정교분리의 원칙이 어느 정도 중시되어야 하고 종교가 국가나 정부에 지나치게 개입되는 것은 부정적이지만 종교가 정부의 감시자와 견제역할을 해야 한다. 성직자도 최소한의 국민의 일원으로서, 나아가서는 한 집단의 지도자로서 정부정책에 대한 비판 및 감시역할과 대안제시 기능을 적극적으로 수행해야 한다. 단순한 비판보다 바람직하고 실현가능한 정책대안을 제시하는 역할이 중요하다고 본다.

나. 정책관여 반대(42.8%)

성직자들의 정부정책에 대한 감시는 옳지 못하다. 성직에 충실하는 것이 더욱 바람직하고, 국민을 대상으로 하는 정책에 종교적 편견이 개입될 수 있어 바람직하지 않다. 종교는 사회갈등의 마지막 보루인 만큼 별로 중요하지 않은 국정에는 사사건건 개입하는 것은 바람직하지 않다. 정부정책을 감시하다보면 천주교의 영향력이 강해지게 되어 성직자의 권력 지향적 행태가 나올 수 있는바 이를 경계해야 할 것이다.

다. 정책관여 중립(32.1%)

제한적으로 필요하나 무제한적인 감시, 대안제시는 반대한다. 과도한 개입은 성직자의 본연의 의무를 저버리지만 문제에 대한 용기 있는 지적은 바람직하다. 사회정의차원에서는 옳으나 종교적 차원에서는 바람직하지 못하다.

◇ 개방형 설문결과 분석(정책관여 방법)

가. 개인적 의견 형태 찬성(28%)
① 의제주도적 형태: 특정 후보의 지지 또는 반대표명은 양날의 칼이 될 수 있다. 인권과 사회봉사를 강조하는 계기로 삼아 사회적 아젠다를 주도하는 방식으로 참여하는 것이 바람직하다. 특정 종교를 표방한 정치활동은 자제하는 것이 정교분리의 원칙에 합당하나, 개인의 입장에서는 참여해도 무방하다. 그리고 정책에 대한 참여활동은 종교의 정치화를 가져오지 않는 한 무방하다. 특정인에 대한 지지나 반대표명 보다는 정치발전을 위한 대안을 제시해주는 참여활동이 되었으면 한다. 그러나 한국의 특수한 사정(예: 수구·보수세력의 저항 등)으로 인하여 선거에서 지지의사표명, 반대의사표명 등의 활동도 아직까지는 필요하다.

② 정신적 개입형태 : 성직자들의 정치개입은 원칙으로는 바람직하지 않다. 다만 성직자들의 사회참여 기회는 확대되어야 한다는 측면에서 정신적인 개입이 바람직하다. 종교의 정치관여는 가급적 자제되어야 할 것이며, 부득이 종교와 관련된 경우에 한하여 제한적으로 정치관여가 행하여져야 한다.

나. 단체형태 찬성(72%)
① 통일정책의 단체활동 : 정치단체들이 그들의 정략적 정책에 치우칠 수밖에 없다면, 종교단체는 이러한 세속적 이익에서 벗어나 보편적이고 비정략적인 입장에서 인간의 본질적 권리인 생명·환경의 문제에 대해서 적극적으로 참여해야 한다. 또한 분단된 우리나라의 상황에서 인도적 차원에서 통일에 대한 정책은 적극적으로 참여해야 한다. 만약 종교단체가 생명·환경·통일에 대해 참여한다면 정치세력들에게 보편적 기준을 제시할 수 있을 것이다.

② 분담체제 구축 : 시대상황이 1970년~80년대와 달라서 민주화가 상당히 진행된 상황에서는 종교단체의 사회역할도 달라져야 하며, 다른 사회단체와의 적절한 분업체제를 갖추어야 한다. 그리고 분업체제에서는 각 단체가 가장 잘할 수 있는 것에 집중하는 것이 필요한데, 종교단체가 정치활동에 직접 관여하는 것은 더 이상 도움이 되기보다는 그에 따른 폐해가 클 수 있다. 현 정부에서도 언론에서 특정 성직자의 이름이 오르내리는 것 자체가 종교단체 스스로 순수성과 중립성을 포기한 것으로 비칠 수 있다.

③ 정의사제구현단 형태 : 성직자가 정치에 참여하는 문제든 어떤 형태이든(종파적 목적도 포함) 사적 목적을 추구한다면 기본적으로는 바람직하지는 않지만, 정의사제구현단과 같은 평

화, 인권보장과 민주화에 대한 일반적인 국민의 염원을 담아내고 불의에 타협하지 않는다면 어떠한 형태의 참여도 가능하다.

④ NGO 활동 : 선거 때 특정후보에 대한지지 또는 반대표명과 같은 직접적 연루는 바람직스럽지 못하고, NGO 활동 등을 통해 정책에 대한 비판 및 정책적 대안을 제시함이 바람직하다.

2.6 가톨릭사제에 대한 세금부과

◇ 중요도와 적절성 모두 평균 수준 이하로 평가됨.

* 포트폴리오 구성상 만족도 제고 영역에 속함.
* 법학자 및 행정학자가 인식하고 있는 가톨릭 사제에 대한 세금부과문제"에 대한 중요도는 3.55로서 11개 항목 가운데 7위의 평가를 받음.
* 이에 대한 정책의 적절성은 3.07로서 적절성 역시 7위로 평가됨.

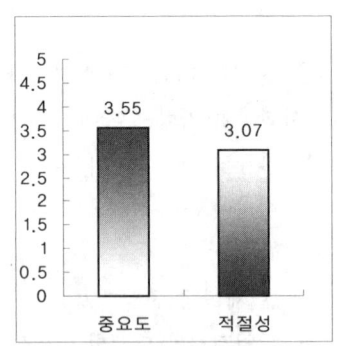

<표 7> 사제에 대한 세금부과·중요도·적절성

구 분	중요도				적절성			
	빈 도	비율(%)	평균(mean)	s.d.	빈 도	비율(%)	평균(mean)	s.d.
매우 부정	-	-			-	-		
부 정	6	20.7			10	34.5		
중 간	5	17.2	3.55	0.99	8	27.6	3.07	0.92
긍 정	14	48.3			10	34.5		
매우긍정	4	13.8			1	3.4		
합 계	29	100.0			29	100.0		

◇ 중요도와 적절성의 집단별 분석

중요도에 대한 유의적인 차이를 보이는 집단은 없었으나 종교별로는 불교(4.00)가 가장 높았으며, 전공별로는 행정학(3.57)이 높았다. 적절성에 대한 유의적인 차이는 발견 할 수 없었으나 종교별로 불교(4.00)가 가장 높았고, 전공별로는 행정학(3.29)이 높았다.

구 분	중요도			적절성		
	x^2	df	sig.	x^2	df	sig.
종교별	3.683	6	0.720	9.906	9	0.358
전공별	1.157	2	0.561	1.071	3	0.784

◇ 개방형 설문결과 분석 (세금 부과)

성직자 월급에 대하여 "납세의 의무를 다 해야 한다는 주장과 봉사료를 받는 것이므로 근로소득이 아니다"라는 견해에 대한 총평과 정책제언에 대한 개방형 질문을 요약하면 다음과 같이 요약된다.

가. 소득세 납부 찬성(37.9%)

① 근로소득으로 분류 가능 : 성직자들의 월급은 직무수행에 대한 대가로서 당연히 근로소득으로 분류되어야 한다. 단, 성직자들의 급료는 육체나 시간제 노동과 달리 평가해야 한다. 일정 금액을 정신적 기여로 보고 그에 대한 대가를 지급받는 것으로 해석하고 그에 따른 세금 징수를 고안해야 타당하며 투명하게 공개되어야 한다. 그런 다음 그것에 어떤 세율을 적용할 것인지 논의하면 될 것이다.

② 광의의 소득개념 도입 : 종교 및 성직자에 대한 관념은 시대에 따라 변화하는 것이고, 성직자에 대한 월급에 대한 인식도 그 시대 사람들의 인식에 따라 달라지게 마련이다. 성직자의 월급을 봉사료로 보든 근로의 대가로 보든, 광의의 소득이라는 점은 부인할 수 없는 것이므로 마땅히 과세대상에 포함되어야 한다.

③ 직업인적 지위를 인식 : 근대에 들어 종교인은 일종의 직업인적 지위를 가지고 있다고도 볼 수 있다. 또한 국가는 국민의 세금으로 종교단체들에 재정적 지원을 하고 있다. 따라서 상호적 관점에서 성직자도 납세의 의무를 이행하는 것이 타당하다고 본다. 또한 오늘날 납세의 의무가 종교의 자유와는 배치된다고는 볼 수 없다.

④ 세법상의 해석 기능 : 교회가 사용하는 용어로 '은급' 또는 '목회활동비' 등으로 근로의 소득이라고 보기는 곤란한 점이 있다. 그러나 세법에 따르면 정기적으로 받는 모든 '수입'은 과세대상이기 때문에 교회가 어떤 명목으로 지급하든 그것이 월정이라면 반드시 세금을 부과해야 한다. 납세의무는 이 땅에 살고 있는 모든 자의 공통된 책무이다. 더욱이 성직자가 납세의무를 이행할 경우 신자나 일반국민에 대해 도덕적, 정신적 공신력을 얻게 되어 성직수행에

도움이 될 것이다. 따라서 '소득이 있는 곳에 세금'은 국민의 의무를 다하는 것이고 형평성 원칙과 사회정의차원에서 바람직하다.

⑤ 과세방법 : ⅰ) 필요경비를 제외하고는 과세하여야 한다. ⅱ) 적정수준의 급여를 지급하되, 일반적인 봉급생활자와 같이 소득세를 납부하여야 한다.

나. 소득세 납부 반대(34.5%)
① 세계적 법제의 추세 : 역사적으로 성직자의 월급에 대해서는 일반인의 급여와는 다른 태도를 취해온 것이 세계적인 법제의 태도다. 납세의 의무는 다하는 것이 바람직하겠지만 일반인의 급여와 같은 차원에서 접근하는 것은 바람직하지 않다.

② 봉사료 의미로 해석 : 헌금에 의한 교회의 수입자체가 면세되는 것이므로 그로부터 지급되는 성직자의 보수에 대한 과세는 형평성이 없다. 그리고 근로소득이 아니므로 적정치 아니하다. 봉사료이기 때문에 근로소득 납세는 면제되어야 한다. 가톨릭 사제의 경우는 모든 것을 포기하고 성직을 택한 성직자 월급에 대해서는 면세해야 된다.

다. 소득세 납부 중립(27.6%)
① 투명성 확보차원 : 경우에 따라 다르다. 문제가 되는 것은 투명성의 확보이지 월급의 성격규정이 아니다. 일부 종교단체와 같이 부의 축적과 세습까지 꾀하고 있는 경우는 더욱더 큰 문제이다. 투명성이 확보되면 그 토대 위에서 새로운 논의가 가능하다.

② 비헌금성 문제가 보다 심각 : 성직자는 봉급보다는 신자의 비헌금성 촌지가 더 큰 비중을 차지하므로 봉급의 납세화는 별 의미가 없다.

◇ 개방형 설문결과 분석(사제의 봉급수준)

가. 봉급수준 적정(14.2%)
① 청빈생활 실천 강조 : 가톨릭 성직자의 봉급제는 의미가 없다. 현 봉급제도가 성직자의 청빈생활에 미치는 의미는 적다. 따라서 성직자 개인의 청빈생활 실천을 강조하여야 한다.

② 의식주 해결가능 : 봉급 수준이 높지 않다고 알고 있으나 교회에서 의식주 문제를 해결해주니 적정하다고 본다.

구 분	중요도			적절성		
	x^2	df	sig.	x^2	df	sig.
종교별	3.683	6	0.720	9.906	9	0.358
전공별	1.157	2	0.561	1.071	3	0.784

◇ 개방형 설문결과 분석 (세금 부과)

성직자 월급에 대하여 "납세의 의무를 다 해야 한다는 주장과 봉사료를 받는 것이므로 근로소득이 아니다"라는 견해에 대한 총평과 정책제언에 대한 개방형 질문을 요약하면 다음과 같이 요약된다.

가. 소득세 납부 찬성(37.9%)

① 근로소득으로 분류 가능 : 성직자들의 월급은 직무수행에 대한 대가로서 당연히 근로소득으로 분류되어야 한다. 단, 성직자들의 급료는 육체나 시간제 노동과 달리 평가해야 한다. 일정 금액을 정신적 기여로 보고 그에 대한 대가를 지급받는 것으로 해석하고 그에 따른 세금징수를 고안해야 타당하며 투명하게 공개되어야 한다. 그런 다음 그것에 어떤 세율을 적용할 것인지 논의하면 될 것이다.

② 광의의 소득개념 도입 : 종교 및 성직자에 대한 관념은 시대에 따라 변화하는 것이고, 성직자에 대한 월급에 대한 인식도 그 시대 사람들의 인식에 따라 달라지게 마련이다. 성직자의 월급을 봉사료로 보든 근로의 대가로 보든, 광의의 소득이라는 점은 부인할 수 없는 것이므로 마땅히 과세대상에 포함되어야 한다.

③ 직업인적 지위를 인식 : 근대에 들어 종교인은 일종의 직업인적 지위를 가지고 있다고도 볼 수 있다. 또한 국가는 국민의 세금으로 종교단체들에 재정적 지원을 하고 있다. 따라서 상호적 관점에서 성직자도 납세의 의무를 이행하는 것이 타당하다고 본다. 또한 오늘날 납세의 의무가 종교의 자유와는 배치된다고는 볼 수 없다.

④ 세법상의 해석 기능 : 교회가 사용하는 용어로 '은급' 또는 '목회활동비' 등으로 근로의 소득이라고 보기는 곤란한 점이 있다. 그러나 세법에 따르면 정기적으로 받는 모든 '수입'은 과세대상이기 때문에 교회가 어떤 명목으로 지급하든 그것이 월정이라면 반드시 세금을 부과해야 한다. 납세의무는 이 땅에 살고 있는 모든 자의 공통된 책무이다. 더욱이 성직자가 납세의무를 이행할 경우 신자나 일반국민에 대해 도덕적, 정신적 공신력을 얻게 되어 성직수행에

도움이 될 것이다. 따라서 '소득이 있는 곳에 세금'은 국민의 의무를 다하는 것이고 형평성 원칙과 사회정의차원에서 바람직하다.

⑤ 과세방법 : ⅰ) 필요경비를 제외하고는 과세하여야 한다. ⅱ) 적정수준의 급여를 지급하되, 일반적인 봉급생활자와 같이 소득세를 납부하여야 한다.

나. 소득세 납부 반대(34.5%)
① 세계적 법제의 추세 : 역사적으로 성직자의 월급에 대해서는 일반인의 급여와는 다른 태도를 취해온 것이 세계적인 법제의 태도다. 납세의 의무는 다하는 것이 바람직하겠지만 일반인의 급여와 같은 차원에서 접근하는 것은 바람직하지 않다.

② 봉사료 의미로 해석 : 헌금에 의한 교회의 수입자체가 면세되는 것이므로 그로부터 지급되는 성직자의 보수에 대한 과세는 형평성이 없다. 그리고 근로소득이 아니므로 적정치 아니하다. 봉사료이기 때문에 근로소득 납세는 면제되어야 한다. 가톨릭 사제의 경우는 모든 것을 포기하고 성직을 택한 성직자 월급에 대해서는 면세해야 된다.

다. 소득세 납부 중립(27.6%)
① 투명성 확보차원 : 경우에 따라 다르다. 문제가 되는 것은 투명성의 확보이지 월급의 성격규정이 아니다. 일부 종교단체와 같이 부의 축적과 세습까지 꾀하고 있는 경우는 더욱더 큰 문제이다. 투명성이 확보되면 그 토대 위에서 새로운 논의가 가능하다.

② 비헌금성 문제가 보다 심각 : 성직자는 봉급보다는 신자의 비헌금성 촌지가 더 큰 비중을 차지하므로 봉급의 납세화는 별 의미가 없다.

◇ 개방형 설문결과 분석(사제의 봉급수준)

가. 봉급수준 적정(14.2%)
① 청빈생활 실천 강조 : 가톨릭 성직자의 봉급제는 의미가 없다. 현 봉급제도가 성직자의 청빈생활에 미치는 의미는 적다. 따라서 성직자 개인의 청빈생활 실천을 강조하여야 한다.

② 의식주 해결가능 : 봉급 수준이 높지 않다고 알고 있으나 교회에서 의식주 문제를 해결해주니 적정하다고 본다.

나. 우대 상향조정 필요(85.8%)

① 사회평균적 보수 이상 지급 필요 : 봉급 수준이 현실생활 여건에 못 미치는 것으로 알고 있어 상향조정되어야 한다. 성직자 간에 차이가 많을 것으로 예상되어 적정성은 언급하기 어렵지만 우수한 성직자 확보를 위하여 우대해야 한다. 성직자라는 이유만으로 일반 사회의 평균 보수수준보다 낮다면 분명 문제다. 성직자도 일반 사회인으로서의 생활영역과 지위가 있기 때문에 사회의 평균적 보수 이상으로 지급하여 다른 종교의 봉급수준과 형평을 맞추어야 된다.

② 공무원 봉급수준이 적정 수준 : 공무원 봉급 수준이 적정 수준 판단의 기준이 될 수 있다.

2.7 가톨릭교회의 각종 헌금파악 및 회계투명성

◇ 중요도는 평균 수준 이상이지만 적절성은 평균 이하로 평가됨.

* 포트폴리오 구성상 중점개선 영역에 속함.
* 두 변수의 평균차이가 1.8로서 가장 큰 차이를 나타내었다.
* 법학자 및 행정학자가 인식하고 있는 "가톨릭교회의 각종 헌금 파악과 회계투명성문제"에 대한 중요도는 4.66으로서 11개 항목 가운데 2위로 평가됨.
* 이에 대한 정책의 적절성은 2.86으로서 11개 항목 중 10위로 평가됨.

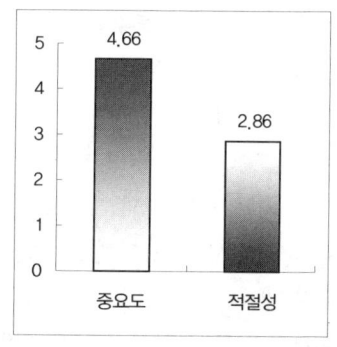

<표 8> 헌금파악과 회계투명성·중요도·적절성

구 분	중 요 도				적 절 성			
	빈 도	비율(%)	평균(mean)	s.d.	빈 도	비율(%)	평균(mean)	s.d.
매우 부정	-	-	4.66	0.48	1	3.4	2.86	1.13
부 정	-	-			14	48.3		
중 간	-	-			5	17.2		
긍 정	10	34.5			6	20.7		
매우 긍정	19	65.5			3	10.3		
합 계	29	100.0			29	100.0		

◇ 중요도와 적절성의 집단별 분석

중요도에 대한 유의적인 차이를 보이는 집단은 없었으나 종교별로는 불교(5.00)가 가장 높았으며, 전공별로는 법학(4.67)이 높았다. 적절성에 대한 유의적인 차이는 발견 할 수 없었으나 종교별로 가톨릭(4.00)이 가장 높았고, 전공별로는 행정학(3.07)이 높았다.

구 분	중 요 도			적 절 성		
	x^2	df	sig.	x^2	df	sig.
종교별	3.683	6	0.720	9.906	9	0.358
전공별	1.157	2	0.561	1.071	3	0.784

◇ 개방형 설문결과 분석(탈세온상, 회계투명성 요구)

가. 탈세온상 및 재정투명성 요구(69.0%)

① 종교단체의 건강함 유지 필요 : 수입에 대한 납세는 당연하고, 그 자금운용은 투명해야 한다. 종교단체가 특수한 단체라는 것은 인정하지만 넓은 의미의 사회단체이고 투명성을 확보하지 못하여 불신을 받을 이유가 없다. 이는 종교단체 자체의 건강함을 위해서도 필요하다. 직접적인 탈세나 탈세조장은 종교단체라는 이유만으로 덮어둘 수 없다.

② 외부감사제도의 도입으로 감시체제 확립 : 종교 단체는 비영리단체이자 공익성이 강조된다. 따라서 종교 단체의 재산이나 수입이 특정인의 사유물은 아닌 것이다. 그러나 최근까지 일부 외래종교를 비롯하여 여러 종단·종파들이 교세가 급속하게 팽창하였다. 지금은 거대기업이라고 해도 과언이 아니게 되었다. 국민이 종교에 대한 불신의 가장 큰 원인은 재정운용의 불투명성에서 기인하는 바, 외부감사의 도입 등을 통한 철저한 감시체제의 확립이 중요하다. 헌금사용 내역과 교구 예산 사용내역에 대한 외부기관(회계법인 등)의 감사를 의뢰하여 대(對)국민, 대 신자를 위한 투명성 의혹을 해소하여 주어야 한다.

③ 이익집단화: 종경유착 : 종교단체와 탈세의 문제 및 자금운용의 투명성의 문제는 종교단체 내부만의 문제가 아니라 그 자체 사회적 문제이기도 하다. 왜냐하면, 최근 문제가 된 연말정산의 경우는 하나의 사례이다. 즉 종교단체에 실제 또는 허위로 기부하였다고 하지만 그 자체 투명하지 않기 때문에 문제가 된다. 종교단체가 하나의 이익집단화 된 것이다. 이것은 정경유착과 유사한 종경유착으로 불릴 수 있다. 이러한 문제가 발생할 수 있는 것은 종교단체의 자금에 관한 문제가 불투명하다는 구조적 성격에서 비롯된다.

④ 관, 항, 목별로 자금운용 공개 : 항간에 돈 세탁방법으로 종교계의 자금운용을 이용한다는 이야기가 있다. 또한 신도들과 종단간의 마찰도 자금운용의 투명성 부족에서 파생되는 경우가 비일비재하다. 최소한 관, 항, 목 별로 자금운용을 공개해야 한다.

나. 현행 유지 (31.0%)

① 자율적 조직 구성 : 가장 안정된 재테크가 종교단체의 설립이라는 말이 있듯이 종교단체의 자금운용 등에 많은 문제가 있다. 자금의 모금과 운용에 대해서는 국가가 나서는 것보다는 종교자체 내의 자율적 기관에 의한 투명성확보를 위한 조직이 이루어져야 한다고 본다.

② 구분된 시각요구: 종교단체가 탈세의 온상이 되고 있다는 표현은 모든 종교에 다 해당되는 것은 아니다. 그러므로 구분된 시각에서 접근해야 한다. 윤리적으로 완벽함을 추구할 때 그것이 존경과 교세 확장에 도움이 될 것이라 본다.

③ 일부 종교단체의 현상: 일부 종교단체에 있어서 재정상 불합리하고 방만한 운영이 이루어지는 것이 현실이다. 그러나 전반적으로는 그렇지 않다. 투명성을 확보해야 하겠지만 기업이 아니므로 종교단체의 특성상 사리사욕을 위해 사용된다고는 보지 않는다.

2.8 국가기관 내(군대, 경찰, 교도소, 국립병원) 종교제도 허용
(예: 군종, 경목, 행목, 원목 등)

◇ 중요도와 적절성 모두 평균 수준 이상이었다.

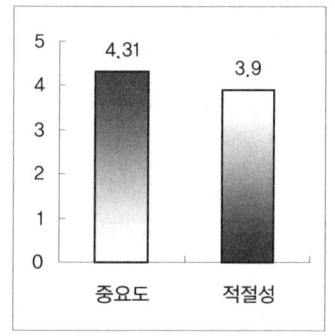

* 포트폴리오 구성상 유지·관리 지속영역에 속함.
* 법학자 및 행정학자가 인식하고 있는 국가기관 내(군대, 경찰, 교도소, 국립병원) 종교제도 허용(예: 군종, 경목, 원목) 문제"에 대한 중요도는 4.31로서 11개 항목 가운데 3위의 평가를 받음.
* 이에 대한 정책의 적절성은 3.90으로서 11개 항목 중 가장 높게 평가됨.
* 현 정책에 대하여 가장 적절하다고 평가하고 있음을 알 수 있다. 따라서 보다 효과적으로 시행할 수 있는 여건을 계속 유지할 필요가 있다 하겠다.

<표 9> 국가기관 내 종교제도 허용·중요도·적절성

구 분	중요도				적절성			
	빈도	비율(%)	평균(mean)	s.d.	빈도	비율(%)	평균(mean)	s.d.
매우 부정	-	-	4.31	0.66	-	-	3.90	0.62
부 정	-	-			1	3.4		
중 간	3	10.3			4	13.8		
긍 정	14	48.3			21	72.4		
매우 긍정	14	41.4			3	10.3		
합 계	29	100.0			29	100.0		

◇ 중요도와 적절성의 집단별 분석

중요도에 대한 유의적인 차이를 보이는 집단은 없었으나 종교별로는 가톨릭(4.67)이 가장 높았으며, 전공별로는 행정학(4.42)이 높았다. 적절성에 대한 유의적인 차이는 발견할 수 없었으나 종교별로 가톨릭(4.00)이 가장 높았고, 전공별로는 행정학(4.00)이 높았다.

구 분	중요도			적절성		
	x^2	df	sig.	x^2	df	sig.
종교별	3.683	6	0.720	9.906	9	0.358
전공별	1.157	2	0.561	1.071	3	0.784

육·해·공군에 개신교·천주교의 군목·군종신부 제도가 있다가 불교의 군승 제도까지 설립되었다. 경찰에도 경목 제도가 있고, 교도소에도 각 종교와 제휴하여 교화사업을 하고 있다. 이러한 국가기관에 어느 정도 종교 제도를 허용하는 것이 적절한지, 종교간의 형평성을 어떻게 실천할지 간단치 않은 문제로 부각되고 있다.[7] 이러한 문제가 예상됨에도 불구하고 전체 설문 중에서 가장 높은 평균치(3.90)를 나타내어 대체적으로 현재 정부기관 내 종교제도에 대하여 만족하는 것으로 나타났다.

---

[7] 최종고, 「현대 한국의 종교와 국가」, 『교회와 국가』, 1997. 508쪽.

2.9 국가공휴일과 종교색채: 크리스마스, 석가탄신일, 개천절 종교행사 등

◇ 유일하게 중요도가 평균 이하이면서 적절성은 평균 이상인 항목임.

* 포트폴리오 구성상 현 수준 유지영역에 속함.
* 법학자 및 행정학자가 인식하고 있는 "국가공휴일과 종교색채: 크리스마스, 석가탄신일, 개천절 종교행사 문제"에 대한 중요도는 3.24로서 11개 항목 가운데 가장 낮은 평가를 받음.
* 이에 대한 종교정책의 적절성은 3.45로서 11개 항목 중 2위로 평가됨.

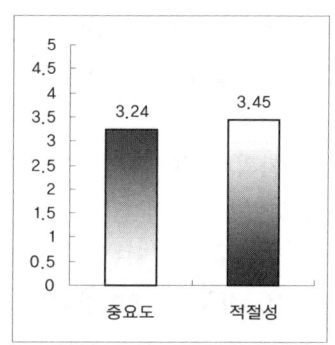

<표 10> 국가공휴일과 종교색채·중요도·적절성

구 분	중 요 도				적 절 성			
	빈 도	비율(%)	평균(mean)	s.d.	빈 도	비율(%)	평균(mean)	s.d.
매우 부정	1	3.4			-	-		
부 정	5	17.2			5	17.2		
중 간	12	41.4	3.24	0.66	11	37.9	3.45	0.99
긍 정	8	27.6			8	27.6		
매우 긍정	3	10.4			5	17.2		
합 계	29	100.0			29	100.0		

◇ 중요도와 적절성의 집단별 분석

중요도에 대한 유의적인 차이를 보이는 집단은 없었으나 종교별로는 불교(4.00)가 가장 높았으며, 전공별로는 행정학(3.36)이 높았다. 적절성에 대한 유의적인 차이는 발견할 수 없었으나 종교별로 가톨릭(3.67)이 가장 높았고, 전공별로는 법학(3.60)이 높았다.

구 분	중 요 도			적 절 성		
	x^2	df	sig.	x^2	df	sig.
종교별	3.683	6	0.720	9.906	9	0.358
전공별	1.157	2	0.561	1.071	3	0.784

모든 국가는 그것을 상징하는 국기, 국가, 국화, 문장 등을 갖는데, 여기에는 종교적 색채가 담기는 경우가 많다.[8] 또한 국가가 거국적으로 행하는 의식들을 얼마나 종교적 의식으로 행하느냐는 문제가 있다. 박정희 대통령의 영부인 육영수여사의 장례식에는 불교, 천주교, 개신교 3종교가 나란히 의식을 행하는 모습도 보여주었지만, 지폐에 사찰 그림을 싣는다고 기독교계에서 반발한 예도 있다.[9] 이러한 상황에서 응답자들은 중요도를 낮게 평가하고 현 정책에 대한 적절성을 높게 평가하였다. 즉 현정부의 종교색채에 대한 부정적인 응답이 17.2%로서 대체로 만족하는 것으로 보인다. 다만 일부 개방형 응답에서 종교권력과 정치권력이 결탁할 때 한 국가의 패망은 필연이라면서 성탄절과 석가탄신일을 국가공휴일에서 제외시키자는 의견도 1명 있었다.

2.10 정부의 개발정책과 종교계의 문화재보호 및 환경보호문제

◇ 중요도는 평균 수준 이상이지만 적절성은 평균 이하로 평가됨.

* 포트폴리오 구성상 중점개선 영역에 속함.
* 법학자 및 행정학자가 인식하고 있는 "정부의 개발정책과 종교계의 문화재 보호 및 환경보호문제"에 대한 중요도는 4.21로서 11개 항목 5위의 평가를 받음.
* 이에 대한 정책의 적절성은 32.93으로서 11개 항목 중 9위로 평가됨

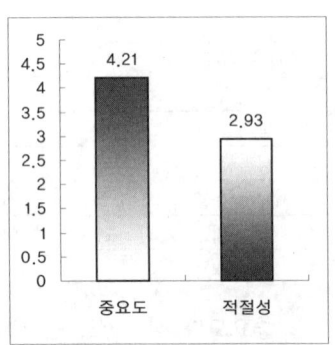

<표 11> 문화재보호 및 환경보호·중요도·적절성

구 분	중 요 도				적 절 성			
	빈 도	비율(%)	평균(mean)	s.d.	빈 도	비율(%)	평균(mean)	s.d.
매우 부정	-	-	4.2	0.86	1	3.4	2.93	0.92
부 정	2	6.9			10	34.5		
중 간	2	6.9			8	27.6		
긍 정	13	44.8			10	34.5		
매우 긍정	12	41.4			-	-		
합 계	29	100.0			29	100.0		

---

8) 최종고, 『법과 미술』, 시공사, 1996 ; Peter M. Mäder, *Fahnen und ihre Symbole*, 1993, Zürich.
9) 최종고, 위의 책. 510쪽.

◇ 중요도와 적절성의 집단별 분석

중요도에 대한 유의적인 차이를 보이는 집단은 없었으나 종교별로는 기독교(4.45)가 가장 높았으며, 전공별로는 법학(4.33)이 높았다. 적절성에 대한 유의적인 차이는 발견할 수 없었으나 종교별로 불교(4.00)가 가장 높았고, 전공별로는 행정학(2.64)이 높았다.

구 분	중 요 도			적 절 성		
	x^2	df	sig.	x^2	df	sig.
종교별	3.683	6	0.720	9.906	9	0.358
전공별	1.157	2	0.561	1.071	3	0.784

문화재 중 상당수는 불교와 유교에 관련된 것이고, 문화재로 지정되면 정부의 특별한 보호와 감독을 받기 때문에 한편으로는 종교에 지원이 되면서 단, 한편으로는 간섭이 받기 때문에 서로 협력하여 실시하여야 한다. 과거 정부의 개발정책과 종교계의 문화재 보호, 환경 보호가 마찰을 일으켜 불국사, 해인사 등에서 분쟁으로 표출되기도 하였다. 앞으로 이 분야에 관한 이론적 정책적 정립이 더욱 필요하다.[10] 이러한 상황을 대변하듯이 응답자의 37.9%가 부정적인 응답을 하였고, 긍정적인 응답도 34.5%에 불과하다. 종교정책 중에서도 중점적으로 개선해야 할 분야로 나타났다.

2.11 종교단체와 국가 간의 사회복지시설 운영문제

◇ 중요도와 적절성 모두 평균수준 이상으로 평가됨.

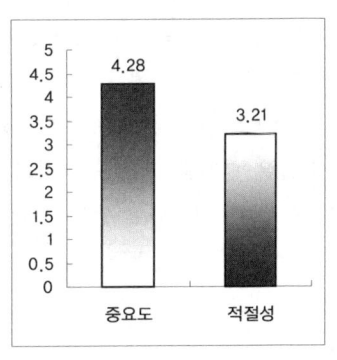

* 포트폴리오 구성상 유지관리 지속영역에 속함.
* 법학자 및 행정학자가 인식하고 있는 "종교단체와 국가 간의 사회복지시설 운영문제"에 대한 중요도는 4.28로서 11개 항목 가운데 4위의 평가를 받음.
* 이에 대한 정책의 적절성은 3.21로 역시 11개 항목 중 4위로 평가됨.

---

10) 오세탁, 문화재보호법 연구, 『공법연구』 13집, 1985, 285~294면 ; 최종고, 문화 국자와 문화재보호, 『문화재』 23권, 1990, 1~25면 ; 한국종교인협의회 편, 『종교와 환경』, 가톨릭출판사, 1993.

<표 12> 사회복지시설 운영·중요도·적절성

구 분	중 요 도				적 절 성			
	빈 도	비율 (%)	평균 (mean)	s.d.	빈 도	비율 (%)	평균 (mean)	s.d.
매우 부정	-	-			-	-		
부 정	2	6.9			8	27.6		
중 간	3	10.3	4.28	0.92	8	27.6	3.21	0.90
긍 정	9	31.0			12	41.4		
매우 긍정	15	51.9			1	3.4		
합 계	29	100.0			29	100.0		

◇ 중요도와 적절성의 집단별 분석

　중요도에 대한 유의적인 차이를 보이는 집단은 없었으나 종교별로는 불교(5.00)가 가장 높았으며, 전공별로는 행정학(4.36)이 높았다. 적절성에 대한 유의적인 차이는 발견할 수 없었으나 종교별로 불교(4.00)가 가장 높았고, 전공별로는 법학(3.27)이 높았다.

구 분	중 요 도			적 절 성		
	x^2	df	sig.	x^2	df	sig.
종교별	3.683	6	0.720	9.906	9	0.358
전공별	1.157	2	0.561	1.071	3	0.784

　국가와 종교단체는 많은 복지시설을 갖고 있고, 서로 협력·운영하고 있다. 하지만 그 과정에서 갈등과 반목의 소지가 많다. 우리나라는 아직도 정부가 해야 할 사회복지를 충분히 담당하지 못하기 때문에 종교에 의존하는 예가 많다. 이러한 문제에 대한 응답으로 "천주교가 지난 20세기 한국의 근대화에 가장 크게 기여한 분야"에 대한 응답처럼 사회복지가 23.7%로 가장 높은 평가를 받았다.[11] 따라서 앞으로 종교와 국가의 바람직한 관계를 어떻게 정립함과 동시에 현재 진행되고 있는 복지정책을 지속적으로 확대추진 할 정책과제를 안고 있다.

---

11) 보다 자세한 내용은 사회복지학 부문 연구 <표 2>에서 <표 8> 참조바람.

◇ 개방형 설문결과 분석(종교건물 개방)

가. 적극 찬성(57.2%)
중요 성역시설을 제외한 시설은 지역사회에 개방하는 것에 찬성이다. 많은 호응을 얻을 것이며, 교회의 친근성을 알리는 데 큰 효과가 있을 것이다.

나. 조건 찬성(42.8%)
① 최소경비 징수: 개방을 찬성하지만 관리운영에 지장이 없어야 할 것이다. 지역사회에 개방해도 무방하나 저렴하나마 요금을 징수하여 최소경비에 활용할 필요가 있다. 문화행사 등에 제한적으로 개방이 바람직하다.

② 교회 자율에 위임 : 철저하게 가톨릭교회의 선택에 맡겨야 한다. 물론 가톨릭교회의 건물이나 시설은 사유재산이 아니긴 하지만 그렇다고 해서 지역사회 모두의 재산이라고 보기도 힘들다. 교회에 재직하고 있는 신자에게 전면 개방하는 것은 찬성하지만 그렇다고 해서 불특정 다수를 위해 모두 개방해야 한다는 논리는 문제가 있다. 시설은 개방할 수 있으나 시설물 보호 등의 책임소재를 분명히 해야 된다

③ 일정한 제한성 필요 : 교회건물이므로 일정한 규정을 만들어 개방하도록 하는 방안이 좋다. 즉 일정한 제한성은 필요하다.

2.12 국가와 종교언론기관 간의 문제

◇ 중요도와 적절성 모두 평균수준 이하로 평가됨.

* 포트폴리오 구성상 만족도 제고 영역에 속함.
* 법학자 및 행정학자가 인식하고 있는 "정부의 각종 교에 대한 법적용의 형평 성문제"에 대한 중요도는 3.45로서 11개 항목 가운데 8위로 평가를 받음.
* 이에 대한 정책의 적절성은 3.00으로서 11개 항목 중 8위로 평가됨.

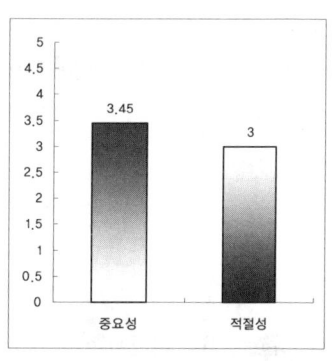

<표 13> 종교언론·중요도·적절성

구 분	중 요 도				적 절 성			
	빈 도	비율(%)	평균(mean)	s.d.	빈 도	비율(%)	평균(mean)	s.d.
매우 부정	-	-	3.45	0.91	-	-	3.0	0.76
부 정	2	6.9			8	27.6		
중 간	3	10.3			13	44.8		
긍 정	9	31.0			8	27.6		
매우 긍정	15	51.7			-	-		
합 계	29	100.0			29	100.0		

◇ 중요도와 적절성의 집단별 분석

중요도에 대한 유의적인 차이를 보이는 집단은 없었으나 종교별로는 불교(5.00)가 가장 높았으며, 전공별로는 법학(3.60)이 높았다. 적절성에 대한 유의적인 차이는 발견할 수 없었으나 종교별로 기독교(3.18)가 가장 높았고, 전공별로는 법학(3.07)이 높았다.

구 분	중 요 도			적 절 성		
	x^2	df	sig.	x^2	df	sig.
종교별	3.683	6	0.720	9.906	9	0.358
전공별	1.157	2	0.561	1.071	3	0.784

종교의 자유가 보장되고 종교단체들이 경제적 여유를 가지면서 적극적 선교활동과 사회봉사를 위하여 언론기관들을 확보하려는 적극성을 보여주고 있다. 정부는 이를 규제할 수도 없고 그렇다고 방관할 수도 없다. 그러나 언론의 공공성에 따라 국가와 종교가 함께 지키고 자제해야 할 기준을 어떻게 설정하느냐 하는 문제를 안고 있다.[12] 본 조사에서도 중요도와 적절성 모두 낮게 나타난 바와 같이 종교언론 정책에 대해서는 만족도를 향상시키는 정책방향이 요구된다.

---

12) 최종고, 위의 책, 511쪽.

2.13 현 정부 종교정책 우선순위

향후 정부가 중점적으로 해결해야 할 과제를 나열한 항목 중에서 어느 부문에 노력을 집중해야 한다고 생각하는지 최우선순위를 요구한 설문 11개 항목 중에서 첫째, 종교정치·종교권력 등 종교단체의 정치 및 정책 관여문제 둘째, 종교단체와 국가 간의 사회복지시설 운영문제 셋째, 성직자의 납세와 관련한 종교재정문제 등 종교단체의 조세문제에 대한 해결을 최우선적으로 지적하였다. 또한 종교법인법 제정과 같은 종교단체의 법적지위 문제도 정책우선순위에서 높은 비중을 차지하였다.

하지만 국가기관(육·해·공군, 경찰, 교도소, 병원) 안의 군종, 경목, 원목과 같은 종교제도 허용과 도심 내 건축과 임대난립과 같은 종교건축문제, 국가의 거국적 행사 중 얼마나 종교적 의식으로 행하느냐하는 종교의식, 크리스마스, 석가탄신일, 개천절 종교행사와 같은 국가공휴일 종교색채, 국가와 종교언론기관간의 문제에 대해서는 정책 우선순위 측면에서는 상대적으로 떨어졌다. 이것은 대체적으로 현재 실시되고 있는 정책에 대하여 어느 정도 만족하다는 점보다는 우선순위에서 상대적으로 낮게 책정했을 뿐이다.

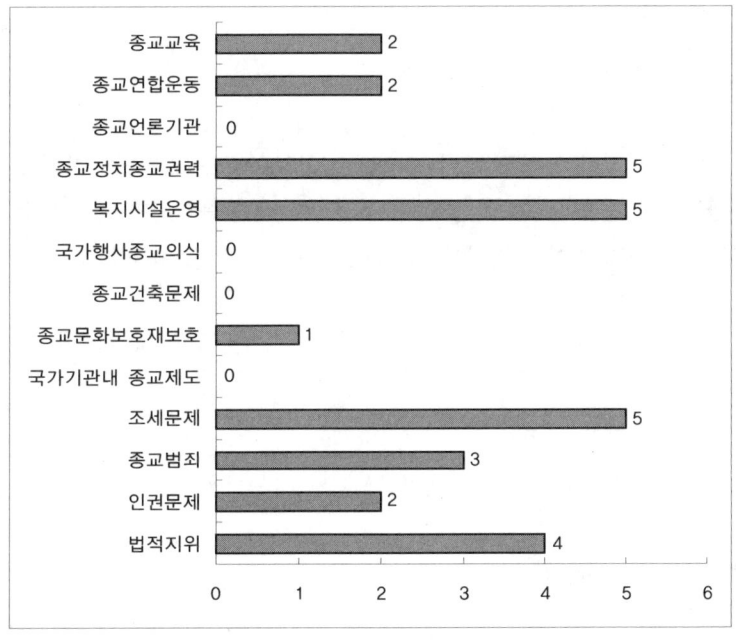

<그림 2> 종교정책 우선순위

3. 연구결과의 종합 및 종교정책 전략

3.1. 종교정책에 대한 총평과 정책제언

응 답	빈 도	%	평 균	표준편차
매우 부정	1	3.4		
부 정	5	17.2		
중 간	15	51.7	3.07	0.84
긍 정	7	24.1		
매우 긍정	1	3.4		
합 계	29	100.0		

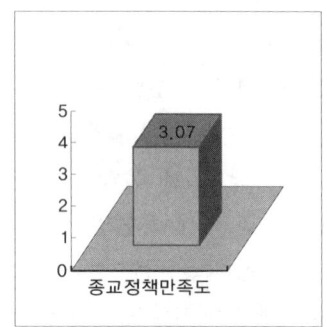

◇ 종교정책에 대한 총평은 3.07로서 '중간'으로 나타났으나, 대체적으로 정부의 종교정책에 대해서 만족하지 못하는 것으로 평가, 해석할 수 있을 것이다. 향후 종교정책의 전략 및 개선방향은 제3장 제4절을 참고 바란다.

◇ 중요도와 적절성의 집단별 분석

중요도에 대한 유의적인 차이를 보이는 집단은 없었으나 종교별로는 가톨릭(3.17)이 가장 높았으며, 전공별로는 행정학(3.07)이 높았다. 적절성에 대한 유의적인 차이는 발견할 수 없었으나 종교별로 가톨릭(3.17)이 가장 높았고, 전공별로는 행정학(3.07)이 높았다.

구 분	중 요 도			적 절 성		
	x^2	df	sig.	x^2	df	sig.
종교별	3.683	6	0.720	9.906	9	0.358
전공별	1.157	2	0.561	1.071	3	0.784

◇ 개방형 설문결과 분석(총평 정리)

① 선거철 종교 이용금지 : 정부의 종교정책이 특별히 존재한다고 생각되지 않는다. 선거철

에는 종교를 이용하는 정치인들이 많다. 정부는 사이비종교에는 엄격히 대처하는 것이 필요하며 신뢰받는 종교에 대해서는 형평성 있게 대해 주는 것이 필요하다.

② 합법성·중립성에 대한 정책집행 : 우리 국가의 기본법인 헌법과 그 헌법을 구체화시킨 법률에 따른 정책집행이 이루어져야 한다. 이를 위해서 국가는 종교에 대하여 제3자로서의 중립성을 지키되, 종교가 종교 본연의 자세를 넘어설 때는 그에 대하여 단호하게 대처하여야 된다. 한 마디로 이야기하자면 누구나(또는 어떤 종파나) 설득할 수 있는 척도를 가지고 국가가 종교정책을 편다면 문제가 없을 것이다.

③ 종교관련 법령 개정·정리 시급 : 현재의 한국사회는 종교의 자유가 헌법상 보장되고 있는 다종교사회이다. 종교 세력의 오랜 성장은 국가권력과 상당한 마찰과 갈등을 일으킬 정도이다. 따라서 앞으로 종교와 국가와의 관계를 원만히 유지해 나가는 방향으로 <종교법인법> 등의 입법조치가 따라야 할 것이다. 이 법의 제정과 더불어 현행법령 중 종교관련 법령들을 검토하여 통폐합, 개정, 정리하는 일이 시급하다. 행정기구를 확대하여 종교문제를 복리행정적 측면에서 접근하는 방안의 검토가 요구된다. 또한 공무원임용이나 교육시 당해 공무원의 전문성·특수성을 고려하고, 종교학자(종교정책전문가), 종교인(일반신도), 성직자 등으로 구성되는 상설· 비상설 자문·심의기구의 설치도 신중하게 검토되어야 한다.

④ 종교단체의 법인화 반대 : 우리나라 종교정책에 대해서는 상당히 소극적인 면이 있어 왔다. 그러나 적극적인 종교정책이나 종교의 정치적 관여는 대한민국이 종교국가가 아닌 이상 특정종교에 의한 여러 국가적 활동은 제약받는 것이 타당하다고 본다. 따라서 종교단체가 특별한 하나의 기관으로서 법인으로서 활동하는 것은 긍정적인 면보다는 부정적인 면이 많다고 본다. 물론 종교인이 개인의 자격으로서 활동은 당연히 보장되어져야 하는 것이지만 종교단체가 사회문제나 국가문제에 적극적으로 개입하는 것은 종교가 일반인에 미치는 특수성을 감안한다면 자제되어야 한다.

⑤ 종교정책에 대한 종합적 논의 시급 : 우리나라에서 종교의 본질과 특성을 분석하고 그에 맞는 종교정책이 종합적으로 논의된 적이 거의 없으며, 정부권력은 오히려 종교문제 불간섭의 원칙을 고수해왔다. 반면에 우리사회에서 각 종교, 종교인, 종교단체가 사회 구성원들에게 미치는 영향은 다른 어떤 영향력보다 광범하고 심대하다. 따라서 우리사회에서 종교가 그 고유의 궁극적, 가치중심적 영향력을 제대로 발휘하여 사회경쟁력과 신뢰사회를 제고시킬 수 있도록 정부의 적극적인 대책이 절실히 필요하다.

⑥ 종교단체에 대한 정치적 지지도 의식 타파 : 종교단체들에 대한 정부의 정책은 비교적 온건하고 보호적이며 지원중심의 정책을 펴고 있다. 그리고 주요 종교단체에 대한 동등한 제도나 정책의 적용이 이루어지고 있다고 평가한다. 그러나 신도수가 많은 주요 종교단체에 의한 정치적 지지도를 의식하여 지나치게 우호적이고 유화적인 정책으로 일관하고 있다. 예컨대, 조세의무 부과에 대하여 지나치게 조심스럽게 접근하고 있는 듯 하다. 한 가지 추가적인 문제는 대통령의 종교에 따라 행정부의 정책이 조금이라도 영향을 받는 일이 없어야 할 것이다.

⑦ 공식적 비판 채널 구성 필요 : 최근 국가의 정책 특히 개발정책에 대한 종교단체의 반대 및 비판이 높아지고 있고 시민단체와 연계하여 수위가 높아지고 있음. 정부의 경우 종교단체의 비판을 공식적인 통로를 통하여 청취할 수 있는 시스템 구성이 필요하다.

⑧ 사이비 종교에 대한 적극적 정부역할요구 : 우리나라 국가와 종교 간의 관계가 지나치게 무방비 상태인 것은 재고되어야 한다. 물론 종교가 정치문제에 지나치게 개입하거나 정부가 종교에 개입하여 탄압의 이미지를 보여주는 것은 더 큰 문제이긴 하지만 종교운영에 대한 일반적인 정부의 규제는 어느 정도 있어야 한다. 최근에 계속 문제가 되었던 종말론이나 사이비 종교의 역기능적인 모습을 볼 때마다 국가와 정부가 무엇을 하고 있는 것인지 의심스럽다. 가톨릭의 경우에도 마찬가지라고 생각한다. 종교 내부의 문제로 위임할 수도 있겠지만 기본적인 세금납부나 사회에 미치는 영향들에 대해서는 정부가 적극적으로 개입해야 한다.

⑨ 종교단체 투명성 확보 촉구 : 사실 지금까지 정치권력은 바람직한 방향에서 종교를 건전하게 육성하고 협력하려 하기보다는 권력유지에 이용하려한 측면이 강했고 종교의 본질적인 부분에는 무관심했다. 이는 해방 이후 주도적 정치인의 가톨릭, 개신교신자화, 가톨릭, 개신교 신자들의 폭발적 증가, 함량미달의 신학교 난립, 주기적인 법난, 유신정권 하에서의 통일교의 폭발적 성장 등등을 보면 알 수 있다. 이러한 어두운 과거를 걷어내고 건전한 종교문화를 정착시키기 위해서는 종교단체는 투명성을 확보하여 일반국민의 불신을 받지 않아야 하고, 국가는 종교단체 본질적 부분을 보호해야 한다. 입법은 각 종교마다 특별법을 남발하는 것보다 포괄적인 일반법만을 제정하여야 한다. 누구에게나 적용되는 일반법은 상식에 기초하기 마련이고 상식을 확보하면 많은 어려움은 극복될 수 있기 때문이다.

⑩ 인권보장의 보루 역할 요구 : 과거 중세시대에 있어서 종교(가톨릭)가 세속적인 국가권력과 결탁하여 그 본래의 목적인 인간의 존엄성 보장과는 상반되는 활동의 경험을 되새겨, 국가권력 남용에 대한 견제세력으로 국민의 편에서 진정한 인권보장의 보루로서 소임을 다해야 한다.

⑪ 불가근불가원의 입장 : 우리나라 정부가 종교문제에 대하여 극히 조심스럽게 접근하고 있는 지금의 정책에 대하여 대단히 만족스럽게 생각한다. 간혹 대통령들의 종교적 활동이 공적인 입장에서의 활동인지 사적인 입장에서의 활동인지 불분명하여 국민들을 긴장시키는 경우도 있으나 이런 경우 즉각 해명이나 시정조치들이 이루어지고 있는 사실이 다행스럽다. 앞으로도 정부는 종교문제에 대하여 친근한 태도도 부정적인 태도도 보이지 말고 '不可近不可遠'의 입장을 견지하는 것이 가장 바람직하다.

3.2 종교정책에 대한 중요도·적절성 종합평가

◇ <그림 1>에 나타난 바와 같이 교회와 국가간의 관계에서 법·제도 및 행정 분야 등 각종 종교정책관련 11개 문항에 대한 응답 중에서 '중요도'와 '적절성'의 평균을 합산하여 종합평균을 구한 값으로 평가하였다.

◇ 법학자 및 행정학자가 응답한 현재 정부가 추진하고 있는 종교정책 및 법·제도에 대한 중요도 인식과 적절성에 대한 인식에 대한 응답 결과 평균 중요도는 3.92(10점 만점 환산시 7.84)로서 "중요한 편"에 해당하는 것으로 평가할 수 있으며, 적절성에 대한 평균은 3.17 (10점 만점 환산시 6.34)로서 "보통" 정도로 분석·평가되었다.

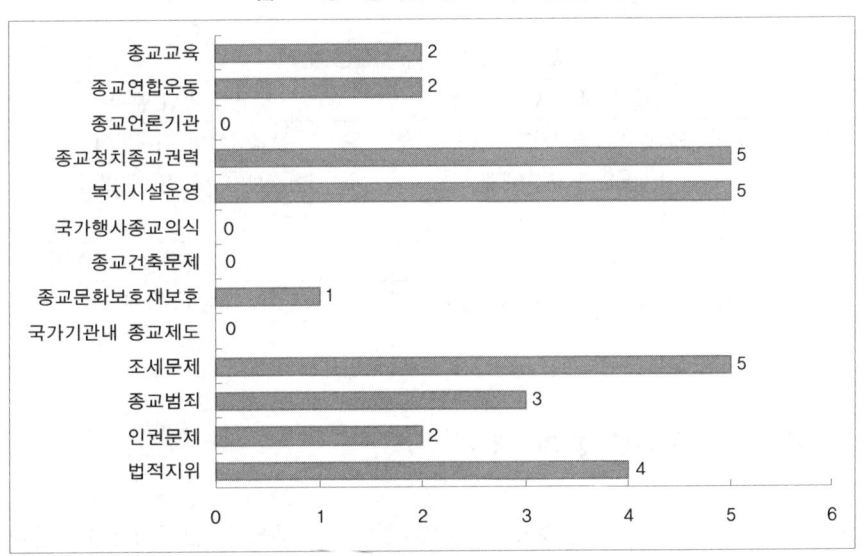

<그림 3> 종교정책별 중요도와 적절성 비교

3. 종교정책의 중요도 및 적절성 순위

<표 14>와 <표 15>에 나타난 바와 같이 법학자 및 행정학자가 응답한 종교정책에 대한 중요도 순위는 법적용의 형평성, 헌금파악 및 회계투명성, 국가기관 내 종교제도허용, 사회복지시설 운영, 문화재 보호 및 환경보호문제 순으로 분석되었다. 그리고 국가공휴일과 종교색채, 종교갈등에 대한 국가개입의 중요도는 상대적으로 낮게 평가되었다. 따라서 정부는 각 종교에 대한 법적용의 형평성에 중점적으로 정책을 추진하여야 할 것이고 교회는 각종 헌금에 대한 재정과 회계투명성에 역점을 둔 정책을 펼쳐야 할 것이다. 그리고 여러 공휴일 가운데 종교적 색채가 있는 공휴일(크리스마스, 석가 탄신일, 개천절) 종교행사 등에 대해서는 중요도는 떨어지고, 적절성은 상대적으로 높게 평가되어 현재수준을 유지하면 되는 것으로 평가되었다.

<표 14> 종교정책 중요도 순위

순 위	중요도 상위 분야	중요도 하위 분야
1위	법적용의 형평성	국가공휴일과 종교색채
2위	헌금파악 및 회계투명성,	종교갈등에 대한 국가개입,
3위	국가기관 내 종교제도허용	종교단체의 정책관여
4위	사회복지시설 운영,	국가와 종교언론기관 간의 문제
5위	문화재 보호 및 환경보호문제	가톨릭사제에 대한 세금부과

<표 15> 종교정책 적절성 순위

순 위	적절성 상위 분야	적절성 하위 분야
1위	국가기관 내 종교제도 허용	종교단체의 정책관여
2위	국가공휴일과 종교색채	헌금파악 및 회계투명성
3위	법적용의 형평성	문화재 보호 및 환경보호문제
4위	사회복지시설 운영,	국가와 종교언론기관간의 문제
5위	종교갈등에 대한 국가개입 정도	가톨릭사제에 대한 세금부과

4. 포트폴리오로 분류한 종교정책 시사점

<그림 4>에 나타난 바와 같이 중요도와 적절성에 의한 포트폴리오에서 중요도가 평균 이상인 경우는 "重", 이하인 경우는 "輕", 적절성이 평균 이상인 경우는 "緩", 이하인 경우는

"急"으로 분류하였다.

重緩(Ⅰ사분면)는 중요도와 적절성이 둘 다 높은 분야로서, 적절성 하락시의 영향이 크므로 지속적인 적절성 관리가 요구되는 분야이며 重急(Ⅱ사분면)은 중요도는 높으나 적절성이 낮아 시급한 개선이 요구되는 분야이다.

그리고 輕緩(Ⅳ사분면)은 중요도는 낮으나 적절성은 높은 분야로서 비교적 관리 부담이 적은 분야이고, 輕急(Ⅲ사분면)은 중요도도 상대적으로 낮고, 적절성이 낮은 분야들로서, 가급적 시급한 개선이 요구되는 분야이다.[13]

<그림 4> 종교정책 포트폴리오 모델

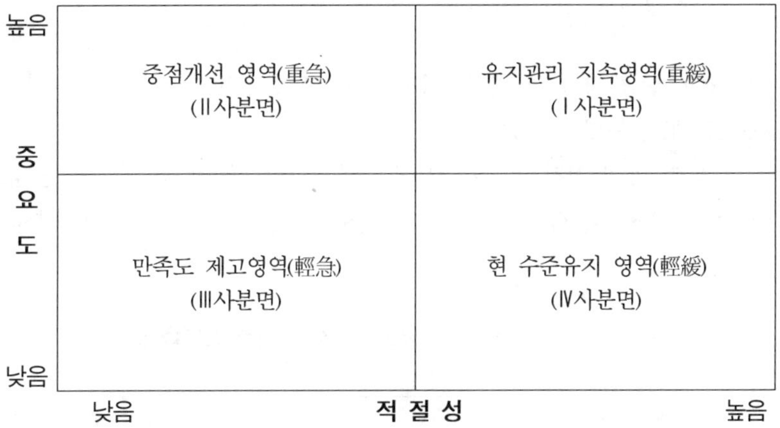

	적절성 낮음	적절성 높음
중요도 높음	중점개선 영역(重急) (Ⅱ사분면)	유지관리 지속영역(重緩) (Ⅰ사분면)
중요도 낮음	만족도 제고영역(輕急) (Ⅲ사분면)	현 수준유지 영역(輕緩) (Ⅳ사분면)

포트폴리오로 분류한 종교정책의 분석결과를 요약하면 다음과 같다.

중점개선영역으로 첫째, 헌금파악 및 회계투명성 둘째, 개발정책과 종교문화·환경보호 셋째, 종교단체의 법적지위문제에 관한 정책으로 나타났다. 그리고 유지·관리지속 영역으로는 첫째, 법적용의 형평성 둘째, 국가기관 내부의 종교제도 허용, 셋째, 종교단체의 사회복지시설 운영문제로 나타났다.

만족도 제고영역으로는 첫째, 사제에 대한 세금부과 둘째, 국가와 종교언론 간의 문제, 종교갈등에 대한 국가개입정도 셋째, 종교단체의 정책관여(종교권력)문제로 나타났다. 한편 현 수준을 유지해도 되는 영역으로는 국가공휴일과 종교색채로 나타났다.

<표 16>과 <그림 5>에 나타난 바와 같이 법학자와 행정학자의 의견을 종합적으로 볼 때, 향후 정부가 추진하여야 할 법·제도 및 종교정책 분야 중 가장 시급히 해결되어야 할 과제는

---

[13] 김재득, 「해양경찰청 개혁정책의 평가와 추진전략」, 한국정책평가원, 2003. 64쪽.

<표 16> 영역별로 분류된 종교정책유형

정책 영역	종교정책유형
중점개선영역(3)	▷ 헌금파악 및 회계투명성 ▷ 개발정책과 종교문화·환경보호 ▷ 종교단체의 법적지위문제
유지·관리지속 영역(3)	▷ 법적용의 형평성 ▷ 국가기관 내 종교제도의 허용, ▷ 종교단체의 사회복지시설 운영문제
만족도 제고영역(4)	▷ 사제에 대한 세금부과 ▷ 국가와 종교언론간의 문제 ▷ 종교갈등에 대한 국가개입정도 ▷ 종교단체의 정책관여(종교권력)문제
현수준 유지영역(1)	▷ 국가공휴일과 종교색채

'가톨릭교회의 각종 헌금 파악 및 회계투명성', '종교단체의 법적 지위', '종교계의 문화재보호 및 환경보호문제'임을 알 수 있다.

따라서 향후 정책과제의 선정 및 추진 시에는 위 과제에 우선순위를 두고 실현할 수 있는 구체적인 방안이 마련되어야 할 것이며, 종교정책추진과정에서 이러한 점이 충분히 고려되지 않으면 안 될 것이다.

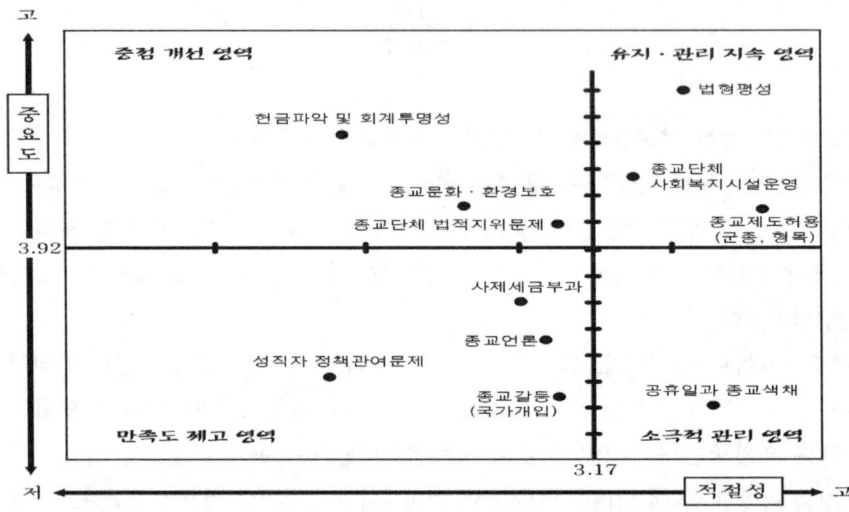

<그림 5> 종교정책의 중요도·적절성에 대한 포트폴리오

주 ☞ 중점 개선 영역   중요도 ↑ 적절성 ↓ : 적극적이며 중점적인 개선노력을 투입해야 할 영역
　　　유지·관리 지속영역 중요도 ↑ 적절성 ↑ : 적극적이며 지속적인 만족도 유지 노력을 기울여야 할 영역
　　　만족도 제고 영역   중요도 ↓ 적절성 ↓ : 소극적인 개선노력이 필요한 영역
　　　현수준 유지 영역   중요도 ↓ 적절성 ↑ : 현수준 유지 및 소극적인 만족도 유지차원 영역

Ⅵ. 사회복지학

박 문 수

1. 서 론

사회복지학 전공 개방형 설문은 필자의 논문 "가톨릭 사회복지와 한국의 근대화"에 관련된 평가와 한국 교회사에서 가장 기여도가 높다고 교회 내에서 평가하는 주장들을 객관적으로 검증하기 위한 목적으로 설계되었다. 최근 불거지고 있는 가톨릭 대형시설의 문제들에서 나타나는 바와 같이 가톨릭 사회복지가 새로운 진로를 모색해야 하는 단계에 와 있는 것으로 평가되고 있기에, 앞으로도 한국사회복지에 가톨릭의 기여가 여전히 필요한 것인지, 필요하다면 어떤 영역에서인지 나름의 전망을 시도하는 것도 중요한 목표 가운데 하나였다. 아울러 시사적인 문제로 꽃동네에 대한 평가를 추가하여 균형적인 평가를 시도하고자 하였다.

이 조사는 크게 세 부분으로 구성되어 있다. ① 가톨릭 사회복지가 20세기 한국사회에서 가장 기여한 분야와 근대화와의 관련성, ② 가톨릭 사회복지의 한국사회복지와 사회발전에 기여한 시기에 대한 평가, ③ 가톨릭 사회복지의 미래 전망 등이다. 이 세 영역에 대한 전문가들의 답변은 기존 교회 내의 내부자적 시각을 보완하고, 일종의 델파이(delphi) 조사 성격을 띰으로써 사회복지 종사자와 정부 정책입안자, 가톨릭교회의 정책결정자들에게 실질적인 정보를 제공하게 될 것으로 기대된다.

2. 결과분석

결과분석은 문항별로 빈도와 무응답을 제외한 실제 응답자만을 계산한 유효백분율로 결과를 정리하고, 각각에 대하여 결과의 의미를 분석하였다. 이어 결론에서 조사결과의 의미를 숙고하고, 현 단계에 가톨릭교회와 국가에 시사하는 바를 정리하였다.

2.1 응답자의 인구사회학적 특성

이 조사의 응답자들은 한국학술진흥재단 연구자정보 데이터베이스에 사회복지학 전공자로 등록한 박사과정 수료 이상의 연구자 중 이미 은퇴한 교수들을 제외하고, 세부전공과 대학이 소재한 지역으로 층화하여 표집하였다. 대상자 15명중 1명은 공통설문에만 답을 하고, 전공설문에는 참여하지 않았기에 실제 분석대상은 14명이었다. 응답자의 연령이 대체로 40대 이하인 것은 데이터베이스에 등록된 연구자들의 소속이 교수직에 국한되지 않은 점과 전공분야의 성격상 학문의 저변이 넓어진 것이 최근의 일이기 때문으로 해석된다. 종교도 개신교와 가톨릭이 66.7%로 다수를 차지하는데 이는 사회복지학과를 설치한 대학이 대부분 그리스도교 계통의 대학인 점과 사회사업이 그리스도교의 본질적 구성요소이기 때문에 다른 종교보다도 더 친화성이 있는 탓으로 해석된다. 이 점이 만약에 있을지도 모를 편향(bias)의 원인이 될 수 있을 것이다.

<표 1> 인구사회학적 정보

구 분	내 용	표본수	비율(%)	전체(%)
성 별	남 성	11	73.3	100.0
	여 성	4	26.7	
연령별	30대 이하	5	33.3	100.0
	40대	9	60.0	
	50대			
	60대 이상	1	6.7	
종교별	무 교	3	20.0	100.0
	불 교	1	6.7	
	기독교	6	40.0	
	가톨릭	4	26.7	

2.2 결과분석

1) 한국 사회복지 서비스 가운데 가톨릭이 20세기에 가장 큰 기여를 한 분야

가톨릭이 지난 20세기에 한국 사회복지 서비스 가운데 가장 크게 기여한 분야의 1, 2순위만 정리하였다. 1순위에서 가장 높은 빈도를 차지한 것은 빈민복지, 아동복지, 민주화·정의·평등구현 이른바 사회정의 등 세 가지였다. 이 외에도 4개 영역이 추가되어 무려 7개 영역이 거론되었다. 이는 응답자들이 가톨릭사회복지사에 대한 이해가 다소 부족하거나, 전공에 대한 관심사가 답변에 영향을 주었기 때문으로 해석된다.

<표 2> 기여 1순위

구 분	빈 도	유효백분율
빈민복지	3	21.4
아동복지	3	21.4
민주화, 정의, 평등구현	3	21.4
노인복지	2	10.7
조직적인 사회복지서비스	1	8.3
의료복지	1	8.3
장애인복지	1	8.3
합 계	14	99.80

실제 한국 가톨릭복지사에서는 일제시대까지는 아동복지와 교육복지가 가장 높았고, 전후에는 구호사업, 1970년대에는 빈민복지와 민주화, 1980년대 이후에는 복지영역 전반에 걸쳐 조직적인 서비스와 참여가 활발해졌다. 이 때문에 시기별로는 성격이 뚜렷해도 20세기 전체를 놓고 볼 때는 평가하기가 용이하지 않은 것이 현실이다. 따라서 이 결과는 이러한 현실을 잘 반영하고 있는 것이다.

<표 3> 기여 2순위

구 분	빈 도	유효백분율
노인복지	3	21.3
장애인 복지	3	21.3
국민계몽과 사제단의 활약	2	14.3
아동복지	2	14.3
시설복지 서비스	1	7.2
경제정의실현	1	7.2
의료사업	1	7.2
자원봉사	1	7.2
합 계	14	100.0

2순위에는 노인복지, 장애인 복지 두 영역이 가장 우선순위가 높았고, 이어 국민계몽과 사제단의 활약, 아동복지가 두번째를 차지하였다. 1, 2순위를 종합하면 역시 사회복지에서도 가톨릭의 사회정치적 역할을 높이 평가하고 있다는 것을 알 수 있다. 이것은 가톨릭의 사회정치적 역할이 사회복지를 시혜적인 것이 아니라 당연한 권리개념으로 변화시키는 데 기여한 점과 국가가 삶의 질을 높이는 데 참여하도록 도덕적으로 강제한 것이 실질적으로 복지발전에 기여하였기 때문으로 평가된다. 이 점을 제외하면 나머지 기여영역에 대한 각기 다른 평가는 응답자들의 가톨릭사회복지사에 대한 정보부족으로 평가하는 것이 타당해 보인다.

2) 가톨릭이 20세기 한국사회복지에서 가장 큰 기여를 한 시기

한국 사회복지사에서 가장 기여한 시기로는 1960~70년대가 가장 높았다. 이렇게 보는 이유로는 "효과적이고 조직적인 사회복지 시스템 및 전달체계가 구축되어 있지 않은 상황에서 천주교의 구조화된 조직을 이용해 산별적인 서비스를 전국적인 서비스로 조직화하고 관리하였으며, 성당에서 발생하는 사회복지 기금을 통해 지원하는 등"의 역할을 하였던 점, 빈민 구제와 사회정치적 역할이 본격화된 시기라는 점 등이 이유로 거론된다. 1980년대도 1970년대의 연장선에서 "군부독재에 맞서 민주화 투쟁에 적극 나선 시기이기 때문"이라는 입장이 지적되었다. 이 시기까지는 일차적인 구호사업과 민주화운동을 통한 권리 추구라는 점이 긍정적 평가의 원인이라는 것을 암시하고 있다. 1990년대는 "우리나라에 진정한 의미의 사회복지서비스가 확대된 시기가 이때이고, 이 시기에 가톨릭교회가 사회복지분야에서 그 어느 종교보다도 앞서서 많은 기여를 한 것"이기 때문으로 평가하고 있다. 이 결과를 통하여 가톨릭 사회복지의 기여 시기는 한국전쟁 이후 특히 1950~70년대에 걸쳐 있으며, 1990년대 이후는 체계화와 함께 새로운 전환점에 선 시기라는 평가가 가능할 수 있을 것이다.

<표 4> 한국사회복지사에서 가장 기여한 시기

구 분	빈 도	유효백분율
1960~70년대	6	42.8
1980년대	2	14.2
1990년대	2	14.2
1950~60년대	2	14.2
1970~80년대	1	7.3
1990년대 이후	1	7.3
합 계	14	100.0

3) 가톨릭 사회복지가 20세기 한국사회복지에 가장 기여하지 못한 영역

<표 5> 가톨릭이 가장 기여하지 못한 복지영역

구 분	빈 도	유효백분율
여성복지	3	23.1
청소년 복지	2	15.3
장애인(정신 포함) 복지	2	15.3
지역복지	1	7.7
교정복지	1	7.7
영적복지분야	1	7.7
노인복지	1	7.7
재가복지	1	7.7
환경분야	1	7.7
무응답	1	7.7
합 계	14	100.0

앞선 결과들에서도 나타나지만 가톨릭 사회복지가 한국 사회복지사에 큰 기여를 한 것은 사실이지만 유일한 주체는 아니었고, 각 시기마다 모든 분야에서 다 기여한 것도 아니기 때문에 소홀한 분야들이 생긴 것은 당연하다. 처음부터 체계적인 사회복지 서비스를 제공하려는 목표가 있었던 것이 아닌데다, 일부시기를 제외하고는 자원도 충분하지 않았기에 공백이 생기는 것은 필연적이었다. 게다가 가톨릭 사회복지의 성격도 최근에 와서 관점이 달라진 것이고, 이전까지는 사회적 필요와 교회적 필요에 우선 부응하는 방식이었기 때문에 균형적인 관심사로 나타날 수 없었다. 따라서 대부분 최근에 관심이 확대되거나, 점차 활동영역이 넓어진 영역들인 까닭에 이 결과는 옳은 지적이다.

전문가들이 옳게 지적하였듯이 최근의 복지경향을 반영하는 시도들은 상대적으로 기여도가 낮을 수밖에 없고, 중앙집권적인 구조라고는 하나 아직까지 교구와 수도회는 독립적이며, 속성상 교구 중심적이기 때문에 교회의 자원을 효과적으로 배분하고, 욕구에 부응하는 방식으로 신속하게 영역을 개척하고 설정하는 데는 한계를 보일 수밖에 없다. 과거와는 달리 개선되고 있기는 하나 아직까지 중앙집중적이고 통합적인 역할 수행은 외부의 시각과 달리 쉽지 않을 전망이다.

4) 가톨릭 사회복지가 20세기 한국사회복지 발전에 가장 기여한 시기

일부 응답자는 이 질문의 성격이 2번 한국의 사회복지에 기여한 시기를 묻는 질문과 유사한 점을 지적하였다. 그러나 2번 질문이 사회복지영역에 국한시킨 질문이라면 이 질문은 복지

<표 6> 사회복지 발전에 가장 기여한 시기

구 분	빈 도	유효백분율
1950~60년대	3	23.1
1960~70년대	3	23.2
1950년대	2	15.3
1980~90년대	1	7.7
1950~70년대	1	7.7
1960~80년대	1	7.7
1970년대	1	7.7
1980년대	1	7.7
1990년대	1	7.7
합 계	14	100.0

를 포함한 한국사회발전 전체에 기여한 시기를 묻고 있기 때문에 성격이 다른 것이다. 결과를 보면 대체로 1950년대나 1950년대를 기점으로 하는 답변이 46%에 이르러 전후 복구과정에 가톨릭계 원조기관의 도움과 이를 통해 동원된 물질적, 인적 자원이 가장 큰 평가를 받은 것임을 알 수 있다. 각 시기 선정에 대한 근거로 1950~60년대는 "한국전쟁으로 인한 다양한 사회문제, 특히 전후 고아, 장애인, 실직자, 부랑인, 요보호노인 등 스스로 최저생계를 해결할 수 없는 국민들을 위한 안전망 역할을 보충적으로 수행"하였다는 지적에서 볼 수 있듯이 전후에 집중된 복지노력이 가장 큰 평가를 받았음을 알 수 있다. 다른 시기를 지적하는 경우 곧 1960~70년대는 "노사분규 개입, 노동조합 설립 지원, 농민 권익 보호, 사회정의에 입각한 노동자, 농민의 권리에 대한 지속적인 관심 표명 등으로 사회복지의 필요성에 대한 사회적 공감대를 확산"시킨 점을, 1980~90년대는 "기관중심의 복지서비스가 확대되는 과정에서 가톨릭교회가 적극적으로 기관운영에 참여"한 점을 사례로 지적하였다. 기여시기에 대하여 다양한 평가가 나타나는 것은 응답자들이 복지의 정의와 시각의 차이가 존재하기 때문으로 해석된다.

5) 가톨릭 사회복지가 근대적 사회복지의 통로였다는 평가에 대한 의견

<표 7> 가톨릭의 근대적 사회복지 통로역할에 대한 동의여부

구 분	빈 도	유효백분율
동의	9	64.2
부분적 동의	4	28.6
부동의	1	7.2
합 계	14	100.0

동의와 부분적 동의를 합하면 14명 중 13명이 동의한 것이다. 동의의 견해는 다음과 같다.

"a) 교리에서 행함(do good), 즉 사회사업(social work)은 구원의 문제와 직결되어 있을 정도로 중요한 사명이었고, 이는 가톨릭이 한국 근대사에 사회복지분야의 통로역할을 할 수 있도록 해준 가장 근본적인 이유이다. b) 서구의 전문적 사회복지 전문지식, 기술, 실천 프로그램 등을 한국에 소개하고 확장시켰다. c) 자선에서 국가 사회복지로 넘어가는 과정에서 가톨릭 사회복지가 많은 기여를 한 것은 사실이다. d) 외원단체의 후원 아래 한국에서 사회복지 활동의 씨앗을 뿌렸다. e) 전래 당시 전통적 가치와 질서에 대항하여 지난한 고난과 핍박을 경험하였지만 선교 본래의 목적과 구제사업 등으로 문화의 장벽을 허물고 서구의 근대 문물을 접할 수 있는 계기를 제공해 주었다. f) 가톨릭의 복지활동이 주로 수도회를 통해 이루어졌기 때문에 서구의 사회복지서비스 기법 등이 한국에 체계적으로 도입될 수 있었다." 조건부 동의에는 "a) 특별히 가톨릭이 근대적 사회복지를 주도했다고 볼 수 없다. b) 종교는 빈곤구제 등에 주력하였다고 보며, 근대적 사회복지의 통로는 다른 곳이었다."가 거론되었다. 부동의는 "근대화과정에서 가톨릭이 진보적 사상의 유입과 같은 부분에서 기여를 하였고, 사회복지에 대한 가톨릭의 관심은 20세기 후반부터 본격화되었으므로 이 시기는 이미 우리나라에 사회복지가 어느 정도 정착된 시기"라는 것이다. 대체로 근대적 사회복지의 통로였다는 사실은 인정하지만, 전적이거나 유일하다는 평가에는 유보적이다. 이 결과를 통하여 가톨릭의 기여에 대한 긍정적 평가를 피할 필요는 없지만, 과도하거나 주관적인 자기중심주의에 사로잡혀서도 안 된다는 사실을 알 수 있다.

6) 현재의 시점에서 가톨릭교회가 포기해야 할 사회복지 영역

<표 8> 현재 시점에서 포기할 영역

구 분	빈 도	유효백분율
없다/오히려 확장	5	50.0
의료서비스	3	30.0
대규모수용시설	2	20.0
빈곤가장기능보완서비스	1	10.0
무응답	4	
합 계	14	100.0

현재 시점에서 의미가 약화된 영역이 있는가, 이른바 이제 그만두어야 할 복지영역이 있겠는가 하는 질문이었다. 응답자들 가운데 절반이 포기할 영역이 없다거나 오히려 영역을 확장할 필요가 있다고 답하였다. 아마도 이것은 한국의 복지수준이 아직은 열악하기 때문에 제3섹터 가운데 가장 강력한 종교의 역할이 필요하다는 의미로 해석된다. 적어도 종교가 다른 분야

에서는 의미가 약화되어도 사회복지영역에서만은 여전히 기여할 여지가 충분하다는 것을 가리키는 것이라 할 수 있다. 물론 이 결과는 가톨릭이 이 영역 외에 의의를 인정받을 수 있는 곳이 적을 것이라는 의미도 내포하고 있다.

그럼에도 굳이 기존 서비스 가운데서 의미가 약화된 영역을 찾으라면 가장 우선적인 대상이 의료서비스가 될 것이라는 것이 전문가들의 지적이었다. 이유는 다음과 같다. "a) 과거 의료서비스가 낙후되었던 시기와는 달리 다양한 조직과 다양한 기관에서 발달된 의료 기술을 바탕으로 의료서비스를 제공하고 있다. 가톨릭교회 산하의 의료기관들은 과거 중요한 기여를 한 것이 사실이나, 현대에 와서는 조직의 운영 및 관리와 관련되어 다양한 마찰이 발생하고 있으며, 변화에 쉽게 적응하지 못하는 가톨릭교회의 특성상 매너리즘에 빠지기 쉬운 구조를 가지고 있기도 하다. 따라서 효율성이 낮아지는 문제가 발생할 것으로 예상된다. b) 가톨릭교회가 설립한 의료시설들은 설립 이래 비영리성, 순수성 등으로 열악했던 우리의 보건의료발전에 많은 기여를 해온 것이 사실이나, 설립이념과는 달리 지금은 대부분 영리를 추구하다보니 거의 대부분의 가톨릭 의료시설에서 순수성을 찾아보기 힘들며 초창기와는 달리 지금은 한국사회에 포화상태의 의료시설이 있으므로 기존시설의 운영개선이나 지역별 재배치(도시의 의료시설을 농어촌지역으로)외의 신규 의료시설 설립을 자제해야 한다. c) 최근 전국 가톨릭병원에서 연쇄파업이 일어난 것들을 볼 때 한국의 의료사업은 상업화되어 있기 때문에 가톨릭교회의 역할이 상대적으로 줄어들 것으로 보인다. 사실, 가톨릭 의료사업은 대규모 병원을 운영하기보다는 주민밀착형 소규모병원과 예방진료활동 등을 강조해야 할 것이다." 이것은 의료환경이 가장 먼저 시장화되었으며, 가톨릭의 역할이 상대적으로 덜 중요해진 영역이 되었으므로 새로운 진로를 모색해야 한다는 의미로 해석이 가능하다. 다른 하나는 꽃동네와 같은 대규모 수용시설이다. "가톨릭에서 운영하는 시설은 다른 곳보다 비대화되는 경향이 있다. 탈시설화의 경향은 이미 일찍부터 시작되었다. 종교인들이 운영하다 보니 서비스 수혜자 입장보다 제공자들의 종교적 신념, 박애심 등이 우선되고, 그러다 보니 자꾸 수용인원, 시설을 키우는 경향이 있다"는 것이다. 타당한 지적이다. 이렇게 지적 받는 영역은 실제 현장에서 점차 문제화되고 있으므로 전문가들의 지적처럼 교회와 교회의 복지 관계자들은 과거와는 다른 의미를 부여받게 되는 새로운 맥락을 고려해야 할 것이다.

7) 가톨릭이 21세기 초반에(2020년까지) 가장 시급히 참여해야 할 복지영역

가톨릭이 21세기 초반에 가장 기여할 1순위 영역에서 첫번째로 노인복지가 지적되었다. 이유는 다음과 같다. "a) 한국의 노령화 사회 진입, 노인들의 욕구 상승, b) 노인 인구의 급속

<표 9> 미래 기여희망 1순위

구 분	빈 도	유효백분율
노인복지	6	42.7
지역복지	2	15.3
국제사회복지	1	7.0
영적 복지	1	7.0
청소년복지	1	7.0
알콜/약물남용	1	7.0
빈곤구제	1	7.0
여성복지	1	7.0
합 계	14	100.0

한 증가와 이들에 대한 지원체계 부족" 등이다. 두번째로는 지역복지로 이유는 다음과 같았다. "a) 향후 복지에 대한 시민의 욕구는 자신이 살고 있는 생활권에서 이루어지길 희망한다. 따라서 주민밀착형 지역복지사업에 교구(의 사회복지위원회)와 본당의 참여가 더욱 절실하다." 이 두 영역은 현재의 역할에 비추어 볼 때 시사하는 바가 크다. 노인복지는 수도회를 중심으로 비중이 확대되고 있으나 전문화, 탈시설화 추세에서는 뒤처진 실정이므로 범위확대와 아울러 전문화, 특성화가 시급하다. 그리고 달라진 한국의 위상을 감안하여 국제복지에 나서야 한다는 주장, 풍요의 시대에 접어든 상황을 반영하여 종교가 가장 잘 기여할 수 있는 영적 복지(Spiritual Welfare)에 나서는 것과 청소년 복지, 새로운 사회문제에 대한 대응으로 알 중독을 포함한 약물남용 문제, 여성복지 등도 비중은 작지만 거론되었다. 다른 영역보다 빈도가 높았던 영역들은 응답자들의 전공이 다양하고, 사전에 정보교환이 없었다는 점에서 개연성이 높은 결과로 이해해야 할 것이다.

2순위로는 장애인 복지가 가장 빈도가 높았다. 이어 아동·청소년복지, 노인복지, 여성복지, 환경운동, 교정복지 등이 거론되었다. 종합하면 노인복지, 장애인복지, 아동·청소년 복지가 3대 방향이 되리라는 것이다. 가톨릭의 종교적 특성과 수도회 조직이 독특하게 기여할 수 있는 측면들을 고려한 의견들이므로 참고할 가치가 크다고 하겠다.

<표 10> 미래 기여희망 2순위

구 분	빈 도	유효백분율
장애인복지	4	28.6
아동/청소년복지	2	14.3
노인복지	2	14.3
여성복지	2	14.3
환경운동	1	7.125
교정복지	1	7.125
사회복지전문가양성	1	7.125
호스피스	1	7.125
합 계	14	100.0

8) 2020년까지 가톨릭 수도회가 하기에 적당한 일

한국의 가톨릭사회복지는 수도회 특히 여자수도회와 떼려야 뗄 수 없는 관계에 있다. 가장 기여 범위가 넓고, 기여도도 높기 때문이다. 신분상으로 이들이 가진 종교적 사명감과 헌신성은 가톨릭에서 가장 큰 비중을 차지할 뿐 아니라 교회외부의 긍정적 평가의 원인이기도 하므로 이들의 기여방향은 미래 가톨릭사회복지 방향에도 큰 영향을 미칠 요소이다.

<표 11> 수도회가 하기에 적합한 복지 1순위

구 분	빈 도	유효백분율
노인복지	8	57.2
청소년복지	2	14.3
지역복지	2	14.3
영적복지	1	7.1
기타	1	7.1
합 계	14	100.0

수도회의 기여정도가 가장 높은 분야는 앞서의 방향과 마찬가지로 노인복지였다. 재가 독거노인에 대한 방문 서비스, 노인 취업 알선, 노인요양시설, 무의탁 노인 생활시설, 호스피스 프로그램, 치매 중풍노인 간병, 주간보호, 단기보호 등이 노인복지시설이 전반적으로 부족한 상태인데다 노인 인구가 급증하고 있으므로 유효적절한 일이 되리라는 것이다. 이어 청소년 복지가 거론되었는데, 청소년 복지가 상대적으로 소외되어 온 분야이고 현대의 가장 심각한 문제 가운데 하나이며, 이에 비해 청소년 관련 전문 인력이 부족하기 때문이라는 것이다. 지역복지도 기여 영역으로 거론되었는데, 지역주민들의 환경운동, 재가방문, 장례지원, 가족상담과 치료사업, 결연과 후원사업을 통하여 이제는 지역에 밀착한 복지서비스를 제공할 필요가 있다는 이유에서였다. 지적된 방향들 모두 현재 수도회에서 기여하고 있기는 하지만 아직 청소년 분야와 지역복지는 미흡한 실정이다. 다른 분야들은 시도하거나 모색하고 있는 단계에 있다. 따라서 우선순위가 높았던 영역은 개연성이 높은 영역이므로 현재와 같이 새로운 사도직을 개척하거나 모색하는 과정에서 충분히 참조하는 것이 좋을 것이다.

기여 희망 2순위(표 12)에서는 장애인 복지가 가장 빈도가 높았다. 호스피스, 여성복지도 비중이 비교적 높았다. 1, 2순위를 합하면 노인복지, 장애인복지, 청소년 아동복지가 3대 방향이다. 이 외에도 호스피스 복지와 여성복지는 후보영역으로 필자의 관찰결과에도 적합한 영역이 될 것으로 보인다.

<표 12> 수도회가 하기에 적합한 복지 2순위

구 분	빈 도	유효백분율
장애인복지	4	30.7
호스피스복지	2	15.4
여성복지	2	15.4
청소년/아동복지	2	15.4
정신복지	1	7.7
의료복지	1	7.7
노인복지	1	7.7
무응답	1	
합 계	14	100.0

9) 가톨릭이 운영하는 [꽃동네]와 같은 대규모 시설이 갖는 장점과 단점

<표 13> 대규모 시설의 장점

구 분	빈 도	유효백분율
운영의 효율성과 경제성	8	57.2
후원금 모금용이	3	21.4
일반인들에게 인식제고 용이	2	14.2
특화된 서비스 제공	1	14.2
합 계	14	100.0

최근 사회적 쟁점이 되었던 꽃동네를 보다 객관적으로 평가하기 위하여 평가의 여러 요소들을 들어보고자 하였다. 장점으로는 운영의 효율성과 경제성이 가장 큰 요인으로 평가되었다. "a) 규모의 대형화로 복지시설운영 시스템이 잘 짜여져 효율적인 사회사업을 운영할 수 있다. b) 대규모로 운영함으로써 집적 경제의 이익을 얻을 수 있다. c) 소규모 시설에서 할 수

<표 14> 대규모 시설의 단점

구 분	빈 도	유효백분율
서비스 획일화, 전문성 부재	5	36.1
관료주의	2	14.2
지역사회통합저해	2	14.2
사생활보장미흡과 자율성 결여	2	14.2
실적위주로 변질 위험	1	7.1
확대지향성	1	7.1
재정투명성결여	1	7.1
합 계	14	100.0

없는 프로그램과 양질의 교육을 제공할 수 있으며 정부기관과 지역사회와 긴밀한 연대를 유지하여 지역 공동체 발전에 기여할 수 있다."는 것이 이유였다. 두번째로는 "a) 사회적으로 가시화가 용이하여 후원 등 재정확보가 쉽고, b) 강력한 후원조직을 통해 민간자원을 동원하기가 용이하다"는 것이었다. 세번째로 일반인에게 인식제고가 용이하다는 것이었다. 이는 내부에서도 주장하는 바이다. 그러나 이에 못지않게 단점도 존재한다는 점이 중요하다.

단점으로는 무엇보다 서비스의 획일화와 전문성 부재가 지적되었다. "a) 시설병을 유발하고, 각 개인에 대한 개별화된 서비스를 제공하는 것이 불가능하여 획일화를 초래한다. b) 인권에 대한 충분한 배려가 부족해진다"는 이유에서였다. 두번째와 기타로는 관료주의와 수용자들의 지역사회 통합저해, 대상자의 사생활보장 미흡과 자율성 부족, 경영실적에 관심을 두기 쉬워 초기 사명감이 희석될 수 있는 점, 확대 지향성, 재정의 투명성 결여 등이 지적되었다. 특히 마지막의 문제점은 다음 항목의 이유와 대체로 연결된다.

꽃동네의 부정 사실 여하를 떠나서 전문가들은 이러한 대규모 시설들이 시설운영·경영의 불투명성을 낳을 수 있다는 점을 가장 큰 이유로 지적하였다. 설립초기의 순수성이 희석되어 수단과 목적이 혼동되는 점, 권력의 집중으로 부정부패 가능성이 높아지는 점, 사회적 낙인으로 지역주민들과 대상자들의 통합이 어려워지는 점, 행정감독이 쉽지 않은 점이 이유로 거론되었다.

<표 15> 꽃동네가 사회문제가 되는 이유

구 분	빈 도	유효백분율
경영의 불투명성	5	41.7
설립초기정신과 순수성희석	2	16.7
권력집중으로 부패위험증가	2	16.7
지역사회와 통합 곤란	1	8.3
성직자의 절식제고 용이	1	8.3
감독체계의 미비와 소홀	1	8.3
무응답	2	
합 계	14	100.0

이러한 문제점은 대규모 시설에서뿐만 아니라 모든 시설에서 문제가 될 수 있다는 점에서 가톨릭 사회복지가 특별히 주의를 기울여야 하는 문제라고 하겠다.

10) 가톨릭교회의 사회복지 발전에 필요한 조언이나 제안

전문가들은 가톨릭교회의 사회복지 발전을 위하여 다음과 같은 조언을 해주었다.

a) ① 서비스의 기획 및 운영에 있어 전문성의 확보 및 전문가 활용 ② 교회에서 요구하는 성직자들에 대한 희생과 봉사의 범위를 성직자에 한정하고 현실적인 삶에 대한 이해를 바탕으로 직원 및 시설 이용자들에게 기준을 적용할 것 ③ 투명한 재정운영 및 효과성과 효율성에 대한 제고 ④ 지속적이고 장기적인 발전 방향의 설정 및 유지(가톨릭교회의 상향식 권력 집중 구조는 책임자의 교체가 곧 목표의 전환으로 이어질 위험이 존재함) ⑤ 자선적 서비스로부터 탈피, 과학적이고 합리적인 서비스구조 확립이 필요하다.

b) 최근 부분적으로 가톨릭 사회복지 운영에 문제점들이 나타나는 것은 외형적 규모의 대형화 내지 사회사업 분야의 다변화에 따른 것이다. 자칫 가톨릭이 운영하고 있는 일부 복지시설들의 투명성 문제로 인해 가톨릭 본연의 순수성, 비영리성, 공익성이 훼손되지 않을까 염려스럽다. 투명성의 획기적 제고방안을 마련하기를 제안한다.

c) 모든 분야를 다 잘하겠다는 생각보다 가톨릭의 이념에 부합하는 프로그램들을 특화하여 전문화하는 것이 바람직하다.

d) 성당근처 지역주민을 위한 사회복지사업에 주변의 여러 종교단체들까지 협력하여 자원을 동원하고 지역주민을 위한 다양한 복지시설이나 프로그램 등을 공동으로 개발하여 통합적으로 운영하는 지역복지를 이루는 것이 바람직하다.

e) 자선의 차원보다, 국가복지의 부족한 부분을 보충해주고 전체 사회복지 자원을 확대하는 차원에서 가톨릭 사회복지를 발전시킬 필요가 있다. 현재 한국 사회복지체계에 수많은 틈새들이 있는 점을 고려하여 그 부분들을 보완하려는 노력이 필요하다.

f) 수도회나 교구(사회복지위원회) 등이 운영하는 기관에서 수도자가 아닌 일반 직원도 책임자가 될 기회를 넓혀야 한다.

3. 결 론

가톨릭 사회복지에 대한 평가는 근대적 사회사업의 효시로 거론되는 최초의 고아원, 양로원 등이 상징적으로 보여준다. 이는 최초로 전래된 서구 종교라는 위치에서 오는 것이다. 또한 한국 전쟁이후 양적으로 기여 범위가 넓어지고, 질적으로도 권리의식이라는 관점에서 복지의 지평을 넓혀준 현대적 역할에 비추어 과거까지 소급하여 근대화와 연결시키는 평가들이다.

이것은 전후에 집중된 원조와 이를 통한 기여 그리고 1960년대 말부터 시작된 민주화 운동에 참여한 결과에서 비롯되는 것이다. 이러한 평가들은 일반인이 가톨릭사회복지를 평가할 때 보이는 경향이다. 실제로 가톨릭이 한국의 사회복지에서 기여한 정도는 매우 높은 편이고 이런 평가를 받는 것이 정당하다. 그러나 이는 다른 주체들을 비교하지 않은 평면적인 평가이기 때문에 자칫 자기도취에 빠지기 쉬운 문제가 있다.

이 조사는 이러한 자기중심주의의 위험을 피하고, 현재까지의 실제 기여영역과 기여정도를 파악하고 앞으로도 건설적인 기여를 할 수 있는 방안을 모색하려 하였다. 그 결과 가톨릭 사회복지가 20세기 한국사회에서 가장 기여한 분야와 근대화와의 관련성은 각기 평가가 달랐지만 기여도에 비중을 두는 평가가 우세하였다. 그러나 기여가 부족하였던 점도 있었으며, 다른 주체들과 비교하였을 때 상대적으로 과대평가 혹은 과소평가되는 영역이 공존함을 보여주었다. 가톨릭 사회복지의 기여시기에 대한 평가도 다소 혼재되어 있지만 한국전쟁의 역할이 실질적이었다는 의견으로 집약됨을 알 수 있다. 교회 내에서 주로 평가하는 부분이 개화기에 시도된 최초의 역할에 초점이 맞추어진 데 비추어보면 큰 차이가 있는 결과이다. 마지막 가톨릭 사회복지의 미래 전망에서는 사회과학적으로 예측이 가능한 사회문제와 복지수요가 높아질 가능성이 높은데 비해, 정부의 기여가 여전히 부족할 영역들이 우선순위가 높게 나타났다. 앞으로도 가톨릭 사회복지가 한국 사회복지에서 무시할 수 없는 비중을 차지하게 될 것이라는 점을 잘 보여주었다. 그러나 가톨릭의 사회적 역할이 대부분 복지에 국한될지 모른다는 사실도 예측이 되었다. 마지막으로 꽃동네와 같은 대형시설의 장단점, 사회문제가 되는 이유를 통하여 점차 대규모화되고 있는 가톨릭계 복지시설들이 문제를 사전에 예방하고 건실하고 투명하게 운영되는데 주의해야 할 요소들을 정리하였다.

이 결과들이 시사하는 바는 크게 세 가지로 정리가 가능하다. 가톨릭 사회복지는 미래 한국 사회에서도 여전히 중요한 기여 영역이라는 점이다. 제3섹터의 가장 영향력이 있는 집단으로서, 점차 종교의 영역이 축소되고 있는 현실에서 여전히 종교의 정당성을 입증하는 주요 영역이 되리라는 것이다. 두번째는 가톨릭 사회복지가 현재 전환기에 있다는 사실이다. 특히 대규모 시설과 대형병원들은 내부에서 부여하는 의미와 중요성에도 불구하고 사회적으로는 설립 초기 만큼의 의미와 비중을 차지하지 못하고 있기에 어떤 형태로든 새로운 복지환경에 걸맞는 역할모색이 필요하리라는 것이다. 또한 종교영역에서 비교적 투명하게 운영되던 시설들이 더 투명하기를 요구받고 있는 점도 종교의 도덕성과 관련하여 과감한 변신을 요구하고 있다. 마지막으로, 사회적 쟁점이 되는 일부 시설이 제기하는 바와 같이 대형화를 추구하는 유혹에서 벗어나 지역에 밀착하면서 동시에 지구적 책임을 의식하는 영역으로까지 관심사를 확대하여야 하며, 종교 본연의 역할에 더 어울리는 영역에 관심과 투자를 집중함으로써 계속해서 한국의 사회복지에 기여해야 한다는 점이다.

이러한 시사점을 통해 이 조사는 전환기에 있는 가톨릭 사회복지에 의미 있는 방향을 제시해 주었다고 평가할 수 있다. 특히 미래방향에 관련된 시사점들은 델파이 조사의 성격을 띠면서 실무자들과 정책입안자들에게 긍정적으로 기여할 요소들을 효과적으로 지적하였다. 이것이 이 조사의 가장 큰 기여라고 평가할 수 있을 것이다.

Ⅶ. 여성학

강 영 옥

1. 서 론

근대화 과정은 신분제 사회를 탈피하고 모든 사람이 상호 인권을 존중하면서 자유와 평등을 보장받는 민주시민사회로 발전해 나가는 역동적 과정이다. 그러한 역사적 흐름 안에서 '여성의 권리는 인권'이라는 주장이 제기되고 여성의 사회 참여는 점차 커지고 있다.

가톨릭은 근본적으로 남녀평등사상에 기반하고 있다. 그렇기 때문에 가톨릭교회는 인간의 존엄성과 인권을 수호하며 하느님 앞에 누구나 평등하다는 사상을 일찍부터 고취시켜 왔다. 인간기본권은 성별, 인종, 피부색, 사회적 신분, 언어, 종교에서 기인하는 모든 차별로부터 보호받을 권리이다. 따라서 여성이라는 이유로 당하는 차별과 소외는 가톨릭 사상에 위배되고 인권에도 어긋난다. 그러한 가톨릭 사상이 한국의 근·현대 과정에서 한국 여성들에게 어떤 영향을 미쳤고, 여성들을 위해 어떤 활동을 펼쳐왔으며, 앞으로 나아갈 전망은 어떤 것인지에 대해서 여성학 전문가 14인에게 개방형 설문조사를 실시하였다.

2. 결과분석

결과분석은 문항별로 빈도와 무응답을 제외한 실제 응답자만을 계산한 유효백분율로 결과를 정리하였고, 각각에 대하여 의미를 분석하였다. 결론에서 이 조사결과의 의미를 정리하고, 한국 여성들에게 미친 가톨릭의 영향력 및 앞으로의 전망을 제고해보았다.

2.1 응답자의 인구사회학적 특성

이 조사의 응답자들은 여성학 및 여성학 인접분야의 전문연구자 중 층화표집을 통해 무작위로 선정된 10명과 이 주제에 충분한 연구업적을 내고 있는 전문가 4명이 추천으로 정해졌다. 여성학이라는 학문적 특성 때문에 성별에서 모두 여성으로 구성되어 있고, 40대가 주류를 이룬다. 응답자의 종교현황을 살펴보면, 개신교가 절반으로 가장 높은 비율을 나타내고, 가톨릭, 무교의 순으로 나타난다.

<표 1> 응답자 연령

구 분	빈 도	유효백분율
20대	1	7.1
30대	2	14.3
40대	8	57.2
50대	1	7.1
60대 이상	2	14.3
합 계	14	100.0

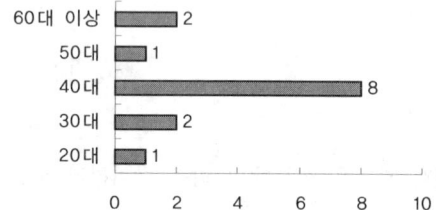

<표 2> 응답자 종교

구 분	빈 도	유효백분율
개신교	7	50.0
천주교	5	35.7
불 교	0	0
무 교	2	14.3
합 계	14	100.0

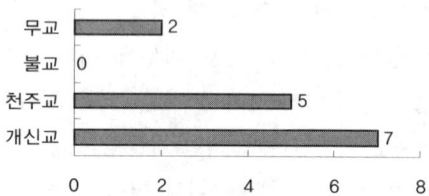

2.2 결과분석

1) 한국 여성에게 미친 가톨릭의 긍정적 요소들

<질문 : 가톨릭(천주교)이 한국에 전래되면서 한국 여성들에게 긍정적인 영향을 준 요소에는 어떤 것들이 있다고 보십니까? 그 요소들과 생각하시는 이유를 적어주십시오.>

<표 3> 한국 여성에 대한 긍정적 요소(중복응답)

구 분	빈도	유효백분율
남녀평등사상	13	41.9
독신생활	2	6.5
교육, 계몽	7	22.6
사회활동	6	19.4
신앙의 힘	3	9.6
합 계	31	100.0

신앙의 힘 3
사회활동 6
교육,계몽 7
독신생활 2
남녀평등사상 13

 가톨릭이 한국에 전래되면서 여성들에게 긍정적인 영향을 준 요소들 중 가장 두드러진 점은 우리 사회 안에 남녀평등사상을 고취시키고 여성들을 유교적 가부장제 문화에서 해방시켜 준 점이었다. 조선 말기 봉건사회에서 가부장적 이념에 의해 억압받던 여성들이 가톨릭 신앙을 통해 스스로를 하느님의 모습을 지닌 고귀한 존재로 인식함으로써 근대적 인간상을 형성하게 되었다는 것이다. 그러한 맥락에서 여성 스스로 주체성을 가지고 결혼하지 않는 독신생활(수도생활)이 삶의 다양성을 제시한 측면에서 긍정적으로 평가되기도 하였다.
 가톨릭이 기여한 두번째 긍정적인 요소로는 여성에게 교육의 기회를 주었고 인습과 계급을 타파하면서 근대 계몽의식을 심어준 점을 응답자의 절반이 지적하였다. 또한 여성들이 사회문제에 대한 인식을 가지고 가정의 영역에 한정되던 삶을 사회활동의 영역으로 넓혀간 점을 들 수 있다.
 소수 의견으로는 종교생활을 통해 신앙의 힘으로 현실의 어려움을 극복해 나가고 정서적으로 도움이 된 요소를 긍정적 요인으로 보았고, 성모 마리아 공경이 여성의 지위향상에 좋은 영향을 미쳤다고 보는 시각도 있었다. 종합하면 가톨릭이 여성들에게 미친 긍정적인 요소들로 남녀평등사상, 교육 계몽운동, 사회활동에의 참여 등을 들 수 있다.

2) 여성들을 위한 가톨릭교회의 활동

<질문 : 가톨릭교회가 한국의 근대화 과정에서 여성들을 위해 한 활동들에는 어떤 것들이 있었습니까? 중요한 순서대로 그 이유와 함께 적어주십시오.>

<우선순위별 순위>
 -1순위 : 여성교육(64.3%), 근대의식의 함양 및 계몽(28.6%), 사회참여 및 활동(7.1%)
 -2순위 : 사회봉사 및 활동(35.7%), 남녀평등의 가족문화(28.6%), 여성교육(14.3%), 근대의
        식 함양 및 계몽(7.1%)

－3순위 : 사회봉사 및 활동(42.9%), 남녀평등의 가족문화(7.1%)

가톨릭교회가 한국의 근대화 과정에서 여성들을 위해 활동한 것으로 가장 높게 평가를 받는 점은 근대교육, 여성교육으로 나타났다. 가톨릭교회는 여성들에게 근대 교육을 수행함으로써 의식변화를 가져다 주었고 가부장중심의 가족문화를 해체시키고 남녀평등의 가족문화로 변화시켜 주었다는 것이다. 가톨릭교회는 여성들로 하여금 교회 생활을 통해 사회봉사 정신을 일깨우고 그것은 나아가 사회참여활동으로 나타났다. 지역사회의 복지를 향상시키면서 여성의 사회참여가 확대될 수 있고 스스로 사랑을 실천하는 사회구성원임을 자각하게 되었다.

3) 1970년대 이후 가톨릭 여성의 활동

<질문 : 개신교 여성과 비교하여 가톨릭 여성의 활동을 어떻게 평가하시겠습니까? 가능하다면 몇 가지 분야로 나누어서 비교평가 해주십시오. 시기는 1970년대 이후입니다.>

<표 4> 1970년대 이후 가톨릭 여성의 활동(중복응답)

구 분	빈 도	유효백분율
사회복지	8	34.8
대사회활동	6	26.1
소극적 선교	2	8.7
여성조직부재	6	26.1
신학의 부재	1	4.3
합 계	23	100.0

가톨릭 여성의 활동은 개신교 여성과 비교할 때 봉사 혹은 사회복지활동 면에서 크게 부각된다. 절반 이상이 가톨릭 여성이 사회복지나 사회봉사활동에 적극적이라고 답변한다. 반면 선교나 교회쇄신, 신학에 있어서 여성의 활동이 소극적이라는 지적이 소수의견으로 나타난다. 1970년대 1980년대를 거치면서 민주화 과정에 참여하는 대사회적 활동에서는 여성수도자의 참여가 두드러지게 부각되지만, 여성평신도의 활동은 미미한 것으로 인식되고 있다. 그 원인을 개신교의 YWCA와 같은 전국단위의 조직이 없기 때문인 것으로 파악하기도 한다. 1970년대 이후 우리 사회는 민주화 요구를 비롯하여 시민단체의 운동이 활발히 전개되는 시점으로 가톨릭교회 전체는 민주주의를 위한 정치투쟁에 기여한 것으로 평가된다. 그러나 가톨릭 여성들의 활동에서 수녀들의 활동은 드러나지만 평신도 여성들의 활동이 가시화되지 않은 측면들

이 있다. 이에 비해 개신교 여성들은 민주주의, 여성노동자 문제, 환경문제, 여성빈민활동 등 다양한 측면에서 시민단체 운동과 유사한 선상에서 활발한 활동으로 나타났다. 즉, 정치적 참여에 있어서 가톨릭 평신도 여성은 개신교 여성보다 소극적으로 평가되고 있다.

4) 한국 여성들을 위한 가톨릭교회의 노력

<질문 : 오늘날 가톨릭교회가 한국 여성들을 위해 노력하는 점이 있다면, 어떤 것들을 실례로 들 수 있습니까? 몇 가지만 적어주십시오.>

<표 5> 한국 여성들을 위한 가톨릭교회의 노력(중복응답)

구 분	빈 도	유효백분율
여성 돌봄	7	41.2
정치적 노력	2	11.8
잘 모름	5	29.4
소극적 노력	2	11.8
영성훈련	1	5.8
합 계	17	100.0

응답자의 절반은 가톨릭교회가 미혼모, 장애여성, 매매춘여성, 가출청소녀, 노인여성 등을 위해 복지차원에서 여성들을 위해 많은 노력을 기울인다고 말한다. 사회의 밑바닥에서 고통받는 여성들에게 가톨릭교회는 관심을 기울여 왔다는 것이다. 반면 한국 여성을 위해 가톨릭교회가 무슨 일을 하는지 모른다는 응답자도 전체의 1/3이나 되었다. 또한 사회제도의 개선이나 정치적 차원에서 여성들을 위한 가톨릭의 활동은 부정적으로 인식된다. 그러나 수녀들이 가정의 범주를 벗어나 다양한 형태로 사회활동에 관여하고 환경운동, 평화운동, 여성노동자 운동에도 적극 가담한다고 보는 비율이 14.3%로서 여성수도자의 활동에 대해 긍정적으로 보고 있다. 소수의견으로는 그동안 가톨릭교회가 대외적으로 정의사회구현 등 정치적 차원의 활동은 남성이, 사회복지 활동은 여성이 수행해오는 성별 분리적 이미지를 가지고 있지만, 실제로는 가톨릭 여성들이 민주주의와 평화를 위한 정치적 활동에서부터 노동, 생명, 환경, 복지의 문제 등 다양한 활동을 펴왔다는 소수의견도 있었다.

5) 한국 사회에서의 양성평등 실현정도

<질문 : 한국 사회에서 양성평등은 어느 정도나 실현되고 있다고 생각하십니까? 실현된 경

우 그 정도와 실현되지 않는다고 생각하실 경우 잘 이루어지지 않는 영역과 이유에 대해 구체적으로 적어주십시오. (① 가정의 차원, ② 사회적 차원, ③ 제도적 차원)>

(1) 가정의 차원

<표 6> 가정 안에서의 양성평등 실현정도

구 분	빈 도	유효백분율
불평등	10	71.4
어느 정도 평등	4	28.6
평 등	0	0
합 계	14	100.0

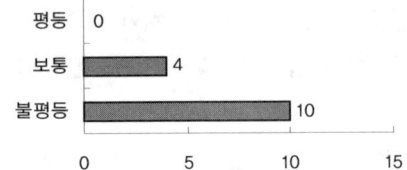

가정에서의 양성평등은 가장 어렵고 마지막 영역이라는 데 응답자의 의견이 모아지고 있다. 가정 안에서의 남녀평등이 아직 잘 이루어지지 않았다고 보는 관점이 2/3 정도이고 어느 정도 변화되고 있다는 중도적 입장이 1/3 정도이다. 제도적, 구조적 개혁은 인위적인 접근이 가능하지만 가정 내에서의 양성평등은 의식의 문제이고 문화의 문제이므로 변화가 가장 어렵고 앞으로 더 시간이 걸릴 것으로 예상된다. 가족 내 성역할 분담이 가족문화 안에서 재생산되고 있고 가사노동과 육아에서 여전히 불평등한 요소가 뿌리깊게 남아있기 때문에 가정 안에서의 양성평등은 아직 실현되지 못하고 있는 실정이다. 젊은 세대는 점차 성차별적 역할에서 상호보완 및 상호협력의 역할구조로 변화시키려고 하지만 가족관계 및 가정생활에서의 평등 실현은 제도개혁만으로 이루어질 수 있는 것이 아니라 뿌리깊게 박힌 인간차별적인 관습과 가치관에서 비롯되기 때문에 쉽게 이루어지지 못한다고 진단하고 있다. 가정폭력이나 이혼의 이유도 가족 내 불평등한 구조에서 그 원인을 찾아볼 수 있다는 의견이 있다. 서로간에 함께 변화하기 위한 노력이 요구되며 사랑과 지혜로써 끊임없이 노력하여야 점진적으로 양성평등이 실현될 수 있을 것으로 여겨진다.

(2) 사회적 차원

여성들이 사회 각 영역에 많이 진출하고 있으며 어느 정도 양성평등이 이루어지고 있다고 보는 입장이 절반 정도이다. 그러나 여전히 양성평등이 이루어지지 않는다고 보는 부정적 입장이 긍정적인 입장보다는 더 우세하다. 여성들의 사회 경제적 활동이 활발해짐에 따라 여성의 능력이 각 분야에서 발휘되고 있으나 정치, 경제 영역에서의 여성주류화는 잘 이루어지지 않고 있음을 지적한다. 정치 및 정당제도의 비민주화가 여성을 정치에서 소외시키는 것도 한

<표 7> 사회 안에서의 양성평등 실현정도

구 분	빈 도	유효백분율
불평등	5	35.7
어느 정도 평등	7	50.0
평 등	2	14.3
합 계	14	100.0

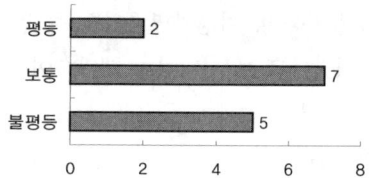

원인이지만, 다른 한편으로 여성들이 스스로 주체적 시민의식이 부족하여 정치참여에 소극적이고 동원이나 봉사에 참여하는 정도로 머물기 때문임도 원인으로 지적된다. 그 결과 여성들이 자주적 시민역할을 제대로 하지 못하고 있으며, 정치 세력화와 지도력도 제대로 성장하지 못하고 있다. 교육의 정도에서 우리 사회는 이미 양성평등을 이루었으나, 전문분야로 가면 성차별적 관행이 많이 유지되고 있음을 알 수 있다. 즉, 표면적으로 양성평등이 이루어진 듯 보이지만 우리 사회가 아직 남성중심성을 벗어나지 못하고 있다는 진단이다. 또한 여성이 사회진출시에 진입장벽이 너무 두텁고 개인의 능력보다는 외모가 중시되는 폐단이 남아있기도 하다. 사회 안에서 남녀의 역할분담이 너무 뚜렷하고 남성과 여성에 대한 기대치도 달라 여성의 능력개발에 저해가 되는 경우가 많다. 남녀고용평등법 등이 있어도 의식개혁과 여성의 가사부담을 줄일 수 있는 실제적인 방안이나 사회적 차원에서의 정책이 미약하므로 진정한 양성평등이 실현되지 못하고 있다. 대체로 사회 안에서 남녀평등을 향한 변화의 움직임을 지적하면서 동시에 아직도 관행으로 남아있는 남녀역할분담까지도 평등의 사고틀로 변화되어야 함을 과제로 제시하고 있다.

(3) 제도적 차원

<표 8> 제도적 차원에서의 양성평등 실현정도

구 분	빈 도	유효백분율
불평등	5	35.7
어느 정도 평등	9	64.3
평 등	0	0
합 계	14	100.0

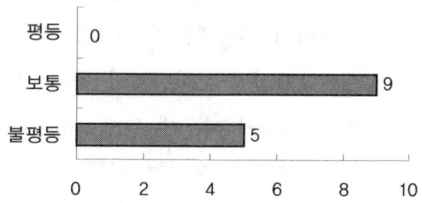

법적으로 여성을 차별하는 호주제가 남아있기에 제도적 차원에서의 평등은 아직 이루어지지 않았다고 보는 입장이 1/3 정도이고, 나머지 2/3는 많은 부분 법적, 제도적 정비가 이루어졌다는 긍정적인 입장을 취한다. 법과 제도는 상대적으로 빠르게 변화하고 있으나 이 제도의

실효성을 뒷받침하는 의식과 태도변화는 아직 낮은 수준으로 진단하고 있다. 가족법, 모성보호법, 고용평등법, 여성차별금지법 등 법이나 제도적 차원에서 형식상의 양성평등은 어느 정도 이루어졌다고 보는 입장이 대다수이다. 그러나 여성을 남성에게 법적으로 종속시키는 호주제가 남아 있고, 성매매금지와 여성을 위한 적극적인 법제도(예: 할당제)가 마련되어야 할 것으로 제시된다.

6) 가톨릭교회가 한국 사회의 양성평등 실현에 기여한 측면

<질문 : 가톨릭교회가 지난 100년 동안(1901~2000) 한국에서 성평등(性平等) 실현에 기여한 측면이 있다고 보십니까? 기여하였다면 어떤 측면에서 그렇게 하였는지, 그렇지 못하였다면 그 이유를 무엇이라 생각하시는지 적어주십시오.>

<표 9> 양성평등 실현의 기여여부

구 분	빈 도	유효백분율
기 여	3	21.4
일부 기여	8	57.2
불(不) 기여	3	21.4
합 계	14	100.0

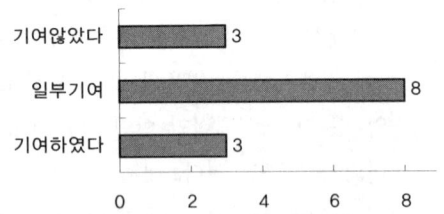

가톨릭교회가 지난 100년 동안 한국사회에서 양성평등 실현에 기여한 측면이 있는지 묻는 질문에 대해 긍정과 부정이 각각 21.4%이며 부분적인 긍정이 57.2%였다. 긍정적인 입장을 취한 경우, 가톨릭이 한국에 전래되면서 일부일처제를 실시하고 축첩제를 파기시킨 점이나 여성교육기관의 설립을 통해 양성평등의식을 고취시킨 점, 직업교육을 통해 여성의 사회활동에 도움을 주었던 점 등을 들고 있다.

반면 가톨릭이 양성평등한 사회를 이루기 위해 기여한 점이 없다는 입장에서는 가톨릭교회 자체가 가부장제적인 교회신조와 조직, 권위주의, 성차별적 역할구조를 가지고 있고 남성성직자 중심의 구조이기 때문에 양성평등실현에 기여하기 어렵다고 진단한다.

부분적인 긍정의 경우에는 가톨릭교회가 근대화 과정에서 남녀평등사상을 통해 사람들의 의식을 변화시킨 점에 대해 그 기여도를 높이 평가하면서도 교회가 지닌 가부장적 요소로 인해 불평등문화를 만들어내고 있다고 보았다. 여성의 역할을 봉사와 희생으로 고정시키고 여성의 가정 내 역할을 지나치게 강조함으로써 전통적인 성역할을 고수하기 때문에 진정한 평등관계를 실현시키지 못한다는 것이다. 또한 성직제도에서 여성을 배제시키기 때문에 결정적 한계를 지니고 있고 현대 사회와의 괴리가 생긴다고 지적한다. 그러나 1990년대 이후 평화운동, 통일운동, 여성운동 등에 가톨릭 여성들이 참여함으로써 긍정적인 징후가 조성되고 있다는 의견도 있었다.

7) 가톨릭교회 안에서의 양성평등 실현정도

<질문 : 한국 가톨릭교회 안에서 성평등이 잘 이루어지고 있다고 보십니까? 그 실현정도를 평가해주시고, 가능하면 그렇게 평가하시는 이유도 함께 적어주십시오.>

<표 10> 교회 안에서의 양성평등 실현정도

구 분	빈 도	유효백분율
불평등	10	71.4
보 통	4	28.6
평 등	0	0
합 계	14	100.0

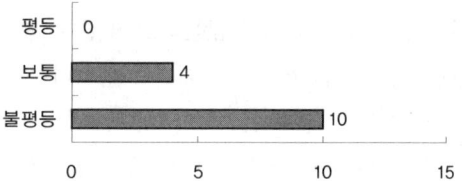

가톨릭교회 안에서의 양성평등 실현 정도에 대해 응답자 모두가 불평등하거나 불평등한 요소가 있다고 보았다. 교회구조의 가부장성, 남성중심의 성서해석, 신부와 수녀의 불평등한 관계, 교회 안에서의 성역할 구분, 여성만 미사보를 쓰는 점, 여성신자가 많지만 교회 내 결정과정에서 소외되는 점 등이 불평등의 요소로 지적되었다. 가톨릭교회를 바라볼 때 가장 불평등한 요소로 비춰지는 점은 남성중심의 성직자 제도임을 대부분 지적하였다. 교회 안에서 진정한 양성평등이 이루어지기 위해서는 여성이라는 이유만으로 성직제도나 교회 내 결정과정에서 배제되는 일이 없어야 하고, 교회의 가부장적 구조가 해체되어야 하며 남성중심의 성서해석에도 변화가 있어야 한다고 지적하고 있다.

8) 가톨릭 여성의 특성

<질문 : 타종교인과 비교했을 때 가톨릭 여성들이 지닌 나름의 특성에는 어떤 것들이 있다고 보십니까?>

가톨릭 여성에 대해 '순종'과 '봉사'라는 단어가 가장 많이 언급되었다. 가톨릭 여성들은 남을 배려하는 봉사정신과 박애정신이 많고, 말보다는 행동으로 신앙을 드러내는 봉사활동에 치

<표 11> 가톨릭 여성의 특성 (중복응답)

구 분	빈도	유효백분율
봉 사	6	22.2
순 종	6	22.2
가족중심	3	11.1
보수적	4	14.9
진보적	3	11.1
포용적	3	11.1
공동체의식	1	3.7
희생적	1	3.7
합계	27	100.0

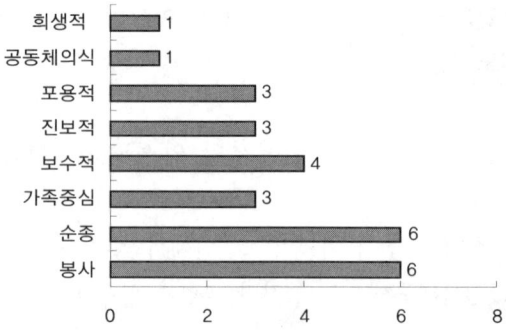

중한다는 것이다. 또한 교권이나 교리, 성직자에 대해 무비판적으로 순종적이고 헌신적이며 '의심의 해석학'을 하지 않는다고 말한다. 순종을 비판적 관점에서 바라보면 가부장적 권력에 절대 복종이 내면화된 전근대적 여성이미지와 중첩될 소지가 있음이 지적되었다. 가톨릭 여성은 개인보다 가정에 헌신적이고, 조용하며 안정적이고 보수적이면서 중산층 여성의 이미지를 지닌다는 의견들도 있다. 사회활동을 열심히 하는 여성은 여성수도자에 국한되고 여기에는 평신도 여성과의 이분화현상이 있음이 지적되었다. 여성수도자는 진보적이고 개방적으로 사회활동에 참여하고 타종교와의 연대활동에 있어서도 적극적으로 평가받았다. 타종교를 포용하고 서로를 존중하는 마음이 강한 점, 공동체 의식이 있으며 이웃사랑 실천에 적극적인 점 등은 장점으로 거론되었다.

9) 이상적 여성상

<질문 : 교수님께서 생각하시는 이상적인 여성상은 어떤 모습입니까? 이 여성상을 구성하는 중요한 요인 세 가지를 적어주십시오.>

<표 12> 이상적인 여성상(3가지 요인)

구 분	빈도	유효백분율
주체성	9	21.4
존중의식	7	16.7
창조, 성장	7	16.7
연대, 봉사	9	21.4
정의실현	8	19.0
생명존중	2	4.8
합계	42	100.0

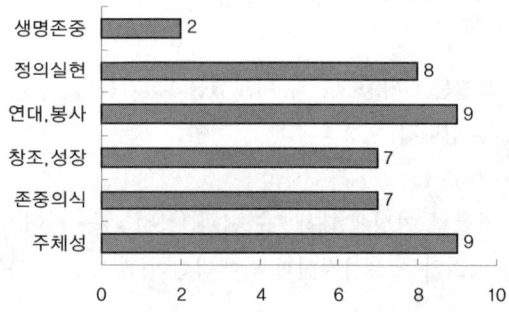

이상적 여성상의 세 가지 요인은 대략 개인의 차원, 이웃과의 차원, 세계 혹은 우주와의 차원으로 나누어 볼 수 있다. 개인의 차원에서는 여성의 주체적 독립성이 가장 중요한 요소로 나타나는데, 남성에 의존적인 존재가 아니라 스스로 설 수 있는 경제적, 정신적으로 독립된 존재를 의미한다. 여기서 자기 존중감도 중요한 요소인데 자기 자신에 대한 존중이 없으면 다른 사람도 존중할 수 없기 때문이다. 즉, 이상적 여성이란 한 개체적 인간으로서 주체성과 자긍심을 가지고 타인을 위해 헌신할 줄 알고 사회와 세계 공동체를 위해 역사의식을 지닌 사람이라 할 수 있다. 생명을 존중하고, 보살핌의 관계 안에서 평화를 지향하는 여성의 가치를 적극적으로 살려내는 여성이 앞으로의 세계를 책임질 수 있는 바람직한 여성일 것이다. 또한 인류 사회에 대한 역사적 이해와 과학적 지식을 심화시키려는 노력과 사회와 역사를 새롭게 변화시키려는 열정과 지성을 갖춘 여성이 이상적임을 제시하고 있다. 이상적 여성상은 궁극적으로 이상적 인간상을 지향하는 데서 현실화될 수 있다.

10) 가톨릭 여성의 과제

<질문 : 가톨릭 여성들이 앞으로 한국 사회 발전을 위해 어떤 방향에서, 어떤 활동을 하길 바라는지 생각하시는 바를 적어주십시오.>

가톨릭 여성들이 해야 할 우선적인 과제로서 남성중심의 가부장적 교회제도를 개혁하고 성직제도에서 여성이 소외되지 않도록 힘쓰는 일이라고 응답자의 절반 이상이 말한다.

<표 13> 가톨릭 여성의 과제(중복응답)

구 분	빈 도	유효백분율
교회개혁	8	29.7
여성사제	3	11.1
약자보호	3	11.1
사회참여	5	18.5
의식변화	3	11.1
평화, 생태운동	4	14.8
교회일치운동	1	3.7
합 계	27	100.0

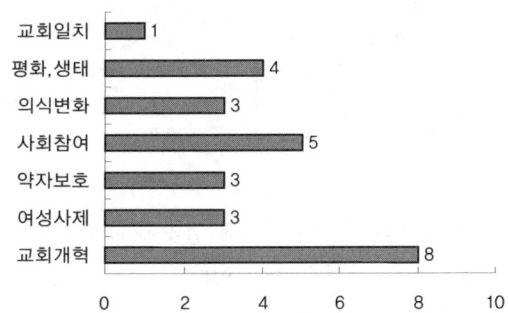

성별위계적 문화와 구조를 과감히 개선함으로써 가톨릭교회가 양성평등에 앞장서는 문화와 의식을 적극적으로 보여주어야 한다는 것이다. 교회의 역사와 전통으로 말미암아 관료화되고 경직된 교회체제를 유연하게 개선시키고 그리스도교의 평등진리를 구현하는 데

앞장서야 할 책임이 있다고 그들은 말한다. 응답자의 21%는 여성들의 의식을 향상시키는 교육에 힘을 기울이고 새로운 시대가 요구하는 여성상을 펼쳐나갈 것을 당부한다. 교회 내의 성차별을 극복하면서 가정과 지역사회에서 인권을 존중하는 평등한 공동체를 지향하는 실천의 모범을 보여달라는 것이다. 사회적 약자를 보호하는 일을 계속해 나가면서 교회운영 및 교회모임에서 여성들 스스로 주체로 나서서 조직화하고 여성문제, 사회문제, 환경문제 해결에도 앞장서 주길 바라고 있다. 적극적인 현실참여와 반전평화운동, 생태운동 등 외부에서 가톨릭 여성들에게 주문하는 과제는 참으로 많지만, 가톨릭교회가 귀담아 들어야 할 이야기이다.

11) 가톨릭교회의 과제

<질문 : 여성들을 위해 가톨릭교회가 해야 할 일에 대해 조언이나 제안을 적어주십시오.>

가톨릭교회가 해야 할 과제 중 가장 우선적인 것은 여성들 스스로 의식이 변화되어 양성평등, 인간평등을 실현하는 공동체로 거듭나야 한다는 점이다. 다양한 프로그램을 통해 여성들은 자기이해와 세계이해의 지평을 넓히고 남녀 성역할 구분에 대한 고정관념으로부터 탈피해야 하는 점을 응답자의 절반 이상이 제시하고 있다.

<표 14> 가톨릭교회의 과제(중복응답)

구 분	빈 도	유효백분율
의식변화	8	38.1
평등교회	5	23.8
영성훈련	3	14.3
사회복지	3	14.3
상담치유	2	9.5
합 계	21	100.0

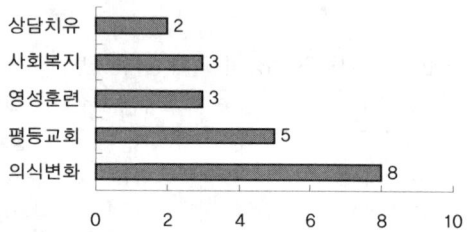

가톨릭 여성들은 시대에 걸맞게 개혁적이고 진보적인 의식을 가지고 점차적인 활동을 전개해 달라는 요청을 받고 있다. 그 다음으로 제시되는 과제는 가톨릭교회가 먼저 양성평등한 패러다임으로 변화하는 일이다. 그리스도교의 평등사상에 기반을 두고 교회가 변모할 때 그 자체로 세상에 상징적이면서도 강력한 메시지를 전해줄 수 있다는 것이다. 이러한 변화 속에서 여성들은 교회를 통해 힘을 받을 것이며 가톨릭교회가 추구하는 바의 활동을 더 잘 수행할 것으로 기대된다. 여성들은 내세의 구원을 위한 자기가족 중심의 기복신앙에서 벗어나 지역사

회를 위해 일하고 봉사할 수 있으며, 우리 사회를 민주화시키고 누구나 하느님 자녀로서 잘 살 수 있는 인간 사회로 변화시키는 데 주역의 역할을 해야 하겠다. 가톨릭교회는 영성훈련에 기초한 상담활동, 상처치유와 자립할 수 있는 교육활동, 사회복지, 가족관계향상을 위한 노력, 한부모 가족 및 사회적으로 고립된 집단들에 대해 다양한 활동을 펼칠 수 있으며, 여성들이 사회에 진출하여 능력을 발휘할 수 있도록 도와주어야 할 것이다.

3. 결 론

이 연구는 여성학적 관점에서 근·현대 한국 가톨릭교회에 대한 평가를 살펴보았다. 여성의 시각에서 바라보는 특수성이 전제되어 있기에 연구결과에서 새로운 관점이나 주장들이 많이 드러났다. 40대 여성학자들이 응답자의 주류를 이루고 개신교 여성이 절반 가량 포함되어 있어서 가톨릭교회에 대한 다소 비판적인 제안들도 있었다. 그러나 새로운 시대의 흐름 안에서 가톨릭교회가 나아가야 할 전망을 제시해준다는 점에서 이 연구의 성과가 의미를 지닌다 하겠다.

한국의 근대화 과정에서 가톨릭교회는 한국 여성들에게 많은 영향을 주었다. 여성들에게 남녀평등사상을 심어주었고, 근대 여성교육을 담당했으며, 사회활동에의 길을 터주었다는 점 등에서 가톨릭교회는 매우 긍정적인 평가를 받고 있다. 그러나 1970년대 이후 가톨릭 여성들의 활동은 봉사 혹은 사회복지활동에서는 매우 돋보이지만, 민주화과정에의 참여라던가, 시민운동과의 연계라는 점에서 참여가 저조한 것으로 나타났다. 그 이유를 응답자들은 개신교의 YWCA와 같은 전국조직이 없기 때문인 것으로 파악하고 있다. 그러나 사실은 가톨릭교회 안에 여성연합회라는 전국조직이 존재한다. 각 교구별로 여성연합회가 있고, 매년 전국차원의 정기모임도 열린다. 그럼에도 불구하고 여성연합회가 가톨릭교회 안에서만 활동하고 사회적 참여가 적었기에 대사회적 인지도는 매우 낮게 나타난다.

오늘날 가톨릭교회는 한국 여성들을 위해 사회복지 차원에서 미혼모, 장애여성, 가출청소녀, 매매춘여성, 노인여성 등을 위해 많은 일들을 한다. 그러나 그러한 활동이 외부로 잘 알려져 있지 않은 것으로 나타난다. 응답자의 1/3이 가톨릭교회가 여성들을 위해 무슨 일을 하는지 모른다고 응답하기 때문이다. 반면 여성수도자들이 환경운동, 노동운동, 평화운동, 통일운동 등 대사회적 문제들에 대해 활발히 활동하는 것에 대해서는 인지도가 높게 나타나며 상당히 긍정적인 평가를 받고 있다.

한국 사회는 전반적으로 양성평등이 점차 실현되는 과정에 들어섰으며 법적, 제도적 변화도 두드러지게 나타난다. 그러나 가정에서의 양성평등은 문화저변으로부터의 의식변화와 함께 이루어지기 때문에 아직 가야 할 길이 먼 것으로 예측된다. 이와 관련하여 가톨릭교회 안에서의 양성평등 실현정도도 가정에서의 양성평등 실현정도와 같은 수준으로 나타난다. 즉, 불평등하다는 입장이 전체 70% 이상을 차지하고 있고, 평등하다는 응답은 아무도 하지 않았다. 성차별의 현실이 가정만큼 가톨릭교회 안에서도 강하게 있음을 시사한다고 하겠다.

봉건 신분사회에서 근대 시민사회로 이행되는 한국의 근대화 과정에서 가톨릭교회는 만인평등사상을 전해주었고 여성들의 의식을 깨우치는 데 큰 역할을 하였다. 그러나 현대로 올수록 가톨릭교회 내 여성의 역할이 봉사와 희생으로 고정되고, 가톨릭 여성들은 전통적인 성 역할에 머물러 있으면서 사회참여에도 소극적으로 나타난다. 또한 성직제도에서 여성이 배제되기 때문에 가톨릭교회는 구조적으로 가부장적 남성중심의 불평등한 체계로 보여진다.

21세기 사회는 전통적인 성별역할분업론에 기초한 여성관과 남성중심주의적 사회구조를 극복하고 남녀평등한 민주인권사회를 지향하고 있다. 이러한 시대적 징표 아래 가톨릭교회는 복음이 전하는 만인평등사상을 현대 사회 안에 구체적으로 보여주어야 할 것이다.

VIII. 정치학

나 정 원

1. 서 론

    그리스도교인은 한 개인으로서 국가라는 정치공동체 속에서 세속적 삶을 영위하면서 동시에 교회를 통한 영적인 삶을 추구하는 존재이다. 이로 인해 이 두 가지의 삶이 상호보완적이고 조화를 이루는 경우도 있지만 정치권력이 세속적인 목적의 달성을 위하여 교회를 동원하거나, 교회가 정치권력에 복종하거나 정치권력을 이용하려고 시도하는 경우도 있다. 또한 우리 역사에서 교회는 고유한 목적을 추구하면서 세속의 발전에 기여하기도 하였다. 가톨릭교회가 근대화와 민주화에 얼마나 기여했는지, 시민사회의 형성과 정치발전에서 어떠한 역할을 했는지, 교회와 정치권력, 국가권력사이에는 어떠한 관계가 바람직한 지 등에 대해 정치학 전공자 14인에게 개방형 설문조사를 실시하였다.

2. 결과분석

2.1 응답자 분석

    조사 대상자는 정치학 전공자 가운데 무작위로 선정된 14인이다. 40대가 12명으로 주류를 이루고 있고, 응답자들은 종교를 안 갖고 있는 사람 4명, 종교를 갖고 있는 사람 10명으로 구성되어 있다.

<표 1 > 인구사회학적 정보

구 분	내 용	표본수	비율(%)	전체(%)
성 별	남 성	12	85.7	100.0
	여 성	2	14.3	
연령별	30대 이하	-	-	100.0
	40대	12	85.7	
	50대	1	7.2	
	60대 이상	1	7.2	
종교별	무 교	4	28.5	100.0
	불 교	2	14.5	
	기독교	4	28.5	
	가톨릭	4	28.5	

2.2 응답결과분석

1) 한국의 근대화와 가톨릭교회의 연구영역

<질문 : 정치적인 측면에서 가톨릭교회와 한국의 근대화를 연결시켜 연구 혹은 이해한다고 할 때, 근대화의 어떤 측면에서 접근하는 것이 바람직하다고 보십니까? 그렇게 생각하시는 측면과 그 이유를 적어주십시오.>

<표 2> 한국의 근대화와 가톨릭교회의 연구영역

구 분	빈 도	유효백분율
제도화 과정의 특징·변수	5	35.7
근대의식과 가톨릭 관계	3	21.4
사회발전기여 여부	2	14.3
전통종교의 변화와 충격	1	7.1
정치발전 측면	1	7.1
전통 연구	1	7.1
교육투자	1	7.1
합 계	14	100.0

결과를 보면 천주교가 근대 종교로 제도화되어 가는 과정에서 보여준 특징과 그에 미친 변수를 중심으로 접근해보는 것이 좋다는 의견이 많았다. 사실상 이러한 의견은 전통적인 유교

와 가톨릭간의 관계, 가톨릭이 전통사회에 충격적으로 보여준 근대의식을 통해 사회발전, 정치발전에 얼마나 기여했는가에 대한 연구영역과 일맥상통한다. 이러한 측면에서 볼 때 대부분의 응답자들은 가톨릭이 전통사회에 근대적 요소를 적극적으로 도입한 종교로 평가하고 있다고 해석할 수 있다. 한편 초기 근대화의 시기인 조선 후기의 전통가치관을 철저히 연구해야 한다는 의견과 가톨릭이 근대화에 기여할 수 있는 영역은 교육부분에 제한되어야 하며 가톨릭교회가 근대화라는 이름으로 전통문화를 파괴해서는 안 된다는 의견도 있었다.

2) 한국 가톨릭교회가 정치발전에 기여한 요소와 그 이유

<질문 : 교수님은 한국 가톨릭교회가 지난 100년(1901~2000) 동안 근대적 정치발전에 기여한 점이 있다면 어떤 것들을 사례로 드시겠습니까? 대표적인 사례와 그 사례를 선택하신 이유를 적어주십시오.>

<표 3> 한국 가톨릭 교회와 정치발전

구 분	빈 도	유효백분율
정치적 근대화	7	50.0
사회정의 구현	4	28.6
시민사회 보강	1	7.1
독재에 대한 저항	2	14.3
합 계	14	100.0

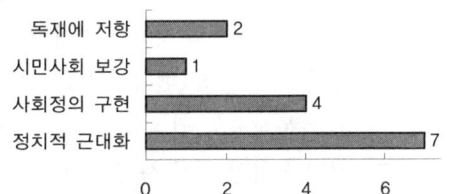

정치적 근대화, 민주화 운동, 사회정의 구현에 기여했다는 의견이 압도적으로 많았다. 1950년대부터 1980년대까지의 민주화 운동에 기여함으로서 한국민주화를 앞당기는 데 기여했으며, 박종철군 고문치사사건이후 진상규명과정을 거치면서 천주교가 반군부독재를 종식, 민주화에 기여했다고 보고 있다. 한국 정치발전기에 잘못된 군사정권의 정치적, 사회적 현실을 고발하고 이를 위해 투쟁했다고 보았다. 또한 정의 구현사제단이 사회정의에 대한 관심을 고취시켰으며, 산업화 이후 하층계급의 조직화와 그를 통한 정치참여의 기회를 제공했다고 본다. 이러한 평가는 일제시대·해방 이후 권위주의 체제하에서의 시민사회의 허약성을 보강하여 국가-사회간의 불균형을 시정했다는 평가와도 일맥상통한다. 따라서 응답자 모두 군부독재 시절의 가톨릭교회의 역할을 근대화와 관련하여 가장 높이 평가하고 있다.

3) 가톨릭교회가 정치적 근대화를 저해한 요소와 그 이유

<질문 : 지난 100년간 가톨릭교회가 정치영역에서 근대화에 역행한 요소가 있다면 구체적인 사례를 들어 지적해주시고 가능하면 이유도 적어주십시오>

<표 4>

구 분	빈 도	유효백분율
권위주의와의 제휴	8	57.4
개방에 부정적	2	14.3
잘모름	1	7.1
정치변화 왜곡	1	7.1
교회 내 권위주의	2	7.1
합 계	14	100.0

항목	값
교회 내 권위주의	2
정치변화왜곡	1
잘모름	1
개방에 부정적	2
권위주의와 제휴	8

반면 근대화를 저해한 사례로는 일제의 권위주의와 제휴하면서, 3·1운동을 부정적으로 보거나 신사참배에 참여하는 등 식민체제에 대한 협력을 가장 많이 지적하고 있다. 일본 전시체제에 협력하면서 반동적 파시즘과 결합하고 일본과의 제휴를 통해 사회구성원의 정치적 순응과 복종을 암묵적으로 강요했다고 보고 있다. 이것은 구한말 신앙의 자유가 허용된 이후 신도나 신부들이 부분적으로 권위주의적인 지배 체제에 기식(寄食)한 역사적 사례들을 지적하는 부분이다. 한편 황사영 백서 사건을 예로 들면서 가톨릭 수입시기에 외부의 힘을 빌어 서구적 종교를 토착화시키려는 과정에서 쇄국과 반근대화의 내적 요소를 자극해 오히려 역으로 개방에 부정적 역할을 했다는 의견도 있었으며, 박홍 신부를 비롯한 일부 구시대적 발상에서 벗어나지 못하는 사제들이 1987년 이후 명백한 정치변화의 흐름을 왜곡해 보려고 노력하는 행태들도 지적되었다. 교회 자체의 권위주의 문제로서 의사결정과정이 민주화 제도나 민주주의적인 문화 차원의 변화에 부합하지 않고 있다는 지적도 있었다.

4) 19세기 교난의 원인

<질문 : 한국 가톨릭교회는 전래 초기인 19세기에 조선봉건왕조와 갈등을 일으켜 근 100년간 여러 교난(敎難) 과정에서 많은 피해를 입었는데 이러한 충돌의 원인을 교수님은 어떻게 해석하십니까?>

<표 5>

구 분	빈 도	유효백분율
사회적 갈등	3	21.4
가치관 충돌	4	28.6
문화의 이질성	5	35.8
편협한 대응	1	7.1
지도세력의 갈등	1	7.1
합 계	14	100.0

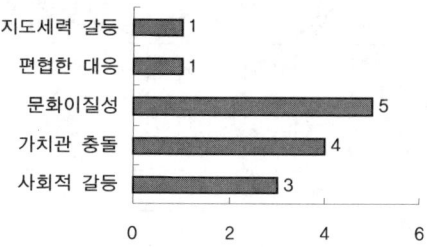

교난의 원인으로는 천주교의 전파가 지배 이데올로기에 대한 도전의 양상을 띰으로서 가톨릭이 한국사회에서 제도화 되어 가는 과정에서의 사회적 갈등을 지적되었다. 이것은 가치관의 충돌이라는 보다 구체적인 내용으로 설명되는데, 가톨릭은 조선이 가지고 있는 고유의 가치를 인정하지도 수용하지도 못했고, 조선은 가톨릭이 가지고 있는 서구적·계몽적 내용을 받아들일 수 없었으므로 동-서의 가치관은 충돌하지 않을 수 없었다. 가톨릭이 조상숭배에 대한 태도를 전통적인 입장과 달리함으로써 이질적인 문화를 도입하는 매개 역할을 한 것이 교난의 원인이라고 보는 것이다. 한편 편협하게 대응한 조선왕조에게 교난의 일차적인 책임이 있다는 의견도 있었으며, 수구세력과 중인 등 신흥세력의 갈등으로 교난이 야기되었다고 보면서 역사적 사실에 근거한 답변도 있었다.

5) 가톨릭교회의 친일 행동과 교회의 특징

<질문 : 일제 시대에 한국 가톨릭교회는 파리외방전교회 소속 주교(bishop)들의 의사에 따라 당시 민중들의 의사에 반하는 행동(예: 3·1만세 독립운동 불참, 안중근 의사 비판, 일제의 전시동원체제 협력)을 하였다고 비판을 받고 있는데, 이런 주장은 신자들의 의사가 가톨릭교회의 교계제도의 특성상 성직자의 의사에 장기간 종속될 수 있다는 것을 전제로 하고 있습니다. 일제 시대의 가톨릭의 모습을 이러한 관점에서 볼 수 있는 것인지 교수님의 의견을 말씀해주십시오>

가톨릭교회 자체의 권위주의적인 속성을 원인으로 보는 의견이 압도적이다. 이것은 일제시대에만 국한되지 않는 가톨릭교회의 본질적 특성 중의 하나이다. 성직자의 의사에 순복함은 지금도 마찬가지이다. 종교 전래 시기에는 대체로 현실 권력과의 긴장관계를 회피하는 경향이 있으며 특히 가톨릭과 같은 위계적인 조직은 밑으로부터의 의사형성이 어렵다고 본다. 교회 자체의 원인과 더불어 일제치하의 반민족적인 행위는 노기남 주교 등 당시의 교회의 지도부

<표 6>

구 분	빈 도	유효백분율
(제도속성상) 타당함	9	64.5
잘모름	2	14.3
독자적 교구필요	1	7.1
교구지도부 책임	2	7.1
합 계	14	100.0

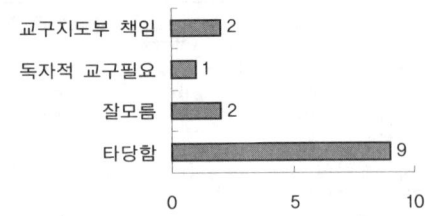

가 책임져야 할 문제라고 보는 의견도 있었다. 종교가 민족이나 국가에 우선하는 가치인지의 여부는 역사적 상황의 전개에 따라 항상 갈등하는 본질적인 문제이다.

6) 가톨릭교회와 일제의 정치적 관계

<질문 : 일제시대의 한국 가톨릭교회는 지배체제의 현상(status quo)을 정당화하는 역할을 주로 하고, 정치적 저항을 고무하는 역할은 상대적으로 혹은 거의 하지 않은 것으로 평가하는데 교수님은 일제시대에 가톨릭교회와 일제의 정치적 관계를 어떻게 해석하십니까?>

<표 7>

구 분	빈 도	유효백분율
친일적	9	64.5
현실 회피적	3	21.4
잘모름	2	14.3
합 계	14	100.0

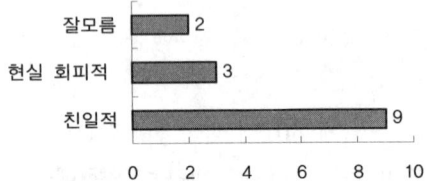

일제시대의 가톨릭교회는 분명히 친일적이었다. 일제시대 가톨릭은 권력에 추종하였다. 2000년 11월 한국천주교회 주교회의 명의로 발표된 과거 200년의 역사적 과오에 대한 반성문의 내용을 대체적으로 받아들이는 입장이다, 지배권력에 대해 비판적이기보다 오히려 협조적 관계를 유지하면서 교회세력을 유지 성장시켜왔다. 일제 시대 가톨릭교회는 은인자중한 면이 있는 만큼 정교분리라는 미명아래 일제에 협력한 면도 있다고 본다. 이것은 역으로, 교세가 미약한 상황에서 수세적 입장을 취하면서 현실 정치에 대한 회피 경향을 보였다는 의견과도 통한다.

7) 가톨릭교회의 정치세력화 시도에 대한 찬반 의견

<질문 : 가톨릭교회는 이승만 정권 시기에 개신교와 유사하게 정치세력화를 시도하였습니다(예: 장면). 이렇게 가톨릭교회가 정치세력화를 시도한 경우들을 교수님이 생각하시는 바람직한 교회와 국가관계의 비추어 어떻게 평가하시겠습니까?>

<표 8>

구 분	빈 도	유효백분율
반 대	9	64.3
공 감	5	35.7
합 계	11	100.0

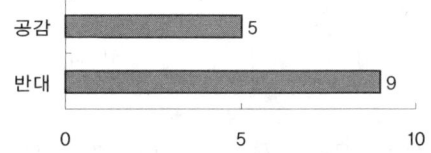

반대의 입장은 종교 다원주의를 선택한 우리나라의 경우 정치와 특정 종교가 연결되는 것은 바람직하지 않는 것을 전제로 한다. 종교적 양심과 순수성에서 정치적 현실에 대한 비판과 보완의 입장을 갖는 것이 더욱 바람직하다. 정치세력화는 단기적으로는 도움이 될지 모르나 장기적으로는 교회를 타락시킬 것이다. 어떠한 종교든 집단적으로 직접 정치세력화하는 것은 바람직하지 않다. 종교개혁 및 근대국가 형성 이후 정치는 세속화되어 종교세력이 그 종교적 힘을 토대로 집단적으로 정치에 관여하는 것이 바람직하지 않은 것으로 합의되었다. 국가·사회의 위기를 제외하고는 교회의 정치세력화를 시도해서는 안 된다. 바람직한 교회는 국가, 권력, 정치부문이 담당하지 못하는 환경, 복지부문에 많은 관심을 보여야 한다. 국가 권력에 대한 교회의 정신적 비판의 역할이 국가와 교회의 정상적인 관계이다.

한편, 공감하는 입장도 상당 수 있었다. 개신교도가 정계에 진출하여 주변의 개신교도들과 함께 정치적 활동을 하는 것은 자유민주주의 사회를 살아가는 개인의 기본권에 해당하는 일로 전혀 문제가 아니라고 보기 때문에 천주교도 개인이 천주교도 개인들과 정치활동을 하는 것이 교회와 국가의 바람직한 관계에 해로울 것도 이로울 것도 없다. 일정한 한도 내에서 교회의 정치적 입장 표명과 세력화는 민주주의의 발전에 긍정적으로 기여한다. 현대의 헌법이 정교분리를 주장하지만 현실적으로 불가능하다. 교회의 정치세력화는 있어왔고 있을 수도 있는 일이다, 교회는 「오직 성서」(sola Scriptura)대로만 살수 없다. 문제는 정도(程度)일 것이다

8) 군부권위주의 시대 교회와 국가권력의 충돌의 의미

<질문 : 1960년대 중반 이후에서 1980년대 후반까지 가톨릭교회는 국가권력과 갈등을 일

으켰는바, 이 시기의 교회 활동을 두고 교회 안팎에서는 민주화 혹은 인권운동을 촉진한(시민사회의 형성과 발전에 기여) 계기로 평가하고 있습니다. 교수님은 이 시기의 교회와 국가권력의 충돌의 의미를 어떻게 평가하시겠습니까?>

<표 9>

구 분	빈 도	유효백분율
국가견제	2	14.3
사회문제 접근	8	57.2
민주화 진전	4	28.5
합 계	14	100.0

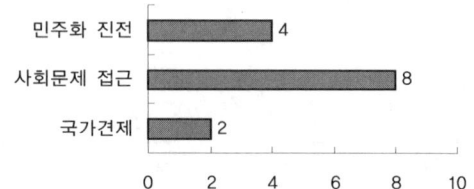

응답자 모두 교회의 역할을 긍정적으로 평가하고 있다. 권위주의 국가권력의 자의성을 견제하는 역할을 수행했으며, 국가 권력에 억압받는 민중을 위한 투쟁을 했다고 본다. 한편, 직접적인 반독재투쟁이 아니라 사회문제 차원에서 교회의 역할을 평가하는 의견도 많았다. 독재에 대한 저항이 아니라 인권의 시각에서 사회문제를 접근했다고 여겨진다. 인권운동 부문에서 가톨릭교회가 끼친 영향을 아주 높이 보고 있다. 아무런 사회적 보호장치도 없는 하층계급을 보호하는 역할을 하였던 긍정적 영향은 적극적인 평가를 받을 만하다. 가톨릭의 정치참여는 교리와 인류 보편의 가치에 입각해 이루어진 것이다. 따라서 높이 평가할 만하다. 하지만 정치적인 저항과 사회문제에 대한 관심은 민주화에 대한 기여라는 사실상 같은 맥락을 공유한다. 가톨릭의 저항이 없었다면 한국의 민주화는 더욱 길게 지체되었을 것이다. 적어도 1960년대에서 1980년대까지 가톨릭교회는 정의와 동의어였다. 가톨릭은 민주화와 인권에 중대한 공헌을 했다. 민주화 운동 당시 명동성당 등을 이용할 수 있었던 것은 가톨릭이 부당한 국가 행위에 저항하는 시민사회를 위해 보루의 역할을 했다는 것을 의미한다.

9) 최근 10년 교회와 국가관계에서 교회의 역할

<질문 : 최근(1991~2000) 교회와 국가관계에서 주목할 만한 사건으로 평가할 수 있는 것들에는 무엇이 있습니까? 그렇게 보시는 사건과 이유를 적어주십시오>

가장 많은 응답자가 1970~80년대의 경우처럼 특기할만한 내용을 적시하지 못했다. 성역(聖域) 역할을 기대하는 의견은 국가 공권력이 작용할 때 과거에 성역 역할을 해주었지만 근래에 농성자를 자주 퇴거하는 것을 보았을 때 종교적 신성성의 이름으로 가톨릭이 보수화되

<표 10>

구 분	빈 도	유효백분율
잘모름	8	57.2
성역역할	3	21.5
反통일지향적 노력	1	7.1
불법시위장소 제공	1	7.1
문제의식 부재	1	7.1
합 계	14	100.0

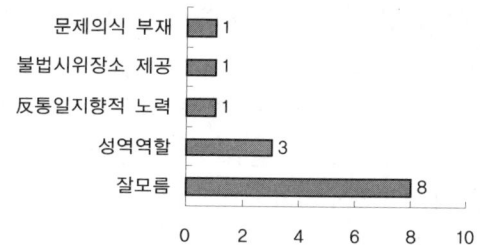

어 간다고 판단한다. 교회가 실정법을 위반해서는 안 되지만 먼저 시위자, 농성자들에 대한 성급한 판단으로 내모는 것은 옳지 않다는 제안도 한다.

통일운동에 적극 개입한 사례에 대한 비판 의견도 있었다. 진보적 성향의 통일 운동에 일부 가톨릭 사제들이 앞장선 사례로, 특히 실정법을 어겨가며 북한을 방문한 문규현 신부를 들고 있다. 진정한 통일운동은 법체제를 뛰어넘는 일탈행동이 아니라 남북한 양측 모두에 대해 공히 통일지향적 노력을 촉구하는 형태의 통일운동이 바람직하다고 본다. 또한 몇몇 사제들이 독선적인 정치적 판단에 입각해 벌이는 운동들, 예컨대 반미를 뒤에 감춘 채 진행되는 촛불시위 같은 것은 신자들로부터 공감을 얻기 어렵다고 비판하는 의견도 있었다.

한편 성역 역할을 기대하는 의견과는 달리 불법시위장소를 제공하는 것에 대한 비판 의견도 있었다. 명동성당이 어느 덧 민주화의 성지에서 이익집단의 불법적인 시위장소로 변했다고 본다. 1990년대 이후 가톨릭교회는 정치적인 이슈에 문제 의식이 없으며, 김대중, 노무현 대통령이 모두 가톨릭 신자인 점에 비춰볼 때 이러한 침묵은 이례적이라는 평가를 받기도 한다.

10) 현대 가톨릭교회의 정치적 영향력

<질문 : 현대 한국 가톨릭교회의 정치적 영향력을 어느 정도로 평가하십니까?>

<표 11>

구 분	빈 도	유효백분율
부분적 영향	3	21.4
영향력 축소	4	28.6
회의적	2	14.3
상당한 영향력	5	35.7
합 계	14	100.0

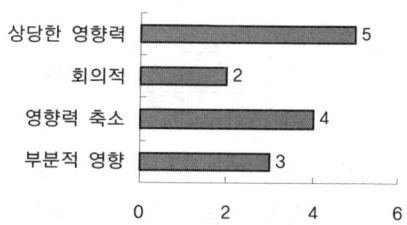

영향력을 부분적으로 보는 응답자는 지식인 계층 특히 40대 이후의 계층에 약간의 영향 유지한다고 본다. 사회조직세력이 미약한 상황에서 교계의 조직력이 일정 정도 영향을 미친 것으로 평가한다.

영향력이 축소되었다고 보는 응답자는 가톨릭의 영향력이 과거 민주화 운동 시대보다 줄어들었다고 보면서 이러한 현상은 정상적이라고 본다. 민주화 세력이 정권획득으로 사회문제에 접근하는 방식이 정권에 대한 비판보다 정치과정의 도덕성에 대한 비판으로 변화되고 교회도 사회문제 자체에 직접 접근하게 되면서 정치에 대한 관심이 줄었다고 본다. 이러한 의견은 민주화를 넘어선 새로운 문제의식들에 대응하는 가톨릭의 정치적 역량에 대해서는 다소 회의적이라는 의견과 일맥상통한다. 민중의 자발적 역량이 성장하면서 교회가 특별히 정치 권력에 대하여 체계적인 비판을 할 필요는 없다

하지만 상당한 영향력을 갖고 있다고 보거나 기대하는 의견이 가장 강하였다. 건국 이후 가톨릭교회는 독재권력에 나름대로 비판적인 기능을 행사해왔고 또 앞으로 그렇게 기대된다. 영향력은 막대하지만 김수환 추기경의 개인적 영향력이거나 정의구현사제단에 제한적이라는 데 문제가 있다. 1990년대 이후 정치적 행동으로 인해 가톨릭교회는 진보성향의 정치 사회세력들 간에 많은 영향력을 갖고 있다고 본다.

11) 현대 한국 시민사회에서 가톨릭교회의 지위

<질문 : 일부의 평가이지만 "과거에는 가톨릭교회가 시민사회형성의 주체였지만 이제는 시민사회의 기준에 미치지 못한다"는 주장이 있습니다. 과연 현대 한국의 시민사회 안에서 가톨릭교회의 지위를 어떻게 평가할 수 있겠습니까?>

<표 12>

구 분	빈 도	유효백분율
주체가 아니다	6	42.9
약화됨	4	28.7
주체적 역할	2	14.2
잘모름	2	14.2
합 계	11	100.0

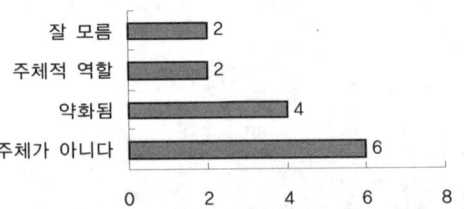

주체가 아니라고 보는 응답자들은 교회와 시민사회를 동일한 기준으로 생각하면 안 된다고 본다. 여러 사회문제를 다루는 NGO들 중의 하나로 자리매김하는 가톨릭교회를 보게 되면 허전한 느낌을 받는다. 일반적인 사회 현안에 대해 교회가 특별히 진보적인 목소리를 내지 않는

것이 바람직하다. 현재 시민사회는 한국적 특성을 갖게 되었고 이를 선도할 가톨릭의 자기 위상 정립이 명확하지 않음으로 인해 선도적 입장에 서지 못하고 있다. 몇몇 신부들이 보여주는 독단적인 정치적 행동들이 건전한 생각을 지닌 일반 시민의 의식에서 볼 때 매우 뒤진 것으로 여겨지기 때문에 주체일 수 없다. 문제의식의 다양화로 인해 한 집단이 시민사회의 주체로서의 지위를 주장할 수 없다.

시민사회에 대한 가톨릭의 영향력이 약화되었다고 보는 응답자들은, 한국 시민사회는 다양한 가치들을 받아들이고 있는 반면 가톨릭은 그러한 가치들을 제시하거나 주도하지 못하고 있다고 평가한다. 시민사회의 발전에 따라 과거 그 역할을 하던 가톨릭교회의 역할은 자연스럽게 축소되었고, 과거에 보였던 기대에 못 미친다고 본다. 이것은 김수환 추기경 이후 교회 지도부의 비정치적 정향과 관련이 있다고 원인을 덧붙인다.

12) 최근 한국 가톨릭교회와 국가 간의 관계유형

<질문 : 최근 한국 가톨릭교회와 국가의 관계를 어떤 유형으로 보는 것이 좋겠습니까?>
(예: Thomas C. Bruneau는 연합(coalition), 협동(cooperation), 경쟁(competition), 갈등(conflict) 유형으로 분석합니다)

<표 13>

구 분	빈 도	유효백분율
공 존	1	7.1
협동과 경쟁	1	7.1
명료하지 않음	1	7.1
협 동	5	35.8
경쟁과 갈등	3	21.6
갈 등	1	7.1
협동과 갈등	1	7.1
무응답	1	7.1
합 계	14	100.0

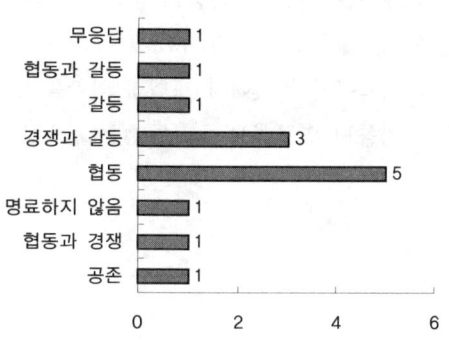

부르노의 분류 자체가 한국사회에서 교회-국가 관계를 파악하는데 적절치 않다는 의견도 있었다. 공존을 위해 상황적으로 갈등하거나 제휴했다, 국가와 교회의 지속적인 관계유형을 찾기 어려운 상황에 있다, 쟁점에 따라서는 국지적인 갈등이 나타난다는 의견도 있으며, 김대중 정부와 노무현 정부 이후는 협동의 관계로 보는 의견도 상당수 있었다.

13) 가톨릭 연구에 대한 조언이나 제안

<질문 : 기타 저희 가톨릭교회를 연구할 때 필요한 조언이나 제안이 있다면 해주십시오>

① 과거처럼 정치적 역할보다는 도덕성 향상, 사회의식 성숙에 관심을 집중하면서 시민사회에 기여해주기 바란다.

<표 14>

구 분	빈 도	유효백분율
시민 사회기여	2	14.3
가톨릭 역할 규명	3	21.4
타종교와의 관계	2	14.3
사회복지 기여	1	7.1
호교론에서 해방	1	7.1
없 음	5	35.8
합 계	14	100.0

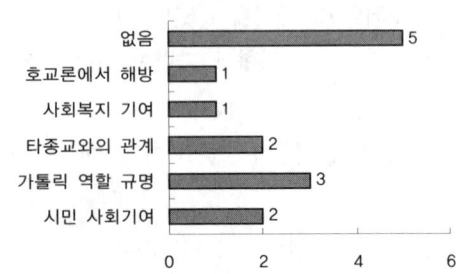

② 한국사회의 지향점을 분석하고 일치점과 상이점 혹은 보완 관계를 정립한 뒤 한국사회에서 가톨릭의 역할을 규명해주기 바란다. 가톨릭은 시민단체와는 다른 모습을 보여주어야 한다.
③ 개신교, 불교, 민족종교 등 타종교와의 관련성 속에서 가톨릭의 연구 지향점을 찾기 바란다.
④ 사회복지 분야에서 개척적 역할을 수행해주기 바란다.
⑤ 가톨릭 연구에서 호교론(護教論)으로 부터의 해방이 가장 시급하다

3. 결 론

응답자들이 보여준 한국 가톨릭의 모습은 다음과 같이 요약될 수 있다.
전통사회에 근대의식을 충격적으로 보여준 가톨릭은 조선말기에 사회발전과 정치발전에, 해방이후에는 정치적 근대화, 민주화 운동, 사회정의 구현에 기여한 종교이다. 조선말기에 보여준 근대의식은 교난을 초래하면서 많은 희생을 가져왔던 반면에, 해방이후에 보여준 민주화 운동에 대한 기여는 한국 민주주의의 제도화에 결정적인 역할을 하였다. 하지만 조선말기 박해의 상황에서 종교의 자유를 위해 외세에 의존하려했던 점, 일제시대에 권위주의와 제휴하면

서, 3·1운동을 부정적으로 보거나 신사참배에 참여하는 등 식민체제에 대한 협력했던 점, 1987년 이후 일부 사제들이 민주화나 통일운동에서 부정적인 역할을 했던 점 등은 교회가 깊이 생각해야 될 부분이다.

교회의 사회에 대한 적극적 관심이 정치세력화로 현실화되어도 이에 대한 찬반은 긴장관계에 있으며, 교회의 역할은 여전히 많은 기대를 받고 있는 편이다. 향후 가톨릭은 시민사회의 성숙에 기여하되 세속의 시민단체와는 다른 모습을 보여주어야 하며, 다른 종교와의 조화 속에서 자기 모습을 찾아야 한다. 그러기 위해서는 편협한 호교론으로부터 해방되어야 한다.

IX. 종교사회학

박 문 수

1. 서 론

 종교사회학 전공 개방형 설문은 이 연구 전체의 주제와 관련된 문제와 가톨릭교회에 대하여 내려지고 있는 여러 평가의 객관성을 확인하고, 최근의 현안과 앞으로의 방향에 대하여 전문가의 의견을 참조하기 위한 것이었다. 또한 이 연구에 참여하는 인접분야의 연구들에 도움이 될 관점과 방법을 제시하는 것도 조사의 목표 가운데 하나였다. 이를 위해 본 설문은 공통설문과 궤를 같이 하면서 각 쟁점에 대한 사회학적 해석에 도움을 얻고자 질문의 내용과 성격을 대부분 유사하게 구성하였다. 이 조사에서 살펴보려고 하였던 주제들은 1) 근대화와 가톨릭의 상관성과 그 정도, 2) 가톨릭의 선교적 특성, 3) 가톨릭에 대한 긍정적인 평가의 배경과 요소, 4) 가톨릭의 최근 현안에 대한 해석시각, 5) 현재까지의 역할에 대한 반성을 토대로 앞으로 설정해야 할 방향 등이었는데, 가톨릭의 내부 시각을 객관적으로 조명하는데 필수적인 것들이었다.

2. 결과분석

 결과분석은 문항별로 빈도와 유효백분율로 결과를 정리하고, 각각에 대하여 결과의 의미를 분석한 다음, 영역별로 분석을 종합하는 순서로 서술할 것이다. 이어 결론에서 조사결과의 의미를 숙고하고자 한다.

2.1 응답자의 인구사회학적 특성

이 조사의 응답자들은 한국학술진흥재단 연구자정보 데이터베이스에 종교사회학 전공자로 등록한 박사과정 수료 이상의 연구자 중 이미 은퇴하였거나, 가톨릭 신자임이 명백한 연구자를 제외한 전원이다. 분석에 유의한 것은 성, 연령이 이 조사 결과에 큰 영향을 미칠 가능성이 적은데 반해 종교분포에서 보듯 개신교 신자들이 평균보다 높은 비율을 차지하고 있어 종교적 편향(bias)이 일어날 가능성이 있는 점이었다.

<표 1> 인구사회학적 정보

구 분	내 용	표본수	비율(%)	전체(%)
성 별	남 성	9	81.8	100.0
	여 성	2	18.2	
연령별	30대 이하	1	9.1	100.0
	40대	7	63.3	
	50대	3	27.3	
	60대 이상			
종교별	무 교	3	27.3	100.0
	불 교			
	기독교	7	63.3	
	가톨릭			
	무응답	1	9.1	

2.2 개방형 설문결과 분석

1) 가톨릭교회와 한국 근대화 관련성 연구시 바람직한 접근영역

<표 2> 바람직한 연구접근 영역

구 분	빈 도	유효백분율
사상적·문화적 요인 중심	4	36.4
종교와 사회변동의 관계	3	27.3
질문의 편향과 모호성	2	18.2
문화충돌	1	9.05
경제적인 측면	1	9.05
합 계	11	100.0

이 질문에 대한 응답은 대체로 다섯 가지 방향으로 정리할 수 있다. 다음은 각 분류 영역에 포함된 의견을 요약한 것이다. ① 사상적인 측면, 문화적 요인 중심의 접근이다. 이 항목에서 거론된 내용들은 "a) 제 3세계의 근대화를 지연시키거나 가속화시키는데 있어서 '경제적' 요인 외에 가치와 규범, 신념체계 같은 '비경제적' 혹은 '문화적' 요인의 역할. b) 조선인들에게 서구문명의 정신적, 물질적, 사상적 이미지들의 수용과정, c) 전통 가치체계에 가톨릭이 어떠한 변동을 초래하였는가에 초점, d) 사회사상과 사회조직의 상관성"이, ② 종교와 사회변동의 관계에서는 "a) 정치문화면에서의 고찰을 시도하되, 관주도하의 근대화운동에 대한 가톨릭교회의 비판적 기능에 초점을 맞출 것, b) 정치적이고 사회적인 변동과정에서 가톨릭교회의 공헌, c) '한국 사회 지배구조의 근대화과정과 가톨릭교회의 관계'", ③ 질문의 편향과 모호성은 이미 질문이 편향성을 가지고 있고, 근대화 개념은 매우 복잡해서 천주교와 근대화를 비교하는 것이 어렵다는 주장이며, 나머지는 ④ 문화충돌 및 경제적 관점으로 "a) 천주교 문화와 한국 전통 문화와의 충돌 또는 갈등과정, b) 근대화의 경제적 측면과 가톨릭의 재정사용과의 관계" 등에 초점을 맞출 것을 주문하고 있다.

이 결과에서 볼 수 있듯이 가톨릭교회와 근대화를 연결시키는 과제는 생각보다 쉽지 않다. 그럼에도 종교가 갖는 특수성을 반영하는 사상, 문화적 관점과 가톨릭이 한국에서 빚어낸 독특한 현상에 초점을 맞춘 정치적인 측면의 연구방안 제시가 비교적 우세하였으므로 앞으로의 연구와 본 연구의 여러 주제들은 이러한 관점들을 반영하는 것이 바람직하다.

2) 가톨릭교회가 20세기 한국사회발전에 가장 크게 기여한 분야

이 질문에는 우선순위대로 3개의 영역을 기록하는 방식을 취하였다. 각 순위에서 거론된 범주의 종합은 따로 시도하지 않았다. 대체로 공통설문의 결과(1.2.3)와 일치하였다.

<표 3> 가톨릭의 20세기 한국사회발전 기여 1순위

구 분	빈 도	유효백분율
민주화운동/정치비판역할	6	60.0
민중계몽과 근대세계관형성	3	30.0
사회복지	1	10.0
무응답	1	
합 계	11	100.0

1순위에서는 민주화운동과 정치적 민주화/정치 비판적 기능이 가장 긍정적 평가를 받았고,

이어 민중계몽과 근대적 세계관 형성으로 a) 신분제에 대한 인식 변화를 초래하여 조선시대의 종식 및 일제하의 계몽교육활동, 민중의식 나아가 인권의식의 고취에 기여한 점, b) 개항기에서 한말까지는 중화적 세계관의 붕괴과정에서 서구 충격을 대변하는 문화적 충격과 근대적 세계관 형성에 기여한 점, c) 서구의 근대적 의식을 한국 사회에 전파하는 통로역할과 동시에 문화종속에 기여한 측면을 평가하였으며, 마지막으로 사회복지가 거론되었다. 1순위를 사회정의로, 2순위를 의식개혁 및 계몽으로, 3순위를 사회복지로 요약하면 동북아 선교의 특수성을 반영하는 결과라고 하겠다.

2순위에서는 사회복지가 월등하였다. 거론된 요소들에는 "a) 개신교와 달리 중앙집권적 구조를 통하여 고아원과 양로원 및 불우 이웃돕기를 효과적으로 전개한 점, b) 근대화 과정에서 소외, 무관심 영역이었던 복지 영역에서 여러 일을 수행한 점, c) 일제하에서 탈정치화된 교회활동을 통해 사회복지 및 문화 정책 분야에 기여한점" 등이 있었다. 나머지 민주화 운동, 통일 운동은 사회정치적 역할로, 고등교육과 한글문화창달은 민중계몽으로 구분할 수 있을 것이다.

<표 4> 가톨릭의 20세기 한국사회발전 기여 2순위

구 분	빈 도	유효백분율
사회복지	6	60.0
민주화운동	1	10.0
통일운동	1	10.0
고등교육	1	10.0
한글문화창달	1	10.0
무응답	1	
합 계	11	100.0

3순위에서도 2순위에서와 마찬가지로 사회복지가 가장 높았다. 이어 민주화, 인권운동으로 나머지는 사회계몽, 자연보호, 종교간 대화 등이 거론되었다. 대체로 1, 2, 3순위에서 거론되는

<표 5> 가톨릭의 20세기 한국사회발전 기여 3순위

구 분	빈 도	유효백분율
사회복지	3	37.5
민주화, 인권운동	2	25.0
사회계몽	1	12.5
자연보호	1	12.5
종교간 대화	1	12.5
무응답	3	
합 계	11	100.0

요소들이 대부분 공통적이라는 사실을 알 수 있고, 3순위에서만 예외적인 요소들이 지적되고 있을 뿐이다. 3순위의 자연보호는 전체에서 거론된 범주에서도 예외적일 뿐 아니라 가톨릭 내부의 관점에서 볼 때도 거의 거론되지 않는 영역이기 때문에 정보 부족에서 기인한 평가로 보인다.

종합하면 사회복지의 빈도가 가장 높고, 이어 민주화·인권운동, 사회계몽의 순으로 기여순위가 높은 것을 알 수 있다. 이 결과에서 알 수 있는 것은 공통설문의 1.2.3의 해석과 같이 사회정의와 사회복지로 평가되는 아시아적 선교의 특수성의 반영이라 할 수 있고, 지난 200년의 시기에서 최근의 역할에 초점을 맞춘 결과로 볼 수 있다.

3) 가톨릭교회가 아시아 다른 나라와 다르게 독특한 모습을 갖게 된 이유

<표 6> 한국교회의 고유성 형성 이유

구 분	빈 도	유효백분율
가톨릭 고유의 대응자세	3	27.3
한국인의 포용주의적 종교심성	2	18.2
객관적 환경변화	2	18.2
서구에 대한 허위의식과 기독교에 대한 친화성	2	18.2
전래시기의 특수성	1	9.05
복합요인	1	9.05
합 계	11	100.0

한국교회의 고유성이라고 부를 수 있는 현상은 짧은 시간에 양적으로 고도성장을 이룩한 점, 선교지역에서 대체로 서구세력에 대한 반감이 존재하는 반면 한국에서는 친화성이 높은 점, 짧은 시간에 역사적 굴절의 경험이 중첩적으로 일어났던 점, 전체 비중에서 소수이면서도 사회적으로 영향력이 높은 점, 제2차 바티칸 공의회 이후에 공의회의 간접적인 영향으로 짧은 시간에 높은 사회적 위신을 얻게 된 점 등을 열거할 수 있다. 이 질문은 이러한 특수성을 낳은 원인을 묻는 것이다. 결과를 보면 주관적 요인에 해당하는 가톨릭의 대응자세 이를테면 "a) 한국인 사제들의 적극적인 사회 참여, b) 가톨릭의 유교 불교 등 전통종교들에 대한 포용적 입장(inclusivism), c) 실학파 중심으로 초기에 가톨릭을 주체적으로 수용한 점" 등이, 나머지는 가톨릭 외적인 데서 원인을 찾을 수 있는 것으로 '한국인의 포용주의적 종교심성', 한국사회에서 일어난 급격한 사회변동과 같은 객관적 환경의 변화와 서구에 대한 허위의식과 기독교에 대한 친화성을 원인으로 거론하였으며, 패망한 조선(한국)의 대안적 가치로서 도입되었던 역사적 특수성과 종교 내외적 요인들이 복합적으로 작용한 것도 원인으로 지적되었다.

이 결과에서 한국교회의 특수성은 교회의 주객관적 조건 전체가 영향을 준 것이고, 혹시 긍정적인 평가를 받을 수 있는 것들도 엄밀하게 보면 객관적 조건에 기인되는 바가 더 크다는 사실을 알 수 있었다. 교회 내에서 이루어지는 평가들이 빠질 수 있는 과도한 자기중심주의를 보완하는 결과로 받아들여야 할 것이다.

4) 가톨릭이 한국사회에서 사회적 위신이 높은 집단으로 평가되는 이유

<표 7> 가톨릭이 긍정적 위신이 높은 집단으로 평가받는 이유

구 분	빈 도	유효백분율
사제의 질적 수준과 사회참여기여	6	54.5
가톨릭의 조직적 통일성	2	18.2
객관적 환경의 협조	1	9.1
가톨릭의 정교분리 전략	1	9.1
부동의	1	9.1
합 계	11	100.0

이 질문에 대한 답은 매우 흥미롭다. 다른 결과들과 달리 사제의 질적 수준과 중요성을 제일 중요한 이유로 강조한 까닭이다. 이 항목은 가톨릭 사제의 높은 질적 수준과 사회참여에 대한 기여로 요약할 수 있다. 거론된 이유로는 "a) 사제를 양산하지 않고 소수 정예로 기르는 전략, 사제들 스스로 자기 혁신을 꾀한 점, 민주화 운동에 적극 참여하는 모습이 긍정적인 이미지 형성에 기여한 점, b) 가톨릭의 성직자 교육제도가 일정 수준이상의 능력을 갖춘 사제양성을 하게 된 결과, c) 신학교육에서 신학생들에게 사회의식 함양에 노력하였던 점, d) 가톨릭교회의 적극적인 사회참여와 봉사활동에서 사제들의 지도력이 중요하게 작용하여, e) 성직자의 긍정적 이미지와 사회참여에 기여하였기에, f) 교황과 추기경 같은 종교지도자들이 현대사회의 윤리문제에 영향력을 행사하고 있기에" 등이다. 두번째로는 가톨릭의 조직적 통일성을, 나머지로는 객관적 환경의 영향, 가톨릭의 정교분리 전략 등이 거론되었다. 기타로 분류한 원인을 제외하면 이 결과들이 가톨릭과 타 종교와의 비교에 기초하고 있음을 알 수 있다.

다른 외부 조건들보다 각 종교들의 내부 문제가 더 영향을 주었다는 것이므로 종교시장안에서 경쟁자들의 상대적 지위 저하를 원인으로 지적하였다는 해석이 가능하다. 아울러 종교편향이 작용하고 있다고 볼 수 있다. 비중이 높게 거론된 요소들이 대부분 개신교에서 지적되는 문제들인 까닭이다.

5) 가톨릭이 한국 종교문화 안에서 여전히 이질적으로 보이는 요소와 해결방향

<표 8> 한국종교문화에 이질적인 가톨릭적 요소

구 분	빈 도	유효백분율
천주교 신자의 세례명	5	45.4
전례형식과 미사형식	2	18.2
건축양식	1	9.1
외래어 사용	1	9.1
이질성 인정	1	9.1
무 관	1	9.1
합 계	11	100.0

공통설문 2.1.4의 결과와 같이 세례명이 가장 많았다. 두번째로는 전례형식과 미사형식인데, 이는 2.1.4에서 건축양식을 지적한 바와 다소 차이가 있다. 예외적인 결과로 볼 수 있는 것은 무조건적인 토착화시도를 경계하는 입장이다. 불교와 다른 종교의 특수용어와 관습들이 역사적 전개과정에서 일상용어와 관습으로 자리잡은 경우처럼 가톨릭도 이런 과정을 거칠 수 있다는 이유에서다. 타당한 지적이다. 그러나 현재는 과거와 달리 다원화되어 있고, 특정종교의 지배적 우위가 관철되지 않는 상황이므로 불교와는 다른 경로를 걷게 될 가능성도 동시에 인정되어야 할 것이다. 세례명과 같이 이질적인 요소로 거론되는 것들은 그만큼 일상적인 문화로 받아들여지기 어려울 것이라는 의미이기도 하므로 한국화의 어려움을 간접적으로 보여주는 결과라고 볼 수 있을 것이다.

6) 일제시대에 가톨릭이 적극적인 사회참여를 하지 못한 이유

가톨릭의 역사 가운데 가장 평가가 낮은 시기에 해당되는 사건으로 3.1운동에 소극적 참여 혹은 반대, 신사참배 수용, 전시동원 체제에 적극협력과 같은 과오들을 들 수 있다. 개신교와 일부 민족종교들과 다르게 참여가 활발하지 못하였던 원인을 어떻게 보아야 할 것인가가 이 질문의 의도라고 할 수 있다.

응답에서 역사적 불가피성과 일제의 종교정책을 제외하면 주로 내부적인 문제를 원인으로 지적하고 있음을 알 수 있다. 우선순위가 높은 것은 가톨릭 자체의 의지부족과 교황청의 태도, 박해의 유산인데 거론된 이유들은 대략 다음과 같았다. 가톨릭 자체의 의지부족에는 "a) 선교사들이 주도한 대 조선총독부와의 친화 협력, b) 가톨릭 자체가 가지고 있는 현실참여의식 부족,

<표 9> 일제 시대에 사회참여 부족 이유

구 분	빈 도	유효백분율
가톨릭자체의 의지부족	3	27.3
교황청 태도와 가톨릭의 속성	3	27.3
박해의 유산	2	18.16
일제의 분할지배 종교정책	1	9.08
역사적 불가피성	1	9.08
무응답	1	9.08
합 계	11	100.0

c) 역사의식 결핍과 자기 이익 중시태도"가 교황청의 태도와 가톨릭의 속성에는 "a) 주어진 환경에 쉽게 적응하려는 경향, b) 바티칸의 전체주의에 대한 불분명한 태도, c) 바티칸의 정치적 보수성에 따른 영향력 행사" 등을 박해의 유산에는 "a) 박해의 유산을 극복하지 못해 내부집단 유지 및 존속에 우선 목표를 두었기 때문, b) 박해로 인해 일제를 믿을 수 없었기 때문" 등이다. 가톨릭의 제도적 특수성, 교회 책임자들의 신중한 태도, 교회 자체의 속성 등이 원인이었다는 것이다. 그렇다면 이런 속성을 가진 교회가 20세기 후반에 이르러 반대의 모습을 보이며 긍정적 평가를 얻게 된 것과는 어떻게 연결되는가가 쟁점이 될 수 있을 것이다. 교회의 속성으로 파악하기에는 무리가 따를 수 있다는 것이고, 소수이긴 하지만 역사적 특수성이라는 점도 이 시기의 소극적 태도를 이해하는 데 무시할 수 없는 요소로 지적할 수 있을 것이다. 이 결과의 함의는 무엇보다 외재적인 원인에 사로잡히기보다는 내재적인 역할과 원인에 초점을 두어야 한다는 것이라고 하겠다.

7) 1987년 이후 한국사회에서 가톨릭의 대사회적 역할이 현저하게 축소된 이유

<표 10> 1987년 이후 가톨릭의 사회적 역할 축소이유

구 분	빈 도	유효백분율
시민사회의 성장과 새로운 환경의 도래	7	63.6
교회 내부 문제와 적응능력부족	3	27.8
이 견	1	8.6
합 계	11	100.0

가톨릭의 역할이 감소되었다는 의미보다는 교회 밖으로부터 교회의 역할에 대한 평가를 덜 받는 이유라고 하는 것이 타당해 보인다. 사실 기존의 역할에서 후퇴한 측면이 없는 것은 아

니지만 과거에 비하여 그리 비중이 낮아진 것은 아니기 때문이다. 따라서 상대적으로 평가에 인색해진 이유를 찾는 것이 타당해 보인다.

가장 큰 이유로 1980년대 중반이후 괄목하게 성장한 시민사회와 가톨릭이 그 동안 관심을 집중해왔던 의제들이 민주화라는 새로운 환경에서 초점이 흐려진 점이 지적되었다. 이전 시기에 가톨릭이 담당하였던 역할이 타 영역으로 이전되고, 종교적 의제들이 공적 의제화(public agenda)되기 어려울 만큼 사회가 분화된 것도 원인으로 지적되었다. 이 보다는 약하지만 원인을 내부에서 찾아야 한다는 주장도 비교적 비중 있게 나왔다. 이 의견은 교회 내부의 대응능력부족에서 원인을 찾아야 한다는 것이다. 결국 상황정의 능력 저하가 원인이라는 것이다. 이 결과를 통하여 갈수록 가톨릭교회가 한국사회에서 동의와 설득을 얻기가 더욱 어려워질 것이라는 점을 예상할 수 있다.

8) 해방 이후 2000년까지 개신교, 불교, 천주교가 교세측면에서 3대종교가 된 원인

<표 11> 3대종교의 해방 이후 교세확장원인

구 분	빈도	유효백분율
3대 종교에 유리한 객관적 환경	4	36.4
종교자체의 긍정적 역할과 선교노력	3	27.3
전통종교들의 대응능력부족	3	27.3
불교의 전통성과 기독교의 근대성	1	9.0
합 계	11	100.0

공교롭게도 해방 후 세 종교만이 지배적인 종교로 성장하였을 뿐 조선말기와 일제시대에 비교적 높은 교세를 유지하였던 종교들은 쇠퇴하거나 몰락하였다. 개신교와 가톨릭만의 성장이라면 미군정, 이승만 정권의 역할을 가장 비중 높게 다루어야 할 것이나, 불교도 조선조 때의 쇠락을 딛고 남한의 3대 종교로 성장하였기 때문에 앞의 변수들만을 원인으로 볼 수 없다. 응답자들은 다음과 같은 객관적 환경의 영향을 지적하였다. 여기에는 "a) 세계체제 속에서 서구 종교의 지배적 위치와 역할, 그리고 해방 이후 이승만 정권의 노골적인 친기독교 정책, b) 일제지배, 미군정, 한국전쟁, 근대화(산업화), 북한의 끊이지 않는 위협, 경제성장, c) 이승만 정권의 친기독교 정책, 불교와 민족 종교에 대한 배타적(분열) 정책, 일제 때 기독교 계통 학교 출신들이 지도층에서 인적 네트워크를 형성하고 있었던 점, d) 친사회주의, 반외세적 통일 운동에 기울었던 경쟁종교들의 몰락"등이 거론되었다. 이와 같은 맥락에서 볼 수 있는 것이 전통종교들의 대응능력 부족이다. 경쟁자들이 시장 안에서 제 역할을 할 수 없었고, 정당성

기제도 부족하였기 때문에 상대적으로 기독교에 유리하였으리라는 것이다. 대체로 객관적 조건의 영향이 주 원인으로 지적된 것이다. 이에 반하여 주관적 평가로는 "a) 종교자체의 긍정적 역할과 선교노력, b) 세 종교가 가지고 있는 역사와 전통, 조직, c) 공신력 있는 종교전통, d) 신도들의 사회적 지위상승에 따른 파급 효과" 등이 거론되었는데 자세히 살펴보면 이 역시도 객관적 조건의 영향과 연결되는 요소가 있음을 알 수 있다. 자기중심적인 평가를 주의해야 하는 결과라고 할 수 있다.

9) 최근 종교인구가 정체 내지는 근소한 성장을 하는 이유

최근 10년 사이의 각 종교의 교세성장은 정체 내지는 근소한 증가세로 특징지을 수 있다. 이런 상황이 지속되면서 정체에서 감소로 이어지는 것이 아닐까 하는 종교 내부의 우려도 나타나고 있다.

<표 12> 최근 종교인구의 정체이유

구 분	빈 도	유효백분율
가톨릭의 새로운 종교욕구 충족능력부족	5	45.4
경제적 풍요	4	36.4
사회분화의 결과	1	9.1
한국종교시장의 포화상태	1	9.1
합 계	11	100.0

이러한 경향은 지난 50년의 고도성장에 대비되는 것으로 사회과학적인 접근과 분석이 필요한 현상이다. 가톨릭의 경우는 근소한 증가가 이어지고 있지만 비활동인구의 증가세가 이를 앞질러 교세성장의 상쇄는 물론 위기의식의 원인이 되고 있기도 하다. 이에 대하여 응답자들은 가톨릭에 국한하여 보았을 때 이를 최근에 높아지고 있는 종교적 욕구와 제도종교들을 통하지 않는 탈제도적 종교성 등 새로운 욕구에 대하여 대응하지 못하는 것이 주된 원인이라고 지적하고 있다. 이를테면 "a) 기존 사회봉사중심의 활동이 구태의연한 것으로 받아들여지면서 젊은층의 욕구를 수용하지 못하고 있고, b) 종교 고유의 역할(영성 발전)보다 정치적, 사회적 참여에 더 많은 에너지를 쏟아 정작 평신도 신자들의 종교적 욕구에 적절히 부응하지 못하였으며, c) 최근에 새로이 등장하는 종교적 욕구에도 불구하고 개별적인 영성개발에 주력하기가 어렵기 때문" 이었다는 것이다. 이에 못지않게 비중있는 원인으로는 경제적 풍요와 개인주의가, 기타로는 사회분화의 결과, 가톨릭의 역할 감소로 경험되는 배경 가운데 하나였던 사회분

화, 포화상태에 이른 한국의 종교시장 등이 거론되었다. 주된 원인으로 거론된 내부원인론은 대체로 외부환경변화에 초점을 맞추고 외재적 원인을 찾아왔던 기존 연구에 유용한 관점을 제공해주고 있다.

10) 가톨릭교회가 한국사회 발전을 위하여 21세기에 기여해야 할 영역

전체적으로 이 조사결과에서 확인이 가능하였던 것은 가톨릭의 기존 역할에 대한 수정과 변경이 필요하다는 사실이었다. 변화된 환경과 이에 상응하는 역할의 조정이 현재 가장 필요하며, 과거보다는 종교본연의 역할에 치중하는 방향이 중심이 되어야 한다는 것이 결론과 다름없다.

<표 13> 21세기에 가톨릭이 기여할 영역

구 분	빈 도	유효백분율
인권, 통일, 평화, 환경운동	7	64.0
지역사회봉사와 이웃사랑실천	2	18.0
건강한 사회건설에 이바지	2	18.0
합 계	11	100.0

그러나 이 결과에서 응답자들은 기존의 긍정적 역할을 확장하여 인권, 통일, 평화, 환경운동에 까지 나아가기를 희망하였다. 이어 기존의 관행을 탈피하여 범위와 심도를 넓히고 심화한 역할로 나아가야 한다는 점과 앞으로도 시민사회 구현에 기여해야 할 것을 제안하였다. 그러나 이 제안은 어디까지나 사회적 역할에 국한되는 것일 뿐, 이 조사결과 전반이 제안하고 있는 흐름과 연장선에 있다는 사실을 이해할 필요가 있다.

11) 가톨릭교회가 한국과 같은 종교다원주의 사회 안에서 감당해야 할 역할

<표 14> 종교다원주의하의 미래역할

구 분	빈 도	유효백분율
종교간 대화와 협력	10	100.0
무응답	1	
합 계	11	100.0

종교다원주의 하에서는 가톨릭이 그 동안의 경험과 포괄주의 노선을 따르는 이점, 그 동안 누려온 사회적 위신을 토대로 종교간 대화와 협력의 중재 혹은 인도역할을 제안하였다. 응답자들은 "a) 한국 사회, 인류 공동의 주제들(평화, 환경, 통일, 복지 등)에 대해 타종교와 공동으로 대처하는 역할, b) 종교 사이의 공존과 화해를 중재하는 역할, c) 종교간 대화와 공동의제 개발을 통한 사회공동체 운동의 확산, d) 타 종교와의 활발한 교류/대화를 통해 타 종교에 대한 관용적 입장 정착" 등을 제안하였다. 적어도 이 제안을 통하여 보면 가톨릭이 사회적 공적 의제를 주도적으로 설정하는 위치에 있지 않다는 것을 간접적으로 보여주는 동시에 이제 변화된 새로운 환경에서 종교본연의 역할에 더욱 주력해야 한다는 것을 보여주고 있다.

12) 기타 가톨릭교회를 연구할 때 필요한 조언이나 제안

이 연구는 물론 가톨릭계의 연구를 위하여 응답자들은 다음과 같은 조언과 제안을 하였다. 1) 개신교 및 불교와의 비교 연구를 통해 더 발전적인 자기 이해가 가능할 것이다. 2) 서구에서 만들어진 개념을 한국사회의 종교현상에 적용할 때에는 유의할 필요가 있고, 교회에 관한 믿을만한(단일화된) 통계적인 자료를 찾거나 마련할 필요가 있다. 질적 현장연구를 통해, 소규모 교회조직의 내부 상황, 신도들의 의식과 행위에 대한 구체적인 접근을 해야 할 것이다. 3) 가톨릭교회는 특유의 관직카리스마에 의한 사제의 권위가 보장되는 까닭에 많은 연구에서 사제 자체의 의식이나 이념, 지배단체로서의 교회에 대한 분석이나 연구는 많은 경우 기피되는 경향이 있다. 이를 극복하는 것은 항상 문제가 되는 권위 집단으로서의 교회와 교권의 절대화로 인한 문제를 이해하고 해결하는 데 도움을 줄 것으로 생각한다. 4) 가톨릭의 부정적인 역할에 대한 연구는 매우 적다. 이에 대한 객관적인 연구도 이루어져야 할 것이다. 5) 가톨릭 교회 의례나 비공식적인 의식 등의 변화를 현대인의 의식(consciouness)과 관련하여 연구하는 것과 여성문제에 대한 교인들의 의견을 통계적으로 조사하여 기본적인 교회의 방침과 교인들의 실질적인 의견을 비교하는 것이 필요하다.

3. 결 론

이 조사결과를 통하여 근대화와 가톨릭의 상관성은 어느 정도 인정될 수 있는 것이고, 이러할 경우 어느 영역에 더 치중하여야 할 것인가에 대하여 종교영역을 중심으로 바라보는 시각과 방법이 제안되었다. 한국 가톨릭의 고유성과 특성에 대한 해석에서는 주관적 조건보다는

객관적 조건이 중요하다는 견해를 피력하였다. 교세성장을 비롯, 아시아에서 독특한 선교사례로 인정받는 주된 이유를 주로 교회외적인 데서 찾아야 한다는 것이다. 가톨릭에 대한 긍정적인 평가에 대하여는 모두가 동의한 것은 아니지만 대체로 동의를 표명하였고, 그러한 요소들이 가톨릭의 본질적 구성요소 혹은 제2차 바티칸공의회 이후의 역할에 기인하는 것이며, 특히 사제의 역할에 초점을 맞춘 것은 이 조사에서 독특하고 고유한 요소라 평가할 수 있다. 이 해석이 종교편향일 가능성이 있다는 점은 이미 지적한 바이다.

가톨릭의 최근 현안에 대하여도 새로운 시각이 제시되었는데, 대부분의 징후들이 교회와 종교의 대응능력 부재에서 찾아야 한다는 점이다. 대체로 외부에서 원인을 찾던 기존 연구들에 신선한 자극이 될 것으로 기대된다. 마지막으로 현재까지의 역할에 대한 반성을 토대로 앞으로 설정해야 할 방향 등에 대하여는 영역과 역할이 축소된 현실을 반영한 상태에서 종교 본연의 역할과 기존의 긍정적 역할의 확장 심화를 제안하였다. 가톨릭의 현실에 대한 유용한 제안이라 할 것이다.

전체적으로 이 조사 결과는 본 연구에 새로운 관점을 제시하였을 뿐 아니라 자칫 간과될 수 있는 종교 내부의 연구들에 대하여 객관적 시각을 제공함으로써 본 조사는 물론 연구 전체에 긍정적인 역할을 할 것이라고 믿어져 이 조사의 의의가 새삼 크다고 할 것이다.

X. 종교학

박 일 영

1. 서 론

　본 조사는 종교학 관련 전공자들을 상대로 한 개방형 설문으로 구성되었다. 한국 가톨릭이 샤머니즘이나, 불교, 유교, 신종교 등 이웃종교들에 대하여 과거에 가졌었고, 현재 가지고 있고, 또 앞으로 가져야할 자세에 대하여 한국에서 활동하고 있는 종교학 전공자들이 지니고 있는 인식을 다양한 측면에서 심층적으로 조사하는 데 그 목표를 두었다.
　설문의 첫 부분은 종교문화와 종교 간 대화 일반에 관한 질문으로 구성되었다. 먼저, 과거 가톨릭교회의 태도와 관련하여, 가톨릭교회가 지난 100년 동안 한국의 종교문화에 기여한 내용과 걸림돌이 된 내용, 가톨릭교회가 종교간 대화 일반에 기여한 점과 장애로 작용한 점, 그리고 미래의 바람직한 방향 설정과 관련된 내용 등을 질문하였다. 즉, 가톨릭교회가 21세기에 한국의 종교문화 발전을 위하여 감당하여야 할 사명이 무엇인지, 앞으로 한국의 종교문화와 협력해 나가는 데 있어서 필수적인 요소들은 어떤 것들이 있는지에 대한 의견을 청취코자 하였다.
　둘째 부분은 개별 종교들에 대한 가톨릭교회의 태도를 묻는 항목들로 구성하였다. 과거의 자세에 대하여는 주로 샤머니즘, 불교, 유교 등의 전통종교와 신종교 등 이웃 종교들에 대하여 가톨릭이 취해왔던 자세를, 현재와 관련하여서는 지금 가톨릭이 이웃종교들에 대하여 지니고 있는 자세, 그리고 미래와 관련하여서는 장차 가톨릭과 이웃종교들이 한국의 다종교 상황 속에서 형성해 나아가야 할 바람직한 방향을 중심으로 의견을 청취하고자 하였다.
　본고에서는 설문지 상에 무교(巫敎)라고 표기한 부분을 무종교라는 뜻의 무교(無敎)와 혼동을 피하기 위하여 샤머니즘으로 고쳐 분석하였다.

2. 결과분석

결과분석은 문항별로 빈도와 무응답을 제외한 실제 응답자만을 계산한 유효백분율로 결과를 정리하고, 유사한 항목을 묶어 분야별로 의미를 분석하였다. 빈도수를 계산하지 않는 일반 제안이나 조언 문항들은 응답자들의 의도를 다치지 않는 범위 안에서 필자가 축약 정리하였다. 빈도의 합과 유효백분율 합계는 따로 기록하지 않았는데, 대부분의 질문을 중복응답으로 하였기 때문이다.

2.1. 응답자의 인구사회학적 특성

이 조사의 응답자들은 한국학술진흥재단 연구자정보 데이터베이스에 종교학 전공자로 등록한 박사과정 수료 이상의 연구자중 이미 은퇴한 교수들을 제외하고 선정하였다. 종교학 분야에 배정된 설문조사 대상인원 15명 중에서 5명은 개별적 피추천자로 할당하고 나머지 인원은 학술진흥재단의 연구자 정보 데이터 베이스 상의 종교학 전공자 중에서 표집원칙에 따라 선정하였다.

조사 대상자 15명 중 14명으로부터 설문지가 수거되었다. 해석에 있어서 전공 분야의 특수성과 전공자 수의 희소성 때문에, 여성이 전체 평균의 14 %에 불과한 점과 개신교인이 전체 종교인구 비율에 비하여 3배 가까이 높은 점이 편향(bias)으로 작용할 가능성이 있다.

<표 1> 인구사회학적 정보

구 분	내 용	표본수	비율(%)	전체(%)
성 별	남 성	12	85.7	100.0
	여 성	2	14.3	
연령별	30대 이하	4	28.6	100.0
	40대	7	50.0	
	50대	3	21.4	
	60대 이상	-	-	
종교별	무종교	3	21.4	100.0
	불 교	1	7.1	
	개신교	8	57.1	
	가톨릭	-	-	

2.2 결과분석

1) 가톨릭이 지난 100년 동안 한국종교문화에 가장 크게 기여한 내용

<표 2> 한국종교문화에 가장 크게 기여한 내용(중복응답)

구 분	빈 도	유효백분율
한국종교문화와의 융합시도	5	35.7
민주화운동	5	35.7
반독재투쟁	3	21.4
근대교육/인재양성	2	14.3
역사의식고취/사회참여	2	14.3
예술분야에 공헌	1	7.15
제도 및 시설의 합리적운영	1	7.15
종교간 화합 기여	1	7.15
사전편찬	1	7.15
성서번역	1	7.15

한국의 종교문화에 가톨릭교회가 기여한 측면은 크게 문화적 측면과 사회적 측면으로 대별된다. 즉, 제사 수용 등으로 나타난 한국 종교문화와의 융합을 시도하였다는 문화적 측면과 민주화운동에 기여하였다는 사회적 측면이 가장 비중 있게 평가받았다. 그 외에 문화적 측면으로는 근대 교육을 통한 인재 양성, 서구 예술 분야에 공헌, 제도 및 시설의 합리적 운영, 종교간 화합에 기여, 사전 편찬, 성경 번역 등의 의견이 있었다. 사회적 측면과 관련하여 비슷한 경향을 보이는 내용으로는 반독재 투쟁, 역사의식 고취, 사회 참여 등도 종교학자들에게 긍정적으로 의식되고 있음이 확인되었다.

문화적 측면에서는 가톨릭과 함께 그리스도교에 속하는 종파로서 개신교의 주류가 여전히 조상제사 문제 등 전통종교문화의 요소들에 대하여 부정적인 견해를 갖고 있는 데 비하여, 가톨릭이 상대적으로 포용적 성향을 갖고 있어 한국의 종교학 전문가들이 이에 대하여 호의적 태도를 보인 것으로 분석된다.

사회적 측면에서는 민주화운동이나 반독재 투쟁이라는 사회참여가 긍정적 평가를 받았다. 1970년대 이후 교회가 특히 정의구현이나, 노동자의 인권 등 사회문제에 대하여 적극적이고 주도적으로 대처한 점을 인상깊게 여기고 있는 것으로 평가할 수 있다.

2) 가톨릭이 지난 100년 동안 한국의 종교문화에 가장 큰 걸림돌이 된 내용

<표 3> 한국종교문화에 가장 걸림돌이 된 내용(중복응답)

구 분	빈 도	유효백분율
토착화 노력 부족	4	28.6
권위주의	4	28.6
정교유착	3	21.4
배타주의	2	14.3
반민족적 행태	2	14.3
한국전통/종교 몰이해	2	14.3
여성배려 부족	1	7.15
형식주의	1	7.15
평신도양성 부족	1	7.15

한국의 종교문화에 가톨릭교회가 걸림돌이 된 측면도 역시 문화적 분야와 사회적 분야로 대별된다. 문화적 측면으로는 토착화 노력의 부족을 가장 많이 꼽았다. 그밖에 한국의 전통문화 및 전통종교에 대한 몰이해, 여성에 대한 배려 부족, 형식주의, 평신도 양성의 부족 등이 지적되었다. 사회적 측면으로는 권위주의를 가장 많이 거론하였으며, 정교 유착, 배타주의, 반민족적 행태 등이 지적되었다. 문화적 측면에서 한국의 종교문화에 가톨릭교회가 걸림돌로 작용한 내용으로 토착화 노력의 부족을 맨 먼저 꼽고 있는바, 이는 한국의 가톨릭이 여전히 외래종교의 틀을 벗어나지 못하고 있다는 평가로서, 전통문화라든가 전통종교에 대하여 이해가 부족하거나 피상적인 데 머물고 있다고 판단하는 점과 그 궤를 같이 한다.

사회적 측면에서의 걸림돌로는 권위주의를 가장 많이 꼽았는데, 이는 여성에 대한 배려가 부족하고, 평신도 양성에 소홀했다는 점과 그 맥을 같이한다고 볼 수 있다. 즉, 종교학자들의 눈에 비친 한국 가톨릭교회는 남성 성직자 중심이고, 이웃종교나 전통문화에 대하여는 몰이해와 배타적 태도로 일관하는 모습이라는 것이다.

3) 가톨릭이 지난 100년 동안 한국에서 종교간 대화에 기여한 점

<표 4> 100년 동안 한국 종교간 대화에 기여한 점(중복응답)

구 분	빈도	유효백분율
실천적 대화의 장 마련	5	35.7
타종교 존중(개신교에 비해)	5	35.7
종교간 화합의 모범	4	28.6
종교다원주의 이해 폭 확장	2	14.3
한국 전통종교들과 상호이해		
기회확대(1970년대 이후)	1	7.15

한국의 가톨릭교회가 종교간 대화에 기여한 점으로는 실천적 차원에서 대화의 장을 마련한 점(예: 사회복지, 민주화, 통일, 환경)과 아울러 (개신교에 비해) 비교적 타 종교 내지 이웃종교를 존중하는 입장을 보인 점을 들었다.

그 외에도 종교간 화합의 모범을 보이고, 종교다원주의에 대한 이해를 넓혔으며, 1970년대 이후에는 한국의 전통종교들과 상호적 이해를 가진 점을 높이 평가하였다.

이와 같은 내용은 언뜻 보면 앞의 <표 3>에서 제시되었던 평가와는 상반되는 것처럼 보이기도 한다. 그러나 가톨릭교회가 그간 종교간 화합에 모범을 보였다던가, 이웃종교를 존중하고, 종교다원주의에 대한 이해를 넓혔다는 평가는, 같은 그리스도교 내에서 보았을 때에, 보수적 개신교 집단에 비하여 상대적으로 조금 더 개방적이며 포용적이라는 제한적 의미로 새겨야 할 것이다.

4) 가톨릭이 지난 100년 동안 한국에서 종교간 대화에 장애로 작용한 점

<표 5> 100년 동안 한국 종교간 대화에 장애가 된 점(중복응답)

구 분	빈도	유효백분율
자기우월주의/가톨릭중심주의 교리의 고정화	4	28.6
타 종파에 대한 폐쇄적 태도	3	21.4
종교간 대화에 무관심	2	14.3
지나친 로마 중심적 의식	1	7.15
가톨릭신학 전통의 보수성향	1	7.15
배타주의	1	7.15
반공주의	1	7.15
한국전통을 "선교"대상으로만 파악하려는 태도	1	7.15
영성적 각성의 부족	1	7.15

한국의 가톨릭교회가 종교간 대화에 장애로 작용한 점으로는 자기우월주의 내지 가톨릭 중심주의를 가장 큰 이유로 보았다. 종교간 대화에 참여하는 것이 교세 확장을 위한 표면적 전략이라는 의구심을 줄 정도로 교리가 고정화되었다고 보는 시각도 무시할 수 없었다. 개신교나 정교회 등 그리스도교 내 타 종파에 대하여 보이는 폐쇄적 태도도 지적되었다. 심지어 한국 가톨릭교회는 종교간 대화에 대체로 무관심하며, 절실한 필요를 못 느낀다고 보았다. 그 이유로는 현대 그리스도교가 전반적으로 처한 신학적 위기를 절감하지 못하고, 동양종교들이 가진 장점을 의식하지 못하기 때문이라고 진단하였다. 또한 가만히 있어도 입교자들이 제 발로 찾아오기에 종교간 대화나 타종교에 대한 관심의 필요성을 못 느낀다는 것이다.

그 외에 지나친 로마 중심적 의식, 가톨릭 신학 전통이 가진 보수적 성향, 배타주의, 반공주

의, 한국의 전통을 단순히 교세 확장이라는 편협한 "(양적) 선교"의 대상으로만 파악하거나, 영성적 각성이 부족하다는 심도 있는 분석적 의견도 이 부분에서 큰 비중을 차지하고 있었다.

5) 가톨릭이 21세기에 한국 종교문화 발전을 위하여 담당할 사명

<표 6> 가톨릭이 21세기에 담당할 사명(중복응답)

구 분	빈도	유효백분율
한국종교문화에 대한 이해와 상호 존중	9	64.3
한국영성 심층연구	3	21.4
실천적 대화의 장 마련	2	14.3
자기개혁	2	14.3
한국신학 정립	2	14.3
한국적인 교회로 탈바꿈	1	7.15
적극적인 이웃종교간 대화와 협력	1	7.15
서구적 복음화 경계	1	7.15
개방적 자세 견지	1	7.15
종교 본질에 대한 추구	1	7.15
사회참여전통과 경험 살려나가기	1	7.15
통일대비 북한종교문화 연구	1	7.15
권위주의 청산과 수평질서 확립	1	7.15

앞으로 한국 가톨릭교회가 한국의 종교문화 발전을 위하여 담당해야 할 사명으로는 한국의 종교문화에 대한 이해와 상호 존중이 압도적 다수를 차지하였다. 한국의 영성을 심층적으로 연구해야 하며, 실천적 대화의 장을 마련하고, 자기개혁을 추구하며, 한국신학을 정립해야 할 필요성도 거론되었다.

그 밖의 소수 의견으로는 한국적인 교회로 탈바꿈하고, 적극적으로 이웃종교간 대화와 협력에 나서며, 고유 문화에 대한 고려를 등한히 하는 서구 일변도의 복음화를 경계하고, 개방적 자세를 견지하며, 종교의 본질에 대한 추구, 사회참여의 전통과 경험을 살려나가기, 통일에 대비하여 북한의 종교문화에 대한 연구와 권위주의 청산과 수평적 질서 확립 등 다양한 의견이 제시되었다.

이처럼 다양한 요구사항이 표출된 것은 한국 가톨릭의 장래에 지난한 난제들이 산적해 있음을 보여주는 반면에, 한국 가톨릭에 대하여 종교학자들이 갖는 기대치가 여전히 높음을 보여주는 사례라고도 해석할 수 있겠다.

6) 가톨릭이 미래에 한국의 종교문화와 협력해 나갈 때 필요한 요소

<표 7> 21세기에 한국종교문화에 협력할 요소(중복응답)

구 분	빈 도	유효백분율
한국종교문화사에 대한 공감적 이해와 수용	5	35.7
겸손과 자기비판	2	14.3
실천적 차원의 종교간 공조와 협력	2	14.3
평신도의 참여	1	7.15
사제교육 프로그램에 종교학 과목 도입	1	7.15
이웃종교인들과도 섬김과 나눔의 자세	1	7.15
평신도간의 대화와 협력 방안 모색	1	7.15
대중화 노력	1	7.15
가톨릭의 역사와 문화에 대한 정보 교류와 홍보 강화	1	7.15
자기정체성 확보	1	7.15
진리 보유의 복수성 인정	1	7.15
시대정신과 사회풍토에 맞는 지속적 쇄신적응 작업	1	7.15

가톨릭이 미래에 한국의 종교문화와 협력해 나갈 때 필요한 요소로는 한국의 종교문화사에 대한 공감적 이해와 수용이 가장 높은 비중을 차지하였다.

겸손과 자기비판, 실천적 차원에서의 종교간 공조와 협력(환경운동 등) 등도 요구되었다. 그 외 소수 의견으로는 평신도의 참여, 사제교육 프로그램에 종교학 과목의 적극적 도입, 이웃종교인들과도 섬김과 나눔의 자세 견지, 평신도간의 대화와 협력 방안 모색, 대중화 노력, 가톨릭의 역사와 문화에 대한 정보 교류와 홍보 강화, 자기정체성 확보, 진리 보유의 복수성 인정, 시대정신과 사회풍토에 맞는 지속적 수정 작업도 거론되었다.

대체로 <표 6>에서 제시되거나 요청되었던 자세들이 일관되게 나타나는 것으로 보인다. "한국종교문화사에 대한 공감적 이해와 수용"이라는 요청은 <표 6>에서 제시된 "한국종교문화에 대한 이해와 상호존중"이라는 항목과 맥락을 같이 하고 있으며, 그 외에 나타나는 매우 다양한 지적 사항들 역시 앞의 <표 6>에서의 항목들과 무관하지 않다고 볼 때, 가톨릭이 21세기에 담당하여야 할 사명과 한국종교문화에 협력할 요소는 많은 부분 중복되는 것으로 보인다.

7) 가톨릭이 지난 100년 동안 한국의 샤머니즘과 민간신앙에 대하여 취한 자세 평가

이하의 항목들은 한국 가톨릭이 특정 종교전통들과 과거와 현재 맺어오고 있는 관계 및 앞으로의 태도에 대하여 답한 내용이다.

<표 8> 지난 100년 동안 샤머니즘과 민간신앙에 대해 취한 자세(중복응답)

구 분	빈 도	유효백분율
대체로 부정적/배타적	6	42.8
계몽의 차원에서 접근	5	35.7
무관심	3	21.4
미신으로 단정	2	14.2
최근에 와서는 수용적	2	14.3
"선교학적인" 평가	1	7.15

먼저 가톨릭이 지난 100년 동안 한국의 샤머니즘과 민간신앙에 대하여 취한 자세에 대한 평가로는 대체로 부정적이거나 배타적이었으며, 계몽의 차원에서 접근하였다고 대답하였다. 그 외에 무관심으로 일관하였다던가, 미신으로 단정하였다고 본 의견도 다수 있었다. 최근에 와서는 수용적으로 변했다고 본 의견이 있는 반면, 여전히 (교세확장을 위한 전략적 차원에서) "선교학적인" 평가만을 하고 있다거나, 속내를 모르겠다는 유보적 평가도 존재하였다.

지난 220여년의 역사 속에서 한국 가톨릭이 샤머니즘과 민간신앙 내지는 민중종교에 대하여 지녀왔거나 바꾸어온 태도를 대부분의 응답자들이 전문 종교학자답게 비교적 정확하고 소상하게 꿰뚫고 있다고 볼 수 있다. 제2차 바티칸공의회(1962~65)를 기준으로 전통종교나 고유문화에 대한 가톨릭교회의 자세가 근본적으로 바뀐 사실과 그러한 기준에 맞추어 변모해 온 교회의 모습을 정확히 파악하고 있는 까닭이다.

그러나 소수이긴 하나, 전문 학자들 중에도 전통종교문화에 접근하는 가톨릭교회의 속내를 여전히 모르겠다거나, 교세확장의 전략적 차원의 접근이라는 평가도 남아있다. 이런 현실은 가톨릭교회의 태도가 아직도 그들에게 의심의 여지가 남아있을 만큼 불분명하게 비쳐지거나, 교회 지도자들이나 일반 신자들이 전통문화에 대하여 여전히 모호한 태도 내지는 적대적 자세를 버리지 못한 데에도 원인이 있다고 해석할 수 있다.

8) 가톨릭이 지난 100년 동안 한국의 불교에 대하여 취한 자세 평가

<표 9> 지난 100년 동안 불교에 대해 취한 자세 평가(중복응답)

구 분	빈 도	유효백분율
비교적 우호적이나 일정 거리 유지	5	35.7
별 관심 없음	3	21.4
오랫동안 우상숭배전형으로 본 경향	3	21.4
처음 소극적, 점차 적극적 대화 시도	3	21.4
공통점이 있다는 태도	1	7.15
개신교에 대하여 "공동의 반감"	1	7.15

가톨릭이 지난 100년 동안 한국의 불교에 대하여 취한 자세는 비교적 우호적이면서도 동시에 일정한 거리를 유지하였다는 평가가 가장 많았다.

별 관심이 없거나, 불교를 우상숭배의 전형이라고 보았던 경향이 오랫동안 있었다고 보기도 하였다. 불교에 대하여 교회 초기에는 소극적이다가 점차 적극적 대화를 시도하는 방향으로 가고 있다고 평가하기도 하였다.

가톨릭과 불교가 비교적 우호적 관계를 갖게 된 배경으로 거론한 특이한 관점으로는 전례, 수행, 성직자와 일반 신도의 구분 등에서 공통점을 가지고 있으며, 물량적 팽창주의로 한국 종교문화의 주류를 차지한 개신교에 대하여 "공동의 반감"을 가진 때문이라는 흥미로운 분석도 있었다.

교회 초창기, 더 정확하게는 제2차 바티칸 공의회 이전까지는 적대적이던 불교에 대한 관계가 점차 호전되고 있음을 정확히 보고 있다. 특히 최근에 와서 대중매체에 자주 보도되는 대로, 생태계 보호 문제 등 사회문제 전반에 걸쳐서 양 종교 성직자와 수행자들이 공동보조를 이루는데 대하여 적극적으로 평가하고 있는 것으로 해석된다.

9) 가톨릭이 지난 100년 동안 한국의 유교에 대하여 취한 자세 평가

가톨릭이 지난 100년 동안 한국의 유교에 대하여 취한 자세는 제사나 가부장제의 수용 등에서 보듯이 호의적이라고 응답한 경우가 압도적으로 많았다.

<표 10> 지난 100년 동안 유교에 대해 취한 자세 평가(중복응답)

구 분	빈 도	유효백분율
호의적/수용적(예: 제사, 가부장제)	10	71.4
초기 호의적이다 배타적으로 변화	3	21.4
토착화를 위해 자기식으로 재해석	3	21.4
불교에 비하여 덜 호의적	1	7.15

교회 초기에는, 유교의 부족한 점을 가톨릭이 메꾸어 완성시킨다는 보유론(補儒論)이라는 성취론적 신학의 자세로 인해 유교에 대하여 상당히 호의적이다가 점차 배타적으로 자세가 변화되었다고 본다. 가톨릭 자체의 토착화를 위하여 유교를 자기 식으로 재해석하였다고 평가하기도 하였다. 불교에 비하여 가톨릭의 유교에 대한 자세가 덜 호의적이라고 평가하기도 하였다.

종단으로서의 활동이 불교나 그리스도교 또는 일부 신종교에 비하여 상대적으로 미약한 유교의 현황으로 인하여 가톨릭이 유교를 대하는 태도가 덜 호의적인 것으로 비치는 듯 하다.

종교간 대화나 협력의 상대로서의 실체가 불분명한 유교측 사정이 고려되어야 할 것으로 보인다. 더 나아가서는 "종교"라는 개념을 그리스도교와 동일시하여, 종교로서의 유교의 활동을 백안시하는 유교 측 일부 세력의 자세도 두 종교간 원활한 교류 협력에 장애 요인으로 작용하는 듯하다.

10) 가톨릭이 지난 100년 동안 한국 신종교에 대하여 취한 자세 평가

가톨릭이 지난 100년 동안 한국의 신종교들에 대하여 취한 자세는 별 관심 없었다는 평가가 으뜸을 차지하였다. 그 외에 자기 우월적 자세로 무시하였다거나, 미신 혹은 사이비종교라는 편견을 갖고 있다고 평가하기도 하였다.

소수 의견으로는 극소수의 학자만 관심을 갖고 있고, 특히 통일교에 대하여 부정적이며, (교세 확장이라는 제한적 의미에서의) "선교학적인" 평가만 한다고 보기도 하였다. 한국 가톨릭교회는 신종교가 가진 고유성에 대한 인식이 결여되었으며, 편향된 민족의식에 대하여 비판적이라고 보았는가 하면, 토착화에 단서를 제공할 것으로 기대하면서 신종교를 대하기도 하였다고 보았다.

<표 11> 지난 100년 동안 신종교에 대해 취한 자세 평가(중복응답)

구 분	빈도	유효백분율
별 관심 없음	6	42.8
자기 우월적 자세로 무시	2	14.3
미신/사이비종교라는 편견	2	14.3
극소수의 학자만 관심	1	7.15
특히 통일교에 대하여 부정적	1	7.15
"선교학적인" 평가만 함	1	7.15
고유성에 대한 인식 결여	1	7.15
편향된 민족의식에 대하여 비판적	1	7.15
토착화에 단서 제공 기대	1	7.15

제2차 바티칸 공의회 이전의 한국 가톨릭교회가 가지고 있던 배타적인 자세에 대하여는 정확한 평가라고 보인다. 그러나 최근에 와서 달라진 교회의 자세는 별로 반영이 되지 않고 있다. 그것은 아마도 교황청이 통일교에 대하여 가지고 있는 엄격한 거리 두기와 그에 따르는 한국 가톨릭교회의 공식적 태도에 주로 기인하는 것이 아닌가 한다.

11) 가톨릭이 현재 샤머니즘과 민간신앙에 대하여 취하는 자세 평가

<표 12> 샤머니즘과 민간신앙에 대하여 취하는 자세 평가(중복응답)

구 분	빈 도	유효백분율
일부학자 성직자의 지속적 연구와 관심으로 점차 긍정요소 인정	4	28.6
낮은 단계의 신앙으로 인식	2	14.3
배타적	2	14.3
비판적 수용	2	14.3
미신과 고유종교라는 시각 혼재	2	14.3
개방적 연구 분위기 결여	2	14.3
계몽의 대상으로 접근	1	7.15
전통문화로만 수용	1	7.15
불교 유교에 비해 덜 우호적	1	7.15

가톨릭이 현재 한국 샤머니즘과 민간신앙에 대하여 취하는 자세는 일부 학자나 성직자의 지속적 연구와 관심으로 점차 긍정적 요소를 인정하는 방향으로 가고 있다고 보았다. 그러나 여전히 낮은 단계의 신앙으로 인식하거나, 배타적이라고 보는 경우도 적지 않았다.

비판적으로 수용하거나, 미신이라는 시각과 고유종교라는 시각이 혼재한다고 보기도 한다. 그런가 하면 개방적 연구 분위기가 결여되어 있으며, 계몽의 대상으로 접근하거나, 전통문화로만 수용한다고 평가하기도 한다. 불교나 유교에 비하여 샤머니즘이나 민간신앙을 덜 우호적으로 대한다고 평가한다.

가톨릭교회 내에서도 여전히 고유 종교나 전통문화를 대하는 태도가 일관되지 않고, 저마다 다른 태도를 보이는 데에서 종교학자들의 평가가 엇갈리는 것으로 나타났다고 해석된다. 보편교회가 공식적으로 인정하는 민중종교의 예민한 감수성이나 다양한 전통에 대한 존중의 자세가 아직 한국 교회에 적극적으로 수용되지 않았음을 반영한다.

12) 가톨릭이 현재 한국 불교에 대하여 취하는 자세 평가

<표 13> 현재 불교에 대하여 취하는 자세 평가(중복응답)

구 분	빈 도	유효백분율
비교적 우호적	5	35.7
사회문제 해결 동반자로 생각	3	21.4
점차 좋은 관계로 발전	3	21.4
진지한 만남은 드뭄	2	14.3
가장 적극적 대화 파트너로 인정	2	14.3
수행/의례 유사성에 대해 우호적	1	7.15

가톨릭이 현재 한국 불교에 대하여 취하는 자세는 비교적 우호적이라는 평가가 가장 많았다. 사회문제 해결의 동반자로 생각한다거나, 점차 좋은 관계로 발전한다고 본 의견도 상당수 있었다. 그러나 진지한 만남은 드물다고 본 전문가도 있었다. 어쨌든 불교에 대하여는 적극적으로 대화 파트너로 인정하며, 수행과 의례의 유사성에 대하여 우호적이라고 평가하였다.

한국 가톨릭교회가 가장 우호적으로 대한다고 평가한 불교에 대하여서마저도 그러한 우호적 태도가 외형상에 그칠 뿐, 진지한 만남은 드물다고 평가한 점에 유의할 가치가 있다고 본다. 그것은 다만 외교적 의례에 그치고 있거나, 마지못해 종교간 대화의 흉내를 내는 데 그치고 있다는 인상을 주지 않았나 하는 것이다. 종교신학의 성숙과 그에 따른 진정한 종교간 대화와 협력의 이론과 실천이 뒤따라야 할 것이다.

13) 가톨릭이 현재 한국 유교에 대하여 취하는 자세 평가

<표 14> 현재 유교에 대하여 취하는 자세 평가(중복응답)

구 분	빈 도	유효백분율
유교의 문제점에 대하여 비판적	4	28.6
우호적	3	21.4
토착화를 위한 전략적 수용	3	21.4
관심의 대상이 아니다	2	14.3
적극적으로 평가	2	14.3
유교를 포용하는 자세	1	7.15
학자들간 상호연계적 연구	1	7.15

가톨릭이 현재 한국 유교에 대하여 취하는 자세는 유교가 가진 문제점에 대하여 비판적이라는 견해와, 우호적 내지 토착화를 위하여 전략상 수용한다는 의견이 엇비슷하게 나왔다. 유교 자체가 종교로서의 생명력을 잃어서 관심의 대상이 아니라거나, 근대 이후 쇠락한 유교를 포용하는 자세를 가지고 있다고 평가하기도 하였다. 학자들 간에는 상호 연계적 연구가 이루어지고 있다고 분석한 경우도 있었다.

유교는 가톨릭의 한반도 전래, 더 나아가서 동아시아 전래 당시부터 매우 밀접하고 중요한 관계의 대상이었다. 조상제사의 수용 문제로 인하여 불거진 전례논쟁, 그에 따른 대규모의 박해는 중국과 한국에서 종교간 갈등의 전형적 사례였다. 그런가 하면 한국인들을 포함한 동아시아인 모두에게 유교는 여전히 정신적 바탕으로 기능하고 있기도 하다. 종단으로서의 유교는 한국에서 그 실체가 쇠락하였다고 하나, 문화적 바탕으로서 가톨릭의 한국화를 위하여서는 여전히 중요한 연구의 대상이요, 대화의 상대자임을 종교학 분야 전문가들이 인식하고 있음이 잘 드러나고 있는 평가이다.

14) 가톨릭이 현재 한국 신종교들에 대하여 취하는 자세 평가

가톨릭이 현재 한국 신종교들에 대하여 취하는 자세는 소수의 학자들 외에는 무관심하거나, 천도교나 원불교 등 비교적 큰 규모의 신종교 종단들과만 제한된 교류를 한다고 보았다. 분명한 자세가 없거나, 대체로 우호적이라고 본 의견도 일부 있었다. 자기 우월주의적 경향을 갖거나, 가톨릭교회와 관계가 없다고 생각한다는 의견도 있었다.

<표 15> 현재 신종교에 대하여 취하는 자세 평가(중복응답)

구 분	빈 도	유효백분율
소수 학자들 외에 무관심	4	28.6
천도교/원불교 등과만 제한된 교류	3	21.4
분명한 자세가 없다	2	14.3
대체로 우호적	2	14.3
우월주의적 경향	1	7.15
가톨릭교회와 관계없다고 생각	1	7.15
건전한 종교와 그렇지 못한 종교로 구분	1	7.15
인식의 전환이 요청된다	1	7.15

소수 의견으로는 신종교들 중에서 건전한 종교와 그렇지 못한 종교를 구분하여 대해야 하며, 한국인의 신사고를 파악하기 위하여 인식의 전환이 요청된다고 주장하기도 하였다.

이 항목에서는 <표 11>에서 보았던 것처럼, 과거 한국 가톨릭이 신종교들에 대하여 취하였던 자세와 거의 같은 자세를 현재도 견지하고 있는 것으로 인식하고 있음이 나타난다. 교회 외부에서 바라보는 종교학자들에게 가톨릭교회가 주는 인상은 여전히 신종교 전반에 대하여 무시하거나 적대적인 태도로 대하고 있다고 비추어지고 있음을 보여준다.

15) 가톨릭이 21세기에 한국 샤머니즘과 민간신앙에 대하여 취해야 할 바람직한 자세

가톨릭이 21세기에 한국 샤머니즘과 민간신앙에 대하여 취해야 할 바람직한 자세로는 한국문화의 기층이나 핵심으로 인정하고 더 많은 연구와 관심이 요구된다는 의견이 제일 많았다. 종교라는 범주에서 객관적으로 인식하고, 열린 자세로 이해하여야 한다는 중립적 의견도 있는 반면, 그리스도교의 정체성에 비추어 취사선택하여야 한다고 경계하는 의견이 있고, 가톨릭 측의 많은 연구에 "선교학적인" 은폐가 들어있다거나, 배타적 자세를 버려야 한다는 부정적 의견도 있었다.

<표 16> 21세기 샤머니즘과 민간신앙에 취해야 할 바람직한 자세(중복응답)

구 분	빈 도	유효백분율
한국문화의 기층/핵심으로 인정하고 더 많은 연구와 관심 필요	5	35.7
종교라는 범주에서 객관적 인식 필요	2	14.3
열린 자세로 이해	2	14.3
그리스도교 정체성에 비추어 취사선택	2	14.3
"선교학적인" 은폐가 들어 있다	1	7.15
무어라 말하기 어렵다	1	7.15
배타적 자세 지양	1	7.15

특정한 종단이나 교단의 입장으로부터 상대적으로 자유로운 종교학자들은 샤머니즘이나 민간신앙에 대하여 열린 자세로 대하라는 주문을 내놓고 있다. 그런가 하면 가톨릭이라는 거대 종교 조직의 테두리 안에서 이루어지는 연구의 순수성에 대하여 의심하면서, 여전히 지난 시절 식민지 확장과 궤를 같이하는 제국주의적 교세확장이라는 왜곡된 의미의 "선교학적인" 은폐가 들어있다고 주장하기도 한다. 하느님의 사랑에 대한 조건 없는 실천이라는 의미에서 질적이고 성숙한 '선교'에 대한 교회의 인식이 확실하게 먼저 갖추어져야 하겠고, 그러한 선교 이해로부터 나오는 교회 '선교활동'의 일환으로서 세계평화를 실현하기 위하여 시도되는 이웃 종교에 대한 상호존중과 협력의 자세가 설득되어야 하겠다.

16) 가톨릭이 21세기에 한국 불교에 대하여 취해야 할 바람직한 자세

<표 17> 가톨릭이 21세기 불교에 취해야 할 바람직한 자세(중복응답)

구 분	빈 도	유효백분율
불교문화에 대한 학문적-문화적 대화 심화	5	35.7
주된 대화 파트너로 인정	4	28.6
공동 현안에 대하여 연대	4	28.6
한국 문화의 중심적 위상요인 분석 후 상호유기적 관점의 정립	3	21.4
수도(修道)라는 공통성을 통해 영성발전을 위한 대등한 동반자 관계 모색	3	21.4
상호협력을 통한 한국종교의 바람직한 방향 제시	2	14.3
현재 수준 그대로가 좋다	2	14.3
부족함을 인식하여 상호 배우려는 자세	1	7.15
서로 다름을 인정	1	7.15

가톨릭이 21세기에 한국 불교에 대하여 취해야 할 바람직한 자세는 불교문화에 대한 학문적-문화적 대화를 심화하고, 주된 대화 파트너로 인정하며, 공동 현안에 대하여 연대하라는 의

견이 주종을 이루었다. 불교가 한국에서 1600년 동안 한국 문화의 중심적 위상을 차지한 요인을 분석하여 상호유기적 관점을 정립하라는 의견과 함께, 수도(修道)라는 공통성을 통하여 수련과 명상이 중시되는 현대 사회에서 영성발전을 위한 대등한 동반자 관계를 모색하고, 상호협력을 통한 한국종교의 바람직한 방향을 제시하라는 주문도 있었다.

서로 다름을 인정하고, 신학적-사상적으로 부족함을 인식하고 상호간에 배우려는 자세를 가지라는 요청도 같은 맥락에서 이해된다. 현재 수준 그대로 만족한다는 의견도 있었다.

이 항목에서 종교학자들이 제시하는 일치된 의견으로는, 한국에서 앞으로 이루어질 종교간 대화와 협력의 중요한 상대자로서 가톨릭과 불교를 꼽고 있다고 할 수 있다. 두 종교 사이에 공존하는 수도의 전통을 활성화하는 것처럼, 21세기에 요청되는 영성의 풍부한 자산을 공유하는 두 종교가 화합하고 협력하여 한국 종교문화의 풍요로운 미래를 건설하라는 주문으로 해석된다.

17) 가톨릭이 21세기에 한국 유교에 대하여 취해야 할 바람직한 자세

가톨릭이 21세기에 한국 유교에 대하여 취해야 할 자세는 가장 의견이 많이 갈린 설문조항이었다. 그만큼 다양한 주문이 쏟아졌다. 여기에는 한국문화사에서 정통의 지위를 유지하고 있는 유교에 대한 이해와 사상적 교류 진행, 선비사상의 가톨릭신앙과의 접목, 상호 이해와 협력 등이 거론되었다.

<표 18> 21세기 유교에 취해야 할 바람직한 자세(중복응답)

구 분	빈 도	유효백분율
유교에 대한 이해와 사상적 교류 진행	3	21.4
유교의 권위주의적 폐해에 대하여도 인식하고 분별력 가지고 대화	2	14.3
유교의 보수성과 주변성 극복 위한 협력	1	7.15
배타적 태도 재검토	1	7.15
선비사상을 가톨릭신앙과 접목	1	7.15
상호 이해와 협력	1	7.15
유교의 영향받은 가톨릭 내 가부장적 위계제도 비판적 통찰	1	7.15
윤리적 측면과 제의적 측면에서 상호교류	1	7.15
현 수준 유지	1	7.15
유교를 다각도로 재평가	1	7.15
연구는 필요하나 상대가 없어 대화 불필요	1	7.15
가톨릭신앙이 불교보다 유교와 쉽게 공존가능	1	7.15
스스로 신학적-사상적 부족 인식	1	7.15
인정하고 상호 대화를 통하여 배움	1	7.15
인권/평등/정의 문제 등에 비판적 자세 필요	1	7.15

윤리적 측면과 제의적 측면에서 배울 점이 있다거나, 한국종교로서의 특수성 강화를 위하여 유교를 다각도로 재평가할 필요가 있으며, 가톨릭 신앙과 유교는 불교보다 쉽게 공존할 수 있으며, 스스로 신학적·사상적 부족을 인정하고 상호 대화를 통하여 배울 점 등이 많다고 보기도 하였다.

부정적으로 본 의견으로는 유교가 민족사에 끼쳤던 권위주의적 폐해에 대하여도 인식하고 분별력을 가지고 대화하라거나, 유교의 보수성과 주변성을 극복할 수 있도록 협력하고, 배타성 문제를 재검토하라는 주문이 있었다. 유교의 영향을 받은 가톨릭교회 내의 가부장적 위계제도에 대하여 비판적으로 통찰하고, 유교에 대한 연구는 필요하나 유림[유교 조직]이 실제로 거의 없는 상태라 대화는 별로 필요 없다는 의견도 있었는가 하면, 인권/평등/정의 문제 등에 대하여는 비판적 자세가 필요하다고 하였다.

이제까지 한국 가톨릭교회 내의 관련 학자들이나 성직자들이 가장 관심을 많이 갖고 천착해 온 분야가 유교이기도 하다. 교회 외부의 종교학자들 사이에서도 다양하게 갈라진 의견만큼이나, 한국 가톨릭의 한국화를 실현하는 데 앞으로도 긍정적이건 부정적이건 간에 상당한 비중을 차지할 것으로 예측된다.

18) 가톨릭이 21세기에 한국 신종교들에 대하여 취해야 할 바람직한 자세

가톨릭이 21세기에 한국 신종교들에 대하여 취해야 할 바람직한 자세로는 신종교 속에 담겨있는 민중의 열망을 읽어내어 수렴하는 노력이 첫 자리를 차지하였다. 같은 맥락에서 정통-

<표 19> 21세기 신종교에 취해야 할 바람직한 자세(중복응답)

구 분	빈 도	유효백분율
신종교 속에 담긴 민중 열망을 읽어 수렴하는 노력	6	41.8
정통-이단의 이분법 극복	3	21.4
사회적 기능의 이해	2	14.3
문제 교파와 건전 교파 분리 대응책 마련	2	14.3
대화와 협력의 상대로 인정	2	14.3
사회의 몰이해 불식 노력	1	7.15
역기능에 대한 겸허한 수용	1	7.15
소규모 신종교 종단들과도 대화 노력	1	7.15
비판자적 동반자 역할	1	7.15
왜곡된 종교현상 방지	1	7.15
기존 종교들 행태에 반성하는 계기로 간주	1	7.15
성직자·학자·평신도 상호방문 및 합동세미나 개최	1	7.15
동등한 존재로 인식하고 접근	1	7.15

이단의 이분법을 극복하라든지, 신종교가 가진 사회적 기능을 이해하고, 대화와 협력의 상대로 인정하며, 소규모의 신종교 종단들과도 대화의 노력을 해달라던가, 사회의 몰이해를 불식시키도록 노력해 달라는 주문도 있었다. 성직자-학자-평신도들의 상호방문 및 합동 세미나 개최, 종교라는 범주에서 동등한 존재로 인식하고 접근하라는 요청들도 있었다.

다른 한편으로는 비판자적 동반자의 역할을 수행하고, 왜곡된 종교현상을 방지하며, 기존의 종교들의 행태에 대하여 반성하는 계기로 삼고, 문제 있는 교파와 건전한 교파를 분리하여 제대로 된 대응책을 마련하라는 경계의 목소리도 있었다.

1860년 동학의 창도이래 생겨나고 있는 민족 신종교들이 한국 사회에서 받아온 대우는 여타의 고전종교들이나 세계종교들에 비하여 매우 열악하였다. 특히 일제 강점기를 거치면서, 민족 자존을 표방하는 신종교들은 일본 제국주의자들에 의하여 반체제적인 불온 단체로 낙인 찍히면서 수많은 고초를 겪었다. 실제로 독립운동을 주도하였던 대종교 등은 오늘날 그 명맥을 유지하기에도 힘겨운 것으로 보인다. 이제 문화의 다양성과 고유성이 점점 중요해지는 후기 근대(post-modern)의 시점에서 한국 종교로서의 가톨릭이 진정성을 확보하고, 민족의 장래에 봉사하는 종교가 되기 위하여 민중의 열망에 예민하게 부응하였던 신종교들로부터도 겸허하게 배우는 자세를 가져야 할 때가 되었다.

3. 결 론

이상의 조사를 실시한 후에 나타난 문제점으로는 다음과 같은 점들이 지적되었다.

첫째, 조사대상자 선정에서 좀더 명확한 기준을 적용했어야 할 필요성이 대두되었다. 응답자들 중에서 일부 보수적 그리스도교 신학자들의 경우 이웃종교들에 대하여 매우 폐쇄적인 태도를 보였다. 조사 대상자 선정에서 기준이 되었던 한국학술진흥재단의 전공 분류상 그리스도교 신학 전공자들이 서양종교 전공의 종교학자로 분류되는 데 따른 혼란이 그러한 결과를 빚어내었다. 종교학 전공자들의 선별에 유의했어야 할 것으로 평가된다.

둘째, 일부 응답자들로부터는 개신교에 대한 질문 문항이 빠진 점을 지적받았다. 그러나 보기에 따라서 개신교는 가톨릭과 별개의 종교라기보다는 같은 그리스도교에 속하면서 '종파'가 다르다고 볼 수도 있다. 물론 한국의 종교지형상 불교, 개신교, 가톨릭이 3대 종교를 형성하면서 개신교의 중요성이나, 가톨릭과의 연관성을 무시할 수는 없다. 공통설문이나 여타의 전공별 설문에서 개신교를 비중있게 다루었기에 종교간의 문제를 주된 의제로 다루는 본 종교학

영역에서는 별도로 다루지 않아도 무방하다고 판단하였다.

이상의 문제점들이 차후 보완점으로 지적되기는 하였으나, 이 조사가 갖는 의미도 크다고 본다.

첫째, 한국 가톨릭이 이웃종교들에 대하여 과거에 가졌었고, 현재 가지고 있고, 앞으로 가져야 할 자세에 대하여 한국의 종교학 전공자들이 지니고 있는 인식을 다양한 측면에서 심층적으로 조사하였다는 데에 일차적 의미가 있다.

둘째, 앞으로도 문제점을 보완하면서 지속적인 조사작업을 통하여 좀더 정확하고 적절한 데이터를 얻을 수 있기를 기대하게 된다.

셋째, 학술진흥재단이 지원하는 기초학문육성 지원 연구 프로젝트 "한국 근현대 100년 속의 가톨릭"에 기여하는 측면으로는 근현대 100년 속에서 가톨릭교회가 한국 사회와 어떠한 관계를 맺어왔는가를, 종교 분야에 초점을 맞추어 종교학 분야 전문가들을 상대로 조사함으로써 서술적 연구방식과 상호보완적, 입체적 성과라는 상승효과를 얻을 수 있다.

이상의 조사가 근현대 100년 속에서 가톨릭교회가 한국 사회 속에서 이룩한 종교 분야의 관련 역할과 기능에 대하여 분석하고 전망하며, 더욱 성숙한 한국 사회를 실현하는 데 도움이 되는 종교들에 바람직한 방향을 제시할 수 있을 것이다.

XI. 한국음악학

김 수 정

1. 서 론

　한국음악학 사회조사 개방형 설문은 이 연구 전체의 주제와 관련하여 가톨릭교회에 대하여 내려지고 있는 여러 평가의 객관성을 확인하고, 최근의 현안과 앞으로의 방향에 대하여 전문가의 의견을 참조하기 위하여 작성되었다. 또한 이 연구에 참여하는 인접분야의 연구들에 도움이 될 관점과 방법을 제시하는 것도 조사의 목표 가운데 하나였다. 이를 위해 본 설문은 음악학을 둘러싸고 일어날 수 있는 각 쟁점에 대한 사회학적 해석에 도움을 얻고자 질문의 내용과 성격을 관계지어 구성하였다.

　이 조사에서 살펴보려고 하였던 주제들은 12문항에 걸쳐 크게 네 부분으로 구성되어 있다. 1) 한국 내에서 가톨릭교회의 지역음악문화에 대한 기여, 2) 교회음악의 한국화문제, 3) 현 교회음악에 대한 사회의 인식, 4) 그리고 현재까지의 역할에 대한 반성을 토대로 앞으로 설정해야 할 방향 등이다. 한국 가톨릭교회의 종교음악에 대한 객관적 평가를 유도하기 위해 필요하다고 여겨지는 주제들로 선택하여 구성하였다.

2. 결과분석

　결과분석은 문항별로 빈도와 유효백분율로 결과를 정리하고, 각각에 대하여 결과의 의미를 분석한 다음, 영역별로 분석을 종합하는 순서로 서술할 것이다. 이어 결론에서 조사결과의 의미를 숙고하고자 한다.

2.1 응답자의 특성

이 조사의 응답자들은 한국학술진흥재단 연구자정보 데이터베이스에 음악학과 그 인접학문 전공자로 등록한 박사과정 수료 이상의 연구자 중 이미 은퇴하였거나, 가톨릭신자임이 명백한 연구자를 제외한 전원이다. 분석에 유의한 것은 연령과 종교분포가 이 조사결과에 큰 영향을 미칠 가능성이 적은데 반해 <표 1> 성별분포에서 드러나듯 여성 응답자의 비율이 53.3%로 공통설문 전체응답자 중 여성의 비율 28.7%보다 우위를 차지하고 있어 성별적 편향(bias)이 일어날 가능성이 있는 점이다.

<표 1> 인구사회학적 정보

구 분	내 용	표본수	비율(%)	전체(%)
성 별	남 성	7	46.7	100.0
	여 성	8	53.3	
연령별	30대 이하	4	46.7	100.0
	40대	9	60.0	
	50대	2	13.3	
	60대 이상			
종교별	무 교	6	42.9	100.0
	불 교			
	개신교	4	28.6	
	가톨릭	4	28.6	

2.2 한국 내에서 가톨릭교회의 지역음악문화에 대한 기여

1) 지난 20세기 100년 동안 한국 가톨릭교회가 한국음악에 기여한 분야

<표 2> 가톨릭교회의 한국음악 기여분야

구 분	빈 도	백분율	유효백분율
서양음악의 도입과 보급	10	66.7	71.4
서양음악의 한국화	4	26.7	28.6
무응답	1	6.6	
합 계	15	100.0	100.0

<표 2>에서는 20세기 한국음악문화의 변화에 결정적인 원인으로 작용하였던 서양음악의 유입과 보급에 가톨릭교회의 역할이 결코 적지 않았음을 읽을 수 있다(66.7%). 또한, 토착화의 노력과 함께 이곳의 음악문화에 적응해 나가고 있는 가톨릭교회 전례음악과 서양음악의 한국화 과정에 대한 긍정적인 영향을 확인할 수 있는 평가도 찾아볼 수 있다(26.7%). 그러나 가톨릭교회가 지난 100년 동안 한반도의 음악문화에 미친 이러한 평가들은 오늘날 한국음악의 정체성의 문제와 관련지어 충분히 다시 해석되고 평가되어야 그것의 진정한 가치를 부여받을 수 있을 것이다.

2) 지난 20세기 100년 동안 한국 가톨릭교회가 한국음악에 가장 크게 기여한 시기(예: 근대로의 이행기, 일제강점기, 해방공간, 한국전쟁에서 1960년대까지, 1960~70년대, 1980년대 등)

<표 3> 가톨릭교회가 한국음악에 가장 크게 기여한 시기

구 분	빈 도	유효백분율
근대로의 이행기	9	64.3
일제강점기	2	14.3
1980년대 이후	2	14.3
한국전에서 1960년대까지	1	7.1
무응답	1	
합 계	15	100.0

지난 100여 년 동안 가톨릭교회가 한국음악에 가장 크게 기여한 시기에 대해서는 설문대상자들의 64.3%가 근대로의 이행기라고 응답하고 있다. 서양음악이 본격적으로 유입되기 시작한 시기이며, 종교계의 학교를 통해 서양음악의 보급이 시작되는 시기이기도 하다. 창가라는 근대식 개념의 음악이 학교교육을 통해 조선에서 이루어진 시기는 1905년 이후부터이며, 조선 최초의 서양음악 교과서인 『보통교육창가집』(경성: 학부편찬)은 1910년이 되어서야 출판된다. 그리고 1세대 양악인에 의해 서양음악 일반이 전해진 것 또한 1910년대 이후의 사건이기에, 그 이전에 이미 조선의 개신교 신자들에게 소개된 서양의 종교음악은 조선인에게 있어서는 사실상 서양음악과 첫 대면이기도 하였다. 이 시기에 가톨릭교회는 한국인의 정서에 맞는 다양한 시도들을 전례음악 등을 통해 전개해 나갔으며, 이에 대한 증거들은 일제강점기까지 전해져 교회에서 공식적으로 발행되는 성가집에 남겨졌다. 다음으로는 사회적 파급효과의 측면에서 일제강점기(14.3%)와, 한국화의 움직임이 두드러지기 시작한 1980년대 이후의 시기(14.3%)를, 그리고 끝으로 전쟁 후의 메말라진 정신세계에 대한 위로의 대상으로서 실제 경제

적인 도움까지 마다하지 않았던 가톨릭교회의 사회적 위상에 힘입어 음악적 기여까지도 추측할 수 있는 한국전쟁 이후부터 1960년대까지의 시기(7.1%)에 응답하였다.

3) 한국문화 내에 가톨릭교회의 주체적 수용에 대한 사례

<표 4> 가톨릭교회의 주체적 수용에 대한 의견

구 분	빈 도	유효백분율
주체적 수용사례 언급	6	40.0
부정적 평가	1	6.7
무응답	8	53.3
합 계	15	100.0

가톨릭 교회음악의 한국문화 내의 주체적 수용에 대한 질문에서는 우선적으로, 사례를 언급한 경우의 수가 그렇지 않은 경우의 수나 오히려 그에 대한 부정적 견해를 보인 경우의 수보다 상대적으로 적게 드러나고 있다. 이러한 사실은 두 가지 견해로 분석될 수 있다. 첫째는 교회음악의 한국문화 내의 주체적 수용이 용이하지 않았거나, 아예 관심 밖의 문제이었을 수 있음을 시사하고, 둘째로는 한국음악계 내에 가톨릭교회의 음악에 대한 정보와 인식이 그만큼 상대적으로 부족하기 때문이라고 해석할 수 있다. 가톨릭 교회음악의 한국문화 내의 주체적 수용에 대한 사례로서는 로마 가톨릭교회의 유산인 그레고리오 성가를 한국어로 번역하여 전례에 사용한 경우(2명)와 『덕원성가집』(1938년)에 기록된, 한국의 전통음악 음조직으로 구성되어 있는 죽은 이들의 영혼을 위한 시편기도 '연도'(1명), 그리고 한국문학의 한 갈래인 가사문학의 하위갈래로서의 '천주가사'(2명), 마지막으로 판소리로 소개된 성서의 내용이나 '전례극'(1명)을 언급하고 있다. 반면, 서구 교회음악의 한국적 토착화를 주장하기보다, 일방적인 서양식 교회음악을 전면적으로 수용하려 했던 서양식 근대화에 앞장섰던 한국의 일부 지식인들에 대한 비판적 사고를 교회음악의 주체적 수용과 연결시켜 부정적으로 평가하는 시각도 발견할 수 있다.

4) 로마 가톨릭교회 전례음악의 대표적 장르인 그레고리오 성가의 한국근대 음악 형성에 기여정도

가톨릭교회가 한국에 전래되면서 함께 소개된 그레고리오 성가의 한국근대음악 형성에 끼친 기여도에 대해서는 대체적으로 50.0%가 긍정적인 평가를 내리고 있으며, 그 중에서도 좀더

<표 5> 그레고리오 성가의 한국근대음악 기여

구 분	빈 도	유효백분율
상당수준 기여	3	21.4
대체로 기여	4	28.6
기여하지 못함	7	50.0
무응답	1	
합 계	15	100.0

적극적인 응답은 21.4%에 지나지 않는다.

음악적인 면에서 음조직 등을 비롯하여 한국전통음악양식과의 높은 접목 가능성에도 불구하고 가톨릭교회의 전례음악으로서의 그레고리오 성가는 대중화에 대한 노력을 보이지 않았으며, 따라서 한국화된 모습도 찾아보기 힘들다는 것이 부정적인 평가에 대한 원인이다. 결국 교회 내의 그레고리오 성가는 한국근대음악 형성에 지속적인 영향을 미쳤다고 보기에는 힘들다고 해석할 수 있다.

5) 지난 100년 동안 한국 가톨릭 교회음악의 한국음악 전반에 대한 기여에 대한 평가와 사례

<표 6> 한국 가톨릭 교회음악의 한국음악 전반에 대한 기여와 사례

구 분	빈 도	유효백분율
불교음악과 상호영향을 주었다	2	20.0
개신교음악과 상호영향을 주었다	1	10.0
별로 영향을 미치지 못했다	7	70.0
무응답	5	
합 계	15	100.0

지난 100년 동안 한국 가톨릭 교회음악의 한국음악 전반에 대한 기여도를 묻는 질문에서도 앞의 설문과 마찬가지로 전체 응답자의 70.0%가 부정적인 견해를 보이고 있다. 응답자의 20.0%가 1930년대 이후로 보급되기 시작한 불교대중음악 장르인 '찬불가'와의 관계를 언급하였고, 10.0%가 개신교의 '찬송가'와의 상호 영향관계를 사례로 들었다. 가톨릭교회의 한국음악 일반과 타종교와의 음악적 교류는 오늘날 '열린 시대'가 요청하는 바임에도 불구하고 가톨릭교회의 음악은 아직까지 이러한 시대적 요청에 발맞추지 못하고 있음을 반성하게 한다.

2.3 교회음악의 한국화 문제

1) 한국 가톨릭 교회음악 내의 한국음악적 언어의 특성

<표 7> 가톨릭교회음악의 한국적 요소

구 분	빈 도	유효백분율
전통음계와 장단	7	63.7
한국어의 운율	4	36.3
무응답	4	
합 계	15	100.0

1980년대 이후로 가톨릭교회의 토착화에 대한 관심과 작업들은 교회음악 안에서도 일련의 실험들을 통해 약간의 성과물들 선보이기 시작했다. 그리고 이러한 일련의 결과물들에서는 한국대중음악의 전통음계와 장단의 활용이 가장 두드러지는 특징으로 드러난다(63.7%). 그 다음으로는 한국어의 운율을 들 수 있겠다(36.3%).

2) 가톨릭교회 전례음악에 서양악기와 한국전통악기의 사용에 대한 평가

<표 8> 교회전례음악의 동서양 악기의 혼용에 대한 견해

구 분	빈 도	유효백분율
상당수준 긍정	9	64.3
대체로 긍정	2	14.3
대체로 부정	3	21.4
무응답	1	
합 계	15	100.0

오늘날같이 세계화와 현대화의 이념이 강하게 지배하는 사회에서, 한국음악의 정체성 문제는 한국전통음악의 노력만으로 이루질 수 없는, 이제는 더 이상 피해갈 수 없는 사실로 인식되어 가고 있다.

이러한 상황 속에서, 가톨릭교회의 음악문화 안에서, 한국의 전통악기와 서양 전통악기의 사용과 혼용은 이상적인 문화접변의 한 가능성으로 볼 수도 있겠다(64.3%). 지금까지는 가톨릭교회 내에서 이루어진 그러한 시도의 양과 질에 대한 긍정적인 평가를 내리기에는 아직 많이 부족한 현실임을 인정하고, 새로운 문화창출이라는 시각에서 그에 적합한 방법 등을 모색하려는 노력이 절실히 필요하겠다.

3) 한국화의 입장에서 서양의 음악적 언어와 우리 전통민요의 장단과 가락을 혼용하여 작곡된 창작곡들에 대한 평가

<표 9> 교회창작음악의 한국화 가능성

구 분	빈 도	유효백분율
한국화의 가능성이다	10	71.4
별로 바람직하지 않다	4	28.6
무응답	1	
합 계	15	100.0

앞의 질문에 계속해서, 한국전통음악의 장단과 가락을 사용하여 창작된 교회음악들에 대해서는 71.4%가 한국화의 한 가능성으로 긍정적인 평가를 내렸다. 그러나 21세기 오늘 우리들의 음악계 현실을 고려할 때, 한국음악의 정체성의 문제가 아직도 명백하게 그 모습을 드러내 보이지 못하는 상황에서, 한국전통음악의 장단과 가락을 활용하는 것이 한국화의 전부일 수 없으며, 더욱이 이미 일반인들에게조차 거리감을 느끼게 하는 한국전통음악계의 현주소를 생각할 때 정형화된 민요 장단이나 가락을 소재적으로 사용하는 것보다는, 현재 한국과 한국인의 정서에 맞는 다양한 음악적 어법을 찾아가는 것이 더 바람직하다고 보는 견해들이 강하게 드러나고 있다.

4) 서양음악으로 대표되는 가톨릭 교회음악의 전통과 한국전통음악의 융화 가능성과 방법

<표 10> 교회음악과 한국전통음악의 융화에 대한 견해

구 분	빈 도	유효백분율
가능성이 있다	8	57.1
가능성이 많지 않다	4	28.6
가능성이 없다	2	14.3
무응답	1	
합 계	15	100.0

비록 가톨릭교회에 대한 우리의 인식이 아직까지는 한 외래종교의 한계에서 벗어나지 못하

는 현실일지라도, 그러한 상황 속에서 가톨릭 교회음악의 한국전통음악과의 융화의 가능성은 여부나 정도의 문제를 떠나 당위의 문제라는 것이 응답자 57.1%의 의견이다. 그에 대한 가능성을 높이기 위해서는 무엇보다도 한국고유의 종교음악에 대한 연구가 선행되어야할 것이며, 가톨릭 교회음악에서 드러나는 서양음악의 특성들과 한국전통음악의 특징들에 대한 연구 등을 악기와 형식의 차원에서 그리고 음조직과 리듬의 차원에서 좀더 심도 있게 다루어야 할 것이다. 그러나 반면, 서양음악과 한국전통음악간의 융화의 가능성에 대해 전적으로 부정하는 견해를 가지고 있는 응답자들의 대답에서는 동서양 음악의, 음악적 융합이기 이전의, 혼용에 대한 우려의 목소리가 높다(42.9%).

2.4 현 교회음악에 대한 인식

1) 한국 가톨릭교회의 번안성가들과 창작곡들에 대한 의견

한국에서 100여 년 전부터 불려지기 시작했던 서양성가들은 다른 어떤 원인보다도, 시대적 흐름뿐만이 아니라 이미 너무나 익숙해져 있다는 이유를 근거로 한국인들에게는 아직까지 창작곡보다 더 많은 호소력을 가지고 있음이 자명해졌다(50.0%).
그러나 이러한 이해 안에서도 응답자들은 두 가지의 문제점을 지적하고 있다. 첫째는 기존의 서양선율과 조화의 문제에 있어 가사 번역의 문제(30.0%)를, 둘째는 교회음악 내의 창작계의 어려움을 더욱 부추길 수 있는 이유(20.0%)를 들어 번안성가들의 문제를 제시하고 있다.

<표 11> 번안성가와 창작곡의 비교

구 분	빈 도	유효백분율
창작곡보다 대중적일 수 있다	10	50.0
번역의 문제	6	30.0
창작물의 결여 초래	4	20.0
합 계	20	100.0

2.5 교회음악의 당면과제

1) 서양색이 짙은 한국 가톨릭 교회음악의 한국화 과정에 있어서의 장애요소

서양색이 짙은 한국 가톨릭 교회음악의 한국화 과정에 있어서 장애요소라고 여겨지는 사항들

<표 12> 교회음악의 한국화 장애원인

구 분	빈 도	유효백분율
서양음악체계에 대한 집착	6	26.9
서양성가의 외국어사용과 번안문제	5	21.7
교회음악인의 부족	4	17.4
교회 지도층과 신자들의 한국화에 대한 인식부족	4	17.4
교회 내부의 정통주의	3	13.0
문화적으로 잡종화되어 가는 대중적 음악취향	1	3.6
합 계	23	100.0

에 대한 질문에서는 서양음악에 대한 높은 신뢰가 26.9%, 외국성가의 사용과 번안문제가 21.7%, 교회음악인의 부족이 17.4%, 교회 지도층과 신자들의 한국화에 대한 인식부족이 17.4%, 교회 내부의 정통주의가 13.0%, 문화적으로 잡종화되어 가는 대중적 음악 취향이 3.6%로 드러났다. 그리고 응답에서 언급된 장애요소들의 상관관계를 살펴본 결과에 의하면, 결국에는 교회 내의 정통주의에서 비롯되었다고 볼 수 있는 교회지도층과 신자들의 한국화 인식부족의 현상이 30.4%로 가장 높이 드러나며, 더 나아가서는 이로 인한 교회 내의 음악인 양성에 대한 관심 부족 또한 서로 관계지어질 수 있다고 본다.

2) 가톨릭 음악인들의 활동정도

<표 13> 일반인들의 가톨릭 음악인과의 접촉

구 분	빈 도	유효백분율
자주 있다	4	30.8
그렇지 않다	9	69.2
무응답	2	
합 계	15	100.0

응답자들의 주변에서 가톨릭 음악인을 자주 접할 수 있느냐는 질문에, 응답자의 69.2%가 그렇지 않다고 대답하고 있다. 몇 몇 선행 질문들에서 언급되어진 교회음악인의 부족으로 인해 예상될 수 있는 문제들과 관련지어 이 질문에서는 그에 대한 사실을 증명하고 있다.

3) 한국의 가톨릭 교회음악이 안고 있는 다루어야 할 중요한 문제

현재 시점에서 한국 가톨릭 교회음악이 안고 있는 과제들에 대한 응답 역시 선행 질문들에서 드러난 많은 문제와 관련지어있음을 알 수 있다. 교회음악의 한국화와 대중화는 한 외래종교

<표 14> 한국교회음악의 당면과제(중복응답)

구 분	빈 도	유효백분율
교회음악의 한국화	6	21.5
교회음악의 대중화	5	17.7
교회 내에서의 음악의 활성화	5	17.7
기존 교회음악인의 좀더 적극적인 활용	4	14.3
교회음악인의 양성 활성화	3	10.8
창작활동의 활성화	2	7.2
대사회적 활동의 활성화	1	3.6
서양성가의 한국어 번역	1	3.6
편곡을 통한 기존 작품의 활용	1	3.6
합 계	28	100.0

가 이 땅에서 뿌리내리기 위한 당위의 문제(21.5%, 17.7%)이며, 교회 내에서의 음악의 활성화는 기존 교회음악인들의 좀 더 적극적인 활동과 이들의 의지를 뒷받침해줄 수 있는 교회 내의 이해와 도움에 많이 좌우될 수 있음(17.7%, 14.3%)을 시사하며, 그러한 조건에서만이 교회음악인 양성의 활성(10.8%)도 수월하게 진행될 수 있으리라 여겨진다. 그 밖에 비록 소수에 의해 이루어진 대답이지만, 서양성가의 한국어 번역문제(3.6%)는 지금의 상황에서 그 비중이 소홀히 할 수 없을 만큼 크다고 보며, 한국 전문음악인들의 가톨릭 교회음악의 대사회적인 활동에 대한 기대 역시 적지 않음을 알 수 있다.

3. 결 론

본 설문조사에서는, 20세기 한국음악문화의 변화에 결정적인 원인으로 작용하였던 서양음악의 유입과 보급에 가톨릭교회의 역할이 결코 적지 않았음을 객관적으로 확인할 수 있었다. 뿐만 아니라, 토착화의 노력과 함께 한국의 근대음악 형성에 영향을 미치며 조선의 음악문화에 적응해 나갔던 가톨릭교회의 전례음악과 서양음악의 한국화 과정에 대한 긍정적인 영향도 확인 할 수 있었다. 그러나 또 어떤 설문에서는, 그러한 한국에서의 가톨릭 교회음악의 역사가 시간의 흐름 속에서, 본연의 역할에 충실하지 못하고 그 기능을 상실해가고 있는 현실에 대한 안타까움을 표명하며 이에 대한 시급한 문제 해결을 요청하고 있다. 한국 가톨릭 교회음악이 당면한 중요 과제들 중에서 가장 우선적으로 언급되어지는 것은 교회음악의 한국화와 대중화이다. 한국의 문화와 한국인의 정서에 좀 더 가까이 다가서서 종교로서의 역할을 다하기 위해서는 가톨릭 교회음악의 토착화와 대중화가 무엇보다 먼저 해결되어야 할 과제이다.

그럼에도 불구하고, 교회지도층과 일반신자들은 아직까지 가톨릭 교회음악의 한국화에 대한 이해와 관심이 부족하여 문제해결에 적지 않은 장애요소가 되는 것으로 드러났다. 이제 시대의 요청과 함께 교회음악의 토착화와 대중화는 가톨릭교회가 이 땅에서 뿌리내리기 위한 당위의 문제이다. 이를 위한 교회 내 음악의 활성화는 기존 교회음악인들의 좀 더 적극적인 활동과 이들의 의지를 뒷받침해줄 수 있는 교회 내의 이해와 도움에 의해 좌우될 수 있음도 일깨워주고 있다. 지난 100년 동안 가톨릭교회가 한반도의 음악문화에 미친 여러 평가들을 통해 오늘날 한국교회음악의 정체성을 다시 한 번 더 생각할 수 있었다. 그리고 그에 대한 결과들은, 이어서 한국음악의 정체성의 문제와 관련지어 재해석되고 평가되어져야 그것의 진정한 가치를 부여받을 수 있으리라 여겨진다.

XII. 한국조형예술

김 수 정

1. 서 론

한국조형예술 사회조사 개방형 설문은 이 연구 전체의 주제와 관련하여 가톨릭교회의 조형예술에 대하여 내려지고 있는 여러 평가의 객관성을 확인하고, 최근의 현안과 앞으로의 방향에 대하여 전문가의 의견을 참조하기 위한 것이었다. 또한 이 연구에 참여하는 인접분야의 연구들에 도움이 될 관점과 방법을 제시하는 것도 조사의 목표 가운데 하나였다.

이를 위해 본 설문은 모두 10문항에 걸쳐 크게 네 부분으로 구성되어 있다. 1) 가톨릭교회의 한국조형예술 기여정도와 시기 그리고 분야, 2) 가톨릭교회의 조형예술이 일반조형예술과의 상관성이 낮은 이유, 3) 한국의 전통적인 아름다움과 관련하여 가톨릭 조형예술의 토착화 문제, 4) 현재까지의 역할에 대한 반성을 토대로 앞으로 설정해야 할 방향 등의 주제로 구성되었으며, 이 주제들은 가톨릭 내부의 시각을 객관적으로 조명하는 데 필요한 평가라 생각하여 작성하였다.

2. 결과분석

결과분석은 문항별 빈도와 유효백분율로 결과를 정리하고, 각각에 대하여 결과의 의미를 분석한 다음, 영역별로 분석을 종합하는 순서로 서술할 것이다. 이어 결론에서 조사결과의 의미를 숙고하고자 한다.

2.1 응답자의 특성

이 조사의 응답자들은 한국학술진흥재단 연구자정보 데이터베이스에 조형예술과 그 인접학문 전공자로 등록한 박사과정 수료 이상의 연구자 중 이미 은퇴하였거나, 가톨릭 신자임이 명백한 연구자를 제외한 전원이다. 분석에 유의한 것은 연령과 종교분포가 이 조사결과에 큰 영향을 미칠 가능성이 적은데 반해 <표 1> 성별분포에서 드러나듯 여성 응답자의 비율이 46.2%로 공통설문 전체응답자 중 여성의 비율 28.7%보다 우위를 차지하고 있어 성별적 편향(bias)이 일어날 가능성이 있는 점이다.

<표 1> 인구사회학적 정보

구 분	내 용	표본수(명)	비율(%)	전체(%)
성 별	남 성	7	53.8	100.0
	여 성	6	46.2	
연령별	30대 이하	3	23.1	100.0
	40대	8	61.5	
	50대	2	15.4	
	60대 이상			
종교별	무 교	6	46.2	100.0
	불 교	1	7.7	
	기독교	2	15.4	
	가톨릭	3	23.1	

2.2 결과분석

1) 한국조형예술과 구별되는 한국 가톨릭 조형예술의 특성에 대한 견해와 대표 조형물

<표 2> 가톨릭 조형예술에 대한 특성 평가

구 분	빈 도	유효백분율
긍정적 평가	9	75.0
부정적 평가	3	25.0
무응답	1	
합 계	13	100.0

위의 질문에서는 한국의 가톨릭 조형물들이 그들만의 특징을 지니는지에 대한 여부를 알고자 하였다. 그리고 <표 2>에서 볼 수 있듯이 설문 응답자들의 75.0%가 이에 대해 긍정적인 평가를 내리고 있다. 가톨릭 조형예술로서 조형예술 일반과 그 특성을 달리하는 것으로는 가톨릭 건축물(55.6%)을 가장 먼저 꼽을 수 있으며, 그 다음으로 응답자들은 미술작품들(44.4%)을 선택하였다. 가톨릭 교회건축물들과 미술작품들은 가톨릭교회의 종교적 본질과 관련하여 표면적으로 가장 잘 드러나는 표현이기에 위와 같은 결과가 편집되었으리라 생각한다. 반면, 두드러진 특징을 찾을 수 없다고 생각하는 응답자는 모두 3명(25.5%)으로, 그 중 2명은 한국적 양식이 아니라는 점에서 독창성의 문제를 지적하였고, 다른 1명은 개신교의 건축물과 변별성을 찾을 수 없다는 점에서 그 특성을 찾을 수 없다고 응답하였다. 따라서 가톨릭조형예술물만의 특성에 대한 부정적인 평가를 내린 응답자들의 중론은 조형예술물의 한국화와 관련하여 비판된 것이다.

2) 지난 100년 동안 한국 가톨릭 조형예술이 한국의 다른 일반조형예술에 대한 기여 여부

<표 3> 교회의 한국조형예술 기여 여부

구 분	빈 도	유효백분율
기여한 바가 있다	6	46.2
기여한 바가 없다	7	53.8
합 계	13	100.0

이 항목에서는 한국교회의 타 문화 수용 정도와 자신의 신앙적 요소들을 외적으로 얼마나 효과적으로 표출하고 있는가를 알아볼 수 있다. 한국 가톨릭교회의 한국조형예술 일반에 대한 기여 평가는 부정적인 견해가 좀 더 높게 나타나는 것으로 측정된다(53.8%). 이를 굳이 긍정적인 시각에서 해석한다면 아직까지 한국 가톨릭교회의 조형물들이 타문화의 수용과 자신의 신앙적 요소들을 여러 각도에서 표현하기 위해 시도하고 있는 단계로 볼 수 있겠지만, 또 달리 부정적인 견해로 분석하자면 이 같은 노력들을 교회차원에서 제대로 수행하고 있지 못하다는 것으로 받아들여질 수도 있을 것이다. 그러나 한 종교의 위상을 그 지역의 사회문화적 배경 안에서 파악해본다면, 아직도 한국 가톨릭교회는 그들의 문화를 일반 한국인들에게 구체적으로 피부에 와닿을 만큼 뿌리내리지 못하였다는 결론에 이르게 되며 이는 곧 가톨릭교회 내의 정체성의 문제에 대한 지적일 수도 있다. 또 한 가지 주목할 만한 것은 교회의 한국조형예술 기여에 긍정적으로 응답한 사람들(46.2%) 중 대부분은 이에 대한 사실적인 근거를 제시

하지 못하고 있다. 이는 막연히 신앙적으로 그렇게 되었을 것이라는 추정이라고 밖에 평가할 수 없다. 결론적으로 이 결과는 1980년대 이후 한국 가톨릭교회의 대사회적 위상의 정립에도 불구하고 문화사회적으로는 종교문화의 역할을 다하고 있지 못하고 있음을 시사하는 것이다.

3) 지난 100년 동안 한국 가톨릭교회가 한국조형예술에 가장 크게 기여한 시기와 분야(예: 근대로의 이행기, 일제강점기, 해방공간, 한국전쟁에서 1960년대까지, 1960~70년대, 1980년대 등)

<표 4> 가톨릭교회가 한국조형예술에 기여한 시기

구 분	빈 도	유효백분율
1945년 이전	6	46.2
1990년 이후	6	46.2
1945년 이후부터 1960년까지	1	7.6
합 계	13	100.0

여기서는 앞선 질문의 결과에도 불구하고 좀더 세분화된 시기구분을 통하여 한국 가톨릭교회가 조형예술분야에 기여한 시기와 분야를 파악함으로써 교회가 한국의 지역적 특수성과 문화적 독창성에 대해서 깊이 인식하기 시작한 시기와 그에 대처하기 위해 노력한 성과들을 조사하고자 하였다. 그리고 더 나아가서 앞선 성과들을 신앙의 성숙도와 관계지어 본다면 그 의미가 더 크다고 할 수도 있겠다. <표 4>에서 볼 수 있듯이, 설문응답자들 중의 46.2%가 '1945년 이전' 시기를 그리고 46.2%가 '1990년대 이후'의 시기를 한국 가톨릭교회가 조형예술분야에 가장 큰 기여를 한 시기라 보고 있다. 질문 2)를 참고로 한다면, 한국 가톨릭 조형예술물의 특징은 신앙적인 요소와 한국적인 요소에서 잘 드러난다고 할 수 있는데, 사회적으로 어려웠던 해방 이후부터 한국전쟁 기간 등의 시기를 제외한다고 할지라도, 경제개발이 본격적으로 진행되던 1960~70년대와 1980년대까지 가톨릭교회의 문화예술에 대한 이해와 관심은 그리 크지 않았음을 짐작할 수 있다. 따라서 '1945년 이전'까지를 선택한 응답자들은 신앙적인 요소로서 가톨릭 조형물의 특징을 파악하고 있다고 추측할 수 있다. 그 당시의 교회건축물들은 대부분이 서양의 선교사들에 의해 지어졌기에 신앙적으로는 나무랄 데 없는 농축된 교회건축양식이 우리나라에 그대로 반영된 것이다. 따라서 그 독특함을 한 눈에 느낄 수 있었을 것이다. '1990년대 이후'를 선택한 응답자들은 신앙적인 요소와 토착적인 요소, 둘 모두를 고려했다고 볼 수 있다. 경제적인 면에서 어느 정도 자립적인 위치를 차지한 교회는 '1990년대 이후'에 신앙의 토착화에 신경을 쓴 결과 나름대로는 외형적인 측면에서지만 일정의 목적을

달성했다고 볼 수 있다. 그러나 조심스럽게 주의를 기울여 지적해야 할 부분은 신앙적인 요소와 토착적인 요소 모두를 고려했다고 여겨지는 '1990년대 이후'의 시기에서도 많은 응답자들이 건축물과 성상 분야에서만 그 특징을 찾고 있다는 점이다. 달리 말해 우선 눈에 띄는 외관상 큰 조형물들만을 보고 있지, 내부의 사소한 것에까지는 이르지 못하고 있다는 것이다. 예를 들어 성작, 십자고상, 14처, 제의, 제대 등 무수히 많은 조형예술적 표현이 있음에도 불구하고 말이다. 이러한 사실에 미루어볼 때 한국 가톨릭교회의 조형물이 그만의 독특한 조형예술적 특성을 가지기 위해서는 한국 가톨릭교회가 내부적으로나 외부적으로 더 많은 노력을 기울여야 한다는 것을 알 수 있다. 즉 많은 사람들이 조형적인 특징을 갖고 있다고 이야기하고 있으나 사실은 근본적인 문제까지 접근하지 못하고 있다는 말이다. 이는 넓게 보아 가톨릭교회의 폐쇄성과도 연관이 된다고 할 수 있다.

4) 지난 100년 동안 가톨릭교회의 조형예술이 한국의 다른 일반조형예술에 기여한 바가 적은 이유

가톨릭교회가 일반조형예술에 기여한 바가 적었던 구체적인 이유로는 토착화에 대한 인식부족(34.0%)> 교회 지도층의 자세(29.8%)> 미적 기준의 한정성(12.8%)> 작가 본인의 문제(10.6%)> 주제의 한정성(6.4%) 등의 순서로 나타나고 있다. 좀더 상세히 살펴보면, 응답자들로부터 가장 많은 지적을 받은 가톨릭교회의 토착화에 대한 인식 부족의 문제는, 한국의 가톨릭교회가 서구의 교회를 모방하기에 지나치게 서구적일 수밖에 없고 따라서 서양의 형상과 양식만을 고집하며 한국조형예술 분야에는 등한시하게 되는 이유와 직접적인 관계에 놓여 있으며, 더구나 문화사상적 측면에서의 전통에 대한 이해 부족 역시 가톨릭교회가 한국과 한국인의 생활과 정서에 아직도 깊이 뿌리내리고 있지 못한 것의 원인이 될 수 있다. 그러나 <표 6>에서 읽을 수 있듯이, 교회가 한국의 조형예술 분야에 소극적인 자세를 취할 수밖에 없었던 주된

<표 5> 조형예술에 대한 가톨릭교회의 자세(중복응답)

구 분	빈 도	유효백분율
토착화에 대한 인식부족	16	34.0
교회 지도층의 자세	14	29.8
미적 기준의 한정성	6	12.8
작가들 본인의 문제	5	10.6
주제의 한정성	3	6.4
그 밖의 이유	3	6.4
합 계	47	100.0

<표 6> 교회가 한국조형예술에 적극적으로 영향을 미치지 못하는 이유(중복응답)

분 류	내 용
토착화에 대한 인식부족	지나치게 서구적이다(3) 가톨릭교회가 한국의 생활 및 정서에 밀착되지 않은 점(1) 교회의 조형예술이 한국화되지 못했다(2) 서양의 형상, 양식만을 고집하고 한국예술분야 등한시함(2) 문화사상적 측면에서 전통구조의 파악 부족(3) 서구 가톨릭교회의 모방성(2) 한국화 의지의 결여(3)
교회지도층의 자세	변화를 거부하는 성직자들의 태도(3) 교회관계자들의 심미안 미달(2) 과거에 만족하고 현대화하려는 의지부족(2) 교회 조형물들의 비공개성(수도원 등)(3) 교회의 폐쇄성(4)
미적 기준의 한정성	과거의 양식이 최고라는 미적 기준의 불변성(1) 조형보다는 신앙이 우선이라는 생각(2) 지나치게 종교적이다(3)
작가들 본인의 문제	신앙과 작품 활동을 일치시키지 못하는 점(4) 가톨릭 작가에만 참여하는 한정성, 조형예술작가의 편중(1)
주제의 한정성	종교적 주제로만 한정(2) 외형적인 것만 치중, 의식적인 분야에만 한정(1)
기타 이유	작품의 미적 완성도보다는 그 동기에 중점을 두는 견해(1) 조형예술에 관한 전반적인 관심부족(1) 한국 안에서의 가톨릭의 상대적 제한성(1)

이유들 중의 하나인 토착화에 대한 인식 문제는 사실상 교회의 지도층과 가톨릭신자들의 토착화에 대한 이해와 관심 부족에서 기인한다고 해석할 수도 있을 것이다. 여기에서도 다시 한 번 더 강조할 수 있는 사실은 이제는 토착화가 더 이상 선택 사항이 아니라 이 시대가 요청하는, 아니 가톨릭교회가 종교로서의 역할을 다하기 위해 반드시 풀어가야 할 당면과제임을 시사하고 있는 점이다.

5) 가톨릭교회 내에 한국전통의 미(美)를 드러내는 조형예술의 필요성

<표 7> 교회 내에 한국전통 미(美)의 필요성

구 분	빈 도	백분율
긍정적 평가	12	92.3
부정적 평가	1	7.7
합 계	13	100.0

응답자의 92.3%는 가톨릭교회 내의 조형물에서 한국전통예술의 아름다움을 필요로 하는 가장 큰 이유를 가톨릭 조형물의 한국화와 관련지어 응답하고 있다. 이제는 가톨릭교회가 외래종교라는 지금까지의 한계를 극복하고 시간과 공간 안에서 한국과 한국인의 정서를 반영할 수 있는 종교로서 그 위상을 정립하고 한국사회의 문화예술과 발 맞추기 위해서는 무엇보다도 가톨릭교회의 토착화가 필요하며, 가톨릭 조형예술의 한국화는 그것의 가능성 여부와 정도를 떠나 종교예술로서의 당위성 문제임을 응답자들의 대부분은 강조하고 있다. 한편, 소수일지라도 교회 내의 한국전통미의 필요성에 대해 부정적인 평가를 내린 응답자(7.7%)는 서구적 성격을 강하게 고수하고 있는 가톨릭교회의 정통주의로 인해 이미 100여 년 동안이나 이룩하지 못한 성과와 새로운 가능성에 대한 회의적인 견해를, 그리고 가톨릭교회의 종교적 본질을 단순히 서양종교의 원리 그 자체에서만 찾을 수 있다는 의견과 함께 토착화 지향에 대한 불필요성을 언급하고 있다.

6) 한국전통의 아름다움을 표현하기 위해 가톨릭 건축물을 증축하거나 개축하는 것에 대한 필요성 공감여부

<표 8> 교회건축물의 한국적 증축과 개축

구 분	빈 도	백분율
긍정적 평가	5	38.5
부정적 평가	8	61.5
합 계	13	100.0

앞선 질문에서 가톨릭조형물 내의 한국의 전통적인 아름다움에 대한 표현의 필요성을 강하게 주장하였음에도 불구하고, 응답자의 61.5%는 한국의 전통적인 아름다움을 표현해야 한다는 그 필요성만으로는 성전의 증축과 개축에 큰 의미를 부여하지 않고 있음을 보게 된다. 그리고 더 나아가서는 가톨릭교회가 한국적인 전통과 정서를 수용하며 토착화되기 위해서는 조형물의 한국화보다는 교회의 주체인 신자들의 변화와 한국화가 더 절실함을 지적하고 있다. 결론적으로 종교조형예술의 토착화에 대한 당위성의 문제는 조형물의 외형적인 성격만을 변화시킨다고 해서 이루어지는 것이 아니며, 그보다는 좀더 본질적인 종교차원의 진정한 한국화가 이루어져야만이 가톨릭교회의 조형예술은 그에 대한 표현의 수단과 방법으로서 그 역할을 다 할 수 있음을 일깨워주고 있다.

7) 한국 가톨릭교회 안에서 "서양의 미"와 "한국의 미"가 가장 잘 조화된 가톨릭 조형예술물과 가장 부조화한 조형예술물의 예

조화로운 조형물들의 예: 명동성당, 대치동성당, 잠원성당의 성모자상, 소래 성바오로 피정의 집의 십자가의 길, 제천성당, 배티성지성당, 남양성지성당, 천진암성당, 개화기 강화도 천주교 유적, 되재성당, 마산양덕성당, 풍수원성당, 나바위성당, 광주호남동성당, 서정리 옛 성당 등.

부자연스러운 조형물의 예: 명동성당과 주변 부속건물, 일반 성모상, 각종 성화, 대체적으로 1970~80년대에 지어진 가톨릭 건축물과 최근 신축된 초대형의 교회 건축물(분당 요한성당, 절두산 순교성지 복자기념성당, 새남터성당, 광주가톨릭대학성당, 미리내성당, 부천 심곡본동성당, 종암동성당).

응답에서 드러나는 흥미로운 현상 하나는, 가장 조화로운 조형물의 사례로 우선 순위를 차지하는 명동성당이 시간의 흐름과 함께 합류한 주변 건축물과의 조화에서 가장 낮은 평가를 받고 있음을 발견할 수 있다. 한국 가톨릭교회의 대표적 상징으로서 자리 잡은 명동성당과 그 주위를 둘러싼 가톨릭 조형물의 부조화는 마치 오늘날 가톨릭교회의 상반된 자기정체성의 모습을 드러내는 듯하기도 하다.

8) 한국 가톨릭교회의 조형예술의 문제점

<표 9> 가톨릭 조형예술의 문제점

구 분	건축물	미술작품
내 용	○장중함만을 추구하며 외부확장에만 신경을 쓴 나머지 세부적인 미려함이 없음 ○지역적 환경의 특성을 반영한 성당건축에 대한 진지한 고민이 부족 ○지역적 특성과 주변 환경을 고려하지 않는 건축 ○서구양식의 발췌, 복제 ○한국적인 환경에 적응하려는 노력의 부족 ○건물의 규모가 위압적이며 폐쇄적임 ○초대형화, 건축자재의 무분별한 도입, 건축 형식의 무리한 혼합 ○서양의 중세건축양식에 억매이거나 억지로 한국고전양식을 차용한 경우	○상업적인 면에 치중함 ○내면화된 종교적 개성이 결여 ○비신자를 포함한 뛰어난 작가의 참여를 유도해야 함 ○너무 불필요하게 많이 설치하는 것 ○한정된 작가와 양식의 모방 ○한국인의 정서를 반영하지 못함 ○다양성이 없고 조악하다 ○작가의 편중에 의한 작품의 획일화 ○천편일률적인 장식물과 성상 ○비판없는 모방 ○화려함에만 치중한 나머지 조형적인 조화를 무시

전반적으로 건축물에 대한 문제점으로 지적되는 것은 조형적인 고려를 하지 않는 외형적인 규모의 대형화와 무리한 건축양식의 혼함을 이야기 할 수 있겠고, 미술작품들에 대한 문제점으로는 모방성, 획일성, 특정작가에 의존하는 작가 편중성을 들 수 있겠다. 따라서 외향보다는 내향을 추구함에 힘써야 하며, 모방보다는 창의성이 요구되는 바, 열린 작품 세계를 위한 열린 작가들의 참여가 절실하고, 다양성을 확보한 후 외적인 것과 내적인 것의 조화를 병행해 나가는 것이 바람직하다고 하겠다.

9) 한국 가톨릭교회가 조형예술 분야에서 함께할 수 있는 대안

이 질문에 대한 답변을 일괄적으로 요약해본다면, 개방성을 바탕으로 한 예술적인 모든 매개체의 활용으로 대략 요약할 수 있을 듯싶다. 건축물에 있어서는 한국의 사찰이나 서원 등의 배치와 구조, 비례, 동기 등을 실용적(현대적)으로 재해석하여 건축에 반영하는 노력을 기대하고 있다. 그리고 이를 통하여 지나치게 상업화되어가고 있는 일반문화현상까지도 조절할 수 있는 기능을 가질 것을 요구하고 있다. 친환경적이며 한국의 전통양식을 고려한 건축물에 대한 착상도 적극 권장한다. 건축물뿐 아니라, 조각과 회화 등에 있어서도 일반인들에게도 익숙한 조형성을 찾아 회복하는 데 노력을 당부하며, 그에 대한 방법으로 한국의 전통적인 매체와 민속적인 재료들에 대한 활용도 가능한 것으로 보고 있다. 그리고 시대적 차원에서 간과해서는 안 될 또 한 가지는, 앞선 설문들에서도 여러 차례 지적되었듯이 가톨릭교회의 폐쇄성에 도전하는 시대적 감각에 충분히 용해될 수 있는 조형작품들에 대한 적극적인 이해와 권장을 응답자들은 강조하고 있다. 급변하게 첨단화되는 세상에서 시각적인 효과와 그를 통한 예술활동들은 그 어느 때보다도 역할의 비중이 증대되었기 때문이다. 그리고 마지막으로 이러한 예술적이며 기술적인 견해 이외에도, 이 모든 것을 좀 더 구체적으로 그리고 실제적으로 현실화시킬 수 있는 대안으로 응답자들은 가톨릭 미술재단의 활성화와 가톨릭교회 관련 조형예술 활동에 있어서의 작가와 작품의 공정한 공모를 제시하고 있다.

10) 한국 가톨릭교회의 조형예술에 대한 전반적인 조언

이 설문에 대한 응답자들의 주된 견해는 한국의 지역적 특성을 고려한 조형예술물의 창작에 힘쓸 것을 요구하고 있다. 응답자들의 고견을 우선순위 없이 정리하여 서술하면 다음과 같다:

○ 종교적 교류뿐만이 아니라, 그 신앙의 표현에 적합한 수단과 방법이 될 수 있는 조형예술에 있어서도 가톨릭교회 내의 허심탄회한 토론의 장을 마련하고 그 결과물들을 편견 없이 받아들일 때 가톨릭 조형예술 또한 진정한 의미의 종교예술로서 그 가치를 드러내게 되는 것이다.
○ 비공개적인 발전 도모는 조형발전에 커다란 장애가 될 것이며 공개적이고 개방적인 태도는 적어도 한국조형예술계에 가톨릭교회에 대한 이해를 도모할 수 있는 계기의 마련이 될 수 있을 것이며 직·간접적인 배려와 동시에 가톨릭 조형예술의 양적·질적 발전양상을 불러올 것이다.
○ 교회가 모든 시청각적 예술요소를 총동원해서 종교성을 유지하려 노력한다는 것은 종교성이 약화된 현대에 있어 미적 기능에 대한 진지한 고민을 한다는 것으로 받아들여질 수 있다. 그러나 그 방법에 있어 시대와 주체의 요구를 저버린 정통성만을 주장하거나 가톨릭만의 세계에 머문다면 머지않아 가톨릭교회의 종교예술은 그 갈 길을 잃어버릴 것이다.
○ 성당건축에 있어 지역의 지리적, 환경적 조건과 경제적 조건을 고려한 건축물의 필요성을 강조할 필요가 있다.
○ 한국가톨릭 조형예술이 안고 있는 가장 시급한 문제는 종교예술의 전문화와 그를 뒷받침할 만한 전문 인력의 양성과 교육이라고 생각된다. 그리고 전문가의 신앙과 결합된 작품활동이다.
○ 권위적이고 위압적인 인상과 구조에서 벗어나 일반인들에게도 열린 휴식공간을 제공하며, 지역사회에 함께할 수 있는 가톨릭 건축물의 설립이 필요하다. 뿐만 아니라, 지역사회의 조형예술분야의 활동과 교육에 참여할 수 있는 체계적인 기관의 창립도 필요하다.
○ 가톨릭교회의 조형예술분야의 대사회활동이 필요한 시대이다.

3. 결 론

종교는 종교 그 자체로 발산해내는 문화현상과 그가 속해 있는 그 지역적 문화현상과의 충돌과 융합 속에 발전해 나가거나 소멸된다고 할 것이다. 그렇다면 한 지역에서의 종교현상을 예술적인 측면에서 바라보겠다고 하는 것은 종교 자체가 가지고 있는 고유한 종교문화현상과 각 지역 사람들의 일반문화현상이 사회면 사회, 각 개인이면 개인의 깊은 곳에서 어떻게 융화되어 나오는 것인가를 보는 것을 의미한다 할 것이다. 따라서 한국의 가톨릭 조형예술의 토착화 문제는 종교자체가 발산해내는 문화현상을 한국이라는 지역에서 발생하고 있는 문화현상과의 충돌과 융합 속에서 해결되어야 하는 문제가 되는 것이다. 이는 앞에서 응답을 한 몇몇 전문가들도 지적한 바와 같이, 겉모양만을 한국적인 것과 비슷하게 꾸민다고 해서 토착화가 이루어지지 않는다는 것을 말하는 것이다.

내면적인 문화충돌과 융합의 과정이 없는 겉으로의 표출만으로는 가톨릭의 조형예술이 다른 일반조형예술에 기여를 하지 못함은 물론이고, 제대로 된 영향을 끼칠 수도 없는 것이다. 서로 부대껴보지 않은 문화는 서로에게 줄 것이 없어, 물과 기름처럼 분리된 길을 걸어갈 수밖에 없음을 말하는 것이다.

설문조사에서 나타났듯이, 한국 가톨릭교회의 조형예술은 아직까지 그러한 심각한 고통을 내적으로 겪지 못했기에, 일반사람들의 눈에도 가톨릭 조형예술의 일반조형예술에 대한 기여도나 영향력 등이 미미하다고 생각되는 것이다. 구조주의적 입장에서 공산주의 사상을 분석했던 루이 알튀세르 (Louis Althusser)는 "모든 사람은 이데올로기의 지배를 받는다"고 했다. 이를 달리 말하면 모든 사람은 자기본능, 즉 자기이익의 지배를 받는다고 해도 될 것이다. 문화현상은 이러한 본능과 자기 이익의 지배와 갈등 속에서도 표출되어 나타나는 것이다. 그러므로 조형예술이 특정시대, 특정지역의 문화현상의 영향을 받는다고 가정한다면, 그러한 지역과 시대 속에 배어난 인간 각자의 본능과 개개인의 이익과도 상호 갈등을 겪게 된다고 할 수 있겠다. 한국 가톨릭의 조형예술 또한 이러한 구조 속에 자신의 몸을 담거나 숨기고 있다고 하겠다. 결국 한국의 가톨릭 조형예술이 다른 일반조형예술물에 기여를 하거나, 영향을 미친다는 것은 각자 개별적인 자기본능과 자기이익, 아울러 그로부터 빚어지는 문화충돌과 융합이라는 내면적 산고 없이 겉으로만 이루어지는 것이 아니라는 것이다. 이는 바로 피상적인 것이 아니라 내면적인 토착화의 문제로부터 조형예술의 문제도 풀어가야 함을 의미하는 것이다.

XIII. 한국·동양철학

이성우

1. 서 론

 본 조사보고서에서는 한국 가톨릭교회와 한국 및 동양철학의 관계, 양자 상호간의 영향을 평가하게 된다. 제시된 질문은 한국 가톨릭교회에 지대한 영향을 준 한국의 전통 사상과 배척된 사상이 무엇이었고, 역으로 한국 가톨릭교회가 한국의 근대화에 미친 사상적 영향은 무엇이었는가에 관한 것이었다. 이를 통해 가톨릭교회가 지난 100년 동안 한국사회와 주고받은 사상적 영향을 파악하고자 했다. 한국 근·현대 100년 동안 전통 사상이 가톨릭교회에 어떤 영향을 주었고, 한국 가톨릭교회는 전통 사상을 어떻게 수용했으며, 반대로 한국 사회에 미친 사상적 영향은 무엇이었는가에 대하여 한국철학과 동양철학 전문가 16명에게 개방형 설문조사를 실시하였다.

2. 응답자 분석

 이 조사의 대상자들은 한국학술진흥재단 연구자정보 데이터베이스에 한국철학과 동양철학 전공자로 등록한 박사학위 소지자 이상의 연구자 중 이미 은퇴한 연구자를 제외하고 12명을 무작위로 선정하였고, 본 설문의 주제와 관련하여 다양한 연구업적을 쌓아 비교적 높은 수준의 정보를 제공할 수 있는 전문가 4명은 추천하였다. 응답자의 성은 주로 남성이고, 연령은 30대 이하부터 50대까지 골고루 분포되어 있다. 그리고 응답자의 종교현황을 보면 무종교가 절반을 차지하여 가장 높은 비율을 나타내고, 불교, 유교, 개신교, 가톨릭 순으로 나타난다. 학문의 성격상 그리스도교인의 참여가 적은 점이 특징이고, 종교 내부 논리에 취약하여 결과에 편향이 나타날 가능성이 있다. 그러나 실제 이 변수들은 결과에 거의 영향을 미치지 않아 편향은 나타나지 않았다.

<표 1-1> 응답자의 성별과 연령

구 분	내 용	표본수	비율(%)	전체(%)
성별	남 성	14	87.5	100.0
	여 성	2	12.5	
연령별	30대 이하	6	37.5	100.0
	40대	5	31.3	
	50대	5	21.2	
	60대 이상	-	-	

<표 1-2> 응답자의 종교

구 분	내 용	표본수	비율(%)	전체(%)
종교별	무 교	8	50.0	100.0
	불 교	4	25.0	
	유 교	2	12.5	
	개신교	1	6.3	
	가톨릭	1	6.2	

3. 한국의 전통 사상과 한국 가톨릭교회

3.1 한국 가톨릭교회에 지대한 영향을 준 전통 사상

<표 1> 한국 가톨릭교회에 큰 영향을 미친 전통 사상들

구 분	빈 도	유효백분율
유학사상(유교)	10	62.5
무 속	3	18.8
전 례	2	12.5
동학사상	1	6.2
합 계	16	100.0

지난 100년 동안 한국 가톨릭교회에 가장 지대한 영향을 준 한국의 전통사상은 유학사상, 무속, 전례, 동학사상 순으로 나타났다. 여러 전통사상 중 유학사상이 가톨릭에 가장 큰 영향을 줄 수 있었던 원인으로 응답자들은 크게 두 가지를 제시하는데, 첫째, 유학과 가톨릭이 사상적으로 유사하다는 점(천인합일, 경천애인), 둘째, 가톨릭 사상을 수용한 한국인들의 심성과 삶에 유학사상이 깊게 뿌리내리고 있었다는 점이다. 한국인들이 가톨릭 사상을 유학적 사유체계와 삶의 방식을 통해서 수용할 수밖에 없었다는 의견이다. 유학사상은 한국의 전통사상으로서 20세기 한국인의 의식저변에 뿌리내리고 있었기 때문에 가톨릭 사상을 학습하는 가톨릭 신자들의 의식 저변에는 유교의 삼강오륜과 같은 윤리의식이 작용한 것으로 판단된다는 것이다. 비록 가톨릭 전래 초기에는 조상제사 문제로 큰 마찰을 빚었지만 후에 조상제사를 인정하게 된 것도 결국 유교의식의 융합이 필요했다고 볼 수 있는 근거가 된다는 것이다.

유학사상 다음으로 큰 영향을 준 전통사상으로 무속이 제시되었는데, 그 원인은 유학의 경우와 같다. 즉 무속신앙은 한국인의 종교적 심성 근저에 자리 잡고 있기 때문에 가톨릭 사상에 영향을 끼쳤다는 것이다.

가톨릭은 전래 초기부터 전례문제, 특히 제천문제와 숭조문제로 사상적 어려움을 겪었고, 그 중 숭조문제는 여전히 뿌리깊게 남아있는 한국의 전통문화로서 가톨릭교회에 지대한 영향을 주었다는 시각도 있다. 이러한 결과는 가톨릭교회가 한국인들에게 수용되는 과정에서 사상적으로 한국인들의 기존 사상체계 및 심성과 융합된 모습으로 드러나고 있음을 말해주는 결과로 해석이 가능하다.

3.2 가톨릭교회가 가장 미흡하게 수용한 전통 사상

<표 2> 가톨릭교회가 가장 미흡하게 수용한 전통 사상

구 분	빈 도	유효백분율
불교 및 도교	8	50.0
유 교	4	25.0
무 속	3	18.8
조상숭배	1	6.2
합 계	16	100.0

가톨릭교회가 그 동안 미흡하게 수용한 한국의 전통사상으로 지목된 것은 불교 및 도교와 유교, 무속, 조상숭배 순으로 나타났다. 단연 으뜸으로 지목된 사상이 불교 및 도교인데, 가톨릭교회가 불교와 도교를 쉽게 수용하지 못한 원인으로 제시된 것은 다양하다. 선가적 전통에

서의 형식파괴와 완성된 개인에 대한 가톨릭교회의 전적인 신뢰 결여, 가톨릭교회의 타 종교에 대한 배타성, 교리상의 차이점과 인간 구원의 철학적 전제의 상이성 등이다.

유교를 수용하지 못한 이유는 가톨릭교회의 지도자들, 특히 외국 선교사들이 유교사상을 이해하려는 노력이 부족했기 때문이라는 견해가 지배적이었다.

가톨릭교회가 무속을 수용하지 못한 원인은 무속을 미신으로 치부하여 진지한 이해와 대화의 상대로 여기지 않았기 때문이었다는 견해이다.

이것은 가톨릭교회가 한국인들에게 여전히 외래종교로서 전통사상과 타종교에 대해 배타적이라는 것을 확인시켜주는 결과라고 평가된다.

3.3 가톨릭교회가 배타적 입장을 견지하는 전통 사상

<표 3> 가톨릭교회가 배타적 입장을 견지하는 전통 사상

구 분	빈 도	유효백분율
무 속	9	56.2
유 교	3	18.8
불교 및 도교	2	12.5
기 타	2	12.5
합 계	16	100.0

한국 가톨릭교회가 가장 배타적인 입장을 견지하고 있는 전통 사상은 무속, 유교,도교 및 불교 순으로 나타났다. 무속을 배척하는 주된 이유는 무속을 미신으로 여기기 때문이다. 가톨릭교회는 무속을 미신이나 우상숭배로 여기고, 이런 무속에 대한 태도는 구약성서까지 거슬러 올라간다고 할 수 있다. 특히 한국에 가톨릭 신앙을 전해준 서양 선교사들은 한국의 무속을 미신과 우상숭배로 가르쳤고 지금도 한국 가톨릭 신자들 대부분은 무속을 미신으로 폄하할 뿐 아니라 죄라고 여기고 있다.

유교를 배타시하는 이유는 권위적 남성중심의 가족구조 때문이라는 의견이다. 가톨릭교회가 가장 배타시하는 전통 사상으로 유학을 지목한 응답자들은 가톨릭교회를 합리주의적 평등사상을 가르치는 것으로 알고 있다.

그리고 한국 가톨릭교회가 도교와 불교에 배타적인 이유는 두 사상이 절대 유일신을 설정하지 않고 인간 자신의 힘과 노력에 의한 자기 구원을 가르치기 때문이라는 시각이다.

3.4 가톨릭교회가 수용해야 할 전통 사상

<표 4> 가톨릭교회가 수용해야할 전통 사상

구 분	빈 도	유효백분율
유 교	6	37.6
불 교	4	25.0
무 속	1	6.2
단군신앙	1	6.2
기 타	4	25.0
합 계	16	100.0

한국 가톨릭교회가 시급히 수용해야 할 전통 사상은 주로 유교, 불교, 무속, 단군신앙, 기타로 나타났다. 유교와 불교는 오랜 기간에 걸쳐 한국의 전통 사상을 흡수하고 포용하였기 때문에 한국화되었고, 따라서 이 두 사상을 수용하는 경우 가톨릭교회도 한국화 작업에 큰 도움을 받으리라는 것이다. 유교의 인륜도덕과 그 실천규범으로서의 유교 의례는 가톨릭 토착화에 매우 필요한 요소라는 지적이다. 그리고 유학으로서의 윤리관 중에서 공동체적 요소와 가톨릭 사상의 접목을 시도하여 공동체적인 가치관과 공적 영역의 실천윤리를 확립하는 것이 필요하다는 것이 또 다른 시각이다. 불교의 마음 수양과 해탈에 관한 이론들은 가톨릭 교리 해설의 지평을 넓혀줄 수 있기 때문에 불교 사상을 시급히 수용해야 한다는 것이다.

무속을 수용해야 하는 이유는 무속을 통해서 접신에서의 신체험이 무엇인지 이해할 수 있고, 믿음과 체험의 연관성을 이해할 수 있기 때문이라는 의견이다. 그리고 단군사상을 수용해야 한다는 의견도 있다. 그리스도교의 단군 부정은 한민족으로서의 동질성을 부정하는 인상을 주고 있고, 그리스도교가 한국인들에게 여전히 외래종교로 비춰지고 있기 때문이다.

3.5 가톨릭교회가 한국 사회에 미친 사상적 영향

1) 가톨릭교회가 한국 철학 발전에 기여한 점

한국 가톨릭교회가 한국 철학 발전에 기여한 점으로 거론된 것은 근대 합리주의, 종교간 대화, 평등 및 계몽사상, 기독교 신학사상 등이다. 그 외에도 답변자들은 가톨릭교회가 한국 철학 발전에 기여한 점들을 다음과 같이 제시하였다: 서양철학 소개, 사회문제(노동, 환경), 분석적 사고의 틀 제공, 근대적 세계관과 과학적 사고, 중세철학의 이해, 기독교 신학, 인권, 평등적 가치관(인간관), 합리적 사고방식. 이 설문에서 드러난 흥미로운 사실은 가톨릭교회가 서양

<표 5> 가톨릭교회가 한국 철학 발전에 기여한 점

구 분	빈 도	유효백분율
근대 합리주의	7	43.8
종교간 대화	3	18.8
평등 및 계몽사상	2	12.5
기독교 신학	1	6.2
기 타	3	18.7
합 계	16	100.0

근대의 사상과 문명을 특징짓는 합리성, 과학적 사고, 평등, 인권, 계몽, 다원주의를 한국인들에게 소개해준 서양의 합리적인 종교로 인식되고 있다는 것이다. 서양에서 가톨릭교회는 과학적 사고, 계몽사조, 합리주의 등으로 대표되는 근대사상에 대하여 비판적인 입장을 견지해온 종교로 인식되고 있는 점을 염두에 두면 응답자들의 한국 가톨릭교회에 대한 이미지는 매우 흥미롭다. 이러한 결과는 가톨릭교회가 서양종교로 인식되고 있다는 점과 제2차 바티칸공의회(1962~1965) 이후 한국 가톨릭교회가 전개한 민주화, 인권운동이 가톨릭의 이미지 형성에 크게 작용했다는 점을 보여준다. 즉 가톨릭교회가 서양의 근대과학문명과 함께 전래되었다는 것과 1970~80년대 정치·사회적 민주화·인권·정의구현 운동에 적극 투신한 것이 한국 가톨릭교회를 근대 사상을 가르치고 실천하는 종교로 인식시킨 원인이라고 평가된다. 종합적으로 볼 때, 한국 가톨릭교회는 근대 합리성, 인권, 평등, 민주, 개방성 등으로 대표되는 근대 사상과 밀접히 연관되어 있는 종교로 인식되고 있는 것으로 평가된다.

2) 가톨릭교회가 한국의 사상적 근대화에 기여한 점

한국 가톨릭교회가 지난 100년 동안 한국의 사상적 근대화에 기여한 점 역시 한국 철학 발전에 기여한 점에 대한 의견과 유사하게 나타났다. 그 중에서도 평등/자유/정의 사상이 가장 많이 거론되고 그 다음으로 합리주의, 근대과학문명, 인권 및 민주주의 등의 사상이 거론되었다.

<표 6> 가톨릭교회가 한국의 사상적 근대화에 기여한 점

구 분	빈 도	유효백분율
평등·자유·정의	8	50.0
합리주의	3	18.8
서양 근대과학문명	3	18.8
인권·민주주의	2	12.4
합 계	16	100.0

그 외에도 한국 가톨릭교회가 사상적 근대화에 기여한 점들로서 신분타파, 주체의식, 문물과 학술의 수입, 사회정의, 개인의 절대적 가치, 인간의 존엄성, 주체의식 등이 제시되었다.

여기에 언급된 개념들은 모두 근대 사상의 핵심적 요소들이다. 이러한 결과는 위에서 언급한대로 가톨릭 사상 자체보다 한국 가톨릭교회가 지난 70-80년대 전개한 정의구현, 민주화, 인권 운동이 한국의 사상적 근대화에 기여한 것으로 평가되었다고 보인다. 즉 가톨릭 사상이 근대 사상과 동일하다기보다 한국 가톨릭교회가 근대화 운동, 특히 정치·사회적 정의구현운동에 참여함으로써 근대 사상의 전파자로 인식된 것으로 평가된다. 이는 다음 질문에 대한 응답을 통해서 명백하게 드러난다.

3) 가톨릭교회가 계몽·인권·민주화 운동에 기여한 사상적 영향에 대한 평가

<표 7> 가톨릭교회가 계몽·인권·민주화 운동에 기여한 사상적 영향에 대한 평가

구 분	빈 도	유효백분율
긍 정	16	100.0
부 정	0	0
합 계	16	100.0

한국 가톨릭교회가 지난 100년 동안 계몽, 인권, 민주화 운동에 사상적으로 기여했는가에 대한 답변은 모두 긍정적이었다. 그렇게 생각하는 이유로 다음과 같은 것들이 제시되었다. 인권과 민주화 운동(70-80년대), 정의구현사제단, 가톨릭농민회, 민중의 의식계몽운동 등이다. 여기서 드러나는 것은 가톨릭교회는 한국인들에게 사회정의구현, 민주화, 인권운동을 대표하는 종교로 인식되고 있다는 것이고, 그 원인은 한국 가톨릭교회가 1970~80년대에 전개한 대사회운동, 특히 정의구현사제단과 가톨릭농민회인 것으로 평가된다. 이러한 결과는 한편으로 한국 가톨릭교회가 한국 근·현대 100년 동안, 특히 지난 40여 년 동안 정치·사회적 계몽과 인권운동 그리고 민주화 운동에 사상적으로 큰 공헌을 했다는 긍정적인 면을 지니고 있지만, 다른 한편 한국 가톨릭교회는 한국인들의 종교·영성적 발전에 기여하지 못했다는 부정적인 면도 지닌다고 볼 수 있다. 이렇게 볼 때, 한국 가톨릭교회가 한국인들에게 종교로 인식될 수 있도록 시급히 관심을 기울여야할 분야는 정신적 발전과 영성이라고 할 수 있다.

3.6 가톨릭교회가 한국의 사상적 발전을 위해 기여할 수 있는 분야와 영역

<표 8> 가톨릭교회가 한국의 사상적 발전을 위해 기여할 수 있는 분야와 영역

구 분	빈 도	유효백분율
동서양사상의 융합	4	25.0
인권·평등사상	4	25.0
종교간 대화	3	18.8
사회정의·환경운동	2	12.5
문화·예술	1	6.2
기 타	2	12.5
합 계	16	100.0

한국의 사상적 발전을 위해 가톨릭교회가 기여할 수 있는 분야와 영역으로 언급된 것은 동서양사상의 융합, 인권과 평등, 종교간 대화, 사회정의 및 환경운동 순으로 나타났다. 가톨릭교회가 서양종교이기 때문에 동서양사상을 융합할 수 있는 역량을 지니고 있다고 평가한 것으로 보인다. 또한 한국 가톨릭교회는 지난 30 여 년 동안 그래왔듯이 사회정의와 인권 그리고 평등 사상의 전파에 기여할 수 있다는 의견이다. 또한 종교간 대화를 위해서도 한국 가톨릭교회가 사상적으로 기여할 수 있다는 의견이 있는데, 이는 응답자들이 가톨릭교회를 개방적이고 포용성 있는 종교로 인식하고 있기 때문인 것으로 평가된다.

3.7 가톨릭교회의 사상적 장점과 단점

<표 9> 가톨릭교회의 사상적 장점

구 분	빈 도	유효백분율
인간존중·평등·민주	5	31.3
봉사·소외계층에 대한 관심	5	31.3
포용력·개방성	4	25.0
사회정의·복지	2	12.4
합 계	16	100.0

가톨릭교회의 장점은 인간존중/평등/민주, 봉사/소외계층에 대한 관심, 개방적 포용성, 사회정의·복지의 순으로 나타났다. 이 결과의 원인은 한국 가톨릭교회가 지난 40여 년 동안 보여준 정치·사회적 운동의 참여와 사회복지활동에 기인한 것으로 평가된다. 한국 가톨릭교회의 장점으로 인식되고 있는 요소들은 현대인들에게 매우 중요한 가치로 평가되고 있는 것으로서 한국 가톨릭교회는 이런 장점을 최대한 활용할 수 있을 것이다.

<표 10> 가톨릭교회의 사상적 단점

구 분	빈 도	유효백분율
폐쇄적 성직자 중심주의	6	37.5
전통사상에 대한 배타성	5	31.3
타종교에 대한 배타성	3	18.7
권위주의	2	12.5
합 계	16	100.0

그에 반해 한국 가톨릭교회의 단점은 폐쇄적 성직자 중심주의, 전통사상과 타종교에 대한 배타성 그리고 전근대적 권위주의로 나타났다. 이것은 응답자들이 갖고 있는 한국 가톨릭교회에 대한 일반적인 이미지와 반대된다. 가톨릭교회의 단점으로 지적된 내용들은 가톨릭교회의 성사중심적 구원관과 성직자 중심적 교계제도 그리고 절대 구원종교로서의 자기이해에서 비롯된 것으로 평가할 수 있다. 또한 성직자들의 전근대적 권위주의 역시 가톨릭교회의 교리와 교계제도에 그 근본원인이 있다고 할 수 있다. 다만 한국 가톨릭교회가 근대화에 지대한 공헌을 했다는 평가와 성직자들이 전근대적 권위주의를 극복하지 못했다는 평가는 모순되어 보이지만, 한국 가톨릭교회가 두 가지 서로 모순되는 면을 내포하고 있는 데서 기인한 것으로 평가할 수 있겠다.

3.8 기타 가톨릭교회의 철학발전에 필요한 조언이나 제안

가톨릭교회의 철학발전에 필요한 점으로 제시된 것은 사상적 개방성, 토착화, 전통사상의 수용, 학술 지원 등이다. 그 외에도 중세철학 연구소 설립과 연구인력 양성, 자주적인 한국 가톨릭, 공동체적 도덕 재확립, 다른 종교 및 사상과의 적극적 대화와 화합, 가톨릭 사상의 한국화, 동양전통의 다신관에 유연한 자세, 종교다원주의 수용, 내세 이전의 현생에 대한 가치 제고, 휴머니즘의 모델 제시, 통일문제에 대한 관심, 한국 사회의 제반 문제 포용, 가톨릭 사상의 우리말 재정립, 과거(신사참배, 황사영 백서 등)에 대한 자기반성, 등이 언급되었다.

4. 결 론

본 조사보고서의 목표는 가톨릭교회가 지난 100년 동안 한국사회와 주고받은 사상적 영향을 파악하는 데 있었다. 다시 말해서 이 조사는 한국 근·현대 100년 동안 전통 사상이 가톨릭교회에 어떤 영향을 주었고, 한국 가톨릭교회는 전통 사상을 어떻게 수용했으며, 반대로 한국 사회에 미친 사상적 영향은 무엇이었는가를 파악하고자 했다.

설문을 통해 나온 결과에 의하면 한국 가톨릭교회에 가장 지대한 영향을 준 전통 사상은 유교와 무속이었고, 가장 배타시한 것도 무속과 유교였다. 이는 가톨릭교회의 사상과 제례 그리고 윤리에서 가장 밀접한 연관성을 갖고 있는 한국의 전통 사상이 유교와 무속이기 때문인 것으로 보인다.

한국 가톨릭교회의 뚜렷한 이미지는 주로 1970~80년대 정치·사회적 민주화 운동, 인권운동을 통해서 형성된 것으로 나타났고, 이러한 이미지는 종교·영성적 성격보다 사회·정치적 성격을 더 두드러지게 드러낸다. 이런 현상은 가톨릭교회가 인간의 정신적인 문제와 질문에 대한 답을 주는 종교로 인식되기 보다 인간사회의 윤리적인 문제와 질문에 대한 해결책을 제시하는 사회조직으로 인식되고 있음을 말해준다. 가톨릭교회가 한국 사회의 정신적 근대화(인권, 자유, 민주, 평등)에 지대한 공헌을 한 것으로 인식되고 있다는 점에서 시사하는 바가 크다. 실제로 한국 사회의 정신적 근대화에 이바지한 가톨릭교회의 공헌은 높게 평가되어 마땅하다. 그러나 본 조사에서 나타난 대사회적 이미지는 종교로서의 가톨릭교회에게 심각한 경고신호로 평가할 수도 있다. 왜냐하면 가톨릭교회는 궁극적으로 인간의 정신적인 질문에 대한 답과 인간 구원의 길을 제시하는 종교로 인식되고 있지 못하기 때문이다. 물론 인간의 자유·평등·민주의식 및 인간의 존엄성에 대한 인식과 그리스도교는 사상적으로 밀접한 연관성을 갖는다. 하지만 그리스도교는 인류의식의 민주화를 넘어 인간구원의 진리를 전하는 구원종교로서 인식되는 것이 자신의 정체성에 걸맞기 때문이다. 이렇게 볼 때 한국 가톨릭교회는 인간구원의 진리를 가르치고 실현하는 종교의 이미지를 심어주어야 하는 시급한 과제를 안고 있다. 다시 말해 한국 가톨릭교회가 심혈을 기울여야할 분야는 인간의 정신적 구원의 문제라는 것이다.

마지막으로 한국 가톨릭교회는 대사회적으로는 근대적 성향(민주, 인권, 평등, 신분타파, 합리성 등)을 드러냈지만, 대내적으로는 전근대적인 측면(성직자 중심주의, 권위주의 등)을 여전히 지니고 있음이 드러난 점이다. 이런 현상은 한국사회의 시민의식과 가톨릭교회의 교계제도 및 성직자들의 의식 사이에 깊은 괴리가 생기고 있음을 시사한다. 이로 인해 이 의식상의 괴리가 더 깊어지지 않도록 하는 가톨릭 제도교회의 근대화가 시급히 요청된다.

부 록

Ⅰ-[국문학]

> 다음의 질문에 대하여 간략하게 답변하여 주십시오. 가능하면 5줄 이내로 답변을 부탁드립니다. 별지를 이용하시거나 컴퓨터에 입력하실 수 있습니다.

1. 지난 100년 동안(1901~2000) 가톨릭이 한국문학에 기여한 분야가 있다면 어떤 영역입니까? 중요한 순서에 따라 세 가지를 그렇게 생각하시는 이유와 함께 적어주십시오.
   ①
   ②
   ③

2. 가톨릭교회가 지난 100년 동안(1901년~2000년) 한국문학에 가장 큰 기여를 한 시기는 어느 때라고 보십니까? 그렇게 생각하시는 시기와 그 시기를 선택한 이유를 적어주십시오. (예: 근대로의 이행기, 일제강점기, 해방공간, 한국전에서 1960년까지, 1960~70년대, 1980년대, 1990년대)

3. 「사향가」나 「삼세대의」, 「피악수선가」 등 천주가사는 서구사상으로 표상될 수 있는 천주교 교리를 담고 있습니다. 이들 작품이 천주교 성가나 창가 등으로 이어져 우리의 근대문학 형성에 기여하였다는 평가에 대해 어떻게 생각하십니까?

4. 일제시대 정지용, 윤형중, 최민순 등 가톨릭 이념을 직·간접적으로 표방한 작가들이 있었습니다. 이들이 한국의 문학에 기여한 바와 그 한계점에 대한 입장과 이유를 적어주십시오.

5. 해방 이후 구상, 김남조, 홍윤숙, 성찬경, 김지하, 한무숙, 마해송 등 가톨릭 이념을 표방한 다수의 작가들이 있습니다. 이들이 한국 문학에 기여한 바와 한계점에 대한 입장과 이유를 적어주십시오.

6. 한국의 다양한 문학 갈래 중에서 가톨릭 이념이 가장 많이 수용된 갈래는 어느 것이라고 생각하십니까? 그렇게 생각하시는 이유와 함께 적어주십시오.

7. 현재 평화신문 등 가톨릭 기관지에서 신춘문예 등을 통하여 가톨릭(이념을 표방하는) 작가를 간접적으로 지원하고 있습니다. 가톨릭 문학의 확대방안에 대해 좋은 생각이 있으시면 적어주십시오.

8. 우리 사회에 가톨릭이 전래된 이후, 서구어들이 직·간접적으로 수용되어 독특한 가톨릭 용어를 만들어 냈습니다. 이 과정에서 한국 가톨릭이 국어학이나 한국의 언어문화에 미친 영향은 무엇이라고 생각하십니까?

9. 한국 가톨릭은 전래 초기부터 서학서나 성서를 번역하여 이를 교세확장을 위해(선교) 이용하였습니다. 이 점 때문에 한국 가톨릭이 한글 보급과 지식의 대중화에 앞장섰다는 평가가 있는데, 이에 대하여 어떻게 생각하십니까? 입장과 그렇게 생각하시는 이유를 적어주십시오.

10. 현재의 시점에서 한국 가톨릭 문학이 다룰 가장 중요한 과제는 무엇이라고 생각하십니까? 가장 유력한 세 가지를 중요한 순서대로 그렇게 생각하시는 이유와 함께 적어주십시오.

※

II-[국사학]

> 다음의 질문에 대하여 간략하게 답변하여 주십시오. 가능하면 5줄 이내로 답변을 부탁드립니다. 별지를 이용하시거나 컴퓨터에 입력하실 수 있습니다.

1. 한국 천주교회의 기원에 대하여, 1784년에 이승훈(李承薰)이 북경(北京)에 가서 영세하고 귀국하여 신앙 공동체를 형성할 때부터 창설되었다고 보는 것이 교회 내에서뿐만 아니라 역사학계에서도 정설화되어 있습니다. 그런데 다른 예수회 소속의 신부 메디나(Juan G. Ruiz de Medina)가 1986년 이후『한국 가톨릭교회의 기원』(박철 역, 서강대 출판부, 1989)에서 1592년 임진왜란 당시에 일본군 천주교인이 조선인에게 세례를 주어 천주교회를 처음으로 탄생시켰다고 주장하였습니다. 이에 대해 최석우(崔奭祐)·이원순(李元淳) 등을 위시한 한국 역사학계의 대표적인 천주교회사 연구자들은 통렬히 비판하였는데, 이 논쟁 자체의 의미를 어떻게 보시는지 써주십시오.

2. 천주교회의 기원에 대해서는 또 하나, 정조(正祖) 3년(1779)에 권철신(權哲身)·정약전(丁若銓) 등이 주도한 천진암(天眞菴)의 강학(講學)에서 천주교 교리를 처음으로 연구하였으므로 이 때를 한국 천주교회의 기원으로 삼아야 한다는 주장도 있습니다. 이는 예전부터도 일부에서 제기하던 것으로 최근에는 변기영(卞基榮) 신부 등이 표방하는 것인데, 이미 조광(趙珖)·최석우 등에 의해 상세히 비판이 이루어졌습니다. 크게 세분하면 다음과 같이 3가지 점에서 그러한데, 각각에 대한 간략한 의견을 적어주십시오.

    (1) 시기의 문제, 즉 과연 꼭 1779년이라는 연도가 옳다고 볼 수 있는가?

    (2) 장소의 문제, 즉 과연 천진암에서 강학이 있었다고 볼 수 있는가?

    (3) 내용의 문제, 즉 강학에서 과연 천주교 교리가 주로 다루어졌다고 볼 수 있는가?

3. 천주교의 수용 당시에 중국을 통해 조선에 들어온 천주교 서적들은 한문으로 쓰여진 흔히 한역(漢譯) 서학서(西學書)들로 이런 종류의 대표적인 것은 마테오·리치(Matteo Ricci, 리마두利瑪竇)의 『천주실의(天主實義)』 등이 있었습니다. 이런 책들을 통해 서학을 접한 이익(李瀷)·안정복(安鼎福) 같은 실학자(實學者)들 역시 이에 호기심을 가지고 논의 한 바가 있었으며, 이후 이승훈(李承薰)·이벽(李蘗)·이가환(李家煥)·정약전(丁若銓) 등의 이른바 경세치용학파(經世致用學派)의 실학자들이 천주교 신자가 되어 신앙 생활을 하였습니다. 이들이 이렇게 한 것은 종교적 신앙을 통하여 지상에 천국(天國)을 건설하는 데 새로운 희망을 느끼게 되었기 때문이라는 평가가 있는데, 이에 대해 어떻게 생각하십니까? 의견을 적어주십시오.

4. 신유박해(1801년) 때에 순교한 천주교 신자 황일광(黃日光, 1756~1802)은 백정 집안 출신이었는데, 그는 모진 고문에도 잘 견디어내면서 "만 번 더 괴로움을 당하더라도 예수 그리스도님을 배반하지 않겠으니 마음대로 하십시오"라고 외쳤다고 전해집니다. 그런 그가 체포되어 이런 말을 하기 전에 관한 서술이, 고등학교 국사 교과서에 인용되어 있는 것과 천주교 내에서 간행한 순교자 전기에 아래와 같이 차이점이 있게 되어 있습니다. 이 둘을 비교해보신 후 다음의 질문에 응해주십시오.

  (가) 「천주교의 신분 평등」, 『고등학교 국사』, 교육인적자원부, 2002 내용
  황일광 알렉시스는 백정의 집에서 태어났다. 이들은 읍내나 동네에서 멀리 떨어져 살아야 하며, 아무와도 일상적인 교제를 할 수 없었습니다. 천주교에 입교하자 교우들은 그의 신분을 잘 알고 있으면서도 형제처럼 대하였다. 어디를 가나 양반 집에서까지 그는 다른 교우들과 똑같이 집에 받아들여졌는데, 그로 말미암아 그는 자기에게는 신분으로 보아, 사람들이 너무나 점잖게 대해 주기 때문에, 이 세상에 하나 또 후세에 하나, 이렇게 천당이 두 개가 있다고 말하였다.
  <조선 천주교회사>(p.367)

  (나) 「황일광 —천민 출신이 거둔 교회의 영광—」, 『신유박해 순교자 전기집 순교는 믿음의 씨앗이 되고』, 한국교회사연구, 2001의 내용
  "… 신자들은 그의 사회적 신분을 잘 알고 있었지만 사랑과 덕으로 감싸주었으며, 양반 집에서까지도 그는 다른 신자들과 똑같은 대접을 받았다. 이 때문에 그는 농담조로, '나의 신분에도 불구하고 사람들이 너무나 점잖게 대해 주니, 천당은 이 세상에 하나가 있고, 후세에 하나가 있음이 분명하다"라고 말하곤 하였다.(p.208)

  (1) 조선 후기 천주교가 신분의 평등을 주장했고 이를 실천에 옮겼다는 실제적인 예로서 이러한 황일광의 경우를 드는 것이 적합하다고 보시는지요?

  (2) 고등학교 교과서의 기술에서는 그렇지 않지만, 오히려 천주교 내부에서 만든 순교자 전기집에서의 (나)의 밑줄친 '농담조로'라는 표현이 과연 온당하다고 생각하시는지요?

5. 근대 사회에서 종교가 했던 역할에 대한 『고등학교 국사』, 교육인적자원부, 2002의 서술 부분에 보면, "종교계에서는 오랫동안 박해를 받아 왔던 천주교가 1880년대부터 자유롭게 선교 활동을 벌여 교육, 언론, 사회 사업 등에 공헌하였고, 개신교가 수용되어 교육과 의료 사업 등에 많은 업적을 남겼다."(p. 381)라고 되어 있습니다. 이 내용 가운데 개신교의 경우는 종래 선교사들의 이화학당·배재학당 등의 설립과 알렌의 활약 등을 그 구체적인 예로서 들 수 있겠는데, 천주교의 경우는 어떤 사실들을 구체적인 예로 들 수 있다고 생각하십니까? 종래의 어떠한 개

설서나 전공 서적에서도 이를 답변할 만한 대목을 쉽게 찾을 수 없다면, 그 요인이 어디에 있다고 보십니까?

6. 일제의 지배 정책에 대해 천주교는 협조와 순응했다고 하는 견해들도 있지만, 한편에서는 그것은 교회를 지켜내기 위한 방편에 불과했다고 하는 견해도 있습니다. 이 가운데 어느 쪽이 더 타당하다고 생각하시는지를 밝혀 주십시오. 가능하시면 그렇게 보시는 이유는 구체적으로 어떤 데에 근거하고 있는지를 아울러 제시해주십시오.

7. 일제시대 말기에 그들의 방해 공작에도 불구하고 한국인으로서는 최초로 노기남(盧基南) 신부가 1941년 12월에 주교(主敎)로 결정된 후, 그 이듬해 2월에 서울교구의 신학생 양성 기관이던 용산의 예수성심신학교가 일제에 의해 강조로 폐교 조치되었고, 이어 대구교구의 성 유스티노신학교 역시 폐교 조치를 당하고 말았습니다. 이는 당시를 겪은 천주교측 인사의 회고록에 나와 있는 사실입니다. 이를 일제의 천주교에 대한 탄압으로 해석하는 견해가 있습니다. 이 견해에 대해 어떻게 생각하시는지를 밝혀주십시오.

8. 해방 이후 남북 분단이 고착화되어 가는 과정에서 북한 지역에 뿌리내리고 있던 많은 천주교의 성당, 수도원, 신학교 등이 모두 폐쇄되고 많은 성직자·수도자들이 사망하거나 실종되었습니다. 이 분들에 대해서 서술한 책을 읽어보거나 직접 이야기를 통해 들어보신 적이 있습니까?

9. 제2공화국 때 국무총리를 지낸 장면은 당시의 대표적인 천주교 인사였습니다. 그가 이끌었던 당시 정권에서 특히 경제 개발 계획 등을 수립하면서 분배와 균형 발전을 내세우려고 했고, 교권(敎權)의 신장을 위해 교사들의 지위 향상 등을 꾀하려 했다는 견해가 있습니다. 장면 총리가 이끈 제2공화국의 이런 정책에, 그를 위시한 천주교 신자 인사들이 관여함으로써 자연히 천주교측의 영향이 어느 정도 있었다고 볼 수 있는지요?

10. 김영삼 대통령의 재임 중에 명동성당 영내에 경찰 병력을 투입하여 재야 인사들의 농성을 강제로 해산시킨 일이 있었는데, 이런 일은 유사이래 처음이라 하여 특히 천주교 교단의 전면적인 저항을 불러일으킨 사건이 있었습니다. 이 사건을 어떻게 보시는지 견해를 밝혀주십시오.

※

Ⅲ-[동양사·동북아역사]

> 다음의 질문에 대하여 간략하게 답변하여 주십시오. 가능하면 5줄 이내로 답변을 부탁드립니다. 별지를 이용하시거나 컴퓨터에 입력하실 수 있습니다.

1. 근 현대 동양의 역사에서 가톨릭교회가 가장 큰 영향을 미친 시기는 언제라고 보십니까? 그 이유를 간략히 설명해주십시오. (한국을 제외한 중국과 일본, 혹은 중국이나 일본 한 나라만 선택하셔도 좋습니다.)

2. 위의 시기에 가톨릭교회가 가장 큰 영향을 미친 분야는 어느 분야라고 보십니까? 중요한 순서대로 세 분야를 적어주십시오.

3. 교수님은 가톨릭교회가 위의 분야에 미친 영향이 동양의 근대화 (혹은 서양화)에 영향을 주었다고 생각하십니까? 만일 그렇다면 그 영향을 준 요소는 무엇인지 간략하게 설명해주십시오.

4. 동양 가톨릭사에 중요하고 의미 있는 서양의 인물 3명을 들어주시고, 그를 발탁한 이유를 간략히 설명해주십시오.

5. 동양 가톨릭사에 중요하고 의미 있는 동양의 인물 3명 이상을 들어주시고 그를 발탁한 이유를 간략히 설명해주십시오. (한국인은 제외. 중국인과 일본인, 혹은 한 나라 인물만 들어주셔도 좋습니다.)

6. 동양의 역사에 가톨릭 관계 저술로서 큰 영향을 준 서적 세 권을 중요한 순서대로 들어주십시오. 가능하면 동양사의 어느 분야에 관련되어 영향을 미쳤는지도 밝혀주시기 바랍니다.

7. 동서교류사 상 가톨릭의 역할을 동양사의 관점에서 순기능과 역기능으로 구분하여 간략하게 적어주십시오.
    ① 순기능 :
    ② 역기능 :

8. 동서교류사상 가톨릭의 역할과 그 영향을 서양사의 관점에서 간략하게 적어주십시오.
    ① 역할 :
    ② 영향 :

9. 중국과 일본에서의 가톨릭교회의 현재 위상과, 미래를 전망해주십시오.

　① 중국 :
　② 일본 :

10. 가톨릭교회가 21세기 동양의 역사에 기여할 바람직한 역할과 방향을 제언해주십시오.

※

IV-[문화 인류학·민속학]

> 다음의 질문에 대하여 간략하게 답변하여 주십시오. 가능하면 5줄 이내로 답변을 부탁드립니다. 별지를 이용하시거나 컴퓨터에 입력하실 수 있습니다.

1. 한국에 가톨릭이 전래된 이후 초기 100년간 조상제례 문제로 인해 신자들 중에서 많은 희생자들이 생겼습니다. 교수님의 전공분야에서는 이 사건을 어떻게 해석하십니까?

2. 가톨릭 신자들은 여러 성인들을 공경하며, 그들의 유해 앞에서 절을 하거나 특별한 예식을 행합니다(몇 년 전에는 김대건 신부의 두개골을 순회시키며 기도한 예도 있습니다). 교수님은 이러한 교회의 예식들을 한국전통의 관점에서 어떻게 해석하십니까?

3. 가톨릭 신자들은 묵주나 십자가, 성인의 그림 등을 지니고 다닙니다. 또 새 자동차를 샀을 때 운전하기 전에 성수를 뿌리며 축성하기도 합니다. 교수님은 이러한 신자들의 양태를 우리 전통의 관점에서 어떻게 해석하십니까?

4. 가톨릭 신자들은 예수의 어머니인 성모(聖母) 마리아를 특별히 공경합니다. 이와 유사한 공경의식이 한국 전통에도 있습니까? 있다면 그 예를 적어주십시오.

5. 가톨릭에서는 각 성당마다 특정한 성인의 보호에 그 성당을 맡기는 관습이 있습니다(이를 主保聖人이라 함). 혹시 한국 문화 안에도 이와 유사한 전통이 있습니까? 있다면 적어주십시오.

6. 한국에 가톨릭이 전래된 이후부터 현재까지 위에서 예로 들은 신심 유형들(2~5번에 해당하는)이 한국 문화와 충돌을 일으킨 경우들이 있습니까? 있다면 어떤 경우였는지 적어주십시오.

7. 가톨릭교회는 사후세계에 대해 천당과 지옥, 그리고 연옥(지옥에는 가지 않으나 천당에는 가기 부족한 사람이 벌을 받는 곳)이 있다고 가르칩니다. 한국 전통이 말하는 사후 세계는 가톨릭교회의 이 가르침과 어떤 면에서 차이가 있습니까?

8. 그동안 가톨릭교회가 한국 고유 전통에 대해 보여왔던 자세를 교수님은 어떻게 평가하시겠습니까?

9. 가톨릭교회가 앞으로 한국 문화에 대해 가져야 할 바람직한 태도와 방향에 대하여 제안해주십시오.

※

V-[법학]

| A | 우선 가톨릭교회와 국가 간의 관계 중 법·제도와 관련하여 여쭈어 보겠습니다 |

1. 가톨릭교회와 국가간의 관계에서 무엇이 얼마나 중요한지(중요도) 그리고, 각 항목에 대하여 현재 추진방식과 절차는 적절하다고 생각하시는지(절차·방식의 적절성)를 해당란에 √ 표시해 주십시오.

항 목	중요성					(방식, 절차) 적절성				
	① 매우 중요함	② 다소 중요	③ 중간	④ 중요 않음	⑤ 전혀 중요 않음	① 매우 긍정적	② 다소 긍정	③ 중간	④ 다소 부정	⑤ 매우 부정적
법·제도 및 종교정책 1. 정부의 각 종교에 대한 법적용의 형평성문제										
2. 종교단체의 법적 지위 문제: 종교법인법 제정 등										
3. 종교갈등(종교 내부, 종교간, 종교와 국가 간)에 대한 국가개입 정도										
4. 종교단체의 정치 및 정책 관여문제: 교정치, 종교권력 등										
5. 가톨릭사제에 대한 세금부과										
6. 가톨릭교회의 각종 헌금파악 및 회계투명성										
7. 국가기관 내(군대, 경찰, 교도소, 국립병원) 종교제도 허용(예:군종,경목, 원목) 등										
8. 국가공휴일과 종교색채: 크리스마스, 석가탄신일, 개천절 종교행사 등										
9. 정부의 개발정책과 종교계의 문화재보호 및 환경보호문제										
10. 종교단체와 국가간의 사회복지시설 운영문제										
11. 국가와 종교언론기관간의 문제										

B	다음은 위 질문에 대한 보다 구체적인 답변을 위한 개방형 질문입니다.

1. 현재 정부의 각 종교단체에 대한 법적용의 형평성에 대한 견해는 어떠하십니까?

2. 각 종교단체에 대한 특별법(종교법인법) 제정에 대한 견해는 어떠하십니까?
   〈필요성, 혹은 설립을 기피한다면 그 원인과 해결책은 무엇이라 생각하십니까?〉

3. 종교갈등 발생시(종교 내부, 종교간, 종교와 국가 간) 국가의 개입여부와 범위는 어느 정도까지가 적당하다고 보십니까?

4. 성직자나 종교단체의 (지역)정치나 정책에 대한 참여활동이 어떤 형태로 이루어지는 것이 바람직하겠습니까?〈선거때 특정후보의 지지 또는 반대표명, 정의사제구현단의 활동, 혹은 사제의 정책관여〉

5. 성직자 월급에 대하여 "납세의 의무를 다 해야 한다는 주장과 봉사료를 받는 것이므로 근로소득이 아니다"라는 견해가 맞서고 있는데 이에 대한 교수님의 견해는 어떠하십니까?

6. "종교단체가 탈세의 온상이 되고 있다", "종교계의 자금운용에 투명성이 부족하다"라는 주장들에 대한 교수님의 견해는 어떠하십니까?

C	향후 시급히 추진해야 할 과제에 대해 평가해 주십시오

1. 다음은 '가톨릭교회와 국가'와의 관계에서 향후 정부가 중점적으로 해결해야 할 과제를 나열한 항목들입니다. 어느 부문에 노력을 집중해야 한다고 생각하십니까? 그 내용을 우선순위대로 번호를 적어주십시오. ※〔보기〕에서 나열된 항목이 없으시면 15~16번 항목에 자신이 생각하는 과제를 임의로 기재한 후 작성하셔도 좋습니다.

보 기	
	1. 종교단체의 법적 지위 문제: 종교법인법 제정 등
	2. 종교와 인권의 문제: 종교와 노동법과의 관계
	3. 종교단체의 (형법상)종교범죄: 사이비종교, 분묘훼손죄, 예배방해죄 등
	4. 국가기관 내(육·해·공군, 경찰, 교도소, 병원)종교제도 허용: 군종, 경목, 원목 등
	5. 종교단체와 조세문제: 성직자의 납세, 종교재산과 종교재정문제 등
	6. 종교건축문제: 도심 내 건축과 임대난립
	7. 국가의 儀式중 종교의식: 국가의 거국적 행사中 얼마나 종교적의식으로 행하느냐의 문제 등
	8. 국가공휴일과 종교색채: 크리스마스, 석가탄신일, 개천절 종교행사 등
	9. 정부의 개발정책과 종교계의 문화재보호 및 환경보호문제
	10. 종교단체와 국가 간의 사회복지시설 운영문제
	11. 종교단체의 정치 및 정책 관여문제: 종교정치, 종교권력 등
	12. 국가와 종교연합운동: 종교간 갈등 해소, 종교간 종교화합활동 지원 등
	13. 국가와 종교언론기관 간의 문제
	14. 종립학교와 종교교육: 신학교난립과 수준미달에 대한 국가적 차원의 대책 등
	15. _____
	16. _____
	17. _____

	순위 및 중요과제의 선정 이유
2-1. 첫번째 중요한 과제	
2-2. 두번째 중요한 과제	
2-3. 세번째 중요한 과제	

C-2 다음은 만족도, 총평 및 정책제언에 관한 문항입니다.

※ 우리나라 정부의 '종교정책'에 대한 만족도 및 총평과 바람직한 종교정책에 대한 제언을 부탁드립니다.

1. 만족도

①	②	③	④	⑤
매우 만족한다	다소 만족하는편이다	보통이다	다소 불만족하다	매우 불만족스럽다

2. 총평과 정책제언

※

VI-[사회복지학]

> 다음의 질문에 대하여 간략하게 답변하여 주십시오. 가능하면 5줄 이내로 답변을 부탁드립니다. 별지를 이용하시거나 컴퓨터에 입력하실 수 있습니다.

1. 한국의 사회복지 서비스 가운데 가톨릭교회가 지난 100년 동안 가장 큰 기여를 한 분야는 무엇이라고 보십니까? 기여한 순서대로 그렇게 생각하시는 이유와 함께 적어주십시오.

   ①
   ②
   ③

2. 가톨릭교회가 지난 100년 동안(1901년~2000년) 한국 사회의 사회복지에서 가장 큰 기여를 한 시기는 어느 때라고 보십니까? 그렇게 생각하시는 시기와 그 시기를 선택한 이유를 적어주십시오. (예: 일제강점기, 해방공간, 한국전쟁에서 1960년까지, 1960~70년대, 1980년대, 1990년대)

3. 지난 100년 동안(1901년~2000년) 한국사회에서 가톨릭교회의 사회복지가 가장 기여하지 못한 영역은 어떤 곳이었습니까? 영역과 선택한 이유를 적어주십시오.

4. 지난 100년 동안의 시기 가운데 가톨릭교회의 사회복지가 한국 사회복지 발전에 가장 기여한 시기는 언제였다고 보십니까? 기여했다고 생각하시는 시기와 이유를 적어주십시오.

5. 가톨릭 사회복지가 근대적 사회복지의 통로였다는 평가에 대하여 어떻게 생각하십니까? 교수님의 입장과 그렇게 생각하시는 이유를 적어주십시오.

6. 현재의 시점에서 가톨릭교회가 포기해야 할 사회복지 영역은 어디라고 생각하십니까? 그 영역과 그렇게 생각하시는 이유를 적어주십시오.

7. 가톨릭교회가 21세기 초반에(2020년까지) 사회복지분야에서 가장 시급히 참여해야 할 영역이 어디라고 보십니까? 중요한 순서대로 그렇게 생각하시는 이유와 함께 적어주십시오.

   ①
   ②
   ③

8. 한국 사회에서 2020년까지 다음 분야에서 어떤 사업/과제들이 가톨릭교회의 수도회가 하기에 적당한 일이라고 보십니까? 분야별로 가장 유력한 세 가지를 중요한 순서대로 그렇게 생각하시는 이유와 함께 적어주십시오.

- _____복지
①
②
③

- _____복지
①
②
③

- _____복지
①
②
③

9. 가톨릭이 운영하는 〔꽃동네〕와 같은 대규모 시설이 갖는 장점과 단점에 대하여 생각하시는 바를 적어주십시오.

- 장점
- 단점
- 사회문제가 되는 이유

10. 기타 저희 가톨릭교회의 사회복지 발전에 필요한 조언이나 제안이 있다면 해주십시오.

※

Ⅶ-[여성학·여성운동]

> 다음의 질문에 대하여 간략하게 답변하여 주십시오. 가능하면 5줄 이내로 답변을 부탁드립니다. 별지를 이용하시거나 컴퓨터에 입력하실 수 있습니다.

1. 가톨릭(천주교)이 한국에 전래되면서 한국 여성들에게 긍정적인 영향을 준 요소에는 어떤 것들이 있다고 보십니까? 그 요소들과 생각하시는 이유를 적어주십시오.

2. 가톨릭교회가 한국의 근대화 과정에서 여성들을 위해 한 활동들에는 어떤 것들이 있었습니까? 중요한 순서대로 그 이유와 함께 적어주십시오.

3. 가톨릭교회가 지난 100년 동안(1901~2000) 한국에서 성평등(性平等) 실현에 기여한 측면이 있다고 보십니까? 기여하였다면 어떤 측면에서 그렇게 하였는지, 그렇지 못하였다면 그 이유를 무엇이라 생각하시는지 적어주십시오.

4. 한국 가톨릭교회안에서 성평등이 잘 이루어지고 있다고 보십니까? 그 실현정도를 평가해주시고, 가능하면 그렇게 평가하시는 이유도 함께 적어주십시오.

5. 타종교인과 비교했을 때 가톨릭 여성들이 지닌 나름의 특성에는 어떤 것들이 있다고 보십니까?

6. 개신교 여성과 비교하여 가톨릭 여성의 활동을 어떻게 평가하시겠습니까? 가능하다면 몇 가지 분야로 나누어서 비교평가 해주십시오. 시기는 1970년대 이후입니다.

7. 오늘날 가톨릭교회가 한국 여성들을 위해 노력하는 점이 있다면, 어떤 것들을 실례로 들 수 있습니까? 몇 가지만 적어주십시오.

8. 가톨릭 여성들이 앞으로 한국사회 발전을 위해 어떤 방향에서, 어떤 활동을 하길 바라는지 생각하시는 바를 적어주십시오.

9. 교수님께서 생각하시는 이상적인 여성상은 어떤 모습입니까? 이 여성상을 구성하는 중요한 요인 세 가지를 적어주십시오.
   ①

②
③

10. 한국사회에서 성평등은 어느 정도나 실현되고 있다고 생각하십니까? 실현될 경우 그 정도와 실현되지 않는다고 생각하실 경우 잘 이루어지지 않는 영역과 이유에 대해 구체적으로 적어주십시오.

① 가정의 차원 :
② 사회적 차원 :
③ 제도적 차원 :

11. 기타 여성들을 위해 가톨릭교회가 해야할 일에 대해 조언이나 제안을 적어주십시오.

※

Ⅷ-[정치학]

> 다음의 질문에 대하여 간략하게 답변하여 주십시오. 가능하면 5줄 이내로 답변을 부탁드립니다. 별지를 이용하시거나 컴퓨터에 입력하실 수 있습니다.

1. 정치적인 측면에서 가톨릭교회와 한국의 근대화를 연결시켜 연구 혹은 이해한다고 할 때, 근대화의 어떤 측면에서 접근하는 것이 바람직하다고 보십니까? 그렇게 생각하시는 측면과 그 이유를 적어주십시오.

2. 교수님은 한국 가톨릭교회가 지난 100년(1901~2000) 동안 근대적 정치발전에 기여한 점이 있다면 어떤 것들을 사례로 드시겠습니까? 대표적인 사례와 그 사례를 선택하신 이유를 적어주십시오.

3. 지난 100년간 가톨릭교회가 정치영역에서 근대화에 역행한 요소가 있다면 구체적인 사례를 들어 지적해주시고 가능하면 이유도 적어주십시오.

4. 한국 가톨릭교회는 전래 초기인 19세기에 조선봉건왕조와 갈등을 일으켜 근 100년간 여러 교난(教難) 과정에서 많은 피해를 입었는데 이러한 충돌의 원인을 교수님은 어떻게 해석하십니까?

5. 일제 시대에 한국 가톨릭교회는 파리외방전교회 소속 주교(bishop)들의 의사에 따라 당시 민중들의 의사에 반하는 행동(예: 3.1만세 독립운동 불참, 안중근 의사 비판, 일제의 전시동원체제 협력)을 하였다고 비판을 받고 있는데, 이런 주장은 신자들의 의사가 가톨릭교회의 교계제도의 특성상 성직자의 의사에 장기간 종속될 수 있다는 것을 전제로 하고 있습니다. 일제 시대의 가톨릭의 모습을 이러한 관점에서 볼 수 있는 것인지 교수님의 의견을 말씀해주십시오.

6. 일제시대의 한국 가톨릭교회는 지배체제의 현상(status quo)을 정당화하는 역할을 주로 하고, 정치적 저항을 고무하는 역할은 상대적으로 혹은 거의 하지 않은 것으로 평가하는데 교수님은 일제시대에 가톨릭교회와 일제의 정치적 관계를 어떻게 해석하십니까?

7. 가톨릭교회는 이승만 정권 시기에 개신교와 유사하게 정치세력화를 시도하였습니다(예: 장면). 이렇게 가톨릭교회가 정치세력화를 시도한 경우들을 교수님이 생각하시는 바람직한 교회와 국가관계의 비추어 어떻게 평가하시겠습니까?

8. 1960년대 중반 이후에서 1980년대 후반까지 가톨릭교회는 국가권력과 갈등을 일으켰는바, 이 시기의 교회 활동을 두고 교회 안팎에서는 민주화 혹은 인권운동을 촉진한(시민사회의 형성과 발전에 기여) 계기로 평가하고 있습니다. 교수님은 이 시기의 교회와 국가권력의 충돌의 의미를 어떻게 평가하시겠습니까?

9. 최근(1991~2000) 교회와 국가관계에서 주목할 만한 사건으로 평가할 수 있는 것들에는 무엇이 있습니까? 그렇게 보시는 사건과 이유를 적어주십시오.

10. 현대 한국 가톨릭교회의 정치적 영향력을 어느 정도로 평가하십니까?

11. 일부의 평가이지만 "과거에는 가톨릭교회가 시민사회형성의 주체였지만 이제는 시민사회의 기준에 미치지 못한다"는 주장이 있습니다. 과연 현대 한국의 시민사회안에서 가톨릭교회의 지위를 어떻게 평가할 수 있겠습니까?

12. 최근 한국 가톨릭교회와 국가의 관계를 어떤 유형으로 보는 것이 좋겠습니까?(예: Thomas C. Bruneau는 연합(coalition), 협동(cooperation), 경쟁(competition), 갈등(conflict) 유형으로 분석합니다.)

13. 기타 저희 가톨릭교회를 연구할 때 필요한 조언이나 제안이 있다면 해주십시오.

※

IX-[종교사회학]

> 다음의 질문에 대하여 간략하게 답변하여 주십시오. 가능하면 5줄 이내로 답변을 부탁드립니다. 별지를 이용하시거나 컴퓨터에 입력하실 수 있습니다.

1. 가톨릭교회와 한국의 근대화를 연결시켜 연구 혹은 이해한다고 할 때, 근대화의 어떤 측면에서 접근하는 것이 바람직하다고 보십니까? 그렇게 생각하시는 측면과 그 이유를 적어주십시오.

2. 한국 가톨릭교회가 지난 100년 동안 한국사회발전에 가장 큰 기여를 한 분야는 어디라고 보십니까? 기여한 순서대로 세 가지만 그렇게 생각하시는 이유와 함께 적어주십시오.
   ①
   ②
   ③

3. 한국 가톨릭교회는 아시아 다른 나라와 다르게 독특한 선교배경과 전체 인구대비 신자율이 필리핀 다음으로 높아 세계교회에서 관심이 높습니다. 이와 같이 한국 가톨릭교회가 독특한 모습을 갖게 된 이유를 무엇이라고 생각하십니까?

4. 한국 가톨릭교회는 한국사회에서 비교적 사회적 위신(social prestige)이 높은 집단이라고 자평(自評)하고 있는데, 이 관점에 동의하신다면 그렇게 볼 수 있는 이유를 말씀해주십시오. 그렇게 보지 않으시는 경우에도 이유를 적어주십시오.

5. 한국 가톨릭교회는 아직도 한국에서 외래종교로 인식되고 있는데, 가톨릭교회가 한국 종교문화 안에서 여전히 이질적으로 보여지는 것이 있다면 어떤 것들이고, 앞으로 이러한 현상을 어떻게 해결하면 좋을지 방향을 제시하여 주십시오.
   ① 이질적으로 여겨지는 요소 :

   ② 해결방향 :

6. 일제시대에 가톨릭교회가 적극적인 사회참여(예: 3·1 독립만세 운동, 신사참배 거부 운동 등)를 하지 못한 이유를 무엇으로 보십니까?

7. 1987년 이후 한국 사회에서 가톨릭교회의 대사회적 역할이 현저하게 축소된 것으로 평가되고

있습니다. 일부에서는 이를 사사화(privatization) 혹은 시민사회의 성장으로 인한 역할 축소로 해석합니다. 교수님께서는 이 현상을 어떻게 해석하시겠습니까?

8. 해방이후 2000년까지 개신교, 불교, 천주교가 교세의 측면에서 3대 종교가 된 원인을 무엇이라고 생각하십니까? 교수님이 생각하시는 이유를 적어주십시오.

9. 최근 위의 세 종교들 모두에서 종교인구가 정체 내지는 근소한 성장을 하는 것으로 평가하고 있습니다. 천주교는 근소한 성장을 하는 것으로 나타나고는 있지만 내부에서 비활동인구(inactive)가 늘어 성장을 상쇄하고 있습니다. 교수님께서는 이와 같은 현상이 나타나는 이유를 어떻게 보십니까? 나름의 생각을 적어주십시오.

10. 한국 가톨릭교회가 한국사회 발전을 위하여 앞으로 21세기에 기여해야 할 영역이 있다면 어떤 곳이 있는지와 그 이유를 적어주십시오.

11. 한국 가톨릭교회가 한국과 같은 종교다원주의 사회 안에서 감당해야 할 역할에는 어떤 것들이 있습니까?

12. 기타 저희 가톨릭교회를 연구할 때 필요한 조언이나 제안이 있다면 해주십시오.

※

X-[종교학]

> 다음의 질문에 대하여 간략하게 답변하여 주십시오. 가능하면 5줄 이내로 답변을 부탁드립니다. 별지를 이용하시거나 컴퓨터에 입력하실 수 있습니다.

1. 가톨릭교회가 지난 100년(1901~2000) 동안 한국의 종교문화에 가장 크게 기여한 내용은 무엇이라고 보십니까? 그렇게 생각하시는 이유는 무엇입니까?

2. 가톨릭교회가 지난 100년 동안 한국의 종교문화에 가장 크게 걸림돌이 된 내용은 무엇이라고 보십니까? 그렇게 생각하시는 이유는 무엇입니까?

3. 가톨릭교회가 지난 100년 동안 한국에서 종교간 대화에 기여한 점은 무엇입니까? 그렇게 생각하시는 이유는 무엇입니까?

4. 가톨릭교회가 지난 100년 동안 한국에서 종교간 대화에 장애로 작용한 점은 무엇입니까? 그렇게 생각하시는 이유는 무엇입니까?

5. 가톨릭교회가 21세기에 한국의 종교문화 발전을 위하여 감당해야할 사명은 무엇이라고 생각하십니까?

6. 가톨릭교회가 앞으로 한국의 종교문화와 협력해 나가는데 있어서 필수적인 요소들에는 어떤 것들이 있겠습니까?

7. 가톨릭교회가 과거 100년 동안 한국의 무교와 민간신앙에 대하여 가졌던 자세는 어떠했다고 생각하십니까?

8. 가톨릭교회가 과거 100년 동안 한국의 불교에 대하여 가졌던 입장 혹은 자세는 어떠했다고 생각하십니까?

9. 가톨릭교회가 과거 100년 동안 한국 유교에 대하여 가졌던 자세에 대하여 평가해주시겠습니까?

10. 가톨릭교회가 과거 100년 동안 한국의 신종교들에 대하여 가졌던 자세에 대하여 평가해 주시겠습니까?

11. 가톨릭교회가 현재 한국의 무교와 민간신앙에 대하여 가지고 있는 자세를 평가해주시겠습니까?

12. 가톨릭교회가 현재 한국의 불교에 대하여 가지고 있는 자세를 평가해주시겠습니까?

13. 가톨릭교회가 현재 한국의 유교에 대하여 가지고 있는 자세를 평가해주시겠습니까?

14. 가톨릭교회가 현재 한국의 신종교들에 대하여 가지고 있는 자세를 평가해주시겠습니까?

15. 가톨릭교회가 21세기에 한국의 무교와 민간신앙에 대하여 가져야 할 바람직한 태도를 말씀해 주십시오.

16. 가톨릭교회가 21세기에 한국의 불교에 대하여 가져야 할 바람직한 태도를 말씀해주십시오.

17. 가톨릭교회가 21세기에 한국의 유교에 대하여 가져야 할 바람직한 태도를 말씀해주십시오.

18. 가톨릭교회가 21세기에 한국의 신종교들에 대하여 가져야 할 바람직한 태도를 말씀해주십시오.

※

XI-[한국음악학]

> 다음의 질문에 대하여 간략하게 답변하여 주십시오. 가능하면 5줄 이내로 답변을 부탁드립니다. 별지를 이용하시거나 컴퓨터에 입력하실 수 있습니다.

1. 지난 100여 년(1901~2000) 동안 한국 가톨릭교회가 한국의 음악에 기여한 바는 무엇이라 생각하십니까? 그렇게 생각하시는 이유를 함께 적어주십시오.

2. 지난 100여 년 동안 한국 가톨릭교회가 한국음악에 가장 크게 기여한 시기는 어느 때라고 보십니까? 그렇게 생각하시는 시기와 그 시기를 선택한 이유를 적어주십시오(예: 근대로의 이행기, 일제강점기, 해방공간, 한국전쟁에서 1960년대까지, 1960~70년대, 1980년대 등).

3. 그레고리안 성가는 8세기 이후 로마 가톨릭교회의 대표적인 전례음악입니다. 이러한 음악 장르가 한국 가톨릭교회의 전례음악과 교회 내의 생활음악 등으로 이어져 우리의 근대음악 형성에 기여하였다는 평가에 대해 어떻게 생각하십니까?

4. 한국 가톨릭교회가 가장 많이 활용하고 있는 한국 음악적 언어는 무엇이라고 생각하십니까? 그 종류와 그렇게 생각하시는 이유를 적어주십시오.

5. 가톨릭교회의 미사(전례) 안에서, 서양음악을 연주할 때 한국 전통악기를 사용하고 상황에 따라 한국 전통악기와 200여 년 전부터 한반도로 유입되기 시작한 서양 전통악기를 함께 사용하는 것을 어떻게 보십니까?

6. 서양의 음악적 언어와 우리 전통 민요의 장단과 가락을 혼용하여 작곡된 창작곡들을 가톨릭교회 음악의 한국화의 한 가능성으로 보는 것이 바람직하다고 생각하십니까? 만약, 그렇지 않다고 보실 경우에도 이유를 적어주십시오.

7. 로마 가톨릭교회 음악전통과 한국 전통음악에 대한 연구를 통해 상이한 두 음악의 융화 가능성이 있다고 생각하십니까? 있다면 어떤 경우들이 있을 수 있는지 적어주십시오.

8. 한국 가톨릭교회에서 불려지고 있는 성가들은 상당부분이 외국 번안 곡에 의존하고 있는 상황입니다. 이러한 방식의 장단점을 가능하다면 창작곡의 경우와 비교하여 적어주십시오.

● 장점 :
● 단점 :

9. 서양색이 짙은 한국 가톨릭교회음악의 한국화 과정에 있어서 장애요소라고 여겨지는 사항들을 음악적 요인과 음악외적 요인으로 구 분하여 적어주십시오.

● 음악적 요인:
● 음악외적 요인:

10. 로마 가톨릭교회음악의 주체적 수용에 대한 사례를 알고 계십니까? 있다면 어떤 것들이 있는지 적어주십시오.

11. 한국 가톨릭교회의 음악이 한국의 대중음악이나 타종교의 전통음악에 어떤 영향을 미쳤다고 생각하십니까? 영향을 주었다고 생각하시는 사례를 적어주십시오.

12. 현재 주변에서 활동하고 있는 음악인들 중에서 가톨릭교회의 신자들을 접할 수 있는 기회가 자주 있으십니까? 그리고 마지막으로 현재의 시점에서 한국 가톨릭교회의 음악이 다룰 가장 중요한 과제는 무엇이라 생각하십니까? 중요한 순서대로 세 가지 정도를 그렇게 생각하시는 이유와 함께 적어주십시오.

※

XII-[한국조형예술]

> 다음의 질문에 대하여 간략하게 답변하여 주십시오. 가능하면 5줄 이내로 답변을 부탁드립니다. 별지를 이용하시거나 컴퓨터에 입력하실 수 있습니다.

1. 조형예술의 관점에서, 교수님께서는 한국 가톨릭교회의 건축물과 미술작품들을 한국의 다른 조형예술물들과 비교해 볼 때 두드러진 특징이 있다고 생각하십니까?

    - 예   (   ) : 설문 1.①로 가십시오.
    - 아니오(   ) : 설문 1.②로 가십시오.

1.① 두드러진 특징이 있다고 생각하신다면 그 특징은 무엇인지 상세히 적어주십시오.

    ⓐ 건축물 :
    ⓑ 미술작품들(예: 십자가, 성상, 스테인드글라스, 미사도구, 제의 등등) :

1.② 특징이 없다고 생각하시면 그 이유는 무엇인지 적어주십시오.

    ⓐ 건축물 :
    ⓑ 미술작품들(예: 십자가, 성상, 스테인드글라스, 미사도구, 제의… 등등) :

2. 교수님께서는 지난 100년 동안 한국 가톨릭교회가 조형예술적인 측면에서 가장 신경을 썼던 시기는 언제이고, 그 분야는 어느 분야라고 생각하십니까?

    ① 시기
       ⓐ 1945년 이전
       ⓑ 1945년 이후~1960년대
       ⓒ 1970년대~1980년대
       ⓓ 1990년대~2000년대
    ② 분야(구체적 기술 要)
       ⓐ 건축물
       ⓑ 미술작품들(예: 십자가, 성상, 스테인드글라스, 미사도구, 제의… 등등)

3. 교수님께서는 지난 100년 동안 한국 가톨릭교회의 조형예술이 한국의 다른 일반조형예술에 기여한 분야가 어디라고 생각하십니까?

    - 예   (   ) : 설문 3.①로 가십시오.
    - 아니오(   ) : 설문 "4"로 가십시오.

3.① 가장 기여했다고 생각하시는 시기는?

    ⓐ 1945년 이전
    ⓑ 1945년 이후~1960년대
    ⓒ 1970년대~1980년대
    ⓓ 1990년대~2000년대

3.② 가장 기여했다고 생각되는 분야는(구체적인 기술 要)?

    ⓐ 건축물
    ⓑ 미술작품들(예: 십자가, 성상, 스테인드글라스, 미사도구, 제의… 등등)

4. 교수님께서 보실 때, 지난 100년 동안 가톨릭교회의 조형예술이 한국의 다른 일반조형예술에 기여한 것이 적었던 구체적인 이유를 중요한 순서대로 세 가지만 구체적으로 기술해 주십시오.

    ①
    ②
    ③

5. 교수님 께서는 한국 가톨릭교회 안에서 한국의 美를 드러내는 조형예술이 필요하다고 생각하십니까?

    • 예　　(　　) :　6.①로 가십시오.
    • 아니오(　　) :　6.②로 가십시오

5.① 그렇다면 그 이유를 자유롭게 기술하십시오? (예를 들어 토착화의 측면, 신앙생활적인 측면…
   　)

5.② 그렇지 않다면 그 이유는 무엇이라고 생각하십니까? 구체적으로 기록해주십시오.

6. 교수님은 한국 가톨릭교회 건축물에서 한국의 美를 드러내는 조형예술이 되도록 하기 위해 성전을 증축하거나 개축하는 것이 필요하다고 보십니까?

    • 예　　(　　) : 설문 7.①로 가십시오.
    • 아니오　(　　) : 설문 7.②로 가십시오.

6.① 필요하다면 그 이유를 자유롭게(구체적으로) 기술하십시오?

6.② 필요하지 않다면 그 이유는(구체적으로) 무엇이라고 생각하십니까?

7. 교수님께서 보실 때에 한국 가톨릭교회 안에서 "서양의 美"와 "한국의 美"가 가장 잘 조화된 한국 가톨릭교회의 조형예술물과 가장 부조화한 조형예술물에는 무엇이 있는지 각각 세 가지만 그 예를 들어 주십시오

　① 가장 잘 조화된 조형예술물
　　ⓐ
　　ⓑ
　　ⓒ
　② 가장 부조화한 조형예술물
　　ⓐ
　　ⓑ
　　ⓒ

8. 교수님께서는 한국 가톨릭교회의 조형예술의 문제점이 무엇이라고 생각하십니까?
　① 건축물
　② 미술작품들(예: 십자가, 성상, 스테인드글라스, 미사도구, 제의… 등등)

9. 교수님께서는 한국 가톨릭교회의 조형예술이 미래의 한국조형예술분야를 수용한다면, 어느 부분을 수용해야 가장 효과적일 것이라고 생각하십니까? 그 분야와 이유는? (구체적인 기술 要 ; 예를 들어 한국의 건축양식, 한국화, 비디오 아트, 레이저 빔…)

10. 교수님이 한국 가톨릭교회의 조형예술에 대해 전반적인 조언 또는 제안이 있다면 구체적으로 기술하십시오

※

XIII-[한국·동양철학]

> 다음의 질문에 대하여 간략하게 답변하여 주십시오. 가능하면 5줄 이내로 답변을 부탁드립니다. 별지를 이용하시거나 컴퓨터에 입력하실 수 있습니다.

1. 지난 100년(1901년~2000년) 동안 한국의 전통 철학 사상 중 한국 가톨릭교회에 가장 지대한 영향을 준 사상은 무엇이라고 보십니까? 그 사상과 선택한 이유를 적어주십시오.

2. 가톨릭교회가 지난 100년 동안 가장 미흡하게 수용한 한국의 전통 철학 사상은 무엇이라고 보십니까? 그리고 그 이유는 무엇이라고 보십니까?

3. 가톨릭교회가 지난 100년 동안 한국 철학 발전을 위해 기여한 점은 무엇이라고 보십니까? 기여한 요소와 그렇게 생각하시는 이유를 적어주십시오.

4. 가톨릭교회가 지난 100년 동안 한국의 사상적 근대화에 기여한 점은 무엇이라고 보십니까? 기여한 요소와 그 근거를 적어주십시오.

5. 가톨릭교회가 지난 100년 동안 계몽·인권·민주화 운동에 사상적으로 기여했다는 평가에 대하여 어떻게 생각하십니까? 입장과 그렇게 생각하시는 이유를 적어주십시오.

6. 가톨릭교회가 가장 배타적인 입장을 견지하고 있는 전통 사상은 무엇이라고 보십니까? 그 사상과 그렇게 생각하시는 이유를 적어주십시오.

7. 가톨릭교회가 시급히 수용해야할 한국의 전통 사상은 무엇이라고 생각하십니까? 그 사상과 이유를 적어주십시오.

8. 한국의 사상적 발전을 위해 가톨릭교회가 기여할 수 있는 분야와 영역은 무엇이라고 보십니까?

9. 한국사상에 비추어 볼 때 가톨릭교회의 사상적 장점과 단점은 무엇이라고 보십니까? 장·단점과 그 이유를 적어주십시오.

　① 장점
　② 단점

10. 기타 저희 가톨릭교회의 철학발전에 필요한 조언이나 제안을 적어주십시오.

※

XIV-[행정학]

| A | 가톨릭교회와 국가 간의 관계 중 법·제도와 관련된 질문입니다 |

1. 가톨릭교회와 국가 간의 관계에서 무엇이 얼마나 중요한지(중요도) 그리고, 각 항목에 대하여 현재 추진방식과 절차는 적절하다고 생각하시는지(절차·방식의 적절성)를 해당란에 √ 표시해 주십시오.

<table>
<tr><td rowspan="3" colspan="2">항 목</td><td colspan="5">중 요 성</td><td colspan="5">(방식, 절차) 적 절 성</td></tr>
<tr><td>①</td><td>②</td><td>③</td><td>④</td><td>⑤</td><td>①</td><td>②</td><td>③</td><td>④</td><td>⑤</td></tr>
<tr><td>매우
중요함</td><td>다소
중요</td><td>중간</td><td>중요
않음</td><td>전혀중
요않음</td><td>매우
긍정적</td><td>다소
긍정</td><td>중간</td><td>다소
부정</td><td>매우
부정적</td></tr>
<tr><td rowspan="11">법
·
제
도
및
종
교
정
책</td><td>1. 정부의 각 종교에 대한 법적용의 형평성문제</td><td></td><td></td><td></td><td></td><td></td><td></td><td></td><td></td><td></td><td></td></tr>
<tr><td>2. 종교단체의 법적 지위 문제: 종교 법인법 제정 등</td><td></td><td></td><td></td><td></td><td></td><td></td><td></td><td></td><td></td><td></td></tr>
<tr><td>3. 종교갈등(종교 내부, 종교간, 종교와 국가 간에 대한 국가개입 정도</td><td></td><td></td><td></td><td></td><td></td><td></td><td></td><td></td><td></td><td></td></tr>
<tr><td>4. 종교단체의 정치 및 정책 관여문제: 종교정치, 종교권력 등</td><td></td><td></td><td></td><td></td><td></td><td></td><td></td><td></td><td></td><td></td></tr>
<tr><td>5. 가톨릭사제에 대한 세금부과</td><td></td><td></td><td></td><td></td><td></td><td></td><td></td><td></td><td></td><td></td></tr>
<tr><td>6. 가톨릭교회의 각종 헌금파악 및 회계 투명성</td><td></td><td></td><td></td><td></td><td></td><td></td><td></td><td></td><td></td><td></td></tr>
<tr><td>7. 국가기관 내(군대, 경찰, 교도소, 국립병원) 종교제도 허용(예:군종,경목, 원목) 등</td><td></td><td></td><td></td><td></td><td></td><td></td><td></td><td></td><td></td><td></td></tr>
<tr><td>8. 국가공휴일과 종교색채: 크리스마스, 석가탄신일, 개천절 종교행사 등</td><td></td><td></td><td></td><td></td><td></td><td></td><td></td><td></td><td></td><td></td></tr>
<tr><td>9. 정부의 개발정책과 종교계의 문화재보호 및 환경보호문제</td><td></td><td></td><td></td><td></td><td></td><td></td><td></td><td></td><td></td><td></td></tr>
<tr><td>10. 종교단체와 국가간의 사회복지시설 운영문제</td><td></td><td></td><td></td><td></td><td></td><td></td><td></td><td></td><td></td><td></td></tr>
<tr><td>11. 국가와 종교언론기관간의 문제</td><td></td><td></td><td></td><td></td><td></td><td></td><td></td><td></td><td></td><td></td></tr>
</table>

| **B** | 다음은 위 질문에 대한 보다 구체적인 답변을 위한 개방형 질문입니다. |

1. 성직자가 정부정책을 감시하고, 정책 대안을 제시하는 것에 대한 교수님의 견해는 어떠하십니까?

2. 가톨릭 성직자의 봉급에 대하여 어느 정도 알고 계시며, 그 봉급수준의 적정성에 대한 견해는 어떠하십니까?

3. 성직자 월급에 대하여 "납세의 의무를 다 해야 한다"는 주장과 봉사료를 받는 것이므로 근로소득이 아니다"라는 견해가 맞서고 있는데 이에 대한 교수님의 견해는 어떠하십니까?

4. "종교단체가 탈세의 온상이 되고 있다", "종교계의 자금운용에 투명성이 부족하다"라는 주장들에 대한 교수님의 견해는 어떠하십니까?

5. "가톨릭교회의 건물이나 시설을 종교행사가 없는 평일날 지역사회(국가나 지방자치 단체 포함)를 위하여 개방하자"는 의견에 대하여 교수님의 견해는 어떠하십니까?

| **C-1** | 향후 시급히 추진해야 할 과제에 대해 평가해 주십시오 |

1. 다음은 '가톨릭교회와 국가'와의 관계에서 향후 정부가 중점적으로 해결해야 할 과제를 나열한 항목들입니다. 어느 부문에 노력을 집중해야 한다고 생각하십니까? 그 내용을 다음에서 중요한 순서대로 적어주십시오. ※〔보기〕에 항목이 없으면 15~16번 항목에 교수님이 생각하는 과제를 임의로 기재한 후 작성하셔도 좋습니다.

보기	1. 종교단체의 법적 지위 문제: 종교법인법 제정 등 2. 종교와 인권의 문제: 종교와 노동법과의 관계 3. 종교단체의 (형법상)종교범죄: 사이비종교, 분묘훼손죄, 예배방해죄 등 4. 국가기관 내(육·해·공군, 경찰, 교도소, 병원)종교제도 허용: 군종, 경목, 원목 등 5. 종교단체와 조세문제: 성직자의 납세, 종교재산과 종교재정문제 등 6. 종교건축문제: 도심 내 건축과 임대난립 7. 국가의 儀式중 종교의식: 국가의 거국적 행사中 얼마나 종교적 의식으로 행하느냐의 문제 등 8. 국가공휴일과 종교색채: 크리스마스, 석가탄신일, 개천절 종교행사 등 9. 정부의 개발정책과 종교계의 문화재보호 및 환경보호문제 10. 종교단체와 국가간의 사회복지시설 운영문제 11. 종교단체의 정치 및 정책 관여문제: 종교정치, 종교권력 등 12. 국가와 종교연합운동: 종교간 종교화합활동 지원 등 13. 국가와 종교언론기관간의 문제 14. 종립학교와 종교교육: 신학교난립과 수준미달에 대한 국가적 차원의 대책 등 15. _____ 16. _____ 17. _____

	순위 및 중요과제의 선정 이유
2-1. 첫번째 중요한 과제	
2-2. 두번째 중요한 과제	
2-3. 세번째 중요한 과제	

C-2	다음은 만족도, 총평 및 정책제언에 관한 문항입니다.

※ 우리나라 정부의 '종교정책'에 대한 만족도 및 총평과 바람직한 종교정책에 대한 제언을 부탁드립니다.

1. 만족도

①	②	③	④	⑤
매우 만족한다	비교적 만족한다	보통이다	다소 불만이다	매우 불만이다

2. 총평과 정책제언

※

제3부
전문가 조사 응답자명단

조사응답자 명단

분야	이름	전공	소속	공통설문 참여여부	전공설문 참여여부
국문학	강진호	국문학	성신여자대학교	O	O
	구수경	국문학	건양대학교	O	O
	구자황	문학	성균관대학교	O	O
	권영민	국문학	서울대	O	O
	노귀남	국문학	경희대	O	O
	김병용	한국현대문학	백제예술대학	O	O
	김병희	문학	서울여자대학교	O	O
	김선기	국문학	충남대학교	O	O
	설성경	국문학	연세대학교	O	O
	유금호	문학	목포대학교	O	O
	이도흠	국문학	한양대학교	O	O
	이화경	현대문학소설	캘커타대학교	O	O
	현승환	고전문학	제주대학교	O	O
국사학	권기훈	한국근현대사	부천대학	O	O
	김 방	한국근현대사	경문대학	O	O
	김영경	한국근대사	한국국가기록연구원	O	O
	김인규	한국근대사	문화재청	O	O
	김일수	문학	영남대민족문화연구소	O	O
	김주용	한국근대사	동국대학교	O	O
	김중규	사학	군산역사연구회	O	O
	김행선	한국사	아세아문제연구소	O	O
	박진태	한국사	대진대학교	O	O
	변주승	한국사	전주대학교	O	O
	송규진	문학	아세아문제연구소	O	O
	윤병희	한국사	국사편찬위원회	O	O
	이상식	문학	고려대학교	O	O
	한기범	한국사	한남대학교	O	O
	홍영기	한국사	중앙대학교	O	O

분야	이름	전공	소속	공통설문 참여여부	전공설문 참여여부
동양사	권오중	동양사	영남대학교	O	O
	김병준	중국사	한림대학교	O	O
	김종완	중국사	우석대학	O	O
	신의식	역사학	주성대학	O	O
	윤정분	중국사	덕성여자대학교	O	O
	이계황	문학	인하대학교	O	O
	이양자	중국근현대사	동의대학교	O	O
	이진복	동양사/문학	카이스트	O	O
	전용만	중국사	서강대학교	O	O
	정병준	동양사/문학	동국대학교	O	O
	차혜원	문학	연세대학교	O	O
	최소자	문학	이화여자대학교	O	O
문화인류학/민속학	강신표	인류학	인제대학교	O	O
	강정원	철학	서울대학교	O	O
	구미래	불교민속	성보문화재연구원	O	O
	김경학	인류학	전남대학교	O	O
	김미영	민속학	안동대학교	O	O
	김민정	문학	서울대학교	O	O
	김인희	민속학	중앙대학교	O	O
	김지욱	민속학		O	O
	김형준	인류학	강원대학교	O	O
	성남용	문화인류학	총신대학교	O	O
	유철인	문화인류학	제주대학교	O	O
	주영하	민속학	한국정신문화연구원	O	O
	홍석준	인류학	목포대학교	O	O

분야	이름	전공	소속	공통설문 참여여부	전공설문 참여여부
법학	권형준	헌법학	한양대학교	O	O
	김경화	법학	국립창원대학교	O	O
	김동한	법학	성공회대학교	O	O
	김명식	법학	성신여자대학교	O	O
	김태호	법학	육군사관학교	O	O
	나완수	법학	변호사	O	O
	노종천	민법학	서울법학연구소	O	O
	도석구	법학	경원전문대학	O	O
	서보건	법학	헌법재판소	O	O
	송문호	법학	대구가톨릭대학교	O	O
	신동룡	법철학	연세대학교	O	O
	신동일	법학	한국형사정책연구원	O	O
	이봉의	법학	경북대학교	O	O
	정영수	법학	한국정책평가연구원	O	O
	홍성방	법학	서강대학교	O	O
사회복지	강홍구	사회복지학	전주대학교	O	O
	고양곤	사회복지학	강남대학교	O	O
	권지성	사회복지학	서울대학교	O	O
	김연옥	사회복지학	서울시립대학교	O	O
	김오남	사회복지학	대불대학교	O	×
	김용석	사회복지학	가톨릭대학교	O	O
	동용국	보건학	대신대학교	O	O
	문진영	사회복지학	서강대학교	O	O
	박광민	청소년복지	명지대학교	O	O
	이용교	사회복지학	광주대학교	O	O
	이혜원	사회복지학	성공회대학교	O	O
	전리상	복지행정학	광주보건대학교	O	O
	최해경	사회복지학	충남대학교	O	O
	허구생	역사학	중앙승가대학	O	O
	홍영수	사회복지학	서울여자대학교	O	O

분야	이름	전공	소속	공통설문 참여여부	전공설문 참여여부
여성학	강남순	신학	감리교신학대학교	O	O
	공미혜	여성학	신라대학교	O	O
	김희은	신학	한국사회교육원	O	O
	남정림	사회학	한국사회학회	O	O
	박경미	신학	이화여자대학교	O	O
	박용옥	한국사	성신여자대학교	O	O
	성명숙	여성학	부경대인문사회과학연구소	O	O
	신영숙	한국사	서울여자대학교	O	O
	이연화	여성학	부경대학교	O	O
	이은선	신학	세종대학교	O	O
	이효재	사회학	이화여대	O	O
	차인순	여성학	서울디지털대학교	O	O
	한승주	여성학	전북대학교	O	O
	한정원	여성학	숙대 아시아 여성연구소	O	O
정치학	강명세	정치학	세종연구소	O	O
	고대원	정치학	연세대학교	O	O
	권정호	정치학	인천대학교	O	O
	김명숙	정치학	상지대	O	O
	김명하	정치학	경북대인문과학연구소	O	O
	김일영	정치학	성균관대학교	O	O
	마인심	정치학	성균관대학교	O	O
	박동천	정치학	전북대	O	O
	박홍규	정치학	아세아문제연구소	O	O
	백승현	정치학	경희대학교	O	O
	신복룡	정치학	건국대학교	O	O
	유재일	정치학	대전대학교	O	O
	유홍림	정치학	서울대학교	O	O
	이선향	정치학	강원대학교	O	O

분야	이름	전공	소속	공통설문 참여여부	전공설문 참여여부
종교사회학	김성건	종교사회학	서원대학	O	O
	김승호	종교사회학	장신대학교	O	O
	남상희	종교사회학	연세대사회발전연구소	O	O
	박승길	종교사회학	대구가톨릭대학교	O	O
	우실하	종교사회학	연세대학교	O	O
	우혜란	종교학/철학	한신대학교	O	O
	이원규	종교사회학	감리교신학대학교	O	O
	이철	종교사회학	호서대학교	O	O
	이효재	종교사회학	경신사회복지연구소	O	O
	조성윤	사회학	제주대학교	O	O
	차성환	종교사회학	한일장신대학교	O	O
	한내창	종교사회학	원광대학교	O	O
종교학	강돈구	철학	한국정신문화연구원	O	O
	길희성	종교학	서강대학교	O	O
	김용환	철학	충북대학교	O	O
	김윤성	종교학	서울대학교	O	O
	김재영	종교학	서강대학교	O	O
	김홍수	종교학	목원대학	O	×
	박광수	종교학	원광대학교	O	O
	서현선	기독교역사	이화여자대학교	O	O
	이경직	철학	천안대학교	O	O
	임부연	종교학	상지대학교	O	O
	장석만	종교학	한국종교문화연구소	O	O
	차옥숭	종교학	한일장신대학교	O	O
	최인기	종교학	서울장로회신학대학교	O	O
	최준식	종교학	이화여자대학교	O	O

분야	이름	전공	소속	공통설문 참여여부	전공설문 참여여부
한국 음악학	권송택	음악학	한양대학교	○	○
	김진우	음악학	서울대학교	○	○
	김창욱	음악학	동아대학교	○	○
	문옥배	음악학	배재대학교	○	○
	박은경	음악학	천안대학교	○	○
	박종문	음악학	대구가톨릭대학교	○	○
	변계원	음악학	서울대학교	○	○
	이희경	음악학	한국예술종합학교	○	○
	전정임	음악학	한국예술종합학교	○	○
	정영진	문학	경성대학교한국학연구소	○	○
	조옥희	음악학	안동대학교	○	○
	최유준	미학	동아대학교	○	○
	허영한	음악학	한국예술종합학교	○	○
한국 조형예술	고정은	동양미술사	오사카대학	○	○
	공원정	미술학	단국대학교	○	○
	김승환	철학	조선대학교	○	○
	김준	예술학	한국전통문화학교	○	○
	김향희	미술사	동국대학교	○	○
	김현숙	미술사	한국근대미술연구소	○	○
	김희성	미술사	영남대학교	○	○
	박정혜	한국미술사	한국정신문화연구원	○	○
	송은석	미술사	호암미술관	○	○
	신혜향	미술	작가	○	○
	이달승	미술사학	영남대학교	○	○
	이중희	예술학	계명대	○	○
	최무혁	공학	경북대학교	○	○

분야	이름	전공	소속	공통설문 참여여부	전공설문 참여여부
한국철학	김원명	한국불교철학	한국외국어대학교	O	O
	김치온	철학	불교문화연구원	O	×
	김태년	철학	용인대학교	O	O
	박재현	동양철학	서울대학교	O	O
	박태원	철학	울산대학교	O	O
	양방주	한국사상	제주대학교	O	O
	오종일	한국철학	전주대학교	O	O
	유권종	철학	중앙대학교	O	O
	이기훈	동양철학	중국사회과학원	O	O
	이봉호	조선도가도교	덕성여자대학교	O	O
	임선영	한국철학	성균관대학교	O	O
	정규훈	철학	국학연구소	O	O
	정영근	철학	서울산업대학	O	O
	조남욱	철학	부산대학교	O	O
	최유진	철학	경남대학교	O	×
	황의동	철학	충남대학교	O	O
	황준연	한국철학	전북대학교	O	O
행정학	김병식	행정학	꽃동네현도대학	O	O
	김태복	행정학	중부대학교	O	O
	노화준	행정학	서울대학교	O	O
	박수영	행정학	선문대학교	O	O
	배인명	행정학	서울여자대학교	O	O
	신문주	행정학	행정자치부	O	O
	윤병섭	행정학	안양대학교	O	O
	이상엽	행정학	한서대학교	O	O
	이종원	행정학	가톨릭대학교	O	O
	전진석	행정학	가톨릭대학교	O	O
	정일섭	행정학	인하대학교	O	O
	정재동	행정학	고려대정부학연구소	O	O
	하미승	행정학	건국대학교	O	O
	하태권	행정학	서울산업대학교	O	O

연구자 명단

강영옥(姜永玉)
가톨릭대학교 인간학연구소 전임연구원.
이화여자대학교 영문학과 및 동 대학원 기독교학과 졸업, 스위스 프리부르(Fribourg)대학교 졸업(신학석사), 서강대학교 대학원 졸업(문학박사).
전공 : 교의신학, 세부전공: 여성신학
저서: 『고통. 신앙의 단초』(1999)
논문: 「한국 천주교회의 여성운동」(2000), 「한국 그리스도교와 여성문화」(2000), 「현대신학에서의 신론 연구동향」(1994) 외 다수.

김수정(金受貞)
가톨릭대학교 인간학연구소 전임연구원, 서울대학교·성신여자대학교·수원대학교 외래교수.
서울대학교 음악대학 작곡과 졸업, 이태리 로마 교황청립 성음악원 석사 및 박사.
전공: 음악학, 세부전공: 교회음악
저서: 『교황청중앙도서관 성베드로 고문서관 자료 B79(2권)』(1995).
논문: 「부속가 Petre summe pastor caeli claviger를 통해 재조명해보는 이탈리아 남부지역 부속가의 의미」(2000), 「전례노래. 그 의미와 성서적 근거」(2002), 「한국전통음악의 기보체계에 대한 몇 가지 견해」(2003) 외 논문 다수.

김영수(金榮洙)
안양대 겸임교수, 가톨릭대학교 공동연구원
경희대학교 국어국문학과 및 동 대학원 졸업(문학박사).
전공: 고전문학 세부전공: 고소설
저서: 『필사본 심청전 연구』(2001), 『천주가사 자료집』(2000-2001), 『고전명작이본총서 심청전』1-11 (1997-2002), 『서사무가 심청』(공편, 2001), 『주해 박순집 증언록』(2001).
역서: 『황사영 백서』(1999).

김재득(金載得)
가톨릭대학교 인간학연구소 전임연구원, 경희대학교·상명대학교·서울디지털대학교 외래교수
경희대학교 행정학과 및 동 대학원 졸업(행정학박사)
전공: 행정학(행정조직론), 세부전공: 조직행태론
저서: 『인간과 조직』(2001), 『인간관계의 이해』(2002), 『행정조직론』(2002), 『정보사회와 인간관계』(2003), 『현대사회와 행정』(2003) 외 논문 다수

나정원(羅禎源)
강원대학교 정치외교학과 교수
고려대학교 정치외교학과 및 동 대학원 졸업, 프랑스 파리-소르본느 대학(ParisIV) 철학과 졸업.
전공: 정치학(정치철학), 세부전공: 고대그리스, 프랑스 정치사상, 한국정치사상, 정치와 환경, 문화, 종교
저서: 『플라톤의 정치사상』(1989), 『현대사회의 이해』(공저, 1996), 『세계화와 사회변동』(공저, 2002), 『북 강원도의 이해와 남북강원도의 공동체 회복』(공저, 2002), 『인간과 정치사상』(공저, 2003).
역서: 『폭력과 정치』(1990), 『17세기 프랑스 정치사상』(1997), 『18세기 프랑스 정치사상』(2000), 『폴리테이아-고대 그리스 시민권론과 정치체제론』(2000), 이외에 동서양정치사상 관련 논문 40여 편.

노용필(盧鏞弼)
가톨릭대학교 인간학연구소 전임연구원. 덕성여대 평생교육원 독학학위과정 주임교수. (사)서울문화사학회 운영이사 겸 기획분과위원장. 서울대교구 순교자현양회 성지개발분과위원장.
서강대학교 사학과 및 대학원(석·박사) 졸업.
전공: 사학(한국사), 세부전공: 한국사상사
저서: 『新羅眞興王巡狩碑硏究』(1995), 『崔承老上書文硏究』(共著, 1993), 『'東學史'와 執綱所 硏究』(2001), 『조선시대 서울사람들』(1·2)(共著, 2003) 외에 몇 권의 공저 및 공편저가 더 있으며, 한국사 관련 논문 40여 편

박문수(朴文洙)
가톨릭대학교 인간학연구소 전임연구원. 서강대학교 외래교수.
연세대학교 신학과 졸업. 서강대학교 대학원 종교학과(석·박사) 졸업
전공: 신학, 세부전공: 사목신학
저서: 『정보사회와 가톨릭교회』(1998), 『한국의 종교문화와 뉴 에이지 운동』(공저, 1998), 『가톨릭 신자의 종교의식과 신앙생활』(공저, 2000).
역서: John Paul II, 『희망의 문턱을 넘어』(1994) 이외에 신학 관련 논문 다수.

박일영(朴日榮)
가톨릭대학교 문화영성대학원장 겸 종교학과 교수.
가톨릭대학교 신학부 졸업(신학사), 스위스 프리부르(Fribourg) 대학교 대학원 졸업(신학석사, 종교학박사).
전공: 종교학/종교신학. 세부전공: 비교종교학(샤머니즘, 한국종교, 종교간 대화).
저서: 『한국 무교의 이해』(1999), 『한국 무교와 그리스도교』(2003).
역서: 『현대의 선교. 선교인가 반선교인가』(1989), 『인간학』(전3권, 1996), 이외에 신학/종교학 관련 논문 다수.

이성우(李成雨)
가톨릭대학교 인간학연구소 전임연구원
가톨릭대학교 신학과 졸업, 오스트리아 인스브룩(Innsbruck) 대학교 졸업(신학석사), 독일 프라이부륵(Freiburg) 대학교 졸업(신학박사)
전공: 신학(교의신학), 세부전공: 과학과 신학(종교)의 관계
저서: 『종교의 본질, 종교와 과학 및 윤리와의 관계』(1994), 『성서에 등장하는 여인들의 메시지』(2000), 『당신은 누구요? -모세의 소명과 열등감』(2002).
역서: 안셀름 그륀, 『마태오 복음 해설』(2004 예정), 같은 저자, 『내 나이 마흔』(2004 예정), 이외에 신학 및 심리학 관련 논문 다수.

장정란(張貞蘭)
가톨릭대학교 인간학연구소 전임연구원, 덕성여자대학교·서강대학교·이화여자대학교 외래교수.
서강대학교 사학과 및 동 대학원 졸업(문학석사), 독일 본(Bonn)대학 박사과정 수료, 성신여자대학교 대학원 졸업(문학박사).
전공: 사학(동양사), 세부전공: 동서교류사
저서: 『그리스도교의 중국 전래와 동서문화의 대립』(1997), 『한국 천주교회사의 성찰과 전망-해방공간과 한국전쟁을 중심으로-』(공저, 2001).
역서: 마테오 리치, 『천주실의(天主實義)』(공역, 1999), 이외에 사학 관련 논문 다수

최경선(崔慶善)
가톨릭대학교 인간학연구소 전임연구원, 우리신학연구소 연구위원, 국제 마리아 학회 한국대표.
가톨릭대학 신학과 졸업, 로마 마리아눔(Marianum)대학 석·박사 과정 이수.
전공: 교의신학, 세부전공: 마리아론
논문: 「가톨릭 신학과 마리아론」(2002), 「가톨릭 교회의 신자들에 대한 민족사적 교육」(2003), 「교회의 토착화 문헌과 한국 종교 안에서의 마리아」(2003) 등.

한울아카데미 635
천주교와 한국 근·현대의 사회문화적 변동
평가와 전망을 위한 전문가 조사보고서

ⓒ 김재득·박문수·박일영 외, 2004

지은이 | 김재득·박문수·박일영 외
펴낸이 | 김종수
펴낸곳 | 도서출판 한울

편집 | 곽종구

초판 1쇄 인쇄 | 2004년 3월 10일
초판 1쇄 발행 | 2004년 3월 20일

주소 | 413-832 파주시 교하읍 문발리 507-2(본사)
　　　121-801 서울시 마포구 공덕동 105-90 서울빌딩 3층(서울 사무소)
전화 | 영업 02-326-0095, 편집 02-336-6183
팩스 | 02-333-7543
홈페이지 | www.hanulbooks.co.kr
등록 | 1980년 3월 13일, 제406-2003-051호

Printed in Korea.
ISBN 89-460-3234-0 93250

* 가격은 겉표지에 표시되어 있습니다.

> 이 조사의 진행과 보고서 출간은 2002년 한국학술진흥재단의
> 기초학문육성사업비 지원을 받아 이루어졌습니다.